Como um bom garoto se misturou com os

ROLLING STONES

e sobreviveu para contar

Como um bom garoto se misturou com os

ROLLING STONES

e sobreviveu para contar

Bill German

UNDER THEIR THUMB

Tradução:
Renato Rezende e Aline Tenório Cordeiro

Título original: Under Their Thumb – How a nice boy from Brooklyn got mixed up with Rolling Stones (and lived to tell about it)

Esta tradução foi publicada em acordo com a Balantine Books, um selo da Random House Publishing Group, uma divisão da Random House, Inc.

Texto revisto pelo Novo Acordo Ortográfico

CIP-BRASIL. CATALOGAÇÃO NA FONTE
SINDICATO NACIONAL DOS EDITORES DE LIVROS, RJ

G323u

German, Bill
Under their thumb : como um bom garoto se misturou com os Rolling Stones (e sobreviveu para contar) / Bill German ; tradução Renato Rezende e Aline Tenório Cordeiro. - Rio de Janeiro : Nova Fronteira, 2011.

Tradução de : Under their thumb : how a nice boy from Brooklyn got mixed up with the Rolling Stones (and lived to tell about it)
ISBN 978-85-209-2352-8

1. German, Bill - Biografia. 2. Rolling Stones - Biografia. I. Título.

CDD: 782.42166092
CDU: 929:7.071.2

Nova Fronteira Participações S.A.
Rua Nova Jerusalém, 345 — Bonsucesso — 21042-235
Rio de Janeiro – RJ – Brasil
Tel.: (21) 3882-8200 – Fax: (21) 3882-8212/8313
http://www.novafronteira.com.br
e-mail: sac@novafronteira.com.br
www.ediouro.com.br

Dedico aos meus pais, Sylvia e Bernie,
por me deixarem livre para aprender sozinho;
à minha irmã, Rhonda,
por me vender seus discos dos Stones;
e a Dessie,
por ser minha alma gêmea.
E também em memória de
Alan Heifetz (vulgo Alan Andrews),
Bruce Bechtold
e Sweet Virginia Lohle.

Sumário

Introdução

Você provavelmente vai querer me matar quando eu disser que meu único trabalho na vida foi ao lado dos Rolling Stones. Mesmo na adolescência, eu não estava aparando grama, lavando carros ou perguntando se queriam batatas fritas para acompanhar o hambúrguer. Eu estava correndo atrás de minha banda de rock favorita e escrevendo sobre isso no *Beggars Banquet*, o jornal que inaugurei em meu aniversário de 16 anos. Quando publiquei a primeira edição, não fazia ideia de onde isso me levaria e de como isso determinaria a minha vida.

Em primeiro lugar, eu nem deveria ter estado com os Stones. Para conseguir entrar em seu universo, você deve levar algo de bom: drogas, sexo, fama ou a habilidade de carregar malas melhor do que ninguém. Mas tudo o que eu tinha era meu jornalzinho idiota.

Esta é a história de como eu consegui adentrar o lugar sagrado dos Stones e de como me arrastei para fora dali. É também sobre os que conquistaram demais e os que conquistaram de menos — as *groupies*, os vendedores de drogas e os empregados — que conheci ao longo do caminho. Pessoas que dedicaram suas vidas a permanecer nesse lugar sagrado. Algumas ainda estão lá, e algumas foram levadas embora de algemas ou em caixões. Mas todos nós vivenciamos o sonho de sair com os Rolling Stones.

Tenha cuidado com o que você deseja.

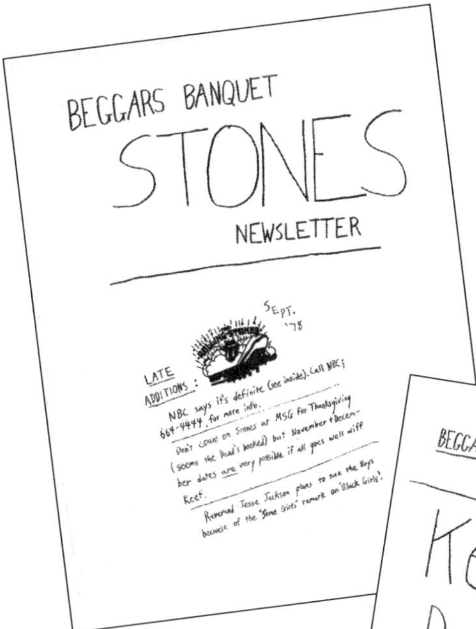

As primeiras duas capas do *Beggars Banquet*, cortesia da sala de mimeógrafo do meu colégio.

1

UM FANZINE CRESCE NO BROOKLYN

"Gostaria de dar as boas-vindas ao presidente Clinton", diz Mick Jagger ao público VIP. "E vejo que ela trouxe seu marido."

Os Rolling Stones estão no Teatro Beacon, em Nova York, e Martin Scorsese está filmando tudo isso para um documentário. Estamos em 29 de outubro de 2006 e, mesmo após várias prisões por porte de drogas, processos de reconhecimento de paternidade, funerais, divórcios, clínicas de reabilitação e quimioterapia, os Stones ainda são desconcertantes. Quero dizer, caramba, esses caras são *bons*. Mas, enquanto os observo lá no Beacon, minha mente viaja para outro tempo e lugar.

Meus olhos veem Mick no palco, mas minha mente o vê em casa, limpando o suco de laranja que derramei em seu tapete. Meus ouvidos escutam Keith Richards dedilhando "I'm Free", mas minha mente o ouve me oferecendo um uísque *bourbon* em seu terraço. E Ronnie Wood? Estou descascando batatas com ele na cozinha.

Eu costumava andar junto desses caras. E, se esse show tivesse acontecido há dez ou vinte anos, eu teria começado minha noite atrás do palco. Teria desejado boa sorte a Keith e Ronnie e os visitaria após a apresentação.

Mas isso não está acontecendo esta noite. Dei um jeito de entrar na multidão, e os Stones não sabem que estou aqui.

Para mim, nunca existiu um mundo sem os Stones. Eles formaram a banda dois meses antes de eu nascer, mas. eu não os conhecia até os meus dez anos. Até essa idade, se você não tivesse um programa de TV no sábado de manhã, eu não saberia quem era. Os Monkees, os Beatles e o Jackson Five eram as únicas bandas de que conseguia me lembrar.

Minha vida mudou em 1972, quando ouvi um comercial vindo do quarto de minha irmã: *Tudo parece estar pronto... Você está pronto?... Desculpe a demora... Está todo mundo pronto?*

O que veio em seguida foram as palavras mais estranhas e os sons mais violentos que tinha ouvido na vida: *"I was born in a crossfire hurricane! And I howled at my ma in the driving rain!"* ["Nasci em um furacão de fogo cruzado! E uivei para minha mãe na tempestade torrencial!"] Seguidas por: *"I think I busted a button on my trousers ... You don't want my trousers to fall down, now do ya?"* ["Acho que estourei um botão em minha calça... Agora você não quer que minha calça caia, quer?"] Eu não fazia ideia do que isso significava, mas era impossível ignorar.

Minha irmã disse que eram os Rolling Stones. Ela me mostrou a capa do disco, e eles pareciam bem durões. Como se pudessem realmente bater nos Monkees.

Até aquele momento, minha irmã tinha ouvido apenas "Build Me Up Buttercup" e "I Think I Love You". Mas, de alguma forma, no verão de 1972, ela transferiu sua lealdade de Keith Partridge para Keith Richards. Jogou seus discos no lixo e comprou os dos Stones. Um tinha a foto de um sinal vermelho. O outro, um zíper.

Ela apontou para o cara de cabelos loiros e disse que ele estava morto. Contou que os Stones tinham sido presos por uso de drogas, expulsos de hotéis e tocado em concertos onde pessoas foram assassinadas. Pensei que minha cabeça fosse explodir. As histórias caóticas, as músicas violentas e as loucas capas dos discos me sobrepujavam. Mas eu queria mais.

Peguei os álbuns emprestados e os estudei. Continham palavras que eu não tinha nem permissão para repetir. Se minha mãe me ouvisse falar *"bitch"* [vadia] ou *"got to scrape the shit right off my shoes"* [tenho que raspar esta merda dos meus sapatos], ela teria enfiado uma barra de sabão em minha boca. E mesmo não entendendo uma frase como *"I laid a divorcée in New York City"* ["Comi uma divorciada em Nova York"], tinha certeza de que isso soava bem e que *eu* queria fazer o mesmo. Para mim, os Stones eram as pessoas mais rebeldes do mundo, e por isso fiquei rapidamente obcecado por eles.

Por sorte, minha irmã se cansou dos Stones e me ofereceu seus discos a um dólar cada. De repente eu tinha todos eles. Quando o disco seguinte foi lançado, fiquei abismado com o preço: *Goats Head Soup* me custou 3,48 dólares nas lojas de departamento Alexander.

A banda veio ao Madison Square Garden em 1975, mas mamãe não me deixava pegar o metrô do Brooklyn para Manhattan. Eu tinha apenas 12 anos. Acompanhei a turnê ouvindo o rádio e percorrendo as páginas da *Rolling Stone* e da *Creem*. Invejava os DJs e os escritores que faziam cobertura dos Stones e desejava desesperadamente ter o emprego deles.

Na escola, não havia ninguém com quem dividir meu entusiasmo. Os garotos da sétima série eram fãs dos Carpenters. Meus professores reclamavam das minhas camisetas dos Stones, do meu cabelo comprido e sujo (inspirado no de Mick) e da minha semiobscena fivela de cinto — a língua da logomarca da banda. Eu costumava frequentar uma yeshivá, a versão judaica de uma escola paroquial, onde havia normas de vestimenta. Quebrava as regras diariamente, mas, como era um aluno exemplar, eles não tinham coragem de me expulsar.

Quando os Rolling Stones lançaram *Some Girls* em 1978, eu tinha 15 anos e estudava em colégio público. Naquele verão, usei e abusei desse álbum. Ele era tão essencial quanto qualquer coisa do clube CBGB e confirmou a postura libertária dos Stones. O disco transbordava sarcasmo e irritou o ativista político Jesse Jackson, grupos em prol das mulheres e até mesmo a atriz Lucille Ball.

Comprei todo tipo de produto que esse álbum gerou. Desde "Miss You" de 12 polegadas em vinil cor-de-rosa até a foto na capa de "Beast of Burden" e todos os álbuns de áudio da turnê do *Some Girls*.

Estava tão viciado neles que até para a minha primeira vez não dei bola. A menina mais sexy do colégio viera até minha casa, pronta para se entregar. Meus pais estavam no trabalho. Ela se despiu no meu quarto, jogou-me na cama e abriu o zíper da minha calça; subiu em mim, e seus seios e crucifixo roçavam nos meus lábios. Estava a ponto de bala quando o telefone tocou. Tentei ignorar, mas a pessoa insistia em ligar. Fiquei preocupado, achando que poderia ser uma emergência familiar, e finalmente atendi.

Era meu amigo falando de um orelhão, do lado de fora de nossa loja de discos preferida. "Eles estão com o novo álbum ao vivo dos Stones! Do show da semana passada em Passaic! Só tem uma cópia sobrando!" Fechei meu zíper e fui correndo até lá. Perder minha virgindade podia esperar. Os Stones, não.

O único concerto da banda em Nova York naquele ano foi no Palladium, que abrigava apenas 3.300 pessoas. Para comprar um ingresso, era preciso enviar um cartão-postal para a Rádio WNEW e rezar para ser escolhido. Eu lambi um montão de selos, mas nunca fui contatado.

Novamente, eu contava com as publicações *Creem*, *Rolling Stone* e *'NEW* para me manter atualizado sobre a turnê. Os Stones estavam em destaque naquele ano, então muitos veículos pegaram carona com o sucesso deles. Mas a maioria — jornais, programas de notícias — acabaram produzindo asneira. Eles não captavam o sarcasmo dos Stones e, pior, erravam as informações. É difícil dizer quantas vezes li que os Stones abriram o show com "Johnny B. Goode" quando na verdade tinha sido "Let It Rock". Tudo o que conseguia pensar era: "*Aquele* cara viu os Stones no Palladium e eu *não?*"

O episódio do *Album Tracks* fez com que eu chegasse a meu limite. O *Album Tracks* era um programa de TV apresentado por dois DJs da Rádio WNBC chamados Lee Masters e Bob Pittman. Eles veicularam uma matéria sobre o concerto infeliz em Altamont. Disseram que os Stones estavam tocando "Sympathy for the Devil" quando um garoto foi assassinado na multidão, e, assim, eles supostamente ficaram com medo de tocar esta música em público desde então.

Primeiramente, se eles tivessem assistido a *Gimme Shelter*, saberiam que o garoto foi esfaqueado durante "Under My Thumb", e não "Sympathy for the Devil". Em segundo, se eles se importassem ao menos um pouco com os Stones, saberiam que "Sympathy for the Devil" foi tocada muitas vezes depois de Altamont. Tenho os discos dos shows para provar.

Se esses caras não sabem nada sobre a cena mais dramática de *Gimme Shelter*, pensei, então talvez não devessem ser jornalistas de rock. (Pittman, mais tarde, fundou a MTV. Masters se tornou presidente do canal E!). Escrevi uma carta educada para eles, mas recebi uma resposta evasiva: disseram que os fatos relatados estavam baseados numa "enciclopédia do rock" e que manteriam aquela história.

Percebi que eu podia fazer um trabalho melhor do que a maioria dos adultos que cobriam os Stones. E então, em setembro de 1978, munido de uma máquina de datilografia, cisquei informações para a primeira edição do meu fanzine. Era a semana do meu aniversário de 16 anos, e o início do meu último ano no ensino médio.

Os fanzines — ou 'zines, para encurtar — existem há muito tempo. Mas a versão moderna veio à tona com o *zeitgeist* do punk rock de faça-você-mesmo do final dos anos 1970. Os fanzines se orgulhavam de sua aparência precária, a maioria sendo escrita à mão, e não datilografados. O meu era uma combinação dos dois.

Não fazia ideia de onde imprimir, muito menos de quem iria ler minha pequena criação, mas eu não estava nem aí. Meu objetivo principal era divulgar os fatos. Em minha edição de estreia, escrevi sobre o próximo processo judicial de drogas que Keith enfrentaria e sobre a próxima apresentação da banda no programa *Saturday Night Live*. Não estava mostrando nada diferente do *TV Guide*, mas ao menos eu era preciso.

Em 1978, não havia copiadoras em cada esquina e ninguém tinha computador. Se quisesse diagramar uma página, tinha que fazer do jeito difícil: tesoura e cola. "Cortar e colar" significava literalmente cortar e colar. Erros de digitação não eram apagados, eram cobertos por *liquid paper* ou por um negócio em pó que nem sempre funcionava. Uma página simples podia levar um dia para ficar pronta. Mas isso significava que os criadores dos fanzines eram pessoas extremamente apaixonadas e dedicadas aos nossos assuntos. Estávamos ali por amor, não por dinheiro. Batizei o meu de *Beggars Banquet* porque queria que ele fosse — calma — "o banquete de informações sobre os Stones que até mesmo um mendigo conseguiria comprar".

Naquela época, copiadoras eram encontradas principalmente nos *campi* das universidades. Se você não morasse perto de uma, tinha que ir a um banco ou a uma biblioteca, os estabelecimentos que tinham máquinas de fazer cópia. Por dez centavos, você colocava o livro da biblioteca ou o extrato bancário no vidro e, cerca de trinta segundos depois, uma cópia de péssima qualidade saía. Experimentei a máquina do banco da Flatlands Avenue, mas os resultados eram ilegíveis. Foi aí que me lembrei do mimeógrafo do meu colégio. Eu conhecia um monitor voluntário que tinha as chaves da sala. Ele me ajudou a entrar escondido à noite, e mimeografamos cem cópias da minha edição de três páginas. Tudo às custas do Conselho de Ed.

Quando saí da escola com meu fanzine publicado, não tinha ideia do que fazer depois. Minhas cem cópias pareciam lixo, mas ao menos cheiravam bem.

Keith sai da Danceteria na 37th Street. Aquele lá atrás sou eu,
dois dias após minha formatura do colégio, entregando
uma edição do fanzine para Woody.

2
O GRADUADO

Em 1978, o Brooklyn estava no meio da febre de *Os embalos de sábado à noite*. Os caras no colégio queriam ser Tony Manero. Usavam correntes de ouro, cabelos engomados para trás e achavam que era "*tranks falá axim*". As garotas gostavam de vestir jeans Jordache, de imitar Farrah Fawcett e só saíam com caras que se vestissem como Tony Manero. Um garoto ficou tão obcecado por toda essa perfomance que pulou da ponte Verrazano, exatamente como no filme. Deram a ele uma página de tributo no livro escolar do ano.

Toda vez que passava por esses caras no corredor eles me mandavam "cortar meu maldito cabelo" ou me acusavam de não ser do Brooklyn. "*Você num fala comu os cara do Brooklyn.*" Foi difícil fazê-los aceitar meu fanzine, e nenhum deles ligava para o que o bóton "Free Keef" [Liberte Keef] da minha jaqueta significava.

Havia alguns poucos fãs de rock no meu colégio, mas ou eles eram os Floydies ou as Styx Chicks. Os Floydies (fãs do Pink Floyd) citavam *Dark Side of the Moon* em suas conversas diárias e achavam que olhar para o teto em Laserium era algo divertido. As Styx Chicks eram bonitinhas, mas faziam você ouvir "Come Sail Away" antes de você passar uma cantada nelas.

Eu não conseguia entender como a sexualidade, o sarcasmo e a rebeldia dos Stones não atraíam as outras pessoas da minha escola, mas era o que acontecia. Para mim, a aparição áspera dos Stones no *Saturday Night Live* (em outubro de 1978) era os Beatles no *Ed Sullivan*

Show de *nossa* geração, mas meus colegas de classe não a viam dessa forma. Não mostravam interesse algum no meu fanzine rabugento. Cobrava apenas 25 centavos pelo exemplar, mas não conseguia vender nenhum.

O colégio South Shore ficava no bairro de Canarsie, no Brooklyn, e não deixe o idílico nome da escola enganá-lo[1]. Estávamos a um bloco de distância dos projetos de moradia pública e nossa brisa mais próxima vinha da estação de esgoto da Flatlands Avenue. Eu escrevia para o jornal do colégio e, como repórter de cultura, cobri o debate "rock *versus* disco" e a última produção de *Godspell*. Quando escrevi que o ritmo de discoteca era orientado para robôs conscientes da conformidade com que dirigiam suas vidas, quase levei uma surra na aula de educação física.

Eventualmente, encontrei espíritos parecidos comigo nas lojas de discos da cidade como Bleecker Bob's, em Manhattan, e Zig Zag, no, Brooklyn. Se morasse perto de mim e precisasse da última cópia de 45 rpm dos Ramones ou de Elvis Costello, Zig Zag era o lugar. Mostrei meu fanzine ao dono, e ele me propôs vendê-lo por consignação. "Repartiremos o lucro."

Depois ia ao cinema Graham, que exibia filmes à meia-noite perto da Zig Zag. Eles exibiam *The Rocky Horror Picture Show* às sextas e o resto — como *Magical Mystery Tour* e *Jimi Plays Berkeley* — aos sábados. Quando *senhoras e senhores, os Rolling Stones* apareceram, sabia que aquela era minha deixa. Tinha trazido uma pilha de *Beggars Banquets* e fiquei de pé perto da bilheteria. Abordei dois caras que fumavam maconha e disse: "Quanto pagaram por esse baseado? Um pila, certo? Bem, que tal um banquete de informações sobre os Stones pelo preço camarada de 25 centavos?" O que estava com uma camisa do Deep Purple quase me estrangulou. Não vendi nenhum exemplar naquela noite.

Voltei ao Zig Zag para ver como andava a "circulação" da revista. Eles me entregaram 13 centavos e disseram que eu ainda lhes devia metade de um. Tinham vendido o total de um. Enquanto recolhia meus exemplares rejeitados, notei que em um deles alguém tinha escrito: "Que merda é essa?"

---

[1] Na língua Lenape (grupo nativo americano), *canarsie* significa "terra cercada".

Veja bem, eu já havia informado claramente o que era o *Beggars Banquet*. Em grandes letras na capa, escrevi: "Boletim Informativo dos Stones". Usando a palavra "boletim", eu o diferenciei de um fã-clube. Acreditava que havia um lugar para coisas efusivas de fãs — poemas, desenhos — mas o *Beggars Banquet* não seria isso. Eu poderia ter sido um fã, mas era também um jornalista. Então *esse* seria meu ponto de vista.

Assim, mostrei o *Beggars Banquet* para meus pais e professores. Meus velhos ficaram calados, rezando para que fosse apenas uma fase passageira, enquanto meus professores ficaram mortificados. Sr. Weber, o professor de jornalismo, disse que eu precisava buscar "assuntos mais significativos". E sr. Royden, o professor de história, disse que estava desperdiçando meu talento em "bobagem". Eu era seu aluno-modelo, e seu sonho era que eu escrevesse discursos para a Casa Branca. Ele teria ficado mais feliz se eu tivesse imitado Bianca Jagger, a ativista política, em vez de Mick Jagger, "o degenerado viciado em drogas".

Sr. Royden era bem velho — tinha, no mínimo, cinquenta anos — e parecia Theodore Roosevelt. Quando lhe contei que minha intenção era viver o sonho americano de misturar meu *hobby* (os Stones) com minha profissão (jornalismo), ele me fez sentar para ouvir seus conselhos. "Billy", ele disse, "o problema de misturar *hobby* e profissão é que, sim, isso fará seu trabalho parecer divertido, mas às vezes fará com que sua diversão pareça trabalho."

Os fãs de disco achavam que eu tinha pirado. "*Quer dizer que isso num teim nada a ver cum iscola? Isquece disso!*" Eles não conseguiam acreditar que estava me designando um trabalho. Numa sexta à noite, enquanto eles dançavam no L'Amour, eu estava trabalhando no *Beggars Banquet*.

Ninguém entendia que o fanzine era a origem da minha identidade e da minha independência. O fato de não ter nada a ver com a escola era exatamente o ponto principal. O *Beggars Banquet* era inteiramente meu, e ninguém tinha o direito de me dizer o que fazer com ele. Eu amadurecia com as decisões que tinha que tomar: se deveria colocar Mick ou Keith na capa, se o *Saturday Night Live* ou o julgamento de Keith deveria ser a manchete principal. Enquanto a maioria dos jovens encontrava autoestima em um McEmprego, a minha crescia com o *Beggars Banquet*. Não importavam os percalços; eu não ia largá-lo.

Após algumas poucas edições, lidas por quase ninguém, o *Beggars Banquet* encontrou seu caminho. Como um verdadeiro jornalista, adquiri fontes. Pessoas que encontrava em lojas de discos, que avistavam Mick e Keith em boates de Nova York. Por exemplo: quando Keith apareceu inesperadamente na Bottom Line para tocar junto com Dave Edmunds, eu tinha alguém no local. E quando Mick foi presenciar o show de Peter Tosh nessa mesma boate, eu recebi um relatório inteiro. Coloquei tudo no meu fanzine e, em poucos meses, ele foi muito longe do "Que merda é essa?"

Em março de 1979, eu pus um anúncio nos classificados da revista *Trouser Press*: "Quer ser a primeira pessoa a saber o que os Stones estão fazendo? Então leia o *Beggars Banquet*, o fanzine para quem é genuinamente louco pelos Stones." Eu cobrei 35 centavos, mais um selo postal de 15 centavos. As pessoas enviavam uma moeda de 25, uma de dez e selo para o meu quarto, e eu postava para elas a última edição. Quando chegou o verão, eu tinha algumas dúzias de assinantes — três pilas por seis edições — e sentia que era legítimo.

Mas eu sabia que algo estava faltando. Como fã e jornalista, eu queria interagir com os Stones diretamente. E então, em setembro de 1979, quando fazia 17 anos e entrava em meu último ano do colégio, comecei a sair com meus amigos mais velhos para boates famosas de Manhattan. Lugares como Max's, CBGB's, Trax e o Mudd Club. Ainda não tinha idade para beber, mas ninguém me barrou. Assisti a bandas das quais nunca tinha ouvido falar, como os Speedies e os Rattlers, além de outras mais conhecidas, como os Ramones e Johnny Thunders. Mas eu continuava perdendo os Stones. Com uma gravata fininha e sapatos pontudos, eu ouvia "Sim, Mick assistiu aos Contortions ontem à noite" ou "Keith estava aqui para o Doug Sahm".

Em novembro, fiquei sabendo que Mick e Keith estavam produzindo o próximo disco dos Stones no Electric Lady Studio, na 8th Street. Ficava plantado lá fora em pé no frio durante horas. Nunca consegui vê-los, mas meus leitores ficaram impressionados com meu uso da palavra "aqui". Toda vez que escrevia "Mick e Keith estão aqui em

Nova York", eu ganhava dinheiro com o fanzine. Para alguém em Kalamazoo, isso contava muito. Também listei os títulos das músicas do álbum como "Summer Romance" e "Where the Boys Go" seis meses antes de ser lançado.

A fonte daquela informação exclusiva foi Video James, que eu tinha conhecido, coincidentemente, por meio de um dos meus professores. Ele recebeu o apelido de Video James porque possuía a maior coleção do mundo de filmes arquivados dos Stones. Os Stones ligavam para *ele* quando queriam assistir às fitas deles mesmos. Comecei a me corresponder com ele apenas por cartas, mas James acabou se tornando minha fonte principal.

Um dia, ele me convidou para ir ao seu apartamento em Manhattan para uma de suas famosas "maratonas de vídeo", os "*videothons*". Era quando ele fazia a exibição de suas fitas para quantos fãs ele conseguisse acomodar em sua sala de estar. Aceitei seu convite, mas estava nervoso. Era um adolescente inocente, enquanto Video James e seus amigos estavam na faixa dos trinta. "E se me forçassem a tomar drogas?"

Quando cheguei ao apartamento, seus amigos de fato pareciam doidões. Um cara usava botas de pele de cobra, como Keith em *Gimme Shelter*, e as meninas tinham nomes como Anastasia e Seven. Quando os baseados começaram a ser passados de um em um, eu disse: "Não, obrigado." Para minha surpresa, Video James não fumou maconha e pareceu um tanto formal. Ele parecia Clark Kent — cabelo curto, óculos de armação grossa, camisa abotoada —, mas se portava como Ed Norton na série de TV *The Honeymooners*. Costumava ficar bastante alterado quando o assunto eram os pormenores sobre os Stones.

Quando alguém supôs que fora o *Ed Sullivan Show* que marcou a primeira aparição dos Stones na TV norte-americana, ele gritou: "Não! Eles se apresentaram no *Sullivan* no dia 25 de outubro de 1964! Sua primeira aparição na TV dos Estados Unidos foi no programa do Les Crane em 2 de junho. Tocaram 'Not Fade Away' e 'I Just Wanna Make Love to You'. Depois eles foram ao programa de Clay Cole em 20 de junho, onde tocaram 'Tell Me' e 'Carol'." Ele vomitou tudo isso numa única respiração. Ele era peculiar, talvez até um pouco nerd, mas tive uma conexão com ele. Assim como eu, ele era arquivista e historiador, obcecado em transmitir os fatos corretamente.

A maratona durou 14 horas. Assistimos a *Cocksucker Blues,* a todas as apresentações deles no *Ed Sullivan* e ao concerto inteiro no Dallas em 1978. Mas o destaque foi a participação deles no *Saturday Night Live.* Em um episódio que não fora ao ar, os Stones apareceram como eles mesmos, com John Belushi como guarda-costas, Laraine Newman como *groupie* e Bill Murray como o executivo Jerry Aldini.

Video James iniciara sua coleção em 1965, quando comprou uma câmera 8mm para a Academia de Música. Filmou o concerto dos Stones daquele dia e trocou com outros que faziam o mesmo. Mas ele deu um passo além. Como sabia que estações de TV locais raramente arquivavam suas filmagens — eles gravariam em cima de Elvis e os ursos dançantes —, ele perguntou se poderia remexer nos seus tesouros. Os adultos não os consideravam valiosos, então eles disseram: "Aqui está a chave, garoto. Aproveite." Ele acabou revirando até o lixo.

Lá pela metade dos anos 1970, Bill Wyman soube da coleção de Video James e começou a negociar com ele. Bill dizia: "Eu preciso da nossa apresentação no [programa de variedades] *Shindig!* com Howlin' Wolf", ao qual Video James responderia: "Ok, mas você tem que me enviar o clipe *Ready Steady Go!*" Além disso, quando os Stones estavam na cidade, um *roadie* ligava para dizer "Keith quer assistir a um pouco do Otis Redding", ou "Woody quer assistir a Sam Cooke".

Video James pulava num táxi, levando não apenas a mala de fitas para o quarto de Keith, mas a própria câmera. Isso foi bem antes do Betamax ou do VHS, portanto as estações de TV — e aficionados como Video James e Bill Wyman — eram os únicos que possuíam registros daquilo.

Na primavera de 1980, Video James recebeu um exemplar adiantado do próximo álbum dos Stones. Corri para sua casa para ouvi-lo e escrevi sobre a experiência no *Beggars Banquet.* Também consegui fotos adiantadas da capa do álbum com um conhecido na Atlantic Records. Aos 17 anos já tinha um furo mundial. Mas ainda me faltava a conexão em primeira mão com os Stones. Precisava desesperadamente conhecê-los.

Em 24 de junho de 1980, andava pelo corredor em meu capelo roxo e beca em minha formatura do colégio. Dois dias depois, os Stones lançaram *Emotional Rescue*. Para comemorar a ocasião, deram uma festa na danceteria na 37th Street. Achava que não ia conseguir entrar, mas estava decidido a ir de qualquer forma.

A festa estava marcada para as três da tarde, o que era estranho. Não imaginava que Keith estivesse de pé antes disso. Mas esta não era uma *festa* festa: era uma festa *de imprensa*. A programação à luz do dia servia para acomodar o telejornal das seis horas. Cheguei à boate uma hora mais cedo, então a única coisa que vi foram trabalhadores empurrando cabides de roupas.

A imprensa chegou. Observei, desamparado, o bobo do Canal 5 e a garota sexy do Canal 9 adentrarem o local da festa. Eles provavelmente perguntariam: "Qual de vocês é o Ringo?"

Um pouco antes das 15h30, a porta foi fechada e todos os convidados já tinham entrado. Concluí que os Stones entrariam por uma porta secreta. Eu era o único que tinha ficado na rua.

Continuei por lá e, às 16h45, quase duas horas depois do começo previsto da festa, uma limusine preta parou perto do acostamento. Dela saiu Mick, vestido com um terno verde-limão, uma gravata vermelha e óculos escuros. Ele vinha direto na minha direção, e eu o tinha só para mim. Mas ele não estava olhando e entrou rapidamente na boate. Ainda enfiei minha mão no envelope manilha para lhe entregar um *Beggars Banquet*, mas pensei duas vezes. A porta se abriu, a porta se fechou, fim de minha oportunidade com Mick.

Vinte minutos depois, uma segunda limusine parou no acostamento. De lá saíram Keith, Ronnie e Bill. Eles pareceram acessíveis, mas novamente não consegui mostrar meu fanzine. Raciocinei que, se o entregasse a eles agora, eles o perderiam, amassariam ou o jogariam fora.

Fiquei calado enquanto passaram por mim, não por nervosismo. Simplesmente não tinha o que dizer. Eu também estava muito surpreso com o quão pequenos eles pareciam. Sendo um adolescente desajeitado de 1,88m, estava acostumado a olhar de cima para as pessoas que admirava, mas eu imaginava que os Stones fossem maiores que a própria vida.

Com os membros da banda lá dentro, estava eu novamente sozinho na 37th Street. O motivo da festa, descobri depois, era baseado no tema de *Emotional Rescue*. As paredes tinham sido decoradas com garrafas de plasma e telas de raio X e os *barmen* estavam vestidos de cirurgiões. Camisas de força de plástico foram entregues como lembranças da festa. Os Stones responderam às perguntas dos jornalistas e sentaram para tirar fotos.

Uma eternidade se passou até eles saírem de lá, mas na verdade foram apenas 45 minutos. Até então, uma pequena multidão havia se aglomerado na calçada. Transeuntes me perguntavam sobre as limusines e eu dizia: "Os Rolling Stones estão tendo uma festa aí dentro." Cerca de vinte pessoas — que voltavam do trabalho — ficaram ali para vê-los.

Mick apareceu às 17h30. Garotas gritavam "Miiiiiick!", e os caras pediam autógrafos, mas ele não parou. Fechou a cara numa expressão de "não se meta comigo" e entrou na limusine.

Quando Keith, Ronnie e Bill saíram, a cena foi oposta. Eles pararam para cumprimentar as pessoas e distribuir autógrafos. Keith, agarrado a uma garrafa de Jack Daniel's que tinha roubado da festa, foi quem atraiu a maior multidão. Fãs gritavam "Keeeef!" em seu ouvido, mas ele não parecia se incomodar. Ele respondia "Isso aí!" e assinava qualquer coisa que fosse colocada na sua frente.

Keith e Bill estavam bem ocupados, então foquei meu olhar em Ronnie. "Woody", eu disse, "quero lhe mostrar algo: meu boletim de notícias sobre vocês". (Eu não estava sendo pretensioso em chamá-lo de Woody. *Todo mundo* o chamava assim.) Pus o exemplar em suas mãos como um oficial de justiça. Ele riu, olhou para mim por um segundo e disse: "Obrigado, está ótimo." Sabia que ele só havia falado aquilo para não ser desagradável, mas não ligava. Um rolling stone finalmente havia reconhecido meu fanzine.

Woody segurou o exemplar e continuou andando. Mas quando viu que Keith não estava pronto para entrar na limusine, ele estudou meu jornalzinho um pouco. Observou a capa da edição — fotos exclusivas do novo álbum dos Stones — e disparou: "Como é que você tem isso? Só foi lançado *hoje*!"

Os três stones afinal conseguiram entrar na limusine e estavam confortavelmente acomodados. Por alguma razão, as janelas do carro estavam abertas, e eu podia olhar seu interior. Keith olhava por cima do ombro de Woody para ver o que ele estava lendo e, um tempo depois, Woody apontou para mim. Keith olhou para mim e depois para o exemplar. Não sabiam que eu tinha 17 anos ou que tinha me formado no colégio 48 horas antes, mas pareceram perceber que eu mal fazia a barba. Eles sorriram para mim enquanto a limusine partia.

Com Ian Stewart no 75 Rock. Minha primeira entrevista com os Stones.

3
ENTRANDO NO RITZ

Lugar, lugar, lugar. Se existe algum elemento de sorte em minha história é que os stones — Mick, Keith e Woody — moravam no mesmo lugar que eu. Se Picasso teve um "período azul" e Orson Welles um "período de filme *noir*", então esse era o "período em Nova York" dos Stones.

Eles escreveram canções sobre a cidade — seu novo álbum deu voz à 8th Street — e se tornaram parte dela. Quando Mick cantou sobre caminhar pelo Central Park e sobre *schmattas* na 7th Avenue, ele estava falando de sua experiência. Quer dizer, quantos não nova-iorquinos sabem o que *schmatta* significa? ("pano", em iídiche).

Diferente de seus semelhantes famosos, os Stones não se escondiam atrás de fossos. Enquanto o Led Zeppelin se hospedava em castelos medievais com o cara da banda Grim Reaper, os Stones se espremiam com multidões em boates em Nova York. Com frequência subiam no palco para uma apresentação de improviso.

Eles se sentiam confortáveis na cidade, e eu adorava o fato de que estavam andando pelas mesmas ruas e bebendo a mesma água de torneira que eu. Detalhava obsessivamente suas explorações noturnas em uma coluna chamada "Where the Boys Go".

É óbvio que, quando a maioria das pessoas pensa em Nova York, elas pensam em Manhattan. Os arranha-céus, a atividade e a confusão. Mas eu morava no Brooklyn, onde alguns quarteirões tinham árvores. Morava em uma casa de vila, sem garagem ou jardim da frente. Não éramos pobres, mas estávamos longe de ser ricos.

Da janela do meu quarto conseguia ver trechos do horizonte de Manhattan — o Empire State Building, o World Trade Center — e sabia que era onde queria estar. Até mesmo quando criança, eu sabia que lá era onde o que havia de melhor estava acontecendo. Ali era onde Felix e Oscar [do filme e da série de televisão *The Odd Couple*] moravam, onde o desfile da Macy's tinha acontecido e onde as estações de TV e rádio estavam. E agora era o lugar onde podia encontrar os Stones. Mick, Keith e Woody mantinham seus apartamentos em Manhattan e um escritório no centro chamado Rolling Stones Records.

Em setembro de 1980, comecei a percorrer todo dia o caminho do Brooklyn até Manhattan. Era aluno na Universidade de Nova York, onde me graduei mais tarde como jornalista. Havia sido aceito em várias escolas com uma boa grade curricular em jornalismo, mas escolhi a NYU por uma importante razão: estar mais perto dos Stones.

Após meu primeiro dia de aula, arrisquei ir ao Rolling Stones Records. Eu não tinha marcado horário, mas isso não me deteve. O escritório estava localizado no Rockefeller Plaza, número 75, perto da famosa pista de patinação no gelo. Entrei no elevador até o 12º andar — não havia segurança naquela época — e encontrei uma porta com o desenho da grande língua vermelha. Entrei na área de atendimento e disse à garota: "Oi, quero lhe entregar minha *newsletter*."

Ela tocou nervosamente o interfone, e lá de dentro saíram Earl McGrath e Art Collins, o presidente e o vice-presidente da companhia. Folhearam meu exemplar e fingiram que gostaram. Até o faz-tudo do escritório pegou uma cópia.

Nós cinco já tínhamos criado uma comoção na entrada, então uma mulher saiu de sua sala para ver o que estava acontecendo. Era uma morena alta com muito busto e voz nasalada. Troquei algumas poucas palavras com ela, mas percebi que ela era meio estressada. Ela não me contou o que fazia ali, mas seu nome era Jane Rose.

O sr. Collins me deu uma camisa de força do álbum *Emotional Rescue* de presente e prometeu me convidar para a próxima festa da banda. Também prometeu repassar meus exemplares do *Beggars Banquet* para os Stones. Pensei que estava apenas querendo ser gentil.

Pouco tempo depois, descobri que Mick estava morando em Central Park West, a uma esquina de John Lennon. Visitei o edifício e entreguei um exemplar da última edição dentro de um envelope manilha para o porteiro. Na tentativa de fazer parecer que era uma visita oficial — ele podia ver que não era o carteiro ou o cara do FedEx —, eu disse: "Por favor, assegure que o sr. Jagger receba isto." Acabou se tornando minha nova rotina. Toda vez que publicava uma edição, deixava alguns exemplares na Rolling Stones Records e um com o porteiro de Mick. Se os Stones realmente recebiam os exemplares, eu não fazia a menor ideia.

Ouvi de alguém que Woody estava morando em um apartamento perto da NYU, então tentei rastreá-lo. Disseram que ficava na Bedford Street, saindo de Barrow. Patrulhei o quarteirão, esperançoso de encontrá-lo fumando. Até conferi os nomes no interfone, na esperança de que ele estaria na lista.

Keith era impossível. Recebi a informação de que ele tinha um apartamento na 10th Street, mas tinha sido expulso devido ao barulho. (A inspiração para "Neighbors".) Ele estaria agora na 28th Street ou em algum prédio perto do Washington Square Park ou talvez no Plaza Hotel.

No final de 1980, com 18 anos, aprofundei minha procura indo de boate em boate, mesmo nas noites durante a semana. Ainda morava com meus pais, mas saía escondido e pegava o trem para Manhattan. (Nunca aprendi a dirigir.) Usando o bom senso e um pouco de trabalho de detetive das antigas, tentava prever onde Mick, Keith ou Woody poderiam estar. Eu sabia que Keith curtia reggae, então arriscava ir até shows de Max Romeo, Black Uhuru e Toots Hibbers. Mas eu era a única pessoa branca na plateia.

Sabia que Keith fazia um som com Matt "Guitar" Murphy no Trax e que Woody tocava com o Inner Circle no Peppermint Lounge, por isso sondei também nesses lugares. Além disso, frequentava uma nova boate chamada Ritz, porque foi onde Keith viu Jerry Lee Lewis e onde Mick descobriu um novo cantor chamado Prince. O dono do Ritz era amigo de Mick e Keith, portanto os músicos se sentiam à vontade ali.

Quando Chuck Berry foi ao Ritz em 1981, eu estava louco para vê-lo. Infelizmente, minha carona desistiu de ir no último instante e já era muito tarde para pegar o trem. Keith apareceu, e, apesar de não ter subido no palco, foi uma noite digna de registro: após o show, Keith foi ao camarim cumprimentar Chuck.

Chuck estava de costas, e Keith agarrou o ombro dele para sinalizar que estava ali. Mas Chuck não gosta de ser tocado, então ele se virou como um relâmpago e deu um soco no rosto de Keith.

A história se tornou parte da doutrina dos Stones, mas, naquela época, o *Beggars Banquet* foi a única publicação a cobrir o episódio. Video James foi a testemunha ocular, e a primeira coisa que fez na manhã seguinte foi me ligar para contar. Imediatamente digitei a notícia e a levei para uma copiadora. "Keith Hits the Ritz (and Berry Hits Keith)"[2] foi minha manchete. Keith disse que Chuck era a única pessoa no mundo que poderia lhe dar um soco e continuar vivo.

Por sinal, os Stones nunca iam a essas boates com guarda-costas. Entravam como clientes comuns. Quando finalmente os encontrei pela cidade, foi fácil para me aproximar. Não pedi autógrafos, nem mesmo um aperto de mão. Só queria lhes entregar o último exemplar do meu jornal e ir embora. Mas às vezes eles não me deixavam ir. No Savoy, uma noite, Keith disse: "Eu gosto de lê-los na lata!", e no show de Peter Tosh, no Ritz, Woody disse: "Estou com *este*, mas onde está o *próximo*?"

Isso significava que os Stones realmente estavam recebendo meus exemplares no Rolling Stones Records. E não os jogaram fora. Quando entreguei uma edição a Bobby Keys uma noite no Ritz, ele disse: "Acabei de ver o jornalzinho na mesa do café da manhã de Keith. Ele estava falando de você."

Keith? Falando de *mim*? Momentos como esses me deixavam em êxtase de felicidade.

Ainda não tinha certeza se Mick estava recebendo meus exemplares — tentei lhe entregar um no Ritz, mas não consegui sua atenção — até que um *paparazzo* me confirmou a informação. Ele estava cercando a casa de Mick e o viu segurando uma edição enquanto entrava numa limusine. O *paparazzo* perguntou: "Você lê o *Beggars Banquet*?", e Mick respondeu: "Sim, este garoto sabe o que estamos fazendo antes mesmo de a *gente* saber!"

No decorrer das minhas idas de boate em boate, fiz amizade com um número bem razoável de *paparazzi* e fotógrafos de shows, que sondavam as boates na esperança de registrar algo especial. Em 1980 e

---

[2] A tradução do título para o português perde a brincadeira que o título quis fazer com a sonoridade e o sentido das palavras. Em tradução livre, seria "Keith vai ao Ritz". (e Berry atinge Keith).

início de 1981, os *paparazzi* não eram tão difamados quanto hoje. Principalmente os que se dedicavam a astros do rock. Alguns poucos eram irritantes, mas eles não estavam interessados em momentos do tipo "Ah! Peguei!" e não estavam sendo acusados de matar princesas . O *Entertainment Tonight* nem sequer existia.

Com a ajuda dos *paparazzi*, pude sustentar minhas histórias mais estranhas ou interessantes. Se publicasse que Mick, disfarçado com uma longa barba, andava de patins em alta velocidade, eu mostraria Mick, todo barbudo, de patins. Quando informei com exclusividade que Pete Townshend gravou uma faixa de "Slave", a nova canção dos Stones, apresentei fotos dele com Mick, tirados logo após deixarem o estúdio. E, quando os Stones gravaram o clipe de "Waiting on a Friend" em uma rua do centro da cidade, eu revelei as fotos antes mesmo de a MTV existir.

Os *paparazzi* sabiam que o *Beggars Banquet* era um trabalho feito por amor, por isso me doavam as fotos. Acabava funcionando para deles, já que poderiam dizer aos Stones: "Ei, estou fotografando isto para o *Beggars Banquet*", e os Stones realmente posavam para eles.

Tudo estava andando maravilhosamente. Com a propaganda boca a boca, a tiragem aumentou para quase mil exemplares. Aumentei meu preço para quatro dólares por ano, e alguns assinantes se ofereceram a pagar *mais*. Alguns me enviavam uma nota de cinco dólares, mas eu mandava o troco pelo correio. Os leitores adoravam o fato de eu ser um fã e de nunca ter tido uma atitude superior de "mais abençoado que você" em relação aos Stones. Diziam: "Você faz os Stones parecerem humanos, como se qualquer um pudesse esbarrar com eles em Nova York."

Sentia uma maravilhosa sensação de dever cumprido, mas, para um rapaz de apenas 18 anos, era incrivelmente ocupado: entre a faculdade e o *Beggars Banquet* não tinha tempo para namorar, nem de praticar esportes ou para aulas de direção. E, apesar de ficar muito feliz com o reconhecimento dos Stones, ainda sentia alguma coisa faltando: a *Creem* e a *Rolling Stone* entrevistavam os Stones quase sempre e tinham feito coberturas das turnês da banda. Quando *eu* teria essa chance?

Numa manhã de 1981, minha mãe disse: "Tem um tal de Art Collins ao telefone." Pulei da mesa do café e atendi a ligação. Art agora estava à frente do Rolling Stones Records — Earl McGrath tinha se aposentado — e disse que eu poderia entrevistar Ian Stewart *naquela tarde*. Eu tirei o pijama, peguei o gravador e saí correndo pela porta até lá. Fui escrevendo as perguntas na estação de metrô.

Ian, ou "Stu", como era mais conhecido, foi um membro fundador dos Stones. Será conhecido para sempre como o "sexto stone", mas cronologicamente fora o *segundo*. Ele e Brian Jones fizeram o teste com os outros. Mas a primeira coisa que Andrew Oldham fez, quando se tornou o empresário da banda, em 1963, foi cortá-lo. Os stones amavam Stu, que então continuou a tocar em seus shows, geralmente escondido no fundo do palco.

Ele estava em Nova York para promover um álbum da Rocket 88, a banda de jazz *boogie-woogie* que ele tinha formado com Charlie Watts. Morava em uma área tranquila da Inglaterra, onde seus conhecidos eram trabalhadores e fazendeiros de porcos. "Ainda moro no mesmo lugar que morava antes de os Stones se formarem", ele disse. "Ainda vejo caras que não têm nada a ver com a música."

Nunca fiquei nervoso perto de Mick, Keith ou Woody, mas estava assim ao conhecer Stu. Ele era um purista da música e tinha pouca paciência para essas baboseiras. Ele odiava a situação atual da música — os sintetizadores, as cabeleiras armadas — e odiava quando as bandas, incluindo os Stones, colocavam a fama antes do trabalho. Quando a banda o irritava, ele se referiria a eles como "minhas chuveiradas de merda" e eles ouviriam tudo. É por isso que eu estava nervoso. Se ele achava que os Stones eram estrume, eu não estaria na colocação nem de um pedaço de meleca.

Mas no instante em que o conheci, fiquei tranquilo. Ele falava com suavidade e vestia uma camisa polo discreta e sapatos Hush Puppies. Ele era muito simpático e me ensinou sobre os músicos de jazz *boogie-woogie*, como Wynonie Harris e Louis Jordan.

Ele se abriu comigo sobre o início da carreira dos Stones e como ele os alimentara: "Mick tinha a concessão da universidade, mas Keith e Brian não tinham nada." E ele disse que ser cortado da banda foi uma bênção disfarçada: "Eu não gosto de rock'n'roll como meio de vida. Acho horrível. É legal subir lá e tocar… mas depois quero um pouco de paz e sossego. Costumava presenciar Bill Wyman voltar ao seu hotel só com metade de suas roupas!"

Stu pode ter sido um "semi-stone," mas isso foi uma grande conquista para meu fanzine. Os leitores adoraram. Estava prestes a colocá-lo na próxima capa, mas troquei no último momento. Uma declaração do Keith foi a grande notícia. "Estaremos em turnê este ano", anunciou ele. O momento pelo qual todos nós esperávamos.

Keith reserva um tempo em sua festa de aniversário para ler minha edição no palco.

4

O HAMPTON GANHA VIDA

Entrei na cozinha e contei aos meus pais: "Estou deixando a faculdade para seguir os Stones." Eles não aceitaram isso nada bem. Mas, assim que levantamos mamãe do chão, eu prometi: quando a turnê de 1981, *Tattoo You*, terminasse, eu retornaria à universidade.

O lançamento oficial da turnê foi em 25 de setembro, no Estádio JFK, na Filadélfia. Mas os Stones fizeram antes um show de aquecimento em segredo num bar em Worcester, Massachusetts. Apenas 350 pessoas entraram no Sir Morgan's Cove, e eu não era uma delas. Quando fiquei sabendo da surpresa, não consegui sair do Brooklyn e percorrer os 322 quilômetros a tempo. Quase chorei e jurei que "nunca mais".

Alguns poucos dias depois, recebi uma segunda chance. Video James me ligou, frenético: "Eles vão fazer um show secreto em Rhode Island amanhã! Só 305 lugares!" Disse que os ingressos seriam vendidos pela manhã, então teríamos que sair imediatamente. Peguei minha escova de dentes e saí correndo pela porta.

Como eu, Video James não dirigia. E a empresa de ônibus não conseguiria nos levar até Providence durante a noite. Então Video James telefonou para alguns amigos que tinham carro. Contou que lhes revelaria o segredo se nos dessem uma carona. Eles aceitaram, mas acabaram contando para mais dois amigos, que contaram para dois amigos, e assim por diante. Quando nossa carona apareceu, parecia mais uma caravana.

Achávamos que éramos as únicas pessoas no mundo que sabiam do show secreto, mas, enquanto corríamos pela I-95, a mídia em Providence acabou pegando o gancho. Por mais estranho que possa parecer atualmente eles interromperam a programação diária: "Interrompemos este episódio de *Dallas* para um boletim especial. Os Rolling Stones irão tocar no Centro de Artes Ocean State amanhã à noite. Os ingressos vão ser vendidos amanhã de manhã às 8 horas na frente do teatro. Então vão para lá *agora*!" Estou parafraseando, mas não embelezando.

Assim que chegamos lá, por volta da meia-noite, centenas de pessoas estavam em frente ao teatro. Algumas tinham trazidos cadeiras de gramado e outras, sacos de dormir. Alguns, como nós, sentaram em seus carros com as portas abertas.

Os policiais tentaram tirar todo mundo. Um sargento pegou um megafone e disse "Nenhum ingresso será vendido aqui", mas ninguém acreditou. "Não saio daqui até receber um sinal dos céus", o cara do meu lado brincou. Então, uma leve chuva começou a cair.

Video James entrou num orelhão e ligou para seu contato na organização dos Stones. Ele pulou dentro do carro, gritando: "Vamos dar o fora daqui! Os ingressos estão em outro lugar!" De acordo com sua fonte, o local era o estacionamento entre a Union Station e a State House. Dirigimos até o local e éramos os únicos lá. O portão estava trancado, mas estacionamos de qualquer forma. Assumimos que, de manhã, o estande de atendimento se transformaria em uma bilheteria.

Esperamos nos carros durante horas e, quando amanheceu, tínhamos companhia. Uma estação de rádio tinha vazado a nova informação, então quarenta carros estavam atrás de nós, dando voltas pelo quarteirão. Às sete horas, um cara barrigudo com um boné do Red Sox veio mancando em nossa direção, mastigando um charuto e segurando um copo de café. Olhou para todos aqueles carros e parecia confuso; destravou o portão e entrou no estande. Nós nos aproximamos e perguntamos: "Qual o número máximo de ingressos por pessoa?"

"Como é que é?"

"Para o show de hoje à noite dos Stones. Quantos podemos comprar?"

Ele olhou para nós como se fôssemos loucos. “Sobre o que diabos vocês estão falando?”

Explicamos a história e ele quase engoliu seu cigarro. “Você não está entendendo. O que tenho aqui é um estacionamento, não uma bilheteria.”

Em minutos, os policiais apareceram com um anúncio previsível: “Não haverá show dos Stones esta noite. Repito. Não haverá show. Removam seus carros da área e saiam imediatamente.”

Os policiais estavam certos. Os Stones tinham de fato marcado o show, mas o cancelaram no último instante devido ao vazamento para a imprensa. A administração temeu que houvesse uma repetição do que já tinha acontecido no Sir Morgan's, onde os fãs que não tinham conseguido entrar jogaram garrafas e partiram para a violência. Eles esperavam entrar em Providence em silêncio, mas agora já era tarde. “A imprensa estragou tudo”, disse o porta-voz da banda.

Uma matéria de primeira página no *Providence Journal-Bulletin* citou a declaração de um fã que havia acampado a noite inteira na chuva. “Os Stones”, ele disse, “gostam de perturbar a cabeça das pessoas”. Na capa da edição seguinte do *Beggars Banquet*, escrevi: “A insanidade começa.”

O primeiro show dos Stones a que fui foi com noventa mil dos meus amigos mais próximos no Estádio JFK. Comprei um ingresso em uma máquina da Ticketron, e meu assento ficava nas últimas fileiras. Os Stones pareciam farelos num sorvete. Encontrei alguém para me dar uma carona do Brooklyn até a Filadélfia. Na verdade, ele estava indo para o show, mas para ver só a abertura do Journey. Implorei para que ficasse o show inteiro.

Eu ainda queria assistir aos Stones em um local pequeno e fiquei sabendo que eles estariam no Fox em Atlanta. Com 3.960 lugares, seria o menor show da turnê, sem contar com o do Sir Morgan's. Os ingressos começaram a ser vendidos no meio da noite — após um anúncio-surpresa na Rádio 2 AM — e esgotaram rapidamente. Video James disse para eu não me preocupar: “*Eu* colocarei a gente dentro.” Sugeriu que pegássemos o próximo voo para a Flórida, assistíssemos aos Stones no Tangerine Bowl e depois fôssemos de carro com seus amigos ver o show de 26 de outubro em Atlanta.

Aos 19 anos, foi minha primeira viagem de avião. Voamos pela PEOPLExpress, uma nova companhia aérea que dava descontos. Não precisava de passagem, bastava comparecer e embarcar. Pagávamos a nossa tarifa após a decolagem, em pleno voo, sem ter que mostrar a identidade.

Pousamos na Flórida e fomos direto ao Tangerine Bowl, em Orlando. Não tínhamos ingressos, mas Video James tinha dito que não precisaríamos de um. Fiquei apenas olhando enquanto ele se aproximou de uma segurança e disse: "Estamos aqui com JC." O guarda falou pelo seu *walkie-talkie*, e deixaram a gente entrar no estádio sem os ingressos. Não sabia quem era esse tal de JC, mas apenas a menção dessas duas iniciais abençoadas havia feito milagre.

Durante a ida a Atlanta, os amigos de Video James, todos na faixa dos trinta, relembraram as façanhas dos Stones: "Lembra o show em Myrtle Beach?", "E o Cobo em 1972?" Sentia como se não tivesse nada a contribuir, então tentei desviar a atenção. Perguntaram quantos anos eu tinha, e deixei escapar "vinte" porque soava mais adulto do que dezenove. Em determinado momento, Video James nos presenteou com sua famosa história de "James Saquinho".

O incidente acontecera alguns dias antes da aparição dos Stones no *Saturday Night Live* em outubro de 1978. Video James estava num ensaio privado e com um saquinho no colo. Jane Rose, a morena da Rolling Stones Records, perguntou-lhe o que havia dentro do saquinho, e ele disse que havia um sanduíche de sardinha. Ela não acreditou e o obrigou a abri-lo. Foi aí que ele admitiu que o saquinho continha um gravador, mas disse: "Não estou gravando nada! Estou com ele por coincidência!" (Isso, enquanto ele secretamente apertava o botão para parar a gravação.)

Todos no Studio 8H, inclusive os Stones, ouviram a conversa. Video James alegou que Bill Wyman tinha liberado seu gravador, mas Bill não o defendeu. E Keith e Woody diziam: "Ele não é *Video* James, ele é James *Saquinho*!"

Durante meses, se não anos, uma nuvem de suspeita pairou sobre sua cabeça. As pessoas o acusavam de ser um contrabandista. De vez em quando o deixavam entrar — e disponibilizavam *alguém* da organização para ajudá-lo —, mas não lhe era dado mais o acesso que costumava ter.

Quando finalmente chegamos ao Fox, o teatro parecia uma casa de loucos. Milhares de fãs abarrotavam a Peachtree Street à procura de ingressos. Os cambistas estavam cobrando quinhentos dólares, e havia um cara vendendo uma camiseta na qual estava escrito: "Eu perdi o show dos Stones no Fox, 26/10/81." Video James nos cobrou cinquenta dólares cada, pediu que esperássemos na esquina e desapareceu.

Ficamos em pé lá durante quase uma hora. O show estava marcado para as oito, mas já eram oito e meia quando ele voltou correndo, dizendo, "Peguem *estes*." Não eram ingressos, mas algum tipo de passe. Entramos pela porta de trás do palco, mas não pudemos encontrar os Stones.

A banda entrou no palco, e era tudo o que mais queria. Diferentemente do Estádio JFK, os Stones interagiram bastante com o público. Mick aceitou buquês de flores e, durante "Miss You", ele mergulhou na multidão. Meu passe me permitiu ficar na frente; então, tanto como um fã quanto como um repórter, isso foi um sonho realizado.

No início de novembro, os Stones acamparam em Nova York. Dois concertos no Madison Square Garden e três na Brendam Byrne Arena. Ingressos para todos os cinco shows foram distribuídos por lote. Cada lugar tinha capacidade para vinte mil pessoas, então a demanda era alta e a oferta era baixa. Apenas cem mil ingressos para o maior mercado na América.

Todos tinham 48 horas após o anúncio da rádio para fazer o pedido pelo correio. Milhares de fãs saíram do trabalho para escrever em envelopes o dia inteiro, mas se confrontaram com um dilema. O anúncio da rádio dera o endereço "New York, NY 10116" que não existia.

As pessoas ficaram frenéticas. "O que devo fazer? Colocar o CEP que deram pela rádio ou colocar o CEP que faz sentido?" Naquela época, os códigos postais de Nova York começavam por 100, sem exceções. "E se eu colocar o errado e a carta não chegar lá a tempo?" Conheci pessoas que tiveram colapsos nervosos por causa disso.

Depois havia o pânico da postagem. Os selos estavam prestes a subir de preço, de 18 centavos para vinte centavos. "Coloquei o selo atual no meu envelope, mas e se os Stones não me responderem até *depois* do aumento? Eu nunca receberei meus ingressos!"

Fãs estavam tendo ataques do coração, mas eu estava relaxado. Video James disse que conseguiria me inserir em todos os cinco shows. Tudo o que precisava era entregar um Sony Walkman para cada. Fui até o Crazy Eddie's, comprei cinco Sony Walkmans (Walkmen?) e os deixei em sua porta. Depois, na noite de cada show, encontrava-me com ele fora da arena e recebia meu ingresso. Os assentos eram muito bons, e a rotina se tornou tolerável. A parte massacrante era a espera. Duas vezes, Video James não apareceu com meu ingresso até os Stones já estarem no palco.

Uma noite, do lado de fora do Madison Square Garden, puxei conversa com outra pessoa que também estava esperando por ele. "Essa coisa de trazer um Walkman não é estranho?, perguntei-lhe. "Isso não é nada", ela me respondeu. "Nesta turnê, são eletrônicos. Na turnê passada, eram produtos para fazer um pátio. Contribuí na verba para uma piscina no show do Palladium."

Eu não tinha certeza como isso funcionava, mas ela suspeitava que aquele JC estava envolvido. Tudo de que sabia era: um Walkman custava trinta dólares e um ingresso do Stones custava 15 — uma margem de lucro bem pequena por um assento garantido. Os Stones receberam 3,5 milhões de pedidos (e foi por isso que ganharam um código postal próprio), então me senti privilegiado e fiquei de boca fechada. E se aquele JC realmente estivesse envolvido, nunca o conheci. Meu único contato tinha sido Video James.

Até dezembro, eu já tinha experimentado uma boa parte da turnê. Tinha ido ao maior (Estádio JFK) e ao menor local (o Fox). Vi shows no norte, no sul e em cada mês desde o início da turnê (setembro, outubro, novembro). Mas em nenhum momento das viagens estive perto dos Stones. Isso estava prestes a mudar na Virgínia, a última parada da turnê. Dois shows no Hampton Coliseum, 18 e 19 de dezembro.

Video James fez nossa reserva no Hotel Hilton perto de Williamsburg. Éramos vários num quarto só. Como era o mais novo, dormi no chão. Quando Video James disse que tinha reservado nosso quarto no mesmo hotel dos Stones, não acreditei. Mas, minutos após o *check-in*, avistei Bill Wyman no hotel do restaurante. E, durante o fim de semana, avistei Shirley Watts bebendo cerveja no café da manhã,

Ian Stewart comprando um jornal, e o filho de Keith, Marlon, inserindo moedas numa máquina de videogame. Iludi-me em pensar que estava embebido com o ambiente, como Chet Flippo da *Rolling Stone* costumava ficar.

O show de 18 de dezembro, que caíra no aniversário de 38 anos de Keith, foi transmitido em *pay-per-view*. O repertório da banda não tinha nada de diferente, mas eles adicionaram alguns adereços de palco. Rampas especiais e empilhadeiras pantográficas permitiam que a banda chegasse mais perto do público. Mick andou pela multidão durante "Let Me Go", Woody se pendurou de uma empilhadeira durante "You Can't Always Get What You Want" e Keith brindou o seu próprio aniversário antes de "Little T & A".

Porém, a cena mais estranha ocorreu durante "Satisfaction". Enquanto balões choviam do teto, avistei alguém de esguelha, correndo por uma rampa. Primeiro pensei que pudesse ser um *roadie*. Mas ele ganhou velocidade e ia diretamente na direção de Keith. O aniversariante não ficou nem um pouquinho feliz ao ver esse cara, então ele tirou sua guitarra e a jogou na cabeça dele. Os seguranças levantaram o garoto — nunca mais se soube dele —, e Keith pôs sua guitarra de volta como se nada tivesse acontecido.

Depois do show, Video James disse que JC nos faria conseguir entrar na festa de aniversário dos bastidores. Aguardamos na arena vazia, mas JC nunca apareceu. Em vez disso, chamamos Art Collins, que pediu para os seguranças nos deixarem entrar.

Art era um homem de palavra. Ele tinha me dito um ano atrás que me colocaria dentro da próxima festa dos Stones, e lá estava eu. Ao entrar na sala de banquete, Bill Wyman estava na porta, cumprimentando os convidados. Mick estava num canto, usando um capuz de ski e uma expressão de "não chegue perto de mim".

A sala estava decorada para o Natal, com soldadinhos de madeira e bastões de doces gigantes. Keith entrou em certo momento, elegantemente atrasado. Iniciamos a canção de "Feliz Aniversário", enquanto ele ficava de pé na frente do bolo. Pegou uma imensa faca e a enfiou na palavra "Feliz". Serviu fatias para a filha de nove anos Dandelion e ao filho Marlon, de 12.

Depois, passeou pela sala e cumprimentou os convidados. Quando chegou a mim, abri meu envelope manila e disse: "Você já tem a última edição?" Pegou o *Beggars Banquet* número 24 e zombou: "Eu tenho *agora*." Ele o enrolou em sua mão esquerda e continuou cumprimentando os demais. Não achei que o exemplar sobreviveria à festança, mas foi gentil da parte dele recebê-lo.

Em seguida falei com Woody, e contei para ele que adorei o show. Ele disse estar surpreso por Keith ter partido para cima daquele garoto com sua guitarra, mas Keith havia dito: "Ah é? Como saber se ele não estava com uma faca ou um revólver?" John Lennon tinha levado um tiro um ano antes e, nos últimos meses, o presidente Reagan, o papa e Anwar Sadat tinham sido alvos. Não eram mais os anos 1960, quando as garotas corriam para o palco atrás de uma mecha do seu cabelo. Agora seu maior fã podia enfiar uma bala em você.

Enquanto conversava com Woody, Keith deixou sua festa temporariamente. Sem que a maioria dos convidados soubesse, ele se retirou para a área do palco. As luzes da casa estavam acesas e a arena, vazia. Os *roadies* já estavam empacotando tudo. Mas Keith pulou no palco, desenrolou seu *Beggars Banquet* e sentou para lê-lo. Um momento genuíno, nada fabricado. Sei que isso aconteceu, porque alguém tirou uma foto.

Quando deixamos o Coliseum aquela noite, um amigo de Video James desembrulhou um guardanapo e me mostrou o seu *souvenir*. "Peguei uma fatia do bolo de Keith", ele disse, "e vou deixá-la no congelador para sempre." Ele me perguntou porque não tinha feito o mesmo, e eu lhe disse: "Estou aguardando uma fatia maior."

"Não sabia que haveria um programa", disse Woody.
"Não haveria", disse a ele, "eu fiz isso sozinho."
(Keith se ofereceu para grampear.)

5
ESPERANDO UM AMIGO

O melhor presente de Natal/Chanuca que ganhei não veio embrulhado com um laço nem apareceu acidentalmente. Era dezembro de 1982, e eu tinha pegado o metrô da universidade até a Rolling Stones Records. Era hora de deixar lá minha última edição.

O Rockefeller Plaza estava formigando de pessoas, todas admirando a famosa árvore de Natal, mas o escritório dos Stones estava vazio. Estranhamente, a porta estava destrancada. Acomodei-me no sofá e folheei algumas revistas, achando que alguém apareceria.

Quinze minutos depois, Jane Rose entrou e disse que todo mundo estava lá embaixo curtindo a festa da Atlantic Records. Animadamente lhe entreguei meu *Beggars Banquet* e disse: "Acabou de sair do forno."

Ela avisou que teria que voltar para a festa e que tinha subido apenas para dar um telefonema. "Mas não saia até eu desligar", ela complementou. "Tenho algo para *você* também." Ela se sentou à mesa da recepção e começou a discar. Tentei não ficar ouvindo a conversa, mas era inevitável.

"Ele quer ambas as guitarras", eu a ouvi falando. "Você pode trazê-las hoje? O nome é Hurrah. Richard Hurrah. Quarto 323. Sim, é 58th com 5th." Quando desligou o telefone, ela abriu a gaveta e tirou um calendário em formato de língua. "Feliz Natal", ela disse, "do Rolling Stones Records".

E foi isso. O melhor presente de Natal que eu já ganhei. Não me refiro ao calendário, é claro, mas à conversa ao telefone. Jane tinha me fornecido, sem querer, a localização de Keith e, mais importante, seu atual pseudônimo. Ela nunca faria isso de propósito. A 58th com 5th significa o Plaza Hotel, e o resto estava na cara.

Agradeci o presente e saí correndo como Jesse Owens. Corri sete quarteirões até o Plaza em dois minutos. Pela primeira vez, eu tinha o endereço fixo de Keith. Antes, a única forma de lhe entregar um exemplar em mãos era dentro de uma boate barulhenta ou numa festa. Mas agora eu sabia onde ele morava, ao menos pelo resto do dia.

Cheguei à recepção e pedi um envelope e papel. Escrevi "Espero que goste da nova edição" e enderecei "Richard Hurrah, Quarto 323". Deixei o jornal com o porteiro e disse: "Por favor, certifique-se de que o sr. Hurrah receba isto."

Estava prestes a sair do hotel quando tive uma ideia. Olhei para o interfone no saguão. Poderia? Deveria? Entrei na linha e perguntei pelo sr. Hurrah. Meu único objetivo era que ele soubesse que meu exemplar o estava esperando no térreo. A telefonista perguntou quem estava ligando e eu, na minha animação, apenas disse: "Bill." Ela me colocou na espera e voltou segundos depois: "Seu *sobrenome*, por favor?"

"Ah, sim! Desculpe! German. [Alemão] Como o país. Na verdade, como uma pessoa daquele país — o que eu não sou, aliás." Clique. Ela me colocou na espera.

A voz que ouvi a seguir pertencia a Richard Hurrah. Mais conhecido como Keith Richards. "Estou feliz por ter ligado", disse ele. "Estava querendo me encontrar com você."

Quase deixei o telefone cair. Será que ele achava que estava falando com Bill *Wyman*? Será que ele não tinha entendido a telefonista?

"Gostei muito do seu jornal", ele complementou. "Temos que nos encontrar. Fazer uma entrevista para ele."

"Ah, ok", gaguejei. "Quando... quando pretende fazê-la?"

"Bem, hoje tenho que fazer compras de Natal, mas me ligue amanhã por volta deste horário." Clique. Sua despedida foi ab-rupta, mas era clássica de Keith.

No dia seguinte, liguei para ele do meu quarto no Brooklyn. "Iremos fazê-la", ele prometeu. "Mas estou prestes a sair para a casa dos pais de Patti. Vamos tentar após o feriado."

Liguei depois no Natal, mas ele continuou adiando. Nossa dança continuou durante dias, depois semanas, e se tornou um ritual: eu ligava para o Plaza, a telefonista verificava, Keith recebia minha ligação e dizia que estava ocupado. "Tente amanhã. Saberei melhor o que tenho que fazer."

Sabia que suas desculpas eram legítimas. Não apenas era a época de férias, mas os Stones estavam prestes a lançar seu filme-show *Let's Spend the Night Together*. Então, quando ele dizia "Vou ver Marlon hoje à noite" ou "Tenho que participar de uma filmagem", ele não estava apenas me dispensando. Ele poderia se livrar de mim pedindo para a telefonista não me colocar na linha. Em vez disso, ele aceitava minha ligação e me instruía a não desistir.

À medida que dezembro de 1982 se transformava em janeiro de 1983, suas desculpas mudaram um pouco. Nada de férias. Agora era "Vou assistir a McEnroe no Garden hoje à noite" ou "Vou ver Tina no Ritz hoje à noite". Ao menos ele me dava um bom material para a coluna "Where the Boys Go". Havia substituído Video James como minha fonte número um e, de uma forma estranha, estava se tornando um amigo. Conversava comigo várias vezes por semana e, além de me contar o que ele estava fazendo, ainda perguntava o que *eu*, seu fã de vinte anos do Brooklyn, fazia da vida. "Então? Como foi o fim de semana?"

Enquanto isso, a quinze quarteirões do Plaza, Ron Wood estava preparando uma palestra. De alguma maneira, o persuadiram a dar um curso no Learning Annex, uma instituição que oferece seminários, cursos e *workshops*.

O Learning Annex tem filiais em muitos lugares hoje. Mas, naquela época, eles operavam em pequena escala, limitando-se a Nova York. Eles ofereciam cursos de "Como fazer *striptease* para seu parceiro" e "A arte de confeccionar cestas", por exemplo. Estavam sendo massacrados pelo rival, o Network for Learning, então precisavam de estímulo. Tinham esperança de que "Uma noite com Ron Wood" teria esse efeito. O informativo dizia que ele falaria da carreira e talvez ensinasse uns macetes de guitarra.

Planejaram colocar Woody lá numa das salas de aula, no mesmo corredor de confecção de cestas. Cinquenta ou sessenta pessoas. Mas perceberam que tinham algo maior em mãos e o agendaram para o

Town Hall, com capacidade para receber mil e quinhentas pessoas. Cobraram trinta dólares por cabeça, o mesmo valor do curso de "Como se tornar um cidadão notário no seu tempo livre". Um ano antes, as pessoas pagaram metade daquele valor para assistir a *cinco* shows dos Rolling Stones, mas isso não tinha importância. Town Hall vendeu os ingressos instantaneamente. Fãs acreditavam que Mick e Keith apareceriam e que acabaria virando um show dos Stones.

Na realidade, ninguém sabia o que ia acontecer. Nem o Learning Annex, nem o escritório dos Stones, e menos ainda Woody. O único com um plano era *eu*. Imaginei que ninguém tinha pensado num programa, como o *Playbill* num show da Broadway. Encarreguei-me da tarefa. Levei em consideração que seria uma ótima publicidade para o *Beggars Banquet,* uma boa válvula de escape para minha criatividade e uma boa maneira de me integrar com o trabalho dos Stones. Fiz sem pedir permissão. Sabia que, se abordasse o Learning Annex, o escritório dos Stones e até mesmo o Town Hall, eles diriam não apenas por dizer.

Escrevi um resumo da carreira de Woody, adicionei algumas fotos e levei para a copiadora. O resultado foi um livreto de dezesseis páginas intitulado *The Banquet*. Produzi mil e quinhentas cópias por conta própria. No dia do palestra, em 7 de janeiro de 1983, eu as carreguei arduamente até Town Hall. Cheguei lá duas horas antes e disse ao segurança: "Estou aqui com os programas." Ele me deixou entrar imediatamente.

Woody estava testando o som, então coloquei a caixa no chão, peguei um exemplar e fui direto ao palco. "Aqui", eu disse, "é o programa para esta noite". Ele pareceu confuso. "Eu... eu não sabia que haveria um programa."

"Não haveria", disse para ele. "Eu fiz isso sozinho."

Ele ficou surpreso. "Isso é brilhante, rapaz! Obrigado!" Esticou o braço para um aperto de mão, e nossa amizade foi selada. Woody estava tão nervoso sobre este negócio que ele parecia genuinamente inspirado pelo meu gesto.

O diretor do alto escalão do Learning Annex viu como Woody havia me recebido e concluiu que éramos amigões. Veio até mim, apertou minha mão e perguntou se já tinha recebido meu passe para os bastidores. Disse que não. Ele tirou um adesivo e o colou em minha jaqueta. Não havia nada escrito, apenas a imagem de uma borboleta. Parecia algo que você ganha numa máquina de chicletes. Quero dizer, é sério, acho que *era* de uma máquina de chicletes.

Quando o chefe da organização do Town Hall me viu conversando com Woody e o sr. Learning Annex, ele tirou suas próprias conclusões. Logo depois, ele anunciava aos colegas: "Ok, todo mundo ouça! Os programas estão nesta caixa. Peguem o máximo que conseguir e entreguem enquanto trazem as pessoas aos seus lugares."

Eu estava pronto para entregar estes programas um por um sozinho. Sério mesmo, tinha me visualizado em pé na 43rd Street gritando "Pegue seu programa do Ron Wood aqui! Pegue seu programa do Ron Wood aqui!", mas não foi preciso. Uma equipe fazia isso por mim.

Mas essa não é a melhor parte da história. Na noite anterior à extravagância de Woody em Town Hall, telefonei para Keith no Plaza, como parte de nosso ritual diário: pergunto pelo sr. Hurrah, a telefonista verifica, Keith entra na linha e pede desculpas por não estar disponível. Só que, nesta noite, às onze e meia, ele disse: "Vamos nessa."

"Ahn?"

"Sim, Bill, estou livre hoje à noite. Vamos nessa. Quando pode vir aqui?"

Ironicamente, eu estava no meio da elaboração dos programas para a palestra de Woody. Gastei tanto dinheiro na própria impressão que optei em fazer o resto — conferir e grampear os mil e quinhentos livretos — à mão. Planejava passar a noite inteira aprontando isso. Então me vi dizendo a Keith Richards: "Hum, bem, o negócio é o seguinte. Eu, hum, primeiro, você vai à palestra de Woody amanhã à noite?"

"Professor Wood", ele murmurou. "Ele vai ter que fazer aquilo sozinho. Bela encrenca ele arrumou."

"Você deveria ir", eu disse. "Pode aprender alguma coisa."

"Sim", ele retrucou. "Aprender a ser explorado!"

Keith não estava contente com a incursão de Woody na educação, então expliquei com vergonha os programas. "Qualquer outra noite estaria legal para mim, Keith. Mas eu realmente tenho que terminar de grampear estes livretos até amanhã."

E foi aí que ele pronunciou as palavras que nunca vou esquecer em toda minha vida. "Traga-os *aqui*", ele disse. "*Eu* o ajudarei a grampeá-los." Eu achei mesmo que ele estava falando sério. Posso facilmente imaginá-lo, no quarto 323 do Plaza, falando: "Bill, pode me passar o grampeador?"

Estava com dois rolling stones me puxando em direções opostas. Implorei a alguns amigos que terminassem o grampeamento e disse a Keith que já estaria indo. Peguei meu gravador, corri pela porta e peguei o próximo trem. Cheguei ao Plaza à uma da madrugada. Como cortesia, liguei para Keith do interfone para dizer que tinha chegado.

"Desculpe", disse a telefonista. "A linha está em 'Não perturbe'."

"O quê? Não, você não entende. Ele está me esperando."

"Sinto muito", ela afirmou, "mas não posso colocá-lo na linha."

Merda. O que faço agora? Esperei dez minutos e tentei novamente. "Desculpe, essa linha está em 'Não perturbe'."

Filha da puta. Esperei *mais* dez minutos e, de novo: "Desculpe, não posso colocá-lo na linha."

Tinha que ser engano. Talvez ele não tenha percebido que colocara seu telefone em "Não perturbe". Fui até o quarto 323 e ouvi da porta vozes vindas de dentro, mas não consegui decifrar de quem eram. Deveria bater? Era uma e meia da madrugada, mas este *é* Keith Richards, e ele *está* esperando por mim. Havia um aviso de "Não perturbe" na maçaneta, então, no final, não perturbei. Concluí que algo de última hora devia ter aparecido para ele. Decidi esperar no térreo e continuar tentando.

Liguei a cada quinze minutos, mas toda vez tinha que ouvir: "Desculpe, mas não posso colocá-lo na linha." Às duas e meia, a segurança do hotel estava ficando de orelha em pé. Dois caras com *walkie-talkies* me abordaram: "Podemos ajudá-lo?"

"Acho que não", eu disse. "Estou tentando falar com o hóspede do quarto 323. Ele está me esperando, mas está com o aviso de "Não perturbe" na porta e na linha telefônica."

"Qual o nome do hóspede?"

"Sr. Hurrah", respondi. "Richard Hurrah." Imaginei que estavam me testando.

"Você sabe quem é o sr. Hurrah?"

"Sim", garanti, "Estou aqui para entrevistá-lo. Keith Richards. Ele me pediu para vir, mas não quero perturbá-lo se tem um aviso de 'Não perturbe'."

Perceberam que eu não era uma ameaça, então me deixaram em paz. Mas ficaram de olho. Disse a mim mesmo que ficaria apenas até as três da manhã. Se Keith não tivesse atendido até essa hora, disse a mim mesmo, voltaria de metrô até o Brooklyn, com o rabo entre as pernas.

Aconteceu que, exatamente às três, o sinal foi removido. Mas não foi Keith quem atendeu o telefone. Foi Art Collins. "Você gostaria de falar com Keith? Ele dormiu horas atrás. Não mencionou qualquer entrevista."

Art Collins tinha sempre sido legal comigo, mas no que concerne dar presentes para minha coleção e me deixar entrar naquela festa. Eu não fazia ideia de que ele estava liquidando minha conversa particular com Keith. Acreditei na palavra dele, eu era inocente demais para saber que as celebridades não marcam suas próprias entrevistas. É para isso que elas têm marqueteiros, empresários, assistentes e agentes. A questão é que, bem, Keith fez a coisa toda parecer tão um a um.

A jornada de volta ao Brooklyn foi brutal. O trem demorou uma eternidade e quase morro de frio. Cheguei em casa às cinco da manhã. O aspecto positivo da noite tinha sido que, ao menos, Keith tinha se oferecido a me ajudar a grampear os livretos — o sinal de um verdadeiro amigo.

Para mim, o destaque da palestra de Woody foi antes de ela acontecer. Foi ver mil e quinhentas pessoas lendo meu programa. Escritores não passam por isso com frequência, não veem as pessoas lendo seu trabalho. Permaneci sentado, observando isso com orgulho.

Woody foi recebido com aplausos estrondosos quando entrou no palco, mas, a partir daí, tudo foi por água abaixo. Em segundos, ele parecia um cervo paralisado diante das luzes de um farol. Não tinha a menor ideia do que fazer e passou a maior parte da noite com as mãos dentro do bolso. Fãs gritaram previsivelmente "Keeeeeith!", e Woody perdeu o controle sobre o auditório. Mostrou vídeos em um telão e tocou um solo de baixo, mas todo mundo queria mais. Ninguém prestou atenção nele, e jogaram até uma garrafa no palco.

Woody pediu um tempo de intervalo. Com meu adesivo de borboleta, me aventurei a voltar ao palco para uma conversa encorajadora. Achava que os organizadores o orientariam sobre como mudar o rumo das coisas, mas eles estavam tão perdidos quanto Woody. Ele parecia desapontado por Keith não estar lá. Contou que havia reservado lugares na primeira fila para três dos seus amigos mais próximos: "Um era para Keith, um para Dan Aykroyd e um para Robin Williams." Mas nenhum deles aparecera. "Você sabe que as coisas vão mal", ele disse, "quando nem o seu melhor amigo está aqui".

Nas semanas seguintes, o *Beggars Banquet* foi o para-raios para os clientes descontentes de Woody. Publiquei algumas cartas. "Um roubo", um cara escreveu. "Paguei trinta dólares e a performance de Woody, ou a falta dela, não valeu de nada. Como ele conseguiu deixar o palco sem ser espancado é algo surreal! Mas estou ainda mais surpreso que um indivíduo de seu patamar tenha se associado a tamanha falcatrua. Os destaques foram os vídeos exibidos no palco. Não uma performance ao vivo. Em vez disso, colocaram Woody no palco como um imbecil, bebendo uma garrafa de uísque. Se o cara tem problema com bebida, sinto muito que tenha ajudado a financiá-lo."

Meu programa foi uma das poucas coisas positivas que Woody levou daquela noite, e acho que ele nunca mais se esqueceu disso.

Falei com Keith novamente numa segunda-feira à tarde, e ele desculpou-se pela nossa não entrevista. Disse que os próximos dias não pareciam bons para uma nova tentativa. "Tenho que enterrar o pai de Patti, entende. Ele morreu no fim de semana."

"Sinto muito", disse para ele. "Por favor, transmita a ela meus pêsames."

Ele me agradeceu e disse: "A entrevista pode esperar um pouco, mas eu e você podemos conversar na festa amanhã."

Festa? Que festa? "Eu não sei sobre o que você está falando, Keith. Sou convidado?"

"*Sim*, está convidado." Um encontro com a mídia no Tavern on the Green para promover o novo filme.

"Preciso estar na lista de convidados?"

"Que nada, só precisa do convite. Venha aqui agora e lhe dou um."

Por sorte, estava ligando de um orelhão do centro de Manhattan. Cheguei ao Plaza em minutos. Desta vez, fui direto ao quarto 323 e toquei a campainha. Uma voz de mulher pediu que me identificasse.

"Bill German", declarei. "Estou aqui para ver Keith. Para *pegar algo* com Keith."

A mulher não respondeu. Fiquei lá de pé durante um minuto, sem saber o que esperar. A porta se abriu logo depois. Um braço de mulher apareceu e me entregou um envelope manila. Meus olhos seguiram o braço e percebi que ele pertencia a Jane Rose.

"Aqui está", disse ela. "De Keith." Um de seus olhos olhava pela fresta.

"Obrigado!", eu soltei. "E diga a *Keith* que agradeço."

Ela fechou a porta antes que falasse algo mais. Entrei no elevador e abri o envelope. Havia um recado de Keith, escrito na capa rasgada da *Playgirl* do mês. Ao lado do rosto do homem da capa — que era Mick Jagger, por sinal —, Keith escreveu: "Querido Bill, vejo você lá. Se não for, ligue para mim."

Mas, para minha consternação, o convite estava errado. Era apenas para a exibição do filme, não para a festa depois. Os Stones não estariam no cinema, mas, quando Keith escreveu "vejo você lá", ele se referia ao Tavern on the Green.

O que deveria fazer? Voltar ao quarto 323 e exigir o convite correto? Acusar Jane Rose de estar fazendo uma mudança repentina nos seus planos? Achei melhor ficar de boca fechada.

Telefonei freneticamente para várias pessoas, tentando conseguir o convite certo. Por coincidência, Video James conhecia um cara que trabalhava na Zarem Inc., a empresa de publicidade encarregada da festa. Ele disse que me daria um convite só se lhe pagasse trinta dólares. Expliquei que era um membro legítimo da imprensa e que Keith Richards estava me esperando lá, mas ele disse para deixar de conversa fiada. "Traga-me trinta contos e você está dentro." A festa estava prestes a começar, então concordei. Não sei se isso constituiu o famigerado "jornalismo de talão de cheques"[3], mas corri até a Zarem e paguei.

[3] Prática jornalística em que são concedidas grandes quantias de dinheiro pela informação de uma fonte ou por uma entrevista exclusiva.

O Tavern on the Green era o restaurante mais legal a que já tinha ido, mas estava cheio do pessoal da mídia naquela noite. Enquanto esperava na fila do bufê para pato assado, estava preso atrás de Robin Leach. Mas me sentei com alguns editores de *Harper's Bazaar* que eram bem bacanas. Mostrei-lhes meu fanzine e eles pareceram entretidos. Adoravam o fato de um garoto de vinte anos elaborar sua própria revista e ter sido convidado para uma festa dos Stones por Keith Richards. Como se percebesse o momento oportuno, Keith parou ao lado de nossa mesa e nos cumprimentou. Ele se aproximou em silêncio, segurou meus ombros e, vendo um *Beggars Banquet* na mesa, brincou: "Você ainda está à frente desse jornal?" Isso fez a noite de todos.

Às vezes eu ia até a mesa dos Stones. Bill Wyman não pôde estar lá, mas todos os outros estavam. Conversei com Woody, e ele me agradeceu novamente pelos programas. Não falei com Mick ou com Charlie — estavam imersos numa conversa com Ahmet Ertegun —, mas passei um tempo com Keith. Agradeci o convite, ao qual ele respondeu: "*Claro,* cara." Nunca mencionei a confusão.

Keith me deu algumas declarações para o *Beggars Banquet*. Falou que não tinha visto o filme inteiro e estava contando com as opiniões de outras pessoas. "Está todo mundo me dizendo que gostou", ele disse. "Mas não sei se estão falando a verdade, ou se alguém está pagando para me dizerem isso." Contei a ele, assim como aos meus leitores do *Beggars Banquet*, que o filme estava defeituoso. Um filme divertido de assistir, mas cheio de problemas de som. O que não era bom para um filme-show.

Keith pediu que eu insistisse em relação à entrevista. "Terei que carregar o caixão do pai de Patti amanhã", ele disse. "Mas quero que continue tentando."

Mick parou por um momento, e o resultado foi este.

Patti, uma amiga nova-iorquina, disse: "Você é do Brooklyn, né?"
Keith me fez sentir tão bem-vindo que larguei a faculdade
no dia seguinte.

6
PERCEVEJOS NO SUBÚRBIO

Quando me encontrei com Keith de novo, eu me vi numa rotina como a de *Abbott e Costello*[4]. Ele disse que estaria hospedado no Plaza Hotel novamente, então perguntei sob que pseudônimo.

"É isso aí, camarada. Esse mesmo."

"Ahn?"

"Sob."[5]

"Sob o quê?"

"Isso mesmo."

Ele estava sob Sob. Tinha deixado o Plaza durante dez dias para trabalhar com os Stones em Paris, mas tinha retornado naquela tarde sob um novo pseudônimo, o sr. Sob. Eu não tinha ideia de por que ele inventava essas coisas, mas, ao me dar o nome de registro, estava me incentivando a manter contato.

Eram 10 de fevereiro de 1983, e estávamos numa boate de Manhattan chamada Upper East Side. Outra festa para celebrar o filme *Let's Spend the Night Together*. Consegui entrar pagando outros trinta dólares àquele publicitário.

A noite começou com uma estreia com direito a tapete vermelho no Teatro Loews de Nova York, na Second Avenue. As limusines paravam em fila dupla. Eu saltei na estação de metrô da Lexington Avenue, mas andei pelo tapete vermelho como todo mundo. Tentei parecer famoso, mas não deu para enganar ninguém. Meus amigos *paparazzi* me pediam para sair da frente, e não conseguia fingir que não os conhecia.

---

[4] Série animada que contava a história dos comediantes Bud Abbott e Lou Costello.

[5] Em inglês, *under*, palavra utilizada por Keith Richards como seu pseudônimo.

Dentro do teatro, três pessoas se sentaram à minha frente: Mick, Keith e Woody. Tentei julgar suas reações ao filme, mas só via a parte de trás de suas cabeças. (Nota: nunca se sente atrás de um penteado estilo Ron Wood em uma sala de cinema.) Ocasionalmente, eles se acotovelavam e relinchavam, mas não conseguia ouvir o que estavam comentando.

A festa pós-filme foi na Corso, uma discoteca latina na 86th Street. Billy Joel conversava com Cheryl Tiegs, os Stray Cats com Bill Graham e Andy Warhol tirava fotos com Ahmet Ertegun. Quando a banda da casa começou a tocar uma batida de salsa, Mick entrou na pista de dança e fez uma dança conhecida como *chicken dance*. Eu não sabia se ele estava levando aquilo a sério ou apenas tirando onda, mas era engraçado de qualquer forma.

Fui até o bar e pedi um drinque. Mick veio por trás e disse "Oi, Bill", o que me deixou surpreso. Ainda não havia construído um laço com Mick da forma como tinha feito com Keith e Woody, mas ele me pareceu bastante afável. Christopher Reeve, que Keith e Woody conheceram por meio de Robin Williams (que conheceram por John Belushi), ouviu nossa conversa. Perguntei a Mick por que não fora à palestra de Woody, e ele simplesmente revirou os olhos. "Acho que você teve sorte por não estar lá", eu disse.

"Sorte!", ele exclamou. "Sortudo! Não foi sorte, meu rapaz. Pode estar certo disso!"

Os outros stones ficaram bem longe da pista de dança. Woody me agradeceu novamente pelos programas, e Keith me apresentou à noiva, Patti Hansen. "Eu adoro o jornal!", disse ela. "Você é do Brooklyn, né?" Ela foi extremamente simpática. Keith também me apresentou a seu pai, Bert, um camarada brincalhão com um bigode branco e um cachimbo de Sherlock Holmes. Ele e Keith haviam se estranhado durante vinte anos, mas, desde o reencontro em 1982, eram inseparáveis.

Perguntei a Keith sobre as sessões de gravação em Paris, e ele disse: "O álbum está ficando ótimo." Enquanto conversávamos, Bob Gruen tirou algumas fotos espontâneas de nós. Bob é um grande amigo meu e era um dos dois fotógrafos com permissão para entrar na festa. Keith e Woody se sentiam confortáveis comigo e com Bob, então conseguimos fazer com que fizessem poses engraçadas. "Keith, finja que está estrangulando Woody!", "Woody, finja estar lendo o *Beggars Banquet*". Eles foram extremamente hospitaleiros.

A festa se dispersou à uma da madrugada e percebi que não tinha conseguido fazer com que Mick posasse. Ele estava com um guarda-costas e parecia louco para ir embora, e eu disse: "Mick, tudo bem se tirássemos uma foto sua segurando o *Beggars Banquet*?" Ele não respondeu e parecia irritado. Mas parou por um segundo — literalmente um segundo — e soltou um sorriso antes de sair dali. Bob bateu a foto, mas Mick fez com que me sentisse tão inconveniente que nunca mais lhe pedi outra pelo resto da vida.

Por volta de uma e meia, Keith se levantou para ir embora. Enquanto o observava andando pela sala, um cara alto de barba desarrumada se aproximou de mim. "Você é Bill German, certo? Keith adora sua revista. Está sempre falando sobre como você está *em todos os lugares* e como você sabe mais sobre a banda do que *ele* mesmo. Ele quer ajudá-lo nisso."

"Uau", eu disse. "Ele *já* tem sido tão legal."

"Bem, meu nome é Svi e trabalho para Keith. Gostaria de nos encontrar no Studio 54? Entregue isso quando passar pela porta de trás." Era um tipo de passe. "Assim, saberão que está com Keith. A gente se encontra lá em vinte minutos."

O pós-festa do pós-festa. Não sabia de quem tinha sido a ideia do Studio 54, mas, em 1983, aquele lugar já tinha perdido sua relevância. Não havia mais Biancas em cavalos brancos[6] e mais nenhum Truman Capote. Enquanto entrava por trás e passava por um labirinto de túneis, eu podia ouvir "Time Has Come Today", uma canção dos Chambers Brothers. (Também não havia mais *disco music*.) Acabei chegando ao subsolo, onde havia apenas algumas poucas pessoas. Keith chegou com Patti, Jane Rose e Svi. "Você anda por todo lugar!", Keith me disse. "Tudo pelo trabalho", respondi.

Logo percebi que não era uma festa. Era apenas uma reunião íntima e informal. Keith perguntou se Woody iria, mas ninguém tinha certeza. Certo momento, Keith desapareceu em um quarto privado, para

[6] Bianca Jagger foi a primeira mulher de Mick Jagger. Em um de seus aniversários, ela chegou à boate Studio 54 em cima de um cavalo branco.

fazer o que alguém faz em um quarto privado no Studio 54. Quando voltou, passou por outra porta que dava para o andar de cima. Desta vez, eu o segui. Fiquei de pé ao seu lado numa passarela acima de uma pista de dança. A música "Pump It Up", de Elvis Costello, soava em volume máximo e nenhum dos que dançavam sabia que Keith Richards os observava de cima.

Por pura coincidência ou destino, a próxima música era "Brown Sugar". A multidão ficou enlouquecida, gritando e agitando os braços. Keith continuou em pé ali, pacientemente, sem dizer uma palavra. Acho que ele estava apreciando o fato de tantas pessoas se divertirem. Eu o observei pelo canto do olho e mantive o silêncio. Ele percebeu que Woody não iria e deu a noite por encerrada. "Ligue para mim no hotel", disse ele.

"Sob Sob?"

"Sob Sob."

Durante minha volta de trem para casa, tive tempo para pensar. Decidi deixar a NYU para sempre. Keith e Woody tinham cooperado tanto comigo e me deixado tão à vontade que não havia retorno. Sabia que o *Beggars Banquet* era minha vida.

Quando meus pais acordaram, despejei a notícia. "A faculdade está interferindo em minha educação", falei. "Já estou fazendo o que quero, então por que perder tempo indo para aula?"

Minha mãe e meu pai estavam prontos a cumprir o shivá por mim (o ritual judaico de luto) e perguntaram: "E se os Stones se *separarem?*" Eu respondi: "Atravessarei essa ponte quando chegar a hora. De qualquer forma, não voltarei para a faculdade."

Cumpri minha palavra. Depois da festa na Corso, nunca mais pus os pés na NYU. Tinha ido à aula na quinta-feira à tarde, e a festa tinha sido na quinta à noite, e já era sexta-feira de manhã. Dormi umas duas horas e peguei o trem de volta a Manhattan para visitar Bob Gruen. Meu plano era pegar as últimas fotos e diagramar minha última edição ao longo do fim de semana. Não vivíamos a era digital, portanto, obter as fotos da quinta já na sexta à tarde era uma façanha jornalística, jamais conhecida no mundo dos fanzines.

Havia outro motivo para me despencar até a casa de Bob: queria evitar a neve. A previsão do tempo estava esperando a maior nevasca em décadas. Quando cheguei a Manhattan, a neve já estava na altura do meu tornozelo. Passei um tempo na casa de Bob enquanto ele revelava uma pilha de fotos para mim e outra pilha para Keith. "Ele e Patti vão adorar estas!", disse ele.

Saí de lá e fui até o Plaza Hotel. O monte de neve já estava na altura dos meus joelhos, e Nova York parecia uma cidade-fantasma. Entreguei as fotos ao porteiro e incluí uma mensagem engraçadinha: "Keith e Patti, espero que estejam curtindo toda essa coisa branca."

Andei com dificuldade até o metrô, já ansioso para chegar em casa. Sentia como se meu rosto estivesse sendo chicoteado pelo vento. Meu trem demorou uma eternidade e parou de funcionar em algum lugar do Brooklyn. Eram duas horas da manhã, e eu não tinha ideia de onde estava. Comecei a andar, mas era como em *Doutor Jivago*: a neve já estava na altura do meu pescoço. Não liguei para meus pais porque não queria deixá-los preocupados. Andei durante uma hora, sem qualquer sinal de humanidade. Consegui chegar à casa de um amigo e desabei no sofá dele.

É claro que devia ter imaginado que minha mãe estaria desesperada atrás de mim. Quando ela se levantou de manhã e viu minha cama vazia, gritou: "Billy está numa nevasca em algum lugar!" Ligou para meus amigos — exceto, ironicamente, o da casa onde eu estava — e um deles lhe disse: "Ele estava indo ao Plaza ontem à noite."

Minha mãe ligou para o hotel imediatamente. "Preciso falar com Keith Richards."

"Desculpe, senhora, mas não há ninguém com este nome aqui."

Começou a chorar e contou a história para o cara; como seu filho ou estava morto numa nevasca ou estava aquecido e seguro com o sr. Richards. "Olha", suspirou o telefonista, "não devo fazer isso para não convidados, mas abrirei uma exceção. Colocarei um aviso sobre o seu filho e todo mundo no saguão o ouvirá."

Ela permaneceu na linha e escutou tudo: "Bill German, por favor, atenda o interfone. Bill German, por favor, atenda o interfone." Posso imaginar Keith e Patti curtindo um silencioso café da manhã e de repente ouvindo o anúncio. Ele cuspindo seu coquetel como Danny Thomas e exclamando: "Caramba, esse garoto está *em todo lugar*!"

Todo esse negócio de ir do Brooklyn até Manhattan estava me desgastando. Essas idas e vindas no meio da noite. Precisava desesperadamente estar em Manhattan 24 horas por dia, mais perto dos Stones. Eu amava meus pais, mas era hora de dar o fora. Se morasse em Manhattan, já teria minha entrevista com Keith e não teria colocado minha vida em risco naquela tempestade.

Um dia, eu estava numa ligação com Svi, e ele disse que viajaria por um tempo e me perguntou se conhecia alguém que quisesse assumir o contrato de aluguel do seu apartamento de solteiro em Manhattan. "Apenas 386 dólares por mês, preço fixo."

"Sim!", eu disse. "Eu!" Corri até sua casa naquele mesmo dia para pegar as chaves. Era um apartamento desgastado perto da linha de trem na 89th Street com Second Avenue. O tamanho de uma cela de prisão. As paredes estavam descascando, o teto parecia perto de desabar, e o gabinete de remédios estava cheio de baratas. Havia apenas um armário, e Svi disse que uma vez encontrara um rato ali dentro. Mas estava tão desesperado para viver em Manhattan que não me importei.

Svi deixou uma cama e uma TV em preto e branco, que tinha um cabide de roupa como antena. Também deixou livros e fitas. Uma delas era uma fita caseira de Keith chamada "Somewhere over the Counter", apresentando as performances de Keith das canções de Hoagy Carmichael e Merle Haggard.

Os livros de Svi incluíam textos em hebraico e guias farmacêuticos. Acontece que Svi era tanto um farmacêutico licenciado quanto um estudioso do Talmude. Conseguia recitar a tabela periódica e citar textualmente o rabino Akivah. Não era algo que eu esperaria do assistente pessoal de Keith Richards. Svi nem era seu nome de nascença. Era seu nome hebraico que lhe foi dado quando morou num *kibbutz*.

Então como este farmacêutico e estudioso do Talmude foi se envolver com os Stones? Tudo começou em 1979, quando Svi fez uma viagem para o Marrocos. Ele dormiu nas praias durante um mês, fumando haxixe, fazendo sexo e levando a vida numa boa. Não curtia ficar num lugar só por muito tempo, então seguiu caminho em direção ao norte. Aventurou-se pela Espanha e chegou até a França. Fez tudo isso, por sinal, dirigindo um táxi britânico fora de serviço. Levava um grande estoque de haxixe escondido na divisória do táxi (a janela que separava o motorista do passageiro), e o patrulhamento nas fronteiras nunca descobriu.

Uma noite, em Paris, Svi estava num jantar e repartiu um pouco do seu haxixe marroquino. Todo mundo adorou. Um cara lhe perguntou se estava vendendo, e Svi disse que sim. O cara conhecia algumas pessoas que poderiam estar interessadas. "Aqui está o endereço."

Svi foi conhecer seus possíveis clientes num lugar chamado Pathé-Marconi Studio. Ele entrou lá e foi instruído a aguardar na área de lazer. Um cara com uma barba cheia apareceu e saiu sem dizer uma palavra. Svi achou que o rosto lhe parecera familiar, mas não conseguiu decifrar a semelhança. Cerca de vinte minutos depois, dois outros caras apareceram. Eles também pegaram um drinque e saíram. Aí caiu a ficha. Quanto mais Svi pensava sobre isso, mais ele conseguia remover a barba do primeiro cara. Percebeu que era Mick Jagger. Os outros eram Keith Richards e Ron Wood.

Svi curtia os Stones e tinha até uma cópia de *Hot Rocks*, mas para ele aquilo era um acordo de negócios. Eles o deixaram esperando por tanto tempo que ele disse "Vá à merda" e saiu. Svi recebeu uma ligação no dia seguinte, perguntando: "Por que você saiu?"

Svi contou ao *roadie* que se sentiu como se estivesse sendo feito de bobo. "Querem a parada ou não?" O *roadie* jurou que as coisas sairiam melhor da próxima vez. Svi retornou ao local com seu haxixe, e Keith simplesmente adorou. Ao longo do verão, Svi fez várias viagens até o Pathé-Marconi e obteve um bom lucro.

Keith ficou curioso pelo cara que tinha lhe dado o fora e que estava dirigindo por Paris dentro de um táxi fora de serviço, então acabaram ficando amigos. E, quando Keith e Woody decretaram folga das sessões dos Stones para fazer um show de uma única apresentação na Inglaterra (como os New Barbarians), levaram Svi como guarda-costas. Seu trabalho era ficar em pé em frente ao veículo e dizer: "Você não pode entrar." Ele também tinha que proteger uma sacola de papel cheia de dinheiro. Svi gostava de ser discreto, mas era um tanto difícil com seus dois metros de altura. À distância, ele parecia o grandalhão Randy Johnson do beisebol. Esbelto e desengonçado.

Após o verão, os Stones retornaram a Nova York para fazer a mixagem de *Emotional Rescue* no Electric Lady. Svi voltou ao trabalho na farmácia, o que beneficiava Keith e Woody. Obviamente, uma velha senhora não iria perceber se faltasse uma pílula da sua prescrição médica. Faça isso com várias velhinhas, e estará destinado a uma noite inesquecível.

Quando os Stones embarcaram para sua turnê de 1982 pela Europa, Keith colocou Svi na folha de pagamento oficial. "Assistente pessoal" era como estava escrito no programa da turnê. Seu trabalho era atender às necessidades de Keith. Podiam ser cordas novas de guitarra ou cadarços de sapato; se Keith pedia, Svi ia buscar. Quando Patti Hansen precisou de uma meia-calça em Paris, Svi deixou o jantar de lado para fazer uma rápida busca pela Avenue Victor Hugo. Quando bateu um desejo por Snickers em Marlon, de 12 anos, à meia-noite, foi Svi quem foi até uma loja de doces em Viena.

É claro que a "experiência profissional" de Svi também foi aproveitada. Ele se tornou o farmacêutico da turnê. Se a rainha tinha um provador de comidas, então Svi era o provador de drogas dos Stones. Em toda cidade, Svi conversava com os traficantes locais. Levava alguns ao quarto de Keith, e eles ficavam na sala de espera. Keith os olhava de alto a baixo e escolhia um. "Você com a bandana vermelha. Já para a cozinha com Svi." Svi avaliaria a qualidade da mercadoria do cara. Se gostasse, saía da cozinha e dava um sinal afirmativo com o polegar para Keith. Se não, fazia o sinal do polegar para baixo. Como Siskel e Ebert[7].

Às vezes, as drogas eram adquiridas em um país e levadas a outro. Svi assegurava que chegassem em segurança e que ninguém fosse preso. Com frequência, a alfândega revistaria o avião particular dos Stones após o pouso. Mas Svi conhecia cada esconderijo e fenda da aeronave. Também sabia que nunca arrancariam as cabeças das bonecas GI Joe de Marlon. Quilos de droga faziam o percurso entre Espanha, Itália e Suíça, em segurança, graças a Svi. Ele rapidamente ficou conhecido como o solucionador de problemas da turnê.

Svi ganhava um salário miserável pela organização dos Stones, então ficou na expectativa de receber uma grande gratificação por fora ao

[7] Gene Siskel e Roger Ebert são dois famosos críticos de cinema norte-americanos que apresentaram, durante muito tempo, o programa televisivo *Siskel & Ebert at the Movies*.

final da turnê. Mas tudo o que Keith fez foi sacar cinco mil dólares em espécie. Svi ficou chateado e lembrou a Keith que ele teria ganhado mais dinheiro se tivesse trabalhado na farmácia naquele verão.

"Espere", disse Keith severamente. "Que porra você fez com os setecentos dólares por dia?"

Svi começava o seu dia com setecentos dólares dados pelo contador da turnê (normalmente em moeda local) para comprar coisas para Keith. Ao final do dia, Svi ia até o contador e enumerava tudo o que tinha comprado: correia de guitarra, vinte dólares; meia-calça, oito dólares. Não importava o total, o contador sempre faria a reposição para que Svi estivesse com os setecentos dólares no seu fluxo de caixa no dia seguinte.

Mas havia "certos itens" comprados por Svi pelos quais o vendedor não entregava recibo. O contador confiava na palavra dele sobre a quantia que havia gasto e classificaria, no seu livro de contabilidade, como "variedades" ou "diversos". Keith tinha a impressão, e a esperança até, de que Svi tirava duzentos contos a mais por dia mentindo para o contador. "Ei", Keith disse a ele após a turnê, "você deveria ter dito que estava comprando botas quando estávamos em Milão. Ou relógios quando estávamos em Zurique. Achei que eu soubesse disso".

Svi se sentiu um idiota. Ele, que se orgulhava por sua esperteza nas ruas, percebeu que não tinha a menor ideia de como as coisas funcionavam numa turnê dos Stones. Sentindo-se enganado por receber tão pouco, ele voltou a Nova York e aproveitou a primeira chance que teve para os Stones lhe pagarem. Por sorte, cruzou com um velho amigo do colégio chamado Bill Zanker. Zanker detinha uma empresa chamada Learning Annex, e foi Svi que lhe deu a ideia da aula de Woody. O Learning Annex precisava de um rolling stone e Svi precisava de grana. (Eles dividiram cerca de trinta mil dólares.) Svi criou antipatia pela organização dos Stones — "Qual será a próxima surpresa, vai fazê-lo trabalhar com marionetes?" —, mas ele não estava nem aí.

Não era a primeira vez que Svi provocava a ira nos Stones e não seria a última. Sua principal rival era Jane Rose. Ela e Svi constantemente discutiam um com o outro. Durante os ensaios de 1981 em Massachusetts, Svi deu a Keith um comprimido que o apagou. Keith perdeu um dia de ensaios, e todos ficaram possessos. Jane culpou Svi, que disse: "Keith já é bem grandinho e não fez nada que não quisesse." Eles discutiram durante horas até que Keith acordou e ficou do lado de Svi.

Uma das tarefas de Svi na turnê de 1982 era tirar Keith da cama e fazê-lo chegar ao show todo dia. Ou ao jantar. Quando a turnê chegou à França, os Stones eram os convidados de honra num restaurante chique em Nice. Às seis da noite, quando Keith estava se arrumando, Jane entrou como um relâmpago e pediu que se apressasse. "Você deveria tê-lo acordado uma hora atrás, Svi! Estamos atrasados! O resto da banda já está a caminho!"

Uma das coisas de que Keith Richards não gosta é ser perseguido. Ele mandou Jane "calar a boca e esperar no carro". Ela seguiu suas instruções e entrou na limusine. Mas Keith e Svi saíram escondidos pela porta dos fundos e pegaram um táxi. Quando Jane se deu conta e chegou ao restaurante, todos já estavam degustando a sobremesa. "Tão bom tê-la conosco!", Keith aclamou. "Atrasada como sempre!"

Percebi que esta foi a versão contada por Svi, mas, considerando as personalidades envolvidas, sabia que não podia estar longe da verdade.

Eu me mudei para o apartamento de Svi em junho de 1983. De acordo com meus pais, estava fugindo com o circo. Primeiro, deixo a faculdade, e agora isto, tudo para seguir os Stones. Não queria dar com a cara na porta e voltar chorando para a casa deles. Não teria conseguido se não tivesse aceitado um colega de quarto e se o aluguel não fosse tão barato. Nossas contas de telefone e eletricidade eram quase nada e não tínhamos TV a cabo. Depois de repartir tudo, minha parte ficava em trezentos dólares por mês. Minha renda com o *Beggars Banquet* (cerca de quatro mil dólares por ano) era suficiente para me sustentar. Mas conseguia bancar apenas uma refeição por dia e, por ser o apartamento tão pequeno, tinha que dormir na mesma cama que meu colega. É o tipo de coisa que dois heterossexuais são capazes de fazer se estão desesperados para viver em Manhattan.

Além da TV e da cama, Svi me deixou o número de telefone. Tinha esperança de que Keith talvez ligasse por engano, mas nunca aconteceu. Em vez disso, recebi uma ligação de um *roadie* chamado Gary, que disse que havia deixado uma bolsa no armário que eu deveria queimar. Também recebi a ligação de Marlon, já com 13 anos, que provavelmente estava atrás de uma barra de Snickers. Ironicamente, a melhor "ligação dos Stones" que recebi não era para Svi, e sim para mim. O cara disse: "Mick e Keith me pediram para ligar." Achei que fosse trote, mas, quanto mais ouvia o que ele tinha para falar, mais me dava conta de que era verdade. Ele disse que Mick dera a ele meu número do Brooklyn e que minha mãe lhe dera meu número em Manhattan, então por isso estava ligando. Seu nome era Gordon Bennett e ele estava organizando um fã-clube oficial dos Rolling Stones. Mick e Keith insistiram em que eu estivesse envolvido.

"O *Beggars Banquet* se tornará o boletim informativo oficial dos Stones", ele disse, "e será enviado para milhares de fãs ao redor do mundo. Mick e Keith também querem divulgar o *Beggars Banquet* num encarte no próximo álbum dos Stones".

Quando minha cabeça finalmente parou de rodar, concordei em encontrá-lo para saber de mais detalhes. Não posso nem dizer que foi um sonho realizado para mim porque, para falar a verdade, isso estava além de qualquer coisa que já tinha sonhado.

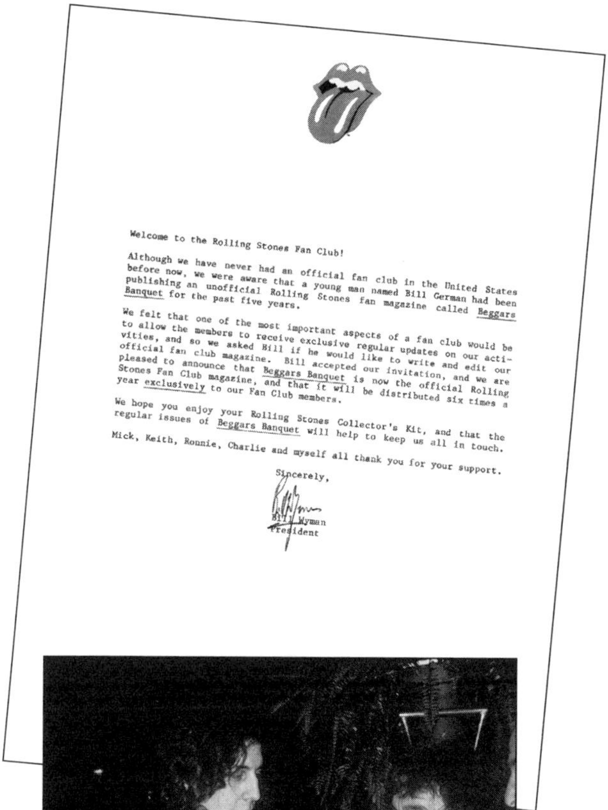

Welcome to the Rolling Stones Fan Club!

Although we have never had an official fan club in the United States before now, we were aware that a young man named Bill German had been publishing an unofficial Rolling Stones fan magazine called Beggars Banquet for the past five years.

We felt that one of the most important aspects of a fan club would be to allow the members to receive exclusive regular updates on our activities, and so we asked Bill if he would like to write and edit our official fan club magazine. Bill accepted our invitation, and we are pleased to announce that Beggars Banquet is now the official Rolling Stones Fan Club magazine, and that it will be distributed six times a year exclusively to our Fan Club members.

We hope you enjoy your Rolling Stones Collector's Kit, and that the regular issues of Beggars Banquet will help to keep us all in touch.

Mick, Keith, Ronnie, Charlie and myself all thank you for your support.

Sincerely,

Bill Wyman
President

Conversando com Bill Wyman durante a pós-festa no ARMS sobre nosso novo empreendimento. Sua carta foi enviada a vinte mil fãs. Charlie, enquanto isso, não tinha a menor ideia de quem eu era.

7
A FUSÃO

Algumas semanas após esse telefonema, eu já estava derramando suco de laranja no tapete de Mick, vendo Keith enfiar uma faca em minha latinha de refrigerante e escondendo as infidelidades sexuais dos Stones. Eu também era o assunto de vários artigos de jornais e revistas.

"O fanzine agora é oficial", exibia a manchete do *Circus*. "German tem fontes (...) que surpreendem até mesmo os membros da banda", escreveu a colunista Lisa Robinson. "Como resultado, o *Beggars Banquet* é agora o boletim informativo oficial do fã-clube dos Rolling Stones (...). O fanzine de German se tornou uma verdadeira história de sucesso."

Enquanto isso, no *Detroit Free Press*, o colunista Gary Graff noticiou: "Os Stones compraram o jornal de Bill German, um maníaco pelos Stones que estava publicando, de forma independente, uma revista para fãs chamada *Beggars Banquet*. Os Stones agora a financiam e afirmam dar a German liberdade editorial. Veremos de que lado o tempo está neste caso."

Tudo isso tinha acontecido após minha conversa com Gordon Bennett em meados de agosto. Ele tinha acabado de assinar um acordo com Prince Rupert Loewenstein, o empresário dos Rolling Stones, para se tornar o agente de licenciamento deles. Bennett ficou incumbido de pegar a logomarca de língua dos Stones e fazer o máximo de marketing com ela. Ele me revelou seus planos para a Jagger Jeans e o perfume Satisfaction, assim como chicletes, relógios, quebra-cabeças, desodorizadores de ambientes e telefones dos Rolling Stones.

No lugar de soltar uma campanha de marketing estúpida, nasceu a ideia do fã-clube. Era como colocar a aspirina de seu filho no sorvete. Os fãs entrariam no clube e receberiam todos os tipos de ofertas de mercadorias. A parte central do fã-clube seria a revista, então Mick e Keith disseram: "Chame Bill German." Queriam alguém que pensasse e que tivesse o entusiasmo desenfreado de um verdadeiro fã dos Stones.

Encontrei Gordon Bennett pouco tempo depois daquele telefonema. Seu escritório ficava em Hollywood, mas ele estava hospedado num hotel em Upper East Side. "Seu jornal", ele disse, "será divulgado no próximo álbum dos Stones. Será declarado o informativo oficial da banda e milhares de fãs ao redor do mundo o receberão. Nós lhe daremos um novo cabeçalho que incorporará a logo de língua. Nós lhe pagaremos um salário por edição e custearemos suas despesas, incluindo a impressão e as taxas dos fotógrafos. E ainda: você contará com toda a cooperação da banda e de seus empregados."

Bennett perguntou se havia algo de que precisasse para minha primeira edição oficial, e então ironicamente retruquei: "Sim, que tal entrevistas com Mick e Keith?"

"Fechado", ele consentiu.

Achei que ele estivesse brincando, portanto fui pego de surpresa quando Jane Rose me acordou no dia 28 de setembro de 1983, um dia depois do meu aniversário de 21 anos: "Esteja no número 304 da West 81st Street ao meio-dia", me orientou ela pelo telefone. "É lá que entrevistará Mick. Depois virá até o escritório para entrevistar Keith."

Tinha menos de uma hora para tomar banho, fazer a barba e me encontrar com Mick. Ao sair, me dei conta de que não tinha fitas virgens. Então abri a bolsa de cassetes do meu colega de quarto e retirei *Willie Nelson's Greatest Hits* para gravar por cima.

Mick estava exatamente no lado oposto da cidade, então foram cinco minutos de táxi. Jane estava tão treinada em não entregar informações pessoais dos Stones que ela nunca deixou passar que "o número 304 da West 81st Street" era a nova casa de Mick, mas disso eu já sabia. A casa de quatro andares era uma atração turística. Mick esperava conseguir se mudar para lá em paz, mas uma *groupie* enlouquecida pichou no muro da frente: "Jerry Hall Megera de Calcinha

Suja", dizia. Se os fofoqueiros no balcão da delicatéssen Zabar ainda não conheciam seu novo vizinho, agora eles sabiam.

Toquei a campainha ao meio-dia em ponto. A mensagem "Megera de Calcinha" tinha sido removida, e um cara no interfone me pediu para olhar diretamente para a câmera e me identificar. Ele me deu permissão para entrar e disse: "Mick e Jerry estão fazendo compras, mas pode esperar na cozinha."

Sentei-me perto do balcão e ensaiei as perguntas. Quando Mick finalmente chegou, ele apertou minha mão, pediu desculpas pelo atraso e me apresentou sua namorada de longa data. "Jerry, você se lembra de Bill, não lembra? Do *Beggars Banquet*?"

"Ah, sim, gostei de ler aquilo", ela respondeu.

Enquanto Mick dava uma olhada no amontoado de correspondências, ela me perguntou se queria beber algo. Ela estava esticando o braço em direção a uma caixa de suco de laranja, então eu disse: "Um pouco *disso* está ótimo." Jerry Hall era charmosa, alta e, ao contrário da famosa linha no diário de Andy Warhol, completamente desprovida de odor corporal.

"Ok, então", disse Mick. "Vamos subir e colocar a mão na *massa*!"

Peguei minhas anotações, meu gravador e meu copo de suco e o segui pela escadaria. Enquanto subíamos de andar, ele apontava as reformas que estavam sendo feitas. "Eles têm feito reparos neste lugar que parecem não acabar nunca", ele disse. "Desculpe pela bagunça."

Chegamos ao escritório de Mick no andar de cima. Era um lindo dia de outono, e as janelas estavam abertas. Estávamos de frente para a 81st Street e podíamos ouvir os gritos de jovens garotas. "Deve ser o recesso", disse ele. "Esta é a melhor vizinhança em Nova York, mas pode ficar bem barulhenta às vezes." Deveria existir uma lei contra isso, pois Mick Jagger estava morando ao lado de uma escola para meninas.

Seu escritório era bastante organizado, com uma estante para livros de um lado e um vídeo do outro. O vídeo estava piscando "12:00", e me lembro de ter pensado: "Uau, nem Mick Jagger consegue programar esse troço." Ele sugeriu que as cadeiras ficassem dispostas uma de frente para a outra. Elas eram pesadas, mas Mick disse que faria isso sozinho. Ele as arrastou até o centro do cômodo, mas depois se sentou no chão. Optei pela cadeira, colocando o gravador e o suco de laranja aos meus pés.

Mick pegou o gravador e apertou alguns botões. "Dois, dois. Um, dois." Ele sabia mais sobre gravação do que eu, então o deixei mexer. "Certo", disse ele, "está funcionando". Informei-lhe que estávamos apagando Willie Nelson.

Antes de fazer minha primeira pergunta, ele perguntou se eu já tinha ouvido o novo álbum da banda. Eu disse que não. O lançamento não estava previsto até novembro. "Bem", ele disse, "temos que arranjar uma solução para isso". Em instantes, *Undercover* estava ressoando a todo volume do seu aparelho de som. Sabia que isso estava ocupando o meu tempo de entrevista, mas não reclamei.

Eu tinha um interesse pessoal neste álbum — com o anúncio do *Beggars Banquet* a aparecer nele e tudo mais —, por isso estava ansioso para ouvi-lo. A primeira canção era sobre os governos brutais do Terceiro Mundo.

Por causa do volume, Mick e eu não podíamos falar muito enquanto o disco estava tocando. Ele passou a maior parte do tempo dançando e se movendo pelo quarto enquanto eu permanecia sentado na cadeira. Ele estava vestido com uma calça de moletom cinza e uma camiseta marrom, que às vezes subia e expunha seu umbigo enquanto dançava. Durante a quarta canção, "Wanna Hold You", ele golpeou o ar com os punhos e proclamou: "Toquei bateria na *demo* para esta!"

Trocou para o lado B. A primeira canção era sobre um cara esquartejando sua namorada. "História real!", ele gritou durante a música. "Um cara na França! Cortou-a em pedaços e a colocou dentro do freezer!" Parecia que o refrão dizia "*There's too much blow*", mas não tinha certeza. Faria sentido — o cara estava tão drogado, olha só o que ele fez —, e perguntei: "Você está cantando 'too much *blow*'?"

"Nããããão!", ele respondeu. "'Too much *blood*'! *Blooooood*!" ["*Sangue* demais! *Saaaaangue*!"] Ele beliscou as veias de seu antebraço para enfatizar.

Para prevenir futuras confusões, ele foi até o outro lado do quarto e pegou alguns papéis. Mostrou as letras de suas músicas escritas à mão. A canção com a qual mais me identifiquei foi "All the Way Down". Seu verso de abertura — "*I was 21, naïve, not cynical, I tried to please*" ["Tinha 21 anos, inocente, não era cínico, tentava agradar"] — descrevia como *eu* estava naquele dia. As outras canções eram sobre sadomasoquismo, pobreza, espancamentos e assassinatos.

Disse a Mick que era um álbum frio, e ele concordou: "Frio que eu o diga, rapaz. Casa desolada. Mas ele não é *todo* frio. É duro, só isso. O que vem à tona, vem à tona. Muito dele é antitotalitário."

Minutos depois, a conversa estava fluindo, batendo em vários tópicos. Ele se tornou evasivo, contudo, quando lhe perguntei sobre o novo acordo dos Stones com a rede de TV CBS, cuja previsão era entrar em vigor no ano seguinte. Divulgava-se que seu valor estimado era de 28 milhões de dólares, uma quantia impressionante naquela época. "Eu não conheço os números", alegou ele. "[Mas] sabe, isso tem que ser repartido. Não recebo todo o dinheiro."

"Eu não esperava que recebesse! Mas você realmente garantiu à CBS quatro álbuns, certo?"

"Não, você não pode garantir nada. Posso ser atropelado por um ônibus, o grupo pode terminar... Não estou sendo otimista sobre isso, mas estou sendo honesto."

Perguntei como era ser um astro do rock aos quarenta. Ele tinha entrado nessa faixa etária algumas semanas atrás, e a imprensa o bombardeou com essa história. "Eles o criticam por ser velho", ele respondeu. "Como se fosse um erro. Como se eu tivesse que ter morrido anos atrás."

"Viver uma vida aberta ao público não é algo a ser recomendado", acrescentou. "Qualquer um que viva sua vida publicamente é afetado de alguma maneira... Alguns não sabem lidar com isso. Acabam pirando."

Perguntei como ele não tinha feito como Elvis, e ele satirizou: "Ainda posso chegar à idade dele! Talvez consiga, com a ajuda de uma farmácia grega de manipulação e um médico chamado Nick!"

Conversamos durante duas horas, e consegui algumas boas declarações. Também tive um *insight* quando o telefone tocou no meio da entrevista. Mick achava que Jerry fosse atender e foi ficando irritado por ela não tê-lo feito. Depois de sete ou oito chamadas, ele mesmo atendeu. "Alooooô", disse. "*Quién gustaría de falarrr?*" Usava um sotaque falso e, se não estou enganado, tentava parecer uma velhinha espanhola. Assim que ele reconheceu quem estava na outra linha, reverteu para sua voz normal: "Ah, claro, um momento, acho que ela está lá embaixo." Ele saiu do escritório, andou até a escadaria e gritou: "Jerry! É para você! Atenda da próxima vez! Não podemos trabalhar se o telefone fica tocando!" O ponto é que Mick Jagger estava fingindo ser sua própria governanta para sondar suas ligações.

Para fechar a entrevista, perguntei a Mick que tipo de música ele estava ouvindo. "Rá! *Boa!*", ele disse. "Bem, não tenho ido à loja de discos ultimamente, mas vejamos. Acabei de ouvir a versão de Bette Midler de 'Beast of Burden' e os Eurythmics. E também o novo de Herbie Hancock... Mas deixa eu ver."

Ele ficou de pé novamente e desapareceu em um esconderijo no canto do quarto. Eu o ouvi remexendo uma pilha de discos. Enquanto ele fazia isso, resolvi verificar os livros que lia. Eu me levantei para olhar a prateleira e — SPLASH! — lá se foi o meu copo.

Minha primeira visita à casa de Mick Jagger, e derramo suco de laranja no seu tapete persa do século XVI. Não tinha como fingir que nada havia acontecido. "Hã..., ei, Mick? Mick?" Eu espreitei o esconderijo, mas ele não estava lá. Fiquei em pé ao lado da poça como um idiota, sem saber o que fazer. Mas Mick veio prestar socorro. Ele tinha visto a coisa toda e tinha ido pegar uma toalha. Estava de quatro no chão secando a minha sujeira.

"Desculpe", disse a ele. "Por favor, não conte a Jerry."

"Nada, tudo bem. Além do mais, este quarto é *meu*."

A imagem de mim, aos 21 anos, de pé enquanto Mick Jagger está de quatro é algo que vou carregar comigo para sempre. O cara não podia ter sido mais gentil. E pensar que meu dia ainda não tinha terminado: eu ainda precisava me encontrar com Keith.

Contei a Mick que precisava de fitas virgens, e ele sugeriu que visitasse a banca de revistas na 79th com a Broadway. Ele estava certo. Depois disso corri até o Rockefeller Plaza, onde Keith me deixou esperando. Tinha chegado à Rolling Stones Records por volta das quatro horas, mas fiquei sentado na recepção até as seis. Keith estava no escritório de Art Collins, testando as Fenders. Acredito que há dias piores para ficar esperando duas horas do que ouvindo Keith Richards tocar guitarra.

Às seis, fui levado até a sala. A primeira coisa que ele disse foi: "Nós nos *fundimos*. Bem-vindo ao clube." Ainda acrescentou que, para ele, meu novo status era apenas uma formalidade. Que eu *já* era parte da família estendida dos Stones. "É por isso que estamos juntos neste aposento *agora*", disse ele no meu gravador. "Porque nós [os Stones] sempre dizemos um ao outro 'Você já viu o novo *Beggars Banquet*?', ele funciona e é sempre mais interessante do que qualquer outra coisa que sai sobre a gente."

Keith estava sentado atrás da mesa de Art Collins. Um cigarro pendia dos seus lábios e uma Fender desligada descansava no seu colo. Ele brincou com suas cordas ao longo de nossa entrevista. Usava um cachecol e tinha uma garrafa de uísque Jack Daniel's ao seu alcance, sob o aparelho de som. Uma cópia de *The Village Voice* estava na mesa entre nós. Ele passou o olho por ela e, ao ver o rosto de Jesse Jackson na capa, disse: "Fico só imaginando com que ele vai encrencar conosco *desta* vez." (Em 1978, o reverendo fez piquete exatamente naquele prédio para protestar contra o verso *"Black girls just wanna get fucked"* da música "Some Girls".)

Jane Rose perguntou se precisávamos de alguma coisa antes de nos deixar a sós. Keith disse que gostaria de mais refrigerante, e eu disse que beberia o mesmo. Ela trouxe uma lata para cada da geladeira do escritório. Keith misturou uma parte no seu copo de uísque. Ele me ofereceu o drinque, mas eu disse que beberia o meu puro. Quando tentei abrir a lata, porém, acidentalmente arranquei o anelzinho. Estava sem sorte com bebidas naquele dia.

"Sem problemas", disse Keith. Ele puxou uma faca imensa do seu bolso de trás, projetou a lâmina e esfaqueou a tampa da lata para mim. "*Agora* pode beber."

Jane fechou a porta, e comecei então a fazer umas perguntas bem pesadas para Keith. Quando olho para trás hoje, fico surpreso como tive coragem de tocar em certos assuntos. Não sei se fui corajoso ou ingênuo. Eu o confrontei sobre seu problema com drogas, seu pai afastado e a morte de John Belushi. Ele não se esquivou de nenhuma pergunta.

Belushi tinha falecido um ano antes, e eu sabia que ele e Keith tinham sido muito amigos. Estavam juntos semanas antes da noite fatal no Chateau Marmont. Keith imaginava que isso podia acontecer?

"Sim, sempre, [mas] não que eu esperasse que fosse acontecer. Você nunca espera. É meio que um ponto de vista retrospectivo. Mas havia, sim, uma vibração semelhante à de Brian Jones [um dos membros fundadores da banda, morto em 1969] pairando sobre John Belushi. Mesmo que alguém percebesse isso enquanto John ainda estava vivo, ninguém ia admitir ou dizer algo para ele. Havia aquela espécie de imprudência [e] de exagero insaciável. Você sabe que não pode dizer nada porque quanto mais lhe *dissesse* que ele estava exagerando, mais ele exagerava. Eu não esperava que Brian morresse tampouco, foi um choque terrível... Você só se dá conta quando já é tarde, quando está morto e enterrado."

Também sabia que Keith havia ficado duas décadas sem falar com o pai. Como tinha sido o reencontro?

"Estava com tanto medo de me encontrar com ele que levei Ronnie porque precisava de apoio. Era o pai que eu tinha deixado porque não conseguíamos mais viver juntos na mesma casa. Era a hora de deixar o maldito ninho e, pouco tempo depois disso, minha mãe se separou dele, e as pessoas sempre estão inclinadas a cuidar da mãe... Ou você acampa em um lugar ou em outro. Era impossível não dar um passo em falso. Ou está do lado da mãe ou do lado do pai, então você cuida da mãe. E depois disso não fui capaz ou não estava o suficiente perto para lidar com isso, então acabei me acomodando. 'Não vejo meu pai há dois anos, não vejo meu pai há cinco anos, dez anos, quinze anos.' Poderia ter continuado assim para sempre.... Mas, agora, todas as coisas que não suportávamos um no outro já são coisas do passado que ficaram no passado.... Ele tem me feito entender sobre por que sou como sou. Estava em todas as sessões [de gravação] e [nós encontramos] 42 garrafas de cerveja estocadas embaixo de sua cama — um suplemento de emergência — quando ele foi embora."

Antes de eu abordar esses assuntos, Keith nunca havia falado sobre seu pai ou sobre Belushi publicamente. Os jornalistas ou tinham medo de perguntar ou não estavam suficientemente informados para falar sobre isso. Mas Keith me fez sentir tão confortável que não pensei duas vezes. Perguntei a ele como seu vício em heroína afetara a banda.

"É", ele reconheceu, "durante dez anos, ou pelo menos cinco sem sombra de dúvida, fui o ponto fraco que poderia ter colocado tudo a perder. Do *meu* ponto de vista, de jeito nenhum. Mas eu estava, em retrospecto, sem condições de julgar nada. Isso faz parte da horrível e terrível fascinação por drogas. Quando se está nessa, tudo está legal. E, quanto mais se toma, mais legal fica e se torna mais necessário que tudo esteja legal. Só depois você é capaz de dizer: 'Ah, rapaz, você foi levado para o mau caminho.' Quando está dito e feito, ou sou um maldito sortudo ou, como gosto de me iludir, bem esperto, por não ter acabado com minha vida naquela época. Afinal, a única coisa que estava no topo das paradas naquela época era ser o mais provável de bater as botas. E mantive essa posição durante anos. Uma das minhas pequenas alegrias é não estar mais na lista. Sid Vicious conseguiu me ultrapassar e chegar primeiro. Muitos outros. Isso mostra o quanto as previsões podem estar erradas."

A única semelhança estranha entre Mick e Keith naquele dia foi como ambos contemplavam sua mortalidade. Não fui eu que toquei neste assunto, foram *eles*. Primeiro havia Mick dizendo que não podia dar nenhuma garantia: "Posso ser atropelado por um ônibus." E, depois, Keith desviando daquele mesmo ônibus. "Estamos todos aqui ainda", ele disse. "Você se depara com problemas e pode lidar com eles ou não. Até agora lidamos com eles, [mas] ninguém consegue lidar com todos. Eventualmente existe um com o qual não se lida bem, e é este que pega você. Está em nossas mãos até certo ponto. Quero dizer, você pode fazer coisas para se manter saudável e depois ser atropelado por uma porra de um ônibus. Você pode ser o homem mais saudável do mundo e ser atropelado por um ônibus."

Falei comigo mesmo: "Uau, este deve ser o tipo de coisa que se pensa quando se chega aos quarenta." Minha conversa com Keith preencheu duas fitas de noventa minutos. Ele estava disposto a continuar, mas certa hora disse: "Estou morrendo de fome, cara, e preciso mijar." Quando ele voltou do banheiro, Jane havia trancado o escritório.

Eram nove horas da noite, portanto tínhamos que usar o elevador de serviço. Enquanto esperava, Keith viu alguém com um esfregão e disse: "Bom ver você." Nós quatro entramos no elevador, e Keith continuou a conversa. "Então, como está sua filha?", ele perguntou ao outro cara. "Começou a escola, não foi?" "Sim, sim", o porteiro respondeu num inglês rasteiro. "Ela gosta, colégio muito bom." Eles se falaram por apenas um minuto, mas isso me deu um *insight* sobre o caráter de Keith, assim como a minha entrevista de três horas.

Cinco semanas depois, no dia 7 de novembro, *Undercover* foi lançado. O álbum chegou ao quarto lugar no ranking da *Billboard* e vendeu mais de um milhão de cópias. Em cada disco havia um encarte que comunicava: "Assine o *Beggars Banquet* e entre em contato com os Stones." Seis edições bimestrais por seis dólares.

O encarte retratava uma capa simulada do *Beggars Banquet* e apresentava suas editorias, como "Where the Boys Go" e "Photo Flashback" — coisas que havia bolado dentro do meu quarto enquanto ainda era adolescente. Entre as milhões de pessoas que o viram, tenho certeza de que muitas disseram "Que merda é essa?", mas outras ficaram intrigadas. Vinte mil pessoas enviaram dinheiro para Gordon Bennett em Los Angeles.

Elas então receberam uma carta de Bill Wyman, presidente cerimonial do fã-clube. "Bem-vindo ao fã-clube dos Rolling Stones", era o que estava escrito. "Apesar de nunca termos tido um fã-clube oficial nos Estados Unidos até agora, sabíamos que um jovem rapaz chamado Bill German estivera publicando uma revista não oficial para fãs dos Rolling Stones chamada *Beggars Banquet* durante os últimos cinco anos. Percebemos que um dos mais importantes aspectos de um fã-clube é possibilitar aos membros receber atualizações regulares sobre nossas atividades e, assim, perguntamos a Bill se ele gostaria de escrever e editar nossa revista oficial para fãs. Bill aceitou nosso convite e estamos felizes em anunciar que o *Beggars Banquet* é agora a revista oficial do fã-clube dos Rolling Stones."

Agora eu fazia parte do plano de negócios dos Stones. Tinha esperança de que isso me colocaria mais perto deles pessoal e profissionalmente, o que aconteceu só depois de algum tempo. Em dezembro, semanas após o lançamento de *Undercover*, Bill Wyman e Charlie estavam em Nova York, fazendo parte da campanha de caridade do ARMS[8]. Logo após um show com várias estrelas no Madison Square Garden, foi feita uma grande reunião de confraternização no Berkshire Hotel.

[8] Uma série de concertos foi realizada para angariar fundos para a Action into Research for Multiple Sclerosis (ARMS), instituição que pesquisa a esclerose múltipla.

Eu me aproximei de Charlie e o cumprimentei: "Oi, sou Bill German", mas ele olhou para mim como se eu fosse maluco. "Da revista *Beggars Banquet*", acrescentei, mas ele continuou me olhando paralisado. Acho que ele não fazia ideia do que eu estava falando.

Keith e Patti, enquanto isso, estavam no Cabo de São Lucas, prestes a se casar. O casamento aconteceu secretamente no dia do aniversário de Keith, em 18 de dezembro. Apenas algumas poucas pessoas foram convidadas, incluindo Jane Rose e o padrinho, Mick. Nenhum outro stone.

Quando Jane voltou a Nova York, ela me juntou com o fotógrafo de casamento e me deu um relato exclusivo. "Keith pisou na taça de vinho", contou ela. "É uma tradição nos casamentos judaicos. Foi ideia minha e ele gostou."

Com o casamento de Keith, os shows para o ARMS e minhas entrevistas com Mick e Keith, minha primeira edição oficial estava completa. Mal podia esperar para diagramá-la e imprimi-la. Na última vez que estive na copiadora, tinha dito ao cara que precisava de duas mil cópias do meu livreto de oito páginas, um pedido que me havia custado duzentos dólares. Mas agora precisava de trinta mil cópias de um livreto de doze páginas e isso custou três mil dólares. Eles me conheciam e confiavam em mim, então não exigiu depósito. Deixei minha colagem lá, e ele iniciou o trabalho imediatamente. Mas Gordon Bennett me ligou aquela noite dizendo: "Pare a impressão! Mick não gosta da foto da capa! Você terá que mudá-la!"

Eis, então, a parte sobre o controle editorial: de fato eu tinha concordado em submeter minhas edições à organização dos Stones antes de publicá-las. Eles não me diriam o que *colocar*, mas o que *descartar*. Achava que era uma concessão que valia a pena para ter minhas entrevistas com Mick e Keith e a facilidade de acesso recentemente adquirida. Mas logo descobri que cada stone tinha necessidades especiais.

O processo começaria com um rascunho da minha próxima edição que rodaria por várias pessoas do alto escalão dos Stones. Em Nova York, Jane Rose e Art Collins passariam um pente fino nele, assim como os advogados e contadores da banda. Também deveria enviar cópias a Londres: uma para o escritório dos Stones em Munro Terrace e outra para o escritório de Bill Wyman na King's Road.

O que mais me irritou sobre Mick ter rejeitado minha capa foi que eu havia submetido essa edição para ele em novembro de 1983 e já estávamos em janeiro de 1984. Além disso, a foto rejeitada era o mesmo close dele com Keith usado no encarte de *Undercover*. Ele já tinha deixado um milhão de pessoas vê-la, mas só *agora* ele decide não gostar dela?

Liguei imediatamente para a copiadora, mas já era tarde demais. Trinta mil cópias da capa já tinham sido impressas, e com certeza ele cobraria por elas. Aliás, ele ficou tão chateado que passou a exigir o pagamento completo para continuar o trabalho. Convenci-o a aceitar primeiramente um depósito de mil dólares e liguei para Gordon Bennett.

Bennett era o responsável por todos os custos de impressão — assim como meu salário —, mas ainda não tinha visto nem um centavo vir da parte dele. Apesar dos vinte mil cheques que havia recebido dos fãs, ele alegou estar com pouco dinheiro. Não podia pagar o depósito de mil dólares até as próximas duas semanas. Argumentei que não poderíamos esperar tanto tempo — "O *Beggars Banquet* é sensível ao tempo" —, mas ele não arredou o pé. Não tive outra escolha senão zerar todas as minhas economias. Qualquer coisa para colocar o jornal de volta nos trilhos.

Em janeiro de 1984, os Stones foram à Cidade do México para filmar uns vídeos. Comemoraram com uma festa numa boate chamada Quetzal. Todos os stones estavam lá, exceto Mick. Que foi exatamente como escrevi: "Todos os stones estavam lá, exceto Mick." Mas Jane Rose aconselhou: "Você não pode escrever isso. Mick não quer ser ressaltado. Isso pode revelar coisas que ele não quer que sejam reveladas."

Mick tinha optado por um pouco de "taco" naquela noite. Não haveria nada a esconder se ele fosse um cara solteiro sem preocupações, o que não era. Jerry Hall estava em casa, em Nova York, grávida de sete meses de seu primeiro filho. Minha tarefa, então, era desviar a atenção do fato. Em vez de "Todos os stones estavam lá, exceto Mick", escrevi "Keith, Bill, Charlie e Woody foram à festa". Jerry Hall que tirasse suas próprias conclusões. Eu trabalho para Mick.

Estava prestes a imprimir uma foto inofensiva de Bill Wyman e sua namorada Kelly. Tínhamos sido apresentados na festa do ARMS, e ela era muito simpática. Exceto que ela era *uma* das namoradas dele ao longo da turnê do ARMS. Ele não queria que Kelly soubesse das outras na Califórnia e no Texas nem que as da Califórnia e do Texas soubessem de Kelly. Então ele falou para nunca colocar fotos dele com *ninguém*.

Em poucos meses, saí de querer saber tudo sobre meus astros favoritos do rock a saber demais. Não tinha certeza se me sentia bem ou mal com isso.

A pessoa que determinou a maior parte das exclusões foi Jane. Elas normalmente beneficiavam Keith e eram bastante detalhistas. Uma vez, Jane me fez remover a palavra "tropeçou". Tinha escrito algo como "Keith tropeçou dentro da Tramps para chegar a tempo de ver Buster Poindexter", e ela não gostou. Expliquei que era uma figura de linguagem, mas ela retrucou que "tropeçou" implicava que Keith estava drogado, e ele não gostaria que ninguém pensasse isso.

Outra vez, ela me fez apagar o título de uma canção. Keith estava fazendo um *cover* de "I Get a Kick Out of You" — famosa na voz de Sinatra —, de Cole Porter, no seu quarto de hotel, mas não queria que ninguém soubesse. Ela temia que alguém roubasse a ideia de Keith de executá-la no palco, da forma como Blondie tinha roubado "The Tide Is High" dele. (Keith vinha tocando essa música — lançada originalmente na Jamaica, aproximadamente em 1967, pelos Paragons —, quando Debbie Harry ainda trabalhava como garçonete. Mas alguns membros do Blondie supostamente ouviram a fita em que Keith tocava esta canção, em 1979.)

Eu nunca discutia com Jane porque geralmente ela acrescentava muito mais do que tirava. Havia dias em que passava em seu escritório e me sentava para conversar com ela durante horas, apurando notícias para a coluna "Where the Boys Go". Ela relatava diretamente de sua agenda — "Keith jantou com McEnroe no Da Silvano no último domingo" — e me emprestava suas fotos pessoais da banda. Jane tinha a reputação de ser territorial quando o assunto eram os Stones, então as pessoas notavam o quanto ela cooperava comigo.

“Faz parte do trabalho dela”, desdenhou Svi. “Keith lhe pediu que fosse legal com você, então está sendo legal com você. Ela não quer criar atrito com Keith.”

De qualquer forma, me senti grato. Não deve ter sido fácil para Jane subir o escalão corporativo de um negócio dominado por homens como o rock’n’roll. As mulheres ou eram *groupies* ou eram secretárias. Mas ali estava Jane, uma peça da engrenagem muito importante no maquinário dos Stones.

Jane Rose começou sua carreira no início dos anos 1970 com Howard Stein, promotor de shows. Ele era dono da Academia de Música na 14th Street, que mais tarde ficou conhecida como Palladium. Depois trabalhou para outro promotor de eventos, Peter Rudge, cujos clientes incluíam Lynyrd Skynyrd e os Stones. Viajou em turnê com Skynyrd e, em 1975, com os Stones. Acumulava várias funções administrativas e estava encarregada do guarda-roupa de Mick.

Ela me contou que odiava ser chamada de “Mamãe”, o que os stones faziam de tempos em tempos. “Quando as pessoas perguntam minha denominação, digo: ‘Sou Jane Rose’ e paro por aí.”

Uma vez, Jane me pediu para omitir algo por motivos pessoais, e consenti. Tinha inaugurado uma coluna chamada “Five Years Ago in *Beggars Banquet*” (Há Cinco Anos no *Beggars Banquet*), cujo título já se explicava. Uma história que eu havia noticiado em 1979 e intencionava trazer à tona em 1984 era sobre um garoto que morrera na casa de Keith. Embora Keith já estivesse separado de sua esposa, Anita Pallenberg, na época ele ainda dividia uma casa com ela no condado de Westchester, bem perto de Nova York. Um “amigo” de 17 anos de Anita chamado Scott Cantrell estava passando muito tempo lá. Uma noite (quando Keith estava fora), ele pegou um revólver que encontrou no quarto e, de acordo com Anita, fez um jogo solo de roleta russa. Ele perdeu.

A história foi noticiada em todos os jornais e me afetara profundamente. Eu tinha a mesma idade que aquele garoto e sabia que podia ter sido atraído facilmente para entrar na casa de Keith como ele fora. Ouvira todos os tipos de rumores sobre o que poderia ter acontecido, mas a morte dele foi considerada um suicídio acidental. Anita foi acusada por posse de arma não registrada e liberada após 12 horas de interrogatório.

"Sou uma boa menina judia criada em Long Island", Jane me disse. "Meu pai é médico. O que sei de armas? Foi a pior noite da minha vida. Encontrei Anita na polícia e ela estava coberta de sangue. Não quero me lembrar disso. Você não vai colocar isso no *Beggars Banquet*." A história era assunto de registro público, mas eu nunca tinha ouvido um relato sob um ângulo tão pessoal. Obviamente, não pude recusar seu pedido.

Logo descobri, contudo, que havia um assunto mais tabu do que assassinato e sexo quando o assunto eram os Stones: suas finanças. Eu tinha que ser *muito* cuidadoso sobre isso. Se escrevesse que os Stones tinham massacrado um vilarejo mexicano não seria tão ruim quanto algo que elevasse sua alíquota tarifária. Jane começou a me treinar cedo. Na noite em que entrevistei Keith, ela ficava dizendo: "Keith mora na Jamaica. Nunca escreva que ele mora nos Estados Unidos ou na Inglaterra. Ele mora na Jamaica."

Era verdade que Keith tinha uma casa em Ocho Rios, na Jamaica, mas o fato era que ele se considerava um nova-iorquino. Passava mais tempo em Manhattan do que em Ocho. Havia comprado um condomínio fechado de três andares na East 4th Street (para o qual ainda iria se mudar) e era o proprietário de uma casa na Inglaterra desde os anos 1960. Mas, quando se tratava de impostos, ele estava registrado como morador da Jamaica, e mais nenhum outro lugar.

Para manter o status, ele não podia passar 180 dias de qualquer calendário anual na Inglaterra ou nos Estados Unidos. Seus advogados ficavam em cima: "Keith, você tem que sair do país. Já está chegando perto dos 180 dias, então vá para o México ou para Antígua por um tempo."

Todo esse jogo começou nos anos 1970 quando o conselheiro financeiro dos Stones, o previamente mencionado Rupert Loewenstein, falou para eles saírem da Inglaterra e se tornarem exilados fiscais — daí o título do álbum *Exile on Main Street*. Rupert, um príncipe de verdade de descendência bavária, era perito no tratado franco-americano de isenção de impostos. Não me peça para explicar — quando ouço "franco-americano" penso logo em SpaghettiOs[9] —, mas o negócio oferecia descontos nos impostos para pessoas como eles. Significava

[9] Marca de macarrão em forma de argola vendida nos Estados Unidos.

que teriam que pagar impostos nos países onde trabalhavam, não nos países onde moravam. E, se falamos do dinheiro dos Stones, a diferença está na casa dos milhões.

Isso afetava muito os planos da banda. É por isso que eles gravaram na França, não nos Estados Unidos ou na Inglaterra, e foi por isso que filmaram seus vídeos na Cidade do México, não em Nova York ou em Londres. Como fã, foi deprimente saber quantas decisões — quando e onde gravar, quando e onde se apresentar — tinham sido tomadas não por inspiração artística, mas por advogados e contadores.

Tudo era bem complicado e determinava o que eu podia ou não escrever no *Beggars Banquet*. Às vezes eu não podia dizer a palavra "trabalho" numa frase, não podia me referir às casas de Keith em Nova York e na Inglaterra como lar, apenas como "casas".

Achava improvável que a receita armasse algo para cima de Keith Richards por meio das páginas do *Beggars Banquet*, mas os advogados dos Stones não podiam arriscar. Se as únicas coisas certas na vida são a morte e os impostos, Keith estava determinado a vencer ambos.

Num bar da 78th Street, Keith lê atenciosamente minha primeira edição oficial e me oferece conselhos: “Faça o que é certo para *você*.”

8

O RATO QUE RUGE

Infelizmente, nasci na única família judaica sem um advogado. Quanto mais fundo me envolvia com os sócios dos Stones, mais precisava de um.

Deveria ter percebido os sinais de alerta. Quando estive na casa de Mick em setembro de 1983, ele não mostrara todo o calor do seu entusiasmo à iniciativa do fã-clube. Falara algumas coisas legais sobre *meu* envolvimento — "Você tem feito [o *Beggars Banquet*] por tanto tempo... Achamos que era a coisa apropriada para existir dentro dele" —, mas me parecera menos entusiástico em relação à campanha de marketing. "Estamos cooperando porque isso foi *sugerido*", ele dissera. "Se isso faz as pessoas felizes, ótimo. Além do mais, é melhor sermos pagos por todo lixo que está por aí afora do que deixar que os contrabandistas ponham as mãos nisso."

Quando perguntei se ele tinha algum conselho para me dar, ele exclamou: "Sim! Certifique-se de que seja pago!" Ele estava falando para fins de registro, então achei que estivesse brincando. Mas, quando me juntei com Keith naquele dia, as coisas ficaram nebulosas. Ao final de nossa entrevista, Keith disse: "Posso lhe falar mais sobre Gordon Bennett depois, quando o gravador estiver desligado", mas ele nunca comentou o assunto. Foi quando teve que ir ao banheiro e quando ficou distraído no elevador, antes de partir em sua limusine.

Quando o álbum *Undercover* saiu em novembro, eu ainda não tinha assinado um contrato com Bennett, apenas um acordo verbal. Ele estava vendendo milhares de assinaturas do *Beggars Banquet* sem minha permissão legal.

Quando o contrato finalmente apareceu, ele não continha o que havíamos negociado pessoalmente. "Você irá transferir para nós os seguintes direitos no que concerne à revista", dizia. "O seu nome e sua inteira cooperação."

Em outras palavras, não seria mais o dono do *Beggars Banquet*. Minha recompensa? Nada. Receberia apenas um salário de 2.500 dólares por edição, para escrever e editar o fanzine que um dia já me pertencera. Não seria nada mais do que empregado do *Beggars Banquet*. E, depois, quando terminasse meu contrato, ao final das seis edições bimensais, eles teriam o direito de me demitir. Levaria um pé na bunda, e terminaria sem fanzine, sem emprego e com apenas 15 mil dólares por tudo.

Como se isso não bastasse, o contrato requeria que eu transferisse os direitos autorais para "todas as edições anteriores da revista". Novamente, por nenhuma recompensa. As 32 edições que tinha produzido nos meus pijamas desde os meus 16 anos agora pertenceriam a Bennett e aos Stones. Eles poderiam reimprimi-las quando quisessem, sem me pagar um centavo por isso.

O contrato era entre mim e a Musidor, a companhia que os Stones detinham com o príncipe Rupert Loewenstein. Bennett era o agente da companhia. Os Stones e Rupert eram donos de várias empresas juntos, cada uma encarregada de administrar uma faceta da carreira da banda, e a Musidor era o braço direito em licenciamento e comercialização.

Foi Rupert quem se apaixonara pela ideia de Bennett sobre o fã-clube e foi Rupert quem havia convencido os Stones a embarcar nessa. Quando Mick disse "foi *sugerido*", a pessoa que tinha sugerido foi Rupert. Foram então Rupert e Bennett que contrataram o escritório de advocacia superpoderoso de Mitchell Silberberg & Knupp para elaborar aquele contrato asqueroso. Ele devem ter pensado: "O garoto é um fã. Ele fará isso por nada."

Dizer que isso era Davi contra Golias seria pegar bem leve. Eu tinha 21 anos e estava completamente sozinho. Svi disse que conhecia um advogado, então telefonei imediatamente. O cara era especializado em bens imobiliários, mas eu era muito inocente para pensar que isso tinha alguma relevância. Tudo o que me importava era que ele atendia as minhas ligações, e isso fazia dele o meu advogado. Sentava-me no seu escritório, falando sobre meu fanzine, enquanto ele fechava negócios de minishoppings em Paramus. Deu alguns telefonemas inúteis para Bennett e reescreveu o contrato algumas vezes, mas nada foi resolvido. Quando chegou fevereiro de 1984, semanas após publicar minha primeira edição oficial, ainda não tinha sido pago. O conselho de Mick já era. Como se não pudesse ficar pior, o advogado me cobrou dois mil dólares..

Estava completamente exaltado e não tinha a menor ideia de como a situação seria resolvida. Precisava muito de apoio moral e orientação legal de alguém que pudesse entender a situação. Procurei e procurei e encontrei essa pessoa sentada num bar na minha vizinhança. Seu nome era Keith Richards.

Keith tinha estado no México em dezembro de 1983 e em janeiro de 1984, mas voou de volta a Nova York em fevereiro. Ele tinha se hospedado no Carlyle Hotel, mas eu não sabia seu pseudônimo. Descobri, contudo, que ele estava no JP's Bar na 78th Street gravando uma entrevista para a TV. Fui até lá sem ser convidado e bati na janela. Um engenheiro de som destravou a porta e eu disse: "Diga a Keith que Bill German está aqui."

O cara retornou alguns segundos depois e me deixou entrar. Keith estava sentado no bar, sob luzes e microfones, com uma garrafa de Jack Daniel's por perto. Quando a entrevista acabou, apresentei-o à primeira edição oficial do *Beggars Banquet* e desabafei com ele. Ele já sabia da história. "Estava contando a alguém que German está virando presunto", disse ele. "Você está imprensado entre nossa merda e a merda de Bennett."

É possível que Keith se sentisse mal por ter me envolvido nisso. Sei que ele e Mick tinham tido as melhores das intenções quando me recomendaram para a tarefa, mas as coisas não estavam indo como planejado. Contei a Keith sobre o contrato e ele me aconselhou: "Olha, Bill, você não precisa assiná-lo. Faça o que é certo para *você*. O que for melhor para *você*. Porque você não está fazendo nenhum favor aos Stones assinando isso. Nós *já* estamos de mãos atadas."

Keith não gostava desse tal de Bennett e não confiava nele. Queria cancelar o acordo, mas já era tarde. Quero dizer, sério, Jagger Jeans? Posso imaginar Keith acordando no meio da noite suando frio; olhando para o criado-mudo e descobrindo que seu pesadelo era real. Um vidro de Satisfaction Pour Homme olhando direto para ele; ele pegando o vidro, jogando-o e despedaçando-o contra a parede.

O conselho de Keith foi verdadeiramente fortalecedor para mim. *Não tenho que assinar o contrato. Posso me defender, e os Stones não ficarão chateados comigo*. Eu estava brigando com os sócios de Keith, mas ele estava do *meu* lado.

Keith reiterou suas razões por ter me colocado a bordo disso, afinal. Não lembro exatamente como ele colocou tudo em palavras no JP, então me referirei à nossa entrevista em setembro de 1983: "Em que ponto o fã-clube deixa de ser um fã-clube e se torna uma lista de correio? É um empreendimento comercial, é verdade, mas quanto dos Stones podemos comercializar sem arruinar nossa integridade? O *Beggars Banquet* é uma maneira de prevenir exageros, sabe, como a publicidade excessiva. 'Estamos com este coelhinho, dê corda e ele mostra a língua.'"

Ele prosseguiu: "Você não vai comprometer sua integridade, Bill, tudo o que você construiu, só para transformá-lo numa lista de correio, sabe, um editorial de uma página e dez páginas de catálogo. E então é assim que podemos ter controle e fazer isso funcionar dentro do sistema dos Stones do que é aceitável e do que não é. Deixando isso nas mãos de pessoas como você, que sabe um pouco sobre nós. Porque nós [os Stones] não conseguimos nos sentar todo mês e fazer um controle de qualidade." Keith estava me colocando no papel de cão de guarda, e eu levei esse compromisso a sério.

Também me deixou ciente de outra coisa. Ele me convenceu de que era eu, e não Gordon Bennett ou Rupert, que estava dando as cartas. Leve em consideração o desastre nas relações públicas: eles já tinham colocado aquele anúncio em um milhão de álbuns do *Undercover*; já tinham enviado vinte mil cópias daquela carta de Bill Wyman; e a comovente história sobre os Stones terem contratado um fã já tinha chegado ao conhecimento da imprensa. Portanto, imagine como ficaria malvisto se este fã pulasse fora por desgosto. Keith estava me orientando a virar o jogo da própria empresa.

Disse a Bennett que não iria assinar aquela porcaria de contrato e que não iria abrir mão da posse do meu fanzine. Disse também que deveríamos trabalhar em cima do nosso acordo original: ele me pagaria 2.500 dólares por edição, pagaria meus fotógrafos e ficaria responsável por todos os custos de impressão e de correio. Ponto final.

Bennett concordou, mas não cumpriu sua palavra no que se refere ao dinheiro. Quando chegou a hora da segunda edição em março, ele ainda não havia pago a primeira em janeiro. Nem aos meus fotógrafos. Comecei a produção do segundo de qualquer forma, rezando para que tudo fosse resolvido. Mas, quando fui à gráfica, se recusaram a iniciar o trabalho. Bennett ainda não tinha lhe enviado o depósito.

Dias se passaram, e depois semanas. Ele finalmente pagou o depósito, mas, após o trabalho ficar pronto, não pagou o saldo. Milhares de exemplares ficaram acumulando poeira. Mais um tempo e ele pagou o custo de impressão, mas não a postagem. Como jornalista, essa demora me consumia. Minha última edição já estava ultrapassada antes mesmo de alguém poder lê-la.

A coisa se tornou contenciosa. Perguntei: "Por que está levando tanto tempo para pagar todo mundo?", e ele culpou a *mim*. Bennett me acusou de aumentar os preços da gráfica e dos fotógrafos e de receber propinas. Eu não sabia nem o que eram "propinas". Achava que era algo relacionado com o futebol australiano. Além do mais, a gráfica e os fotógrafos lhe cobraram seus preços *mais baixos* devido à minha boa vontade com eles.

Se Bennett acreditava ou não na sua lábia, ele correu até príncipe Rupert e Bill Wyman e disse que eu era a raiz dos seus problemas. "Bill German está nos roubando e não está nos deixando divulgar o chiclete e o desodorizador de ambientes no *Beggars Banquet*." (Eu havia estipulado desde o início que o *Beggars Banquet* deveria permanecer livre de anúncios.)

Ele apontou o dedo para todo mundo exceto para si mesmo. Acreditava que os fãs dos Stones iriam querer chicletes e quebra-cabeças, mas ele estava errado. Os itens mais caros, dos quais os fãs talvez gostassem, como os jeans e o perfume, nunca se materializaram. Bennett foi ficando nervoso à medida que seu negócio fracassava e colocou toda a culpa em *mim*. Tentou se aproveitar da minha condição de fã e esbravejou: "Os Stones estão todos com raiva de você!"

Não fiz questão de contar para ele que Mick e Keith tinham me alertado sobre ele ou que havia me tornado um convidado frequente na casa de Ron Wood. Eu simplesmente disse: "Tenho certeza de que os Stones estão do *meu* lado."

"Ah, é?", ele retrucou. "Rupert e eu podemos tirar o *Beggars Banquet* de suas mãos na hora em que quisermos! Os Rollings Stones detêm os direitos ao nome '*Beggars Banquet*'. Podemos facilmente começar uma nova revista chamada *Beggars Banquet* e deixá-lo de fora! Não precisamos de você!" Falei para ele que ele realmente *precisava* de mim e que os Stones *não* detinham o nome. Nunca teria respondido a ele dessa maneira se Keith não tivesse me dado coragem para isso.

Infelizmente, as vítimas inocentes foram os fãs. Em novembro de 1983, eles pagaram por seis edições do *Beggars Banquet*, mas, até a metade de 1984, tinham recebido apenas uma. Inundaram minha caixa de correio com cartas de difamação. "Você é uma porra de um ladrão, Bill German! Vou acionar as autoridades!"

Eles não tinham ideia de que nem sequer tinha tocado no dinheiro deles e de que eu mesmo não havia sido pago. (Eu ainda faltava receber cinco mil dólares pelo trabalho de duas edições.) Alguns ainda se lembravam vagamente de que haviam enviado suas assinaturas para Los Angeles, mas isso não importava. Era Bill German em Nova York, e não Gordon Bennett em Los Angeles, que era a personificação do *Beggars Banquet*, então fui o saco de pancadas.

Estava extremamente chateado e respondi cada uma das cartas. "Você pode ser meu leitor", tentei explicar, "mas não é meu cliente. Você enviou seu dinheiro para Los Angeles, não para mim, portanto não conhecia seu nome até você, argumentativamente, ter reclamado." Gastei centenas de dólares para fazer as pazes com os clientes irados de Bennett, mas valeu a pena para acabar com a difamação.

Após limpar meu nome com milhares de pessoas, fui ajustar as contas com o presidente do fã-clube, Bill Wayman. Escrevi-lhe uma carta de seis páginas, que obviamente teve repercussão. Ele a encaminhou para os advogados da banda. Sob pressão, Bennett enviou o dinheiro da postagem, dos fotógrafos e o meu salário. Os clientes de Bennett receberam sua segunda edição em agosto, com cinco meses de atraso.

Depois de produzir seis edições bimestrais — as quais levaram um ano e meio —, tanto meu acordo verbal com Bennett como o acordo por escrito dos Stones com ele expiraram. Se houve um lado bom nisso tudo, é que os Stones sentiam que eu e eles havíamos "sobrevivido" a algo juntos. Foi um processo doloroso, mas que me deixou mais próximo deles.

Woody curtiu o Cat Club (acima, com Billy Idol) e a Limelight (abaixo, com seu fiel escudeiro). Uma noite, após conhecer o astro do basquete Willie Stargell no Limelight, Woody se virou para mim e disse: "Star Gel? Isso é o que uso no meu cabelo!"

9
OS SUSPEITOS

Desde que me mudara para Manhattan era como se estivesse o tempo todo de sobreaviso. Meu telefone tocaria a qualquer hora, e, no mesmo instante, eu tinha que correr até lá para avistar os Stones. Uma noite, em abril de 1984, um *paparazzo* me ligou do Cat Club, na 13th Street. "Ron Wood acabou de entrar."

Era uma hora da manhã, e eu estava assistindo ao David Letterman, mas corri porta afora. Um táxi me deixou lá em dez minutos. Avistei Woody na seção VIP da boate. De alguma forma, nossos olhares se cruzaram, e fingi que tinha sido uma coincidência. Usei linguagem labial para me comunicar: "O que *você* está fazendo aqui?"

Ele acenou para que eu entrasse na área VIP e me convidou para sentar à sua mesa. Estava acompanhado de sua namorada, Jo, e da amiga deles, Perri. Woody explicou quem eu era — "Bill está à frente da revista para os fãs do Stones!" —, mas isso não impressionou Perri. Na verdade, ela parecia irritada com o fato de Ron não parar de falar sobre mim. "É pela revista de Bill que fico sabendo sobre o que os outros stones andam fazendo. E tem ajudado no meu trabalho artístico."

Enquanto a atenção de Perri se dispersava, Woody me contou sobre como ele usava as fotos do *Beggars Banquet* como referências para suas pinturas. "Usei aquela lá no show do ARMS para fazer um autorretrato. Também usei a do Keith da entrevista e a do Mick com Stevie Ray Vaughan. Realmente tem me ajudado."

Woody frequentou uma escola de arte quando criança e sonhara em ser o próximo Van Gogh. Mas acabou deixando isso de lado quando se tornou um astro do rock. Agora, com a trégua nas atividades dos Stones, ele estava retomando de onde parou.

Woody me fez sentir aceito e se ofereceu para ajudar com o *Beggars Banquet*. Disse que Jo tinha fotos para me emprestar e que eu deveria dar uma passada na casa deles para pegá-las. Anotou o endereço e o número de telefone num guardanapo.

Dez minutos depois alguém se aproximou da mesa. Era o namorado de Perri, retornando do banheiro. Não tinha percebido que estivera sentado em seu lugar. "Ele pode pegar uma cadeira *ali*." O namorado não parecia disposto a discutir com Ron Wood dos Rolling Stones, mas não pareceu muito contente. Aliás, ele me olhou com desprezo e disse: "É, só que você está sentado na minha jaqueta, cara."

Foi aí então que percebi que ele era Billy Idol. Não era tão ruim quanto derramar suco no tapete de Mick, mas me fez lembrar de que ainda era um pateta, não importasse quantas salas VIP frequentasse. Pedi desculpas ao sr. Idol, levantei a parte esquerda do meu traseiro e lhe entreguei sua jaqueta de couro.

Antes de conseguir ligar para Woody, Video James já tinha ligado. Por algum motivo, ele tinha o número e se convidou a ir até lá. Em 1984, a coleção de Video James já perdia seu brilho — *Cocksucker Blues* e *Ed Sullivan* estavam na rota do contrabando fazia tempo —, então ele precisava cavar mais fundo para manter seu status. Falou para Woody que traria alguns clipes de Bo Diddley, e Woody disse: "Com certeza." Perguntei se poderia me juntar a eles e ambos assentiram.

Woody e Jo não estavam mais em Greenwich Village. Agora eram proprietários de um prédio de quatro andares na 78th Street, entre West End e Riverside. Woody passeou comigo pelo lugar, e fiquei abismado como tudo ali refletia sua personalidade. Em outras palavras, era uma bagunça. E digo isso da melhor forma possível. Dava para perceber que uma pessoa criativa e de espírito livre vivia ali. Guitarras se escoravam nas paredes, fitas cassetes estavam empilhadas na escadaria e desenhos inacabados, espalhados atrás de candelabros na toalha de mesa. E, opa, quase tropecei num álbum de ouro *Black and Blue* encostado no corrimão.

Sentamos na sala de estar e assistimos a Bo Diddley. Jo me emprestou algumas fotos. De forma geral, foi uma noite surpreendentemente serena. Woody sugeriu que eu o visitasse mais vezes e disse que não precisaria de escolta.

Mais ou menos uma semana depois, liguei para ele. "Preciso devolver as fotos." Woody falou para eu passar lá no mesmo instante. Desta vez, a atmosfera era mais do que eu estava esperando. Uma dúzia de pessoas se aglomeravam na sala de jantar observando Woody pintar. Ele parecia feliz em me ver e me apresentou a todos. "Bill, você conhece Peter, certo?"

"Não *conheço* Peter", respondi, "mas conheço *sobre* Peter". Era o lendário artista Peter Max. Ele e Woody estavam absortos sobre suas respectivas telas. Faziam uma espécie de *jam session,* mas com tinta no lugar de música.

"E conhece Matt, certo?"

"Não *conheço* Matt", respondi, "mas conheço *sobre* Matt". Era o ator Matt Dillon.

Os outros convidados naquela noite não eram famosos, mas eram "interessantes". A maioria era conhecida por seus apelidos e tinham empregos sobre os quais não queriam falar. Levei um tempo para sacar que eram os contatos com as drogas de Woody. Vendedores de drogas, todos eles. Um deles disse: "Você dirige uma revista? Me dê uma prescrição grátis." Mas se recusou a me dar o endereço e o nome verdadeiro.

Havia uma atmosfera genuinamente elétrica naquela casa. Algumas pessoas estavam nas alturas em criatividade, outras estavam nas alturas com as drogas, e algumas, como Woody, estavam nas alturas com ambas. Muito barulho, muito movimento e ninguém sabendo quando parar. Às três ou quatro da manhã, ninguém tinha ido embora ainda. Woody terminou sua caricatura de Dillon, que ele colocou ao lado do retrato de Dillon.

Svi me chamou até um canto para me dar um conselho. "Quando estiver com os Stones", ele disse, "é melhor sair cedo demais do que tarde demais". Muitas pessoas exageram quando estão com eles, até mesmo na primeira noite. Ficam alteradas por causa das drogas ou da fornicação e não sabem seu lugar. As coisas costumam ficar pesadas.

Alguém sofre de uma overdose ou uma propriedade é destruída. Um inventário humano é compilado e qualquer pessoa no recinto naquele momento se tornava um suspeito. As punições são dadas em partes até ser banido de qualquer atividade relacionada com os Stones.

Svi deveria saber. Ele estivera uma vez na casa de Woody quando uma TV desapareceu da sala. No meio do caos, ninguém tinha visto a TV sumir. Mas, quando Woody foi ligar a TV para assistir ao jornal no dia seguinte, não havia o que ligar. Ele e Jo fizeram um levantamento da noite passada, e as suspeitas acabaram recaindo sobre Svi. Eles o acusaram logo de cara. Svi jurou que não tinha sido ele, e Woody e Jo acreditaram em sua palavra. Mas a mera suspeita mostrava que ele tinha razão: saia antes que a coisa fique feia.

Eram quatro da manhã quando saí. Desejei boa-noite a Woody, e ele disse "Por que tão cedo?", e não estava brincando. Tudo o que sei é que não caí em excessos nem fiquei mais tempo do que o aceitável. Fui convidado muitas vezes depois e logo me tornei uma presença constante no lar dos Wood, onde toda noite era noite de festa.

Quando a cocaína começava a rolar, colocava aquele sorriso bobo no rosto e dizia: "Não, obrigado." Tinha 21 anos e nunca tinha experimentado cocaína na minha vida. (Ainda não experimentei.) Tenho certeza de que abri mão de alguns baratos incríveis — se Ron Wood comprava, *tinha* que ser bom —, mas não queria que minha primeira experiência fosse com estas pessoas. Eram usuários de cocaína profissionais e eu não sabia nada de nada. E se eu de repente ficasse azul e caísse duro no chão, morto? E se eu espirrasse, como naquela cena de *Noivo neurótico, noiva nervosa*?

Além do mais, queria ficar alerta para me lembrar de tudo. Estar na casa de Ron Wood era um sonho de fã virando realidade, e estava apurando minhas informações como repórter. Mas minha abstinência às vezes gerava tensão. Alguns caras ficaram paranoicos e me acusaram de ser um agente do departamento de narcóticos. "Woody, qual o problema com *este* cara?" Ele teria que me defender: "Que nada, Bill é legal. Ele está aqui para me entrevistar e pegar algumas fotos com Jo, só isso." Estava orgulhoso por ter sido o *Beggars Banquet*, e não as drogas, o meu passe para adentrar o lugar sagrado dos Stones, mas me fez sentir um forasteiro.

Eu era a única pessoa com quem Woody podia conversar sobre os Stones. Seus amigos traficantes não sabiam de nada e estavam lá pelo dinheiro e pela fornicação. Descobri isso quando um deles me deu uma carona para casa. Enquanto cruzávamos o Central Park, ele pôs uma fita e disse: "Isto é coisa rara. Woody gravou para *mim*." Tudo ótimo, exceto que era *Goats Head Soup*. Eu retruquei: "Este é um álbum dos Stones, pode adquiri-lo na loja", e o cara perdeu a compostura. "Você não sabe de que porra está falando! Woody gravou esta fita especialmente para mim!" Ele era do tipo que era melhor deixar quieto, então mudei de assunto.

Woody encontrou a maioria dos seus traficantes nas boates da cidade. O local favorito dele e de Jo em 1984 era a Limelight, uma igreja consagrada na 20th Street. A sala VIP era a antiga biblioteca, e vários elementos suspeitos rondavam por ali. No dia 1º de junho, Woody celebrou seu aniversário de 37 anos naquela sala e fui convidado. (Para fazer jus à temática da igreja, o bolo de Woody estava decorado com uma freira e a frase "Deus o abençoe, Ronnie".)

Os traficantes de Woody podiam ser ignorantes quando o assunto eram os Stones, mas passavam tanto tempo com ele que acabaram se tornando boas fontes para mim. Se Woody se esquecesse de me contar alguma coisa, eu ficaria sabendo por meio deles em primeira mão: "Woody lhe falou que irá se encontrar com Keith na Jamaica na próxima semana?"

Outra boa fonte era a geladeira de Woody. Ele enfiava seus ingressos de bastidores dentro dela, então eu sempre dava uma olhada. Eu dizia: "Woody, você não me contou que viu os Pretenders na Radio City semana passada", aí ele vinha com: "Foi isso mesmo! David Letterman estava atrás do palco e sugeriu que eu descansasse um pouco!" ou "Os Pretenders? Não me recordo."

Demorei para perceber que a cocaína às vezes podia afetar seu bom julgamento. Havia noites em que Woody pegava sua guitarra e explicava: "Ouça esta canção maravilhosa que escrevi!", mas não estava tão boa. Ou ele soltava ideias como "Vou chamar Peter Max para pintar sua próxima capa!" que nunca viravam realidade. Coisas ditas naquela casa às três da matina normalmente não fariam mais sentido às três da tarde.

Em outubro de 1984, Woody fez uma apresentação especial no Hard Rock Café. Quis estar junto e pegar uma foto dele posando com a guitarra Vox de Brian Jones, que ficava pendurada na parede da boate. Na noite anterior (às três da manhã), ele disse que colocaria meu nome na lista de convidados. Mas, quando apareci (às três da tarde), o segurança disse que meu nome não estava lá.

Do lado de fora, a cena era de histeria total, como na beatlemania. Um monte de fãs que tinham ficado sabendo sobre a aparição pelo rádio fazia fila pela 57th Street. Quando a limusine de Woody parou no acostamento, houve tumulto. Pessoas o agarraram e tentaram conseguir um autógrafo. Milagrosamente, consegui chamar sua atenção: "Woody! Você se esqueceu de me colocar na lista!" Ele esticou a mão e disse para eu segurar firme. Os seguranças do Hard Rock abriram caminho para Woody no meio da multidão enquanto ele me puxava logo atrás. Podia até estar no mundo da lua, mas sempre me oferecia uma mão amiga, às vezes literalmente.

Mais tarde naquele mês, os Stones convocaram uma reunião em Amsterdã para discutir seu futuro. Escolheram a Holanda porque era lá que estava a matriz de suas empresas, como a Musidor e a Promotone, mãe da Rolling Stones Records. Era basicamente uma reunião para acionistas, portanto, Woody, o empregado assalariado dos Stones, não fora convidado. Acho que nem lhe enviaram as atas. Mas ele estava com uma boa fofoca na ponta da língua para me contar, assim como Svi.

Ambos ficaram sabendo dos acontecimentos por Keith e, apesar de seus relatos diferirem um pouco, uma coisa ficou clara: houve confusão em Stonesville. Em algum ponto da reunião, Mick se referiu a Charlie como "meu baterista". Algo do tipo "Nada disso deveria ser relevante para você porque você é apenas meu baterista". Mick podia estar brincando, mas Charlie não levou na esportiva. De acordo com Svi, Charlie guardou ressentimento até chegar ao quarto de hotel. Depois, ele desligou a TV, calçou os sapatos, andou pelo corredor e bateu na porta de Mick. Quando o vocalista dos Rolling Stones abriu a porta, o baterista o esbofeteou na cara, bem no maxilar. Charlie se virou e saiu andando. Por acaso, Keith viu Charlie no corredor e perguntou de onde ele estava vindo. Lacônico como sempre, Charlie respondeu: "Acabei de dar um soco na cara de Mick Jagger", e continuou andando.

A versão de Woody também termina com essa frase de Charlie para Keith. Mas, na versão de Woody, a parte do "meu baterista" acontece ao telefone. Mick liga para Charlie em seu quarto de hotel e começa a perguntar: "Meu baterista está aí? É meu baterista?" Charlie bate o telefone, e o resto da história é basicamente a mesma de Svi: Charlie deixa seu quarto, bate na porta de Mick e *pof*!

Ouvi desdobramentos deste relato ao longo dos anos. Uma versão conta que Charlie não esbofeteou Mick; ele apenas o agarrou pela lapela da roupa, enfiou sua cara num prato de salmão e o fez chorar pelo tio. Outra coloca Charlie segurando Mick da janela pelo calcanhar. O ponto é que Mick chateou Charlie, que, por sua vez, lhe deu o troco.

A história não chegou a público durante anos e, desde então, tem aumentado em proporções homéricas. Mas para mim, na época, era *a* notícia. Tinha ficado sabendo dessa história dias após o acontecido, e não anos, e me vi diante de um dilema: o que fazer com ela?

Em novembro de 1984, meu acordo com a Musidor/Bennett ainda estava de pé e tudo o que eu escrevia passava por Mick, seu pessoal e os advogados. Sabia que nunca conseguiria passar por essa peneira, então nem tentei. Ninguém mais sabia dessa história — *Rolling Stone*, MTV —, então me consolei com o fato de que "meus leitores não sentirão falta do que eles não sabem". Em vez disso, divulguei os aspectos positivos da reunião em Amsterdã: "Os Stones [decidiram] entrar num estúdio de gravação de Paris em janeiro [de 1985]."

A CBS havia adiantado toda aquela quantia para os Stones e finalmente exigia seu produto. Mas Mick se interessava mais em seu próprio álbum, *She's the Boss*. Ele estava há meses gravando nas Bahamas sem os Stones. Seu álbum solo constava por escrito no contrato dos Stones com a CBS, mas apenas como uma opção, não um compromisso. Keith nunca imaginara que Mick fosse colocar essa ideia em prática, muito menos transformá-la em prioridade.

No beisebol, quando um jogador fica tão absorto em si mesmo que se exclui da convivência com os demais, é utilizada a expressão "*twenty-four plus one*" ["vinte e quatro mais um"]. Ele não aceita viajar no ônibus do seu time e vai de limusine. Ele não divide o quarto e se hospeda numa suíte particular. Para os Rolling Stones, foi o "quatro mais um" que levou Mick Jagger a ser esbofeteado. E, só porque Charlie extravasara sua revolta, não significava que os outros já tinham feito o mesmo.

As sessões dos Stones em Paris começaram em janeiro de 1985, como planejado. Desta vez, tinha Woody e Svi como minhas principais fontes, bem no local. Svi estava lá como farmacêutico de Keith, e Woody como empregado dos Stones. Com a tensão que pairava no ar, nem sequer *pensei* em voar até lá.

A banda trabalhou ao longo de fevereiro, antes de ter um recesso em março. Todos eles retornaram a Nova York e pude ouvir as fitas violentas. A agressividade na música foi superada pela agressividade nas letras. Havia canções chamadas "I Wanna Fight" ["Quero brigar"], "Had It with You" ["Estou de saco cheio de você"], "One Hit to the Body" ["Levei um soco no corpo"] e "Knock Yer Teeth Out" ["Vou quebrar todos os seus dentes"]. Elas tinham sido escritas por Keith e Woody e continham frases como *"I'm beginning to hate ya"* ["Estou começando a odiar você"], *"I'm gonna pulp you to a mass of bruises"* ["Vou enchê-lo de porrada"] e *"You dirty fucker... singing for your supper... I had it, had it, had it with you!"* ["Seu escroto nojento... cantando pela grana... Já estou cheio, cheio, de saco cheio de você!"]

Mick já havia usado suas músicas no álbum solo, então ele quase não contribuiu com composições para os Stones. Em seu lugar, Keith e Woody criaram canções no estúdio, baseadas em como estavam se sentindo. Depois, Mick, o vocalista relutante dos Rolling Stones, entrou e cantou todas elas. Mas o que Mick não percebeu foi que a maioria era endereçada a *ele*. Em essência, Keith estava dizendo para Mick: "Vou enchê-lo de porrada" e "Estou de saco cheio de você".

Desde sempre, Woody foi o reconciliador nos Stones. Mas até ele estava ressentido com Mick. O fato de Mick não ter ido ao seu casamento ainda o incomodava. Charlie e Keith tinham sido padrinhos. Bill Wyman tinha ido com todo prazer, assim como Peter Frampton, Jeff Beck, Ringo Starr e Rod Stewart. Mas nada de Mick.

Parecia mais um exemplo de "quatro mais um", contribuindo para aumentar a tensão nas sessões de gravação em Paris. Como Woody contou mais tarde: "Evitávamos nossas longas sentenças de prisão tocando nossa música. Algumas poucas vezes, Keith e eu sentimos vontade de matar alguém, mas pegávamos as guitarras e escrevíamos canções." Foi Woody quem escrevera "Knock Yet Teeth Out".

Parece incrível que os Stones não tenham ido cada um para seu lado nessa época, mas eis uma coisa de que ninguém soube: eles *realmente* se separaram. Do ponto de vista administrativo, todos os cinco stones foram para cantos opostos do ringue. A Rolling Stones Records fechou, e os funcionários foram selecionados como num jogo no recreio da escola.

Já era consenso de que Jane Rose era o braço direito de Keith e que um cara chamado Tony King era o braço direito de Mick, mas agora era oficial. Jane assumiu um escritório próprio em Nova York, assim como Tony. (Art Collins pediu demissão para virar empresário de Iggy Pop.) O escritório de Jane era chamado Raindrops Services e estava localizado na Broadway com a 57th. O de Tony ficava a um quarteirão dali.

Em Londres, num escritório chamado Munro Sounds, Mick tinha um cara chamado Alan Dunn trabalhando para ele. Charlie tinha uma mulher chamada Sherry Daly no mesmo local. Bill tinha o próprio escritório na King's Road, o Ripple Productions, e Woody, um empresário que se chamava Nick Cowan.

Para mim, significava muito ter que andar muito mais. Eu não podia nunca, por exemplo, fazer uma pergunta a Jane sobre Mick ou perguntar a Tony King algo relacionado com Keith. E, se houvesse algo relacionado com o grupo inteiro, eu tinha que ligar para os cinco lugares diferentes para chegar a um consenso. As linhas na areia estavam mais definidas do que nunca.

O álbum solo de Mick saiu em março. A faixa de abertura era "Lonely at the Top", uma composição Jagger-Richards que não tinha sido lançada pelos Stones. Não sei se Mick fez isso como uma forma de aplacar a ira de Keith, mas, se foi, o tiro saiu pela culatra. Keith achou que, se era para Mick cair fora de vez dos Stones, que ele o fizesse de forma limpa.

Em abril, quando os Stones retornaram a Paris para mais sessões de gravação, o vocalista estava quase dando no pé. *She's the Boss* estava tocando nas rádios, e a MTV havia colocado, em sua programação, um "Fim de Semana com Mick Jagger". Enquanto os Stones estavam no estúdio uma tarde, Mick e a MTV montaram um cenário numa cafeteria do outro lado da rua para uma entrevista. Isso fez o sangue de Keith ferver. Ele trabalhava como um condenado no álbum dos Stones enquanto Mick divulgava um álbum solo bem ali do lado. Se Keith não precisasse de Mick para cantar mais algumas canções, ele provavelmente teria quebrado todos os seus dentes ali mesmo.

Não ajudou o fato de que, neste período, Mick rebaixou os outros Stones na mídia. Ele os comparou a "um bando de aposentados" e disse que estavam fora de sintonia com a cena musical dos anos de 1980. Keith, é claro, aceitou a última declaração como um elogio. Ele odiava o fato de Mick andar com esses "idiotas sem talento" como Duran Duran (a descrição é de Keith, não minha) e os convidar até o estúdio quando ele não estava lá. Keith tinha uma leve suspeita de que Mick estava se preparando para fazer uma turnê com *She's the Boss*, então deu sua palavra final nos jornais: "Se Mick fizer uma turnê sem os Stones, corto seu pescoço."

Você imaginaria que Bill e Charlie, os dois membros "estáveis" da banda, iniciariam um cessar-fogo, mas eles tinham que lidar com a própria baderna. As autoridades britânicas abriram um processo com a acusação de estupro contra Bill — sua última namorada tinha 14 anos —, e Charlie estava no meio de uma crise nervosa.

A esposa de Charlie, Shirley, passava por um amplamente divulgado problema de alcoolismo, e sua filha adolescente, Seraphina, havia sido expulsa da escola por posse de maconha. "Stones' Girl in Drug Shocker" [Filha de Stone com Drogas] gritava a manchete da primeira página do *Daily Star* de Londres. Charlie não precisava disso e uma das maneiras de extravasar era tocando bateria. A outra era a heroína. Charlie sempre fora o stone "limpo", mas já não suportava mais os estresses da sua vida. Se um de seus músicos favoritos de jazz podia, por que não ele?

Em Paris, ele também buscou consolo com uma mulher chamada Sylvie. Pelo que fiquei sabendo, eles tinham apenas saído para jantar umas poucas vezes, nada mais do que isso. Simplesmente precisava de um ser humano sereno com quem conversar. Mas, quando

Jerry Hall viajou para lá e os viu juntos, telefonou imediatamente para Shirley.

Em menos de uma hora, Shirley e seu irmão estavam num avião de Londres para Paris. Shirley invadiu o estúdio e continuou a arruaça. Gritaria, socos, chutes, arremesso de objetos. Keith e Woody ficaram de pé ali mesmo com suas guitarras, de boca aberta. Ela se recusou a se acalmar e correu até a varanda do estúdio. Ameaçou se jogar. Todos correram atrás dela e imploraram que se acalmasse, mas acabou pulando mesmo assim. Por sorte, eles estavam no segundo andar, então a queda não foi tão grande. Mas chamaram uma ambulância, e Charlie a acompanhou até o hospital.

O fato de que tinha sido a namorada de Mick a começar tudo — Mick, o galanteador *real* da banda — só deixou Keith com mais raiva. Ele considerou que Mick tinha sido, mais uma vez, o responsável por outra ruptura e que deveria ter impedido sua namorada.

Hoje posso informar que Charlie e Shirley estão bem. Um dos casamentos mais longos do rock'n'roll. Mas, em 1985, as coisas iam de mal a pior para eles e para a banda. Os Stones estavam com um vocalista que não queria estar lá, um baixista correndo da polícia, um baterista cujo vício em heroína competia com o de Billie Holiday e um guitarrista que queria cortar o pescoço do cantor principal.

Incrivelmente, eles sobreviveram às sessões de gravação sem mortes, prisões e apenas uma chamada de ambulância. E a melhor parte era que o "trabalho sujo" ainda não tinha terminado. A banda ainda tinha muita mixagem e *overdubbing*[10] para fazer e estava trazendo tudo para Nova York. No meu quintal.

[10] Técnica de gravação em que é possível adicionar novos sons a gravações anteriormente realizadas.

No Lone Star Cafe, duas noites antes do Live Aid. Eu achava que esta seria a última foto que tirariam juntos.

Woody e "Brenda" na sala de controle do RPM Studio. Keith devia estar dormindo — ou fingindo estar.

10

UM BANDO DE CARAS LEGAIS

Para completar seu álbum *Dirty Work*, os Stones fizeram reserva no RPM Studio na 12th Street como Runny Noses [Narizes Catarrentos]. Um pseudônimo era necessário para manter o anonimato e prevenir roubo. Se o zelador fosse roubar as fitas dos Stones, não encontraria nenhuma caixa com o nome "Rolling Stones".

Na maioria das noites, Keith e Woody chegavam ao RPM após a meia-noite e saíam ao nascer do sol. Eles falaram que eu poderia visitá-los sempre que quisesse, desde que Brenda não estivesse por lá. "Brenda" era o codinome dado a Mick, e não se tratava de uma homenagem. Keith tivera a ideia depois de se deparar com um livro de uma autora chamada Brenda Jagger. No verão de 1985, Keith estava pronto para queimar Mick vivo, e por isso passou a se referir ao cantor principal e prima-dona como "Brenda", uma forma mais saudável de extravasar a raiva. Apenas alguns de nós aderimos, então não era possível mencioná-lo no *Beggars Banquet*. Seria o fim da diversão de Keith se Mick descobrisse.

Uma noite, perguntei a Woody se Mick era realmente tão mau quanto ele e Keith faziam parecer. "Bem", Woody suspirou, "ele tem seus momentos, sabe? O que eu e Keith sempre dizemos é que Mick Jagger é um bando de caras legais. Tudo depende de com qual deles você se depara. Ele muda seu sotaque toda vez que fala com ele e pode lhe dar corda ou um fora em qualquer dia. Você nunca sabe qual Mick irá pegar."

Minha rotina de visitação no estúdio funcionava assim: eu telefonava para Woody em sua casa por volta das seis da noite, quando ele estava acordando. Ainda estaria sonolento, mas provavelmente saberia o que estava na agenda. Ele diria "Brenda não virá hoje à noite" ou "Ele virá, mas provavelmente sairá por volta da uma, então nos dê um toque depois disso".

Na maioria das noites, Mick chegava ao estúdio ao final da tarde e saía por volta de meia-noite, quando Keith e Woody iam bater ponto. Os horários de Mick e Keith no estúdio quase não coincidiam. Tirando algumas poucas observações corriqueiras a respeito do álbum, eles tentaram não cruzar o caminho um do outro durante todo o verão. Mick aparecia, trabalhava na sua parte e saía. Depois, Keith e Woody cuidavam do resto.

Na primeira vez que visitei o RPM, Mick tinha ficado até tarde, e o caminho não estava livre até quase o nascer do sol. Cheguei lá às quatro da tarde, e Svi liberou minha entrada. Já da recepção, podia ouvir uma versão mais quente da canção "Bring It on Home to Me", de Sam Cooke. Caminhei até o estúdio principal, onde havia um aviso de "NÃO ENTRE — mesmo que já tenha conhecido Mick ou Ronnie numa boate e tenha sido convidado". Deu para reconhecer a letra de Keith.

Entrei na sala e me deparei com Keith, Woody e Charlie tocando de improviso com os lendários Bobby Womack e Don Covay, do R&B. Enquanto a música rolava solta, Svi abriu uma cadeira de metal e a colocou ao lado da bateria de Charlie. "Senta aqui", ele gritou no meu ouvido. "Terá que ficar sozinho."

Com isso, Svi largou seu turno da noite. Eu era agora o único não músico no local. Estava escuro, cheio de fumaça e de barulho, e Keith e Woody não tinham a menor ideia de que eu havia entrado. Charlie podia me ver — estava sentado a alguma distância dele —, mas não prestava atenção em nada exceto na música.

Assisti secretamente a três quintos de um show dos Rolling Stones. Keith e Womack na guitarra, Woody no baixo e Covay no vocal. Se os nomes de Covay e Womack não lhe soam familiares, é realmente uma pena. Covay foi quem escreveu a canção "Chain of Fools", para Aretha Franklin, e muitos outros clássicos. Os Stones fizeram *cover* da sua "Mercy Mercy" do LP *Out of Our Heads*, e Mick roubou dele cada falsete que já cantou na vida. Quando Mick atinge notas altas no

"Emotional Rescue" ou no "Melody" é porque os discos de Covay o ensinaram como.

Womack, no tempo do ronca, tocava com Sam Cooke. Em 1984, ele compôs e gravou "It's All Over Now." Duas semanas depois de lançá-la, um bando de garotos branquelos chamados Rolling Stones roubaram a canção dele, gravando sua própria versão. A deles se tornou um sucesso, enquanto a original padeceu na obscuridade. A versão de Womack ganhava da dos Stones, mas, olha, mais pessoas compraram a "Tutti-Frutti" de Pat Boone do que a de Little Richard.

Keith estava fazendo um bom trabalho cantando a resposta "yeah-yeah" de "Bring It on Home to Me". Dali, os cinco partiram para outro clássico de Cooke, "Having a Party", antes de "Baby What You Want Me to Do", de Jimmy Reed, "I've Got Dreams to Remember", de Otis Redding, "Are You Lonely for Me", de Freddie Scott, e "Please Please Me", dos Beatles. Não havia outro lugar no mundo onde eu queria estar.

Em determinado momento, Keith tirou sua guitarra e se sentou ao piano. Ele cantou "Your Cheatin' Heart" e "(You Make Me Feel Like) A Natural Woman". Ouvi esses caras tocando durante três horas e fiquei de boca fechada o tempo inteiro. Keith só notou minha presença quando foi ao banheiro. Quando nos cumprimentamos, Woody reconheceu minha voz no escuro e disse: "Quem é esse? Bill German?"

Respondi: "Sim, eu mesmo", mas não deixei meu assento. Não queria interromper a atmosfera. Keith retornou e se sentou de volta ao piano, convidando todos para uma versão *fake* de "Satisfaction". Keith, Womack e Covay cantaram a música num registro tão alto que poderia ter esfarelado vidro num comercial de Memorex. Depois fizeram o mesmo com "Time Is on My Side". Keith se divertiu tanto com isso que encostou no banco do piano e deu gargalhadas durante um minuto inteiro. Até Charlie sorriu.

Nas três horas em que permaneci sentado ao lado de Charlie, não trocamos uma palavra. Ele estava sempre compenetrado tocando sua bateria, com um olhar perdido no espaço. Havia alguns poucos momentos em que nossos olhares se cruzavam, mas tudo o que ele fazia era assentir com a cabeça, nada mais. Ainda acho que ele não fazia ideia de quem eu era e nunca se dava o trabalho de perguntar. Ao mesmo tempo, eu era muito acanhado para me apresentar. Sabia que ele era um cara introvertido e preferia criar cães pastores no campo na Inglaterra a conversar com caras de 22 anos de idade do Brooklyn.

Às sete da manhã, as atividades no estúdio foram encerradas e retornamos à sala de espera. Tinha esperança de que Keith e Woody me apresentassem a Charlie, mas isso não aconteceu. Em vez disso, os três conversaram sem parar sobre assuntos que eu não conseguia entender, como velhos discos de jazz e comediantes britânicos, Gerry Mulligan, Spike Milligan, Charlie Parker. Fiquei sentado ali como uma mosca na parede. Deixamos o estúdio por volta das nove e fomos recebidos na rua por dezenas de pessoas em busca de autógrafos. As limusines estacionadas devem ter dado bandeira.

Fiquei mais à vontade durante minha visita seguinte. Estava com esperança de quebrar o gelo com Charlie, mas ele não estava lá. Tinha viajado de volta à Inglaterra, onde quebrou a perna. Como noticiei no *Beggars Banquet*, "ele acidentalmente caiu no chão de cimento de sua adega". A perna de Charlie precisou ser engessada e ele não podia bater o bumbo. Não poderia retornar a Nova York naquele ano, então minha tão sonhada conversa com ele teria que esperar.

No decorrer do verão, Keith e Woody fizeram com que eu me sentisse em casa. "Um estúdio é meu lar", Keith me falou. "Então faço dele um ambiente confortável. Eu provavelmente já passei mais tempo dentro de um estúdio do que na cama. Assim que se entra ali, é a Estudiolândia. Não importa se está na Austrália, em Hong Kong ou na Sibéria. É de noite, os telefones não tocam, ninguém está por perto. Estamos em casa."

Certa noite, fui maravilhosamente surpreendido quando o lendário Les Paul entrou. Keith o tinha convidado, mas não achava que apareceria. Teria sido um prazer assistir a Les tocar de improviso com Keith e Woody, mas nós quatro permanecemos na sala de controle. Keith disse a Les que ele era "um gênio da porra" e brincou: "Queria *eu* ter sido o cara que inventou a guitarra elétrica!" Woody estava tão sem chão que sua gagueira de infância voltou.

Teve uma noite em que estávamos apenas eu e Keith sentados na sala de controle. "Estou pensando em começar o lado B com 'I Wanna

Fight'", ele me informou. "E depois entrar com 'Winning Ugly' e 'Deep Love'. Álbuns podem ser feitos ou arruinados baseados na ordem das músicas." (Isso, é claro, acontecia antes de inventarem os CD *players* com controle remoto.) Ele ajustou a ordem várias vezes no decorrer do verão, abandonando "Deep Love" completamente.

Em poucas semanas, não tinha aprendido apenas como mixar um álbum, mas também como misturar bebidas. Keith e Woody apreciavam um "Jack & Ginger" — Jack Daniel's com *ginger ale* —, mas nem sempre estavam a fim de desligar suas guitarras. Então eles me perguntavam se poderia ir até a antessala do estúdio e bancar o *barman*. Fiquei muito bom nisso.

Normalmente, ficava com eles até saírem, por volta das oito da manhã. Muitas vezes, não haveria nenhuma limusine à espera deles, e tinham que se virar sozinhos. Uma vez, entramos num elevador com o produtor Steve Lillywhite e o *roadie* Alan Rogan. Keith e Woody trocaram piadas até chegarmos ao térreo. Keith: "Senhoras e seus seios, terceiro andar." Woody: "Máscaras de gás, segundo andar." Quando chegamos à rua, a brincadeira se transformou no jogo de quem-consegue-um-táxi-primeiro. Keith e Lillywhite (destino: *midtown*) *versus* eu, Woody e Rogan (destino: *uptown*).

Woody correu em direção leste e pensou ter achado um táxi no University Place. Mas estava fora de serviço. Keith correu até a 5th Avenue e esbarrou em outro. Não estávamos apenas competindo um com o outro, mas também com cidadãos estressados indo ao trabalho. Caras vestidos de terno, segurando suas maletas, lutando com Keith Richards. Terno: "Tenho que ir para o escritório!" Keith: "Tenho que ir para a *cama*!"

Durante boa parte do verão, o grande problema que todos tentavam ignorar e ninguém queria discutir era o Live Aid. Quando os Stones deixaram Paris no final de junho, concordaram não passar nem perto dele. Se as sessões de gravação serviram para algo, foi para constatar de que não estavam funcionando como uma unidade coesa. Por que aparecer diante do mundo inteiro — para um bilhão de telespectadores — e fingir o contrário?

Além do mais, os Stones não confiavam na caridade em si. O Live Aid era o show de alívio de consciência da década, e os Stones não questionavam o motivo de as pessoas participarem. Mas eles questionavam, sim, a realidade prática. A comida e o dinheiro chegariam às vítimas da fome? Ou seriam interceptados por guerrilheiros na Etiópia e oficiais corruptos do governo? Eles sinceramente debatiam essas questões e, mais tarde, suas preocupações provariam que tinham fundamento.

Afinal, os Stones, como um grupo, nunca foram presunçosos em exibições públicas de caridade. Haviam feito doações para as vítimas do terremoto na Nicarágua em 1973, mas desde então ficaram bem longe disso. "Não confio em grandes eventos de caridade", Keith me explicou. "Uma causa admirável, mas não é para o rock'n'roll assumir essas causas."

Individualmente, e longe dos olhos do público, os Stones eram generosos com seu tempo e dinheiro. Mick contribuiu para um fundo de caridade para órfãos, Bill fez muito pela pesquisa sobre a esclerose múltipla, Woody deu aulas de arte em hospitais, e Keith ficou ao lado de fãs em estado terminal. Mas, em público, caridade não era sua praia.

Então entra Bill Graham, o promotor de shows por trás do Live Aid. Ele começou logo dizendo à imprensa que os Stones estariam lá. Led Zeppelin, Black Sabbath e CSN&Y estariam todos juntos pela causa, então por que não os Stones?

A mídia trabalhou em cima da especulação: "Stones vão se apresentar no Live Aid". Agora, se nenhum deles aparecesse, pareceria que tinham tirado o corpo fora. Os Rolling Stones seriam o único grupo que não se importava com as crianças vivendo na miséria e morrendo de fome na Etiópia.

Bill Graham se aproveitou da sua posição — e da mídia internacional — para fazer chantagem emocional com os Stones. Mick foi o primeiro a se entregar. "Está bem", ele disse a Graham, "Eu faço, mas sem os outros stones. E só se me der o trecho das nove da noite".

O horário das nove significava que ele seria a manchete e que sua performance seria vista numa rede de televisão (ABC) em vez da TV a cabo (MTV). No processo, ele promoveria seu novo álbum, *She's the Boss*.

Alistou a Hall and Oates como sua banda de apoio, e eles ensaiaram no SIR Studio em Nova York. Uma das canções que consideraram tocar foi "Beast of Burden". E, se eles tivessem realmente tocado essa música no Live Aid, teríamos testemunhado um assassinato ao vivo na televisão. Keith teria pulado das cortinas para estrangular Mick bem ali.

"Beast of Burden" é uma daquelas canções Jagger-Richards que é mais Richards do que Jagger. Keith é muito possessivo em relação a ela. Então, quando ele ficou sabendo que Mick estava ensaiando sua música sem os Stones, ele botou a boca no trombone. Se você vai entrar na carreira solo, por que tocar uma música dos Stones, principalmente *essa*?

Keith estava irritado, mas tentou focar no seu trabalho no RPM. Woody, contudo, estava com outros planos. Ele ficou sabendo que Bill Graham havia chamado Bob Dylan para participar e entrar *depois* de Mick. Então, imagina como seria maravilhoso, pensou Woody, se ele e Keith pudessem entrar como apoio de Bob?

Para transformar isso em realidade, Woody fez uma manobra digna de um filme de Hayley Mills. Primeiro, foi até Keith: "Bob quer que nós o apoiemos no show do Live Aid." E depois ele foi até Dylan: "Eu e Keith faremos aquele show com você se é isso que você quer."

O problema todo foi que, quando Dylan chegou à casa de Woody, ele pensou se tratar apenas de uma visita social. Não tinha levado a oferta de Woody a sério. Keith, por outro lado, estava na casa de Woody pronto para ensaiar com Bob. Eis como Woody me descreveu a cena: "Bob entra na minha casa e a primeira coisa que diz é: 'Ei, vocês vão estar no show do sábado ou ficarão em casa para assistir ao show pela TV?' [E foi aí que] Keith começou a me estrangular. 'Por que me fez vir até aqui? Seu cretino! Perdi meu tempo! Temos um álbum a fazer!'"

Dylan não viu Keith estrangulando Woody porque ele tinha ido ao banheiro naquele momento. Mas, assim que ele saiu, Woody o encurralou. Assegurou-lhe que Keith toparia desde que Dylan lhe pedisse pessoalmente. "Então [Bob] corre escada abaixo, agarra Keith. Bam! 'Você quer tocar nesse show comigo?' E Keith esbraveja: 'Mas que porra acha que estamos fazendo aqui?! É claro que sim!' Então começamos a tocar." Eles tiveram uma semana para ensaiar.

Duas noites antes do Live Aid, Keith e Woody me disseram que fariam uma participação com a lenda do blues Lonnie Mack no Lone

Star Café. Foi uma daquelas noites especiais. Keith e Woody passaram meia hora no palco, e dava para perceber o quanto eles estavam se coçando para tocar ao vivo. Keith estava tão de bom humor que soprou beijos para o público e passou seus dedos pelo cabelo de Woody.

Assisti a tudo do camarote minúsculo da boate, onde me sentei ao lado de Patti Hansen e Jo Wood. Mick decidiu dar uma passada por lá, e também chegaram Dylan e Paul Simon. Quando Keith e Woody terminaram suas partes, eles vieram se juntar a nós lá em cima. Todos demos boas risadas quando um fã pediu meu autógrafo. O garoto achou que eu era o Donovan.

O Lone Star ficava na 13th Street, convenientemente localizado na esquina do RPM. Keith me disse que estavam prestes a ir até lá. Dylan se juntaria a eles, e Mick também, o que significava que eu não era convidado. Mas antes de eles saírem pedi a um fotógrafo para tirar uma foto de Keith e Woody com Mick. Do jeito que as coisas estavam indo, temia que esta fosse a última foto que tirariam juntos.

No sábado, 13 de julho, a parte americana do show do Live Aid deu largada antes do meio-dia no Estádio JFK na Filadélfia. Mick tinha pegado um voo de Nova York no dia anterior, num jatinho particular com o Hall and Oates. Eles fizeram a checagem de som na sexta.

Keith, Woody e Dylan pularam a checagem de som e viajaram tranquilamente ao local no dia do show. O show já estava a todo vapor quando a caravana saiu de Manhattan. Eles fizeram uma parada rápida em um dos Howard Johnson's no Jersey Turnpike. A mulher do caixa estava ouvindo o show pelo rádio e ficou um tanto surpresa ao ver Keith Richards e Bob Dylan entrando para ir ao banheiro.

É muito provável que você tenha sido uma das 1,6 bilhão de pessoas que assistiram ao show pela TV, então apenas refrescarei sua memória. Mick, no horário nobre, cantou cinco canções, incluindo dois duetos com Tina Turner. Durante "It's Only Rock'n'Roll", ele rasgou a saia de Tina, expondo suas pernas de milhões de dólares. Foi uma ação premeditada, não uma "exposição acidental", mas acabou sendo um espetáculo e tanto para a TV, e difícil de ser superado.

O próximo a se apresentar foi Dylan, com seu time espalhafatoso de elfos. Nenhuma canção dos Stones estava no repertório, e não havia nenhuma banda de apoio. Apenas Dylan, Keith e Woody com suas guitarras acústicas. Eles claramente não haviam ensaiado o suficiente, e não ajudou o fato de Dylan torrar uma corda ou de os telões do palco terem pifado. Além disso, apresentaram duas composições de Dylan que a maioria das pessoas desconhecia — "The Ballad of Hollis Brown" e "When the Ship Comes in".

Para o grande público, foi Mick quem roubou a cena. Muitos fãs consideram sua performance no show o destaque do rock'n'roll da década. Mas Keith não dava a mínima. A seu ver, ele tinha superado Mick em seu próprio jogo se apresentando por último e se mantendo coerente com a mensagem. As canções que Keith e Woody tocaram com Dylan podem não ter alcançado o topo das paradas de sucesso, mas eram relevantes. "Hollis Brown" é sobre um fazendeiro da Dakota do Sul cuja esposa e cinco filhos estavam passando fome. O cara não suportava vê-los assim e então atirou em todos eles antes de atirar em si mesmo. E "When the Ship Comes in" é um lembrete comovente de "que o mundo todo está assistindo".

Era difícil para Keith não se sentir moralmente superior. Para ele, Mick subira ali para promover seu álbum solo e fazer seus truques bonitinhos com sua banda de apoio de grande cabeleira. Enquanto sua própria performance, com Dylan e Woody, tinha sido desinteressada e ido direto ao ponto. Além disso, Keith se viu como um guerreiro relutante, pressionado a agir porque Mick tinha faltado com sua palavra.

Na edição seguinte do *Beggars Banquet*, tratei a situação do Live Aid como a vi: "Como um grupo, os Stones não tinham concordado em participar, mas, lenta e individualmente, foram cedendo à chantagem emocional."

Duas semanas após o Live Aid, Mick fez 42 anos. Ele convidou todos os Stones para sua festa como um gesto de conciliação. Fiquei sabendo por meio de Woody. "Tenho certeza de que Mick deseja sua presença", disse ele. "Ligue para ele." Ele folheou seu livrinho preto e me entregou o telefone atual de Mick.

Liguei imediatamente para a casa dos Jaggers. O telefone chamou quatro vezes antes de uma velhinha espanhola atender a ligação. "Aloooô?"

"Posso falar com Mick, por favor?"

"Quién está falaaandoo?"

"Bill German, do *Beggars Banquet*."

"Ah, oi, Bill", respondeu um macho britânico.

Era Mick o tempo todo. Novamente, ele estava filtrando suas chamadas fingindo ser sua faxineira. Assim que soube que era eu, ele reverteu ao seu jeito Mick Jagger de ser, sem dar explicações. "Como está?", ele perguntou.

"Bem", eu lhe disse, "adoraria ir ao seu muquifo amanhã à noite."

"Ah, sim", ele respondeu. "Posso contar com sua presença?"

Era o velho charme de Jagger. Ele nunca perguntou como eu tinha conseguido seu número ou como tinha ficado sabendo da festa. Pediu para eu aguardar um segundo enquanto ele procurava a lista de convidados. "Melhor fazer isso agora antes que eu esqueça." Ele falou com alguém no recinto: "Ei, pode me passar a lista de convidados da festa? Quero colocar um dos meus amigos nela."

Foi legal ouvir Mick se referindo a mim como um amigo. "Vai ser bom vê-lo", ele complementou. "Procure entrar pela porta de trás."

A festa era na 14th Street no Palladium. O mesmo lugar onde os Stones tinham feito um show de surpresa em 1978. O local era agora uma boate pertencente aos magnatas do Studio 54 Ian Schrager e Steve Rubell. Estava aberta ao público no aniversário de Mick, mas a festa aconteceu no exclusivo "Quarto de Mike Todd", acessível apenas pela porta de trás da boate.

Quando meu táxi amarelo encostou, em meio ao mar de limusines pretas, os *paparazzi* deixaram passar um suspiro coletivo. Aparentemente, eu era a única pessoa não famosa que tinha sido convidada. Mick tinha proibido a entrada de fotógrafos, mas eles tinham bastante o que fotografar na calçada: Jack Nicholson, os Stones e Duran Duran.

Lá dentro, fiquei no meio de Bill Wyman e uma das cantoras de apoio que Keith tinha contratado. Seu nome era Patti Scialfa, e um dia ela se tornaria a sra. Bruce Springsteen.

Mick estava ótimo esta noite. Ele se aproximou de mim e da minha namorada, agradeceu nossa presença e beijou a mão dela. "Conheço todos os *caras* aqui", ele disse, "mas não conheço nenhuma das *garotas*. E Jerry deixou bem claro que era melhor que continuasse assim!"

A festa foi perdendo força às duas da manhã. Keith e Woody não estavam em nenhum lugar à vista, e minha companhia estava ficando cansada. Disse a ela que precisava dar uma passada rápida no banheiro. Abri a porta do toalete masculino e descobri que era lá onde a festa tinha ido parar. Uma dúzia de pessoas, incluindo Keith e Woody, estavam fumando, bebendo e continuando a confraternização. Woody se escorava na pia, e Keith apoiava sua bota no mictório. "William!", Keith exclamou. "Bem-vindo ao meu novo escritório!"

Semanas depois, apareci no estúdio por volta da uma da madrugada. Woody tinha me assegurado que Brenda já teria saído faz tempo. Mas, quem diria, Mick fez hora extra. Quando ele estava saindo, eu estava entrando. Por alguma razão, agiu como se não me conhecesse. Não ofereceu um aperto de mão, nem me cumprimentou pelo nome e não perguntou como eu estava. Simplesmente emitiu aquela vibração "não-chegue-perto-de-mim".

Assim que entrei na sala de controle, expressei meu descontentamento com Woody: "Algumas semanas atrás ele me chamou de amigo, convidando para ir à sua festa e beijando a mão da minha namorada. Mas agora ele age como se não me conhecesse."

"Este é o Mick", ele respondeu. "Um bando de caras legais."

Keith também estava na sala de controle, mas estava desmaiado numa cadeira. Ou ao menos *fingindo* estar. Normalmente ele reagiria a algo que eu e Woody estávamos falando apenas abrindo seu olho direito e olhando para nós. Depois fechava o olho de novo. Perguntei a Woody se Keith estava dormindo enquanto Mick estava lá, e ele assentiu. Então talvez fosse a forma que Keith encontrara de aguentar seu tempo perto de Mick. Fazendo Mick acreditar que ele estava dormindo.

Várias semanas depois, estava na casa de Woody quando a campainha tocou inesperadamente. Mick e seu guarda-costas adentraram. Rowan era um cara musculoso e com o cabelo cheio de *dreads*, e o fato de Mick precisar de seus serviços para andar por três quarteirões de uma vizinhança respeitosa fazia Woody rir sem parar. Woody morava na West 78th Street e Mick, na West 81st, mas Mick nunca enfrentava essa caminhada sozinho.

À primeira vista, Mick fez parecer que se tratava de uma visita corriqueira. Conversamos na cozinha durante vinte minutos sobre nada em particular. Mas depois Mick disse que queria dar uma olhada no novo estúdio de Woody no porão. "Estou com uma canção nova", Mick nos contou. "E gostaria de mostrá-la. Chama-se 'Soul City'." Rowan e Jo permaneceram na cozinha, enquanto Mick, Woody e eu descemos as escadas.

O porão de Woody era um parque artístico. Ele tinha seu estúdio de gravação de um lado e seu ateliê de pintura do outro. Se lhe ocorria uma música, ele pegava sua guitarra e a ligava no amplificador. Se lhe vinha uma ideia visual, ele agarrava seu pincel e corria para a tela de pintura. Às vezes, eu o via fazer as duas coisas: ele pintando com a guitarra ao lado. As paredes do porão estavam cobertas com o trabalho artístico de Woody e com as fotos de Jo de sua carreira de modelo. Também me recordo de uma foto de Dick Clark e uma de aborígenes nus com testículos avantajados.

A canção "Soul City" não era para os Stones. Era para o próximo álbum solo de Mick. Enquanto Keith trabalhava no primeiro álbum dos Stones para a CBS, Mick já orquestrava seu segundo álbum solo sob esse mesmo acordo — e tirando vantagem da natureza pacífica de Woody e do seu equipamento de gravação. Se Keith soubesse que Woody estava ajudando as aspirações solo de Mick, ele o teria espancado até não poder mais.

Keith costumava usar o estúdio de Woody com frequência, mas apenas para manter os roqueiros em harmonia. Ele brincava com Woody em *covers* de Jimmy Reed e Buddy Holly. Uma vez ajudou Jo a gravar a execução de "Will You Still Love Me Tomorrow?". Mas nunca viera à casa de Woody para algo tão "anti-Stone" quanto o que Mick estava fazendo.

Perguntei a Mick se "Soul City" tinha alguma conexão com "Sun City", o hino contra o apartheid que estava tocando nas rádios na época.

"Nah", Mick respondeu. "É realmente a antítese dessa canção."

"Você quer dizer que ela é *a favor* do apartheid?"

"Nãããoo! Apenas que aquela é muito *negativa* e esta é muito *positiva*. 'Soul City' é um lugar onde você *quer* estar."

Woody assumiu o posto atrás da bateria, e Mick se sentou num divã no canto. Pegou uma das guitarras de Woody e a acoplou a um amplificador bem pequeno. Mick me jogou um tamborim e sugeriu que eu tocasse junto. Mick não nos ensinou a canção — tínhamos apenas que manter o ritmo. As fitas estavam rolando no Akai de 12-faixas de Woody. Tentei o tamborim um pouco, mas realmente estava arruinando tudo. "Acho que vou deixar passar", disse a Mick, mas ele me encorajou a continuar. "Uma hora você consegue", ele disse.

Mick e Woody gravaram duas tiradas da música, *sem* mim no tamborim. Era uma fita *demo* para Mick apenas ter como referência, então ele deixou tudo bem simples. Guitarra, bateria e uma faixa crua de voz. Mas ele nos deu a missão de ajudar a rechear o refrão. "Serão a segunda voz", ele disse. "É assim: '*Soul city, free and easy, soul city, the girls are pretty*' ['Cidade da alma, livre e tranquila, cidade da alma, as garotas são bonitas']. É só isso que preciso que façam."

Achei que poderia dar conta dessa parte. Havia apenas um microfone, portanto os três o dividiriam. Ficamos de pé ombro a ombro e começamos a cantar o refrão. Sabia que esta era a hora de mostrar minha perfeita personificação de Mick, então fiz uma tentativa. Falando sério, já ouvi um monte de gente me contando como eu era bom em imitar o fanfarronar e a voz de Jagger. Já tinha feito isso em bares, churrascos e em *bar mitzvahs* e sabia que as pessoas riam *comigo* e não *de* mim. Mas imitar o Jagger para o Jagger? Não deu. Comecei a cantar, mas parecia mais o Dwight D. Eisenhower do que Mick Jagger. Simplesmente não consegui transmitir isso para Mick, e ele não tinha ideia do que eu estava tentando fazer.

No entanto, demos risadas e bebemos durante duas horas seguidas. Mick queria ouvir a fita, então Woody colocou o som nas ALTURAS. (A canção, por sinal, realmente apareceu no álbum seguinte de Mick, *Primitive Cool*, sob o título "Peace for the Wicked".)

Às três da manhã, Jo nos chamou. Alguém estava na porta, e Rowan ia atender. Woody correu escada acima para ver quem era, me deixando sozinho com Mick no porão.

Estávamos de pé perto da máquina de fitas. Tentei conversar sobre a música, mas, antes de ter essa chance, Mick ficou cara a cara comigo. E quando digo "de cara comigo" quero dizer que estava a um ou dois centímetros do meu nariz. E depois ele me cortou com: "Não gostei do que você escreveu! Sobre o Live Aid! Não é verdade! Não gostei!"

Caramba. Engoli em seco e disse: "Hum, bem, o que quer dizer?"

"Você sabe o que escreveu! A parte sobre chantagem emocional! Não é verdade! Não é por isso que participei! Não por chantagem emocional!"

Comecei a gaguejar. "Hum, bem, é... é... foi o que eu soube, então..."

"Bem, não é verdade! Não houve chantagem emocional alguma, nenhuma mesmo! Como ousa?"

Fisicamente, não conseguia me distanciar dele. O cara estava vindo para matar. Mal conseguia acreditar como a atmosfera no recinto tinha mudado. Uma hora ele estava amigável, no minuto seguinte ele dava o bote. Como algo que se vê na *National Geographic*. O leão está sentado ali, bocejando, e depois rasga o filhote de zebra em pedaços.

Mick estava tão próximo do meu rosto, achava que fosse arrancar um pedaço da minha bochecha. Imagino que fizesse isso para intimidar as pessoas, e tenho que admitir que funcionou. Tudo o que eu podia fazer era me encolher e me afastar, mas ele não deixava. Ficamos ali nos movendo em círculos literal e metaforicamente falando. Eu: "Bem, hum, foi o que eu soube." Ele: "Bem, não é verdade! Não gostei!" Tinha 23 anos e uma das pessoas mais famosas do mundo estava me fuzilando com os olhos.

Minha única esperança é que fosse efeito da cocaína. Ele e Woody andaram revirando no pó a noite inteira. De fato, quando Mick estava muito perto, conseguia visualizar círculos brancos ao redor de suas narinas. Isso me lembrou aquela paródia do *Saturday Night Live* na qual Belushi fazia o papel de Steve Rubell, em pé na frente do Studio 54. Ele negando que estava havendo uso de drogas dentro da boate, mas com um negócio branco no seu nariz. No final da paródia, a câmera se afasta e dá para ver que ele está comendo uma rosquinha coberta de açúcar refinado.

No caso de Mick, não havia rosquinha. Mick tinha cheirado demais, então achei que isso fosse o motivo por ele estar tão alterado. (Quando ele começou a me indagar sobre o Live Aid, tagarelava sobre um time de futebol jamaicano ser racista. Não entendi uma palavra.)

De qualquer forma, ele estava enraivecido e não foi nada divertido ser massacrado por um de seus astros favoritos do rock. Quando Woody voltou — a campainha tinha sido alguns tiras mandando baixar o volume do som —, pedi licença e fui para casa. Estava um pouco abatido pela desgraça com Mick.

E o Natal. Tive uma agradável surpresa quando o florista me trouxe um lindo arranjo de copos-de-leite. O cartão dizia que as flores tinham sido enviadas por Mick. Entendo que ele podia estar com centenas de pessoas em sua lista naquele ano, mas eu era uma delas. Mick Jagger, aquele bando de caras legais, era meu amigo outra vez.

Deveria ter desistido quando ainda estava em vantagem.

Patti (e Keith) começaram a me convidar para festas
não relacionadas com os Stones.

11

O AMOR E A ESPERANÇA E O SEXO E OS SONHOS

Apesar do caos com os Stones, Keith continuou insistindo, no decorrer do verão de 1985, que fizessem uma turnê do *Dirty Work*. Isso me deixou entusiasmado. Ele também levantou uma proposta intrigante no RPM Studio certa noite.

Woody me cumprimentou na recepção e disse: "Procure Keith. Ele quer falar com você." Abri a porta do estúdio e encontrei Keith sozinho, atrás de um Steinway preto. Ele estava cantando uma balada que havia escrito chamada "Some of Us Are on Our Knees". A sala estava escura, e ele se encontrava de costas para a porta, então não sabia que eu tinha entrado. Esperei que ele terminasse a canção antes de anunciar minha presença. Acima do piano, havia um copo de uísque vazio ao lado de um cinzeiro com fumaça. Para parecer inteligente, pus um dólar dentro do copo e disse: "Está recebendo pedidos?"

"Ah, *William*. Estávamos falando de você."

"De *mim?*"

"É." Ele tirou o cigarro do cinzeiro e o colocou no canto da boca. "Ouça, cara", (*puff*, uma baforada veio no meu rosto), "precisamos resolver sua bronca com grana. Sabe, para manter as coisas caminhando em ordem" (*puff*). Ele se referia ao *Beggars Banquet*. Ao fato de que meu acordo com a Musidor — a bagunça do fã-clube — havia recentemente expirado.

Fui totalmente surpreendido por seu gesto e sabia que era sincero. Mas lhe contei que estava gostando de estar sozinho novamente. Não tinha mais que submeter minhas edições à aprovação e não tinha mais que seguir as regras corporativas. Estava cobrindo meus próprios custos — a impressão, a postagem, as fotos —, mas estava fazendo meu próprio dinheiro. Meus leitores estavam enviando seus cheques diretamente para mim como antes, e não para uma empresa em Los Angeles.

O apoio moral de Keith já era o que eu precisava, e fui honesto ao dizer isso a ele. Keith e Woody tinham me abraçado tanto com sua hospitalidade naquele verão que comecei a vê-los como os dois irmãos que nunca tive. Seu apoio veio na hora certa, já que duas das minhas principais fontes, Svi e Video James, tinham começado a minguar.

Svi, para crédito dele, havia seguido seu conselho: saiu antes que fosse tarde. Limpou sua vida e se retirou do interior sagrado dos Stones. Tinha consciência de que estava surrupiando pílulas demais e se deparando com situações de risco.

Uma das coisas com que Svi ficou apavorado foi a nova música da banda, "Dirty Work". Era sobre conseguir um "otário", um "imbecil", um "bundão" para fazer tudo de graça e que "levasse a culpa quando os problemas surgissem". "Mesmo que ela não seja sobre *mim*", Svi disse, "*poderia* ser". Ele sabia disso, com sua inteligência e experiência de vida, sabia que estava se vendendo barato trabalhando para os Stones. Voltou para a faculdade, recebeu o título de mestre em pedagogia e se tornou professor de colégio. Sua matéria? Química.

Svi foi a única pessoa que conheci por meio dos Stones a realmente dar uma reviravolta de 180 graus. Ele tinha consciência de que, se deixasse os Stones tarde demais em vez de cedo demais, acabaria sendo levado de algemas ou dentro de um caixão. Suas palavras de despedida para mim foram: "Andarei antes que me façam correr."

Já Video James, seu número estava se acabando. Seus vídeos não eram mais tão raros, e ele dava um passo em falso atrás do outro. Era desconcertante perceber como nossos papéis haviam se invertido. Agora era ele que ficava atrás de *mim* para informações e acesso. Ele me implorou para ajudá-lo a entrar na festa de aniversário de Mick, e o ajudei, e a trazê-lo até o RPM, o que também fiz.

Ele sabia que tinha que aperfeiçoar seus vídeos, então trouxe algo ao RPM que Keith e Woody nunca tinham visto. Era a fita do primeiríssimo show solo de Woody em 1974, que mostrava Keith como um convidado especial. Video James fez cópias e os presenteou pessoalmente. Para Video James, será a última chance.

Nós quatro nos retiramos até a antessala do estúdio. Colocamos a fita, e as palavras "CÓPIA DE KEITH" piscaram em amarelo reluzente na parte inferior da tela. Achava que a mensagem desapareceria após alguns segundos, mas não. Mais ou menos um minuto depois, Keith formulou uma pergunta bastante lógica. "Esta merda vai ficar aí durante as próximas duas horas?"

Foi quando Video James balbuciou a última coisa que Keith e Woody precisariam ouvir dele. Em pleno estilo Ed Norton, ele exclamou: "Claro! Assim você e Woody não misturarão suas fitas! Escrevi 'Cópia de Keith' na sua e 'Cópia de Woody' na de Woody! Depois das primeiras músicas, esquecerão que está aí!"

Keith e Woody me lançaram um olhar de quem diz: "Que porra estava pensando ao convidar este cara?" Eles sabiam que essa era a forma de Video James deixar sua marca nas fitas da mesma forma que os fazendeiros marcam seu gado. Ele estava tentando prevenir Keith e Woody de fazer essa fita circular entre seus amigos e chegar ao mercado negro. Mas, com isso, ele os irritou e acabou atirando no próprio pé.

Não sei o que Keith e Woody viram em mim, mas me encorajaram a passar lá mais vezes. Uma noite, estava na casa de Woody quando o telefone tocou. Não havia mais ninguém ali — nenhum Matt Dillon, nenhum traficante —, então Woody mesmo atendeu. "Estou com Bill German aqui", ele disse a Keith do outro lado da linha.

Woody ouviu o que Keith tinha a dizer e depois fez uma cara de "Ferrou, acho que estamos encrencados". Ele abafou o telefone contra seu peito e disse: "Keith quer falar com você. Acho que ele está com ciúmes."

As primeiras palavras de Keith para mim foram: "Ei, cara, você e Woody estão passando muito tempo juntos."

"Hum, bem..." Engoli em seco.

"O que vocês estão tendo, algum tipo de caso?"

"Algum tipo de caso" era o eufemismo de Keith para um romance sexual ilícito. Seu sarcasmo era uma indicação de que ele estava genuinamente chateado com o fato de Woody e eu termos ficado tão próximos. É óbvio que, se alguém tivesse me dito quando ainda era um fã adolescente dos Stones que Keith Richards algum dia sentiria ciúmes por eu estar passando muito tempo com Ron Wood, teria colocado essa pessoa no hospício.

O que intuí foi que Keith estava se sentindo sozinho e passando por alguma crise de meia-idade. Ele não tinha ideia sobre o rumo que sua vida estava tomando — aguardando respostas sobre o futuro dos Stones — e precisava dos amigos.

Falei que teria feito mais visitas se soubesse seu telefone atual. Ele me deu seu número imediatamente, mas eu sabia que se tornaria obsoleto rapidamente. Keith mudava de residência como quem troca de roupa. Naquele momento, ele e Patti estavam num apartamento alugado na East 47th Street. Liguei duas vezes, e eles começaram a ligar para *mim*. Ou pelo menos Patti ligava.

Do nada ela dizia: "Keith e eu adoramos a última edição. Ele está bem aqui, terminando de lê-la." Ele não entrava na linha, mas Patti transmitia suas mensagens e me convidava para sair. "Keith e eu esperamos que possa ir ao Area amanhã à noite. É uma festa para minha cabeleireira, Maury."

A maioria dos eventos não tinha nada a ver com os Stones, mas ela e Keith desejavam minha presença lá como um amigo. E é possível que Patti estivesse tentando me juntar com sua sobrinha, Marisa, que era mais ou menos da minha idade.

Como a tia, Marisa era loira, linda e charmosa, e eu realmente tinha uma queda por ela. Gostava de vê-la nessas festas, mas nunca a tinha chamado para sair. Era como sair com a sobrinha do chefe, e isso podia levar a vários tipos de complicações. Quero dizer, digamos que brigássemos. Agora não posso mais falar com o tio Keith? Meu negócio estaria arruinado.

Mesmo depois de ter rejeitado sua oferta financeira, Keith ainda estava arrumando formas de me ajudar. Sugeriu que eu dividisse o espaço com Jane Rose. Ela tinha um quarto vago em seu escritório, então eu deveria dirigir o *Beggars Banquet* de lá. Nunca toquei nesse assunto com ela, mas Keith me viu naquele quarto várias vezes e presumiu que realmente me mudaria para lá.

No final das contas, realmente encontrei uma forma de Keith me ajudar financeiramente. "Ei", eu disse, "se lembra daquela entrevista que fizemos para o *Beggars Banquet*? Tudo bem se eu a reimprimisse em outro lugar?" Tinha ficado sabendo que uma revista chamada *Spin* estava querendo competir com a *Rolling Stone* e precisava de um "peixe grande". Levei a entrevista até Bob Guccione Jr., que publicava a revista, e ele a comprou sem pestanejar. Entrou na capa da edição de outubro de 1985 — a quinta edição da revista — e me deu um cheque de dois mil dólares. Uma enorme quantia em dinheiro, eu achei, por tão pouco trabalho.

Comparado ao meu trabalho com o *Beggars Banquet*, o que fiz para a *Spin* não foi nada. Simplesmente acordei certa manhã e meu artigo estava na banca de revistas. Não precisei diagramar a edição, imprimi-la e lamber selos postais.

Em 1985, minha carga de trabalho com o *Beggars Banquet* tinha se tornado absurda. Eu me sentia como se estivesse correndo a maratona de Nova York todos os dias. Após uma longa noite no estúdio, Keith e Woody foram dormir, e eu ainda fiquei lá. Quando deram nove ou dez horas da manhã, liguei para o escritório de Bill Wyman em Londres. Depois corria até Bob Gruen para pegar algumas fotos e para Jane para ela relatar o que estava marcado na agenda. Depois estaria com o técnico da gráfica discutindo separação de cores, no banco depositando cheques minúsculos e nos correios comprando milhares de selos.

Não estou dizendo que meu trabalho era mais extenuante do que ser um minerador ou coletor de algodão, mas apenas que simplesmente não tinha fim. Não havia um momento sequer para bater o cartão de ponto e dar uma parada. Não dormia durante semanas a fio, funcionava à base de adrenalina apenas.

O que quero dizer é que não dormia *intencionalmente*. Não cumpria o ritual de escovar os dentes, vestir os pijamas e deitar na cama. Eu apagava e tirava um cochilo como os gatos fazem. Não importava se eram quatro da tarde ou quatro da manhã. Acordava com a cara na máquina de escrever ou com o corpo estendido perto de uma gaveta de pastas. Estava vestido com minhas roupas sociais e as luzes estariam acesas, então apenas continuava de onde tinha parado.

Eu me sentia como o cara no *Ed Sullivan Show* que girava os pratos. Algo sempre requeria minha atenção. Além da parte escrita, da diagramação e da impressão, tinha que manter uma lista de correio com os nomes de milhares de pessoas sem o auxílio de um computador. Quando uma edição era publicada, tinha então que afixar os rótulos de endereço, inserir os selos e encher os envelopes. E, por ser mais eficiente do que usar uma esponja, eu *lambia* os três mil selos e *lambia* os três mil envelopes para terminar tudo o mais rápido possível. Se a noiva de George Costanza[11] morrera devido a um punhado de envelopes, eu deveria ter morrido um bom tempo atrás. Depois fazia várias viagens aos correios para encaminhar tudo. Se você achou que enviar seus cartões de Natal era cansativo, experimente enviar milhares num só dia.

É claro que eu desejava contratar alguém, mas por estar ganhando tão pouco (cobrando sete dólares por ano multiplicado por três mil pessoas) não conseguiria custear. Procurei saber sobre estágios, mas as universidades não enviam seus jovens para casas de solteiros para lamber coisas. Alguns fãs dos Stones se candidataram, mas estavam interessados apenas na parte divertida do meu trabalho, não na parte chata. Nenhum deles queria carregar caixas, a não ser que fosse até a casa de Keith. Portanto, querendo ou não, o *Beggars Banquet* continuou como um trabalho de um homem só.

Meus leitores não faziam ideia de como o *Beggars Banquet* afetava minha vida particular. Meu apartamento minúsculo não era mais um lar: era um escritório, um galpão e uma redação de jornal. Meu colega de quarto havia se mudado, mas o *Beggars Banquet* acabou dominando todo o espaço. Tinha que guardar fotos embaixo da cama e arquivar edições passadas dentro da geladeira.

Obviamente, nada disso levava a uma vida sexual ou a relacionamentos saudáveis. Os caras falavam: "Você deve pegar várias por conhecer os Stones", mas preciso ser honesto: passei o auge da minha virilidade lambendo mais selos postais do que qualquer outra coisa.

---

[11] Personagem da série de TV *Seinfeld* interpretado por Jason Alexander.

Não tinha tempo para sair caçando e rejeitava todas as assinantes do sexo feminino que se declararam para mim. Queria uma garota que se interessasse por mim, e não pela minha conexão com os Stones. Além do mais, o sexo deveria *aliviar* os estresses do trabalho, não fazer você se *lembrar* deles. Após trabalhar 24 horas no *Beggars Banquet*, não queria deitar na cama e falar sobre os Stones. Portanto, mantinha uma política de "fãs dos Stones são proibidas" quando o assunto era minha vida amorosa. A garota que eu tinha levado ao aniversário de Mick não dava a mínima para os Stones, e foi por isso que a levei comigo. Sabia que ela não ficaria histérica na frente deles. (Ela ficou histérica na frente de Jack Nicholson, mas isso não me incomodou muito.)

As garotas adoravam minha ética de trabalho, mas isso no final das contas acabava arruinando meus relacionamentos. Elas me perguntavam onde eu me via dali a cinco anos, e eu dizia: "Numa turnê com os Stones, escrevendo um livro sobre isso." Era o meu maior sonho. Não um casamento ou uma cerca branca.

Se uma garota passava a noite, ela teria que jogar amarelinha para chegar ao meu banheiro. "Não pisa nessa foto de Mick! É a minha próxima capa!" Ou, em vez de oferecer um jantar à luz de velas, pedia a ela para colar e grampear. Já a garota que levei à festa de Mick, ela ficou chateada quando pulei da cama uma noite para visitar o RPM. Ela parou de me ligar perto do Dia do Trabalho, mas eu estava tão concentrado no *Beggars Banquet* que não tinha nem percebido. O mar estava cheio de garotas, mas havia apenas um Rolling Stones. *Esse* era o relacionamento que eu precisava nutrir.

Quando minha entrevista com Keith saiu na *Spin*, trouxe uma cópia para Woody. Ele a leu de cabo a rabo e disse: "Está brilhante. Quero que faça isso para *mim*. Pode fazer isso para *mim*?"

Mais ou menos nessa época, aconteceu uma faxina na casa de Woody. Muitas pessoas que tinham ficado até "tarde demais" foram encurraladas ou estavam correndo da Justiça. Nesse grupo, estava Brother John, que *era* a Justiça. (Alterei seu nome para minha proteção.) Ele era um cara negro gigante que lembrava um *linebacker* da NFL do futebol americano. De dia, ele era um sargento da polícia e, à noite, era o principal vendedor de drogas de Woody. Não sabia nada sobre os Stones, mas era um baita fã de Bobby Womack.

Quando Womack reservou um show no Teatro Beacon em 18 de outubro, Brother John pediu que Woody lhe conseguisse ingressos e entradas para os bastidores. Um bônus por ser o colega de Woody naquele ano. Na noite do show, Brother John apareceu na casa de Woody acompanhado de sua esposa, sua sogra, sua irmã e seu cunhado. Estavam todos vestidos com suas roupas de igreja. Woody disse a ele que estaria fazendo uma participação na canção "It's All Over Now", então fui com ele. Woody morava a quatro quarteirões do Beacon, por isso fomos a pé. Assistimos às primeiras canções dos bastidores, antes de pegarmos lugares na plateia. Woody, Jo e eu éramos os únicos brancos. Ninguém conhecia Woody, mas um cara disse que reconheceu o corte de cabelo: "Você não é o Ron Stewart?"

Estava previsto que Womack faria duas apresentações naquela noite. O último show, no qual Woody havia prometido tocar, estava marcado para a meia-noite. Mas não começou até as duas da manhã porque todo mundo andou de volta à casa de Woody depois do primeiro show. Cerca de vinte pessoas, incluindo o massagista de Womack e a família de Brother John, se espremeram na cozinha. À meia-noite, lembrei a todos que havia um teatro lotado de pessoas esperando por Bobby, mas isso não sensibilizou ninguém.

Já era mais de uma e meia quando Woody empacotou uma guitarra e fez o caminho de volta ao Beacon. Desta vez, fomos de limusines. Foi um ótimo show e a performance de Woody para "It's All Over Now" foi devidamente relatada no *Beggars Banquet*. Saímos do teatro por volta das quatro da manhã e retornamos à casa dele, onde, ao amanhecer, começamos a tremer, chacoalhar e rolar. Foi um terremoto raro em Nova York e era como um sinal de Deus: "Melhor sair cedo demais do que tarde demais."

Deixamos a casa de Woody às seis da manhã e, poucas semanas depois, Brother John a deixou para não mais voltar. Tinha sido preso por seu trabalho noturno. O departamento de assuntos internos confiscou a lista telefônica do grande homem negro, e, nela estava o telefone de Woody.

Keith censurou-o por ter permitido que Brother John se aproximasse demais. Keith pode ter sido um bom cliente de Brother John uma ou duas vezes aquele ano, mas ele *nunca* dera seu número de telefone e *nunca* o deixara entrar em sua casa. Por alguns dias, Woody ficou apavorado sobre as possíveis consequências. Foi interrogado por um detetive, mas nunca foi apontado como suspeito. Um grande suspiro de alívio.

As pessoas que continuaram a frequentar a casa de Woody eram agora de natureza artística. O grupo era quase todo formado por músicos, atores e pintores. Aliás, foi por volta desse período, final de 1985, que Woody fechou um acordo de publicação do seu trabalho artístico. Supostamente ganhou cem mil dólares, uma quantia astronômica naquela época.

Woody tinha a impressão de que o trabalho seria estritamente um livro de arte. Reproduções de suas pinturas e desenhos, talvez com algumas legendas. Mas ele logo descobriu que o projeto demandava bastante texto e precisaria de um *ghost-writer*. E foi então que me recordei do seu mantra: "Quero que faça isso para *mim*. Pode fazer isso para *mim*?"

Eu era um novato de 23 anos sem currículo, mas não teria me perdoado se não tivesse me candidatado para a tarefa imediatamente. Acontece que eu precisaria fazer uma visita a Woody de qualquer forma. Ele havia prometido alguns desenhos para o cartão de Natal do *Beggars Banquet*. Keith já havia contribuído com algo, mas Woody estava demorando muito. Só faltavam duas semanas para o Natal, então Woody me pediu para passar logo lá e assegurar que ele terminasse. Enquanto meu táxi ziguezagueava pela 79th Street em direção ao Central Park, eu ensaiava meu pedido de casamento: "Woody, você me aceita como seu *ghost-writer*?" Sabia que eu era a pessoa certa para a tarefa, mas estava nervoso.

Nós nos acomodamos na sala de jantar com seu empresário, Nick. Woody inseriu uma mixagem crua do *Dirty Work* no aparelho de som e mostrou dois desenhos de cenas natalinas: uma dele como Papai Noel, e outra retratando Keith e ele ao lado de uma árvore de Natal. Eu sabia que tinha que agir rápido e comecei a contagem regressiva na minha cabeça. Comecei do trinta e decidi que, quando chegasse ao zero, despejaria: "Woody, quero ser seu coautor!" Mas, quando cheguei ao 15 na contagem, Woody tirou as palavras da minha boca. Do nada, ele se virou para Nick e disse: "Já sei! Acho que temos nosso coautor bem *aqui*!"

Tudo o que eu podia dizer era: "Pode ter certeza de que sim!"

E foi assim que fui contratado para escrever a semiautobiografia/semilivro de arte de Ron Wood, *The Works*. Woody pediu que *eu* escrevesse, não o contrário. Ainda tinha que passar pela reunião com o agente literário e a editora de Woody, mas esta era a maior coisa que já tinha acontecido na minha carreira de escritor. Não era o livro que ansiava escrever sobre os Stones em turnê, mas chegava bem perto. Eu ia ser a primeira pessoa do mundo a ser coautor de um livro com um dos stones. Estava tão animado que não consegui dormir quando cheguei em casa. Isso era *melhor* do que sexo. Queria ligar para todo mundo que conhecia, mas tinha que esperar. Eram seis horas da manhã.

Por volta das sete, deixei que o sono me levasse. Tinha a intenção de acordar em poucas horas e começar a espalhar a notícia. Em vez disso, às oito e meia, fui eu que recebi um telefonema. Uma fonte no exterior estava me contando que Ian Stewart, o "sexto stone", havia falecido de um infarto fulminante em Londres naquela manhã. Toda minha empolgação foi por água abaixo. O que deveria ter sido o dia mais alegre da minha carreira no *Beggars Banquet* acabou sendo o mais triste.

Townshend se junta à banda no 100 Club. Meu show favorito dos Stones de todos os tempos.

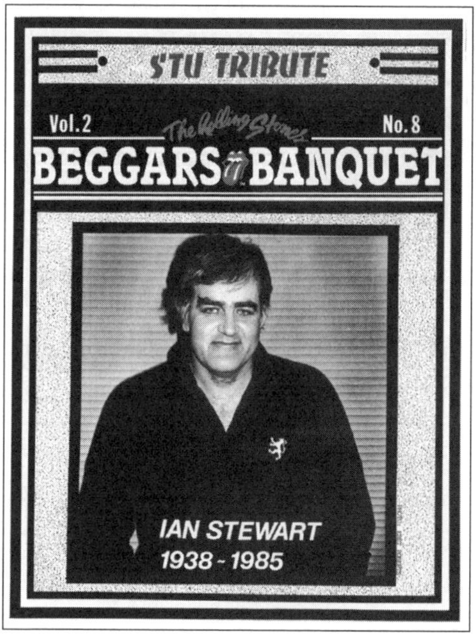

12

A ÚLTIMA GARGALHADA

Para os Stones, a notícia foi uma piada sem graça. Se havia um cara dentro ou que se envolvia com a banda que não era para partir aos 47 anos de idade era Ian Stewart. Ele tinha ficado longe da bebida, da cocaína, da heroína ou dos cigarros. Era como se Deus tivesse escolhido Stu para enviar uma mensagem aos demais.

Decidi fazer um tributo a Stu na edição seguinte do *Beggars Banquet*. Coloquei sua imagem na capa e republiquei a minha entrevista com ele de 1981. Procurando fotos exclusivas, acabei indo até a casa de Woody um pouco depois do Ano-Novo de 1986.

Jo nos recebeu com sua famosa torta camponesa, e eu e Keith éramos seus convidados. Após o jantar, ela subiu as escadas para pegar seu álbum de fotos, deixando a mim, Keith e Woody na cozinha. Abri minha maleta para expor algumas fotos de Stu, enviadas a mim por um assinante.

Passei as fotos para o outro lado da mesa até Keith e pedi para que tomasse cuidado para não deixar impressões digitais. Woody estava na pia lavando pratos. Keith sorria enquanto olhava as fotos. Woody, com uma toalha de prato nas mãos, inclinou-se sobre o ombro de Keith para dar uma olhada. Os dois começaram a imitar Stu, alinhando suas mandíbulas e recitando suas frases favoritas: "Bom dia, minhas chuveiradas de merda. Minhas maravilhas de três cordas." Eles até fizeram piada sobre o problema de caspa de Stu. Dava para perceber que eles realmente iam sentir sua falta.

Woody voltou à pia enquanto Keith continuou olhando as fotos. Parou em uma delas durante trinta segundos, sem dizer uma palavra.

Depois ele começou a falar com ela: "Por que tinha que nos deixar, seu merda?"

Ele olhou para mim e para Woody. "Pelo menos ele se foi numa boa fase. Estava entusiasmado com o novo álbum... Mas eu pensava que seria *ele* que estaria segurando a pá, ele que enterraria todos *nós*. Que buraco ele deixou, um vazio tão óbvio. Estava sempre presente para comentar sobre tudo e, às vezes, você achava que ele estava louco. Mas, quando ia ver, ele estava certo o tempo inteiro. Quero dizer, ninguém tem nada a dizer contra ele. Sabe, já tive muitos amigos que se foram, e você diz 'Ih, que pena', mas com Stu é diferente. Podia pensar em outros mil cretinos que deveriam ter ido antes dele. Ele não estava nem na minha lista."

Era um elogio espontâneo e de coração. De fato, sabia que era bom demais para deixar de sair no *Beggars Banquet*. Então pedi licença da mesa e corri para o banheiro, para evitar distrações. Lá, retirei uma caneta e um cartão de índice do meu bolso e anotei os pensamentos de Keith o mais rápido possível antes que me esquecesse de alguma palavra. Depois voltei à cozinha. "Keith", disse, "foi bem legal o que você falou sobre Stu. Tudo bem se eu publicasse?" Ele disse que sim, como sabia que faria.

Keith saiu às três da manhã, mas eu continuei lá para trabalhar com Woody. As etapas iniciais do nosso projeto de livro. "Mas espera um minuto", disse Woody. "Também quero escrever algo sobre Stu." Ele pegou um bloco de papel amarelo e me pediu para deixá-lo sozinho no porão. Jo já tinha ido dormir, então fiquei vendo uma reprise de *Mary Tyler Moore* na sala de visitas. Vinte minutos depois, desci as escadas para dar uma espreitada.

Ele estava numa poltrona reclinada, de olhos fechados, imerso em suas lembranças. Não sabia como ele conseguia se concentrar porque um CD de Vivaldi saía em volume máximo das caixas de som. Percebi que ele não havia escrito nem uma palavra no bloco do papel, mas não quis apressá-lo. Dei a ele mais quinze minutos.

Quando retornei, percebi que o bloco ainda estava no seu peito, com a primeira página em branco. A caneta estava na sua mão e seus olhos ainda estavam fechados. Memórias de Stu ainda brincavam em sua mente. Novamente, deixei-o sozinho.

Quando me dei conta, eram quatro horas da manhã, e ele ainda estava na mesma posição. A música ecoava pelo quarto, então disse a mim mesmo: "Ou ele está em sono profundo ou estou com Ron Wood morto aqui mesmo." Cheguei perto do seu rosto, mas não conseguia sentir sua respiração. Seu peito também não se movia. Chamei-o e cutuquei sua perna, mas ele ainda não respondeu. Concluí: "Se ele estiver dormindo, então que continue dormindo. Se estiver morto, não há nada que possa fazer sobre isso."

Saí de fininho da casa, rezando para que não houvesse testemunhas. Estava aguardando a manchete do jornal de amanhã, "Stone achado morto no Upper West Side", mas já sabemos como essa história terminou.

Algumas semanas depois, eu me vi numa situação tão invejável e ainda assim desconcertante: fiquei sozinho dentro de um quarto com todos os cinco rolling stones pela primeira vez na minha vida. Ninguém mais, exceto eu e eles. Durou apenas alguns minutos, mas a tensão foi tão grande e suas presenças tão poderosas que quase passei mal por falta de oxigênio.

Estávamos num estúdio na 54th Street para um dos encontros obrigatórios da banda. Uma filmagem para seu próximo CD, *Harlem Shuffle*. Vestiam ternos *zoot* e sincronizavam seus lábios ao som da música numa rua cenográfica do Harlem.

Durante uma pausa, cumprimentei Keith e o acompanhei até o vestuário dos Stones. Passamos por Mick, que estava sentado numa cadeira de maquiagem, com um avental. Não sabia qual Mick falaria comigo naquele dia. Nos meses anteriores, ele havia tanto tirado o meu couro quanto me enviado flores. Neste dia, 7 de fevereiro, ele foi cordial. Fez uma espécie de piada sobre os Stones estarem parecidos com Cab Calloway.

Na sala de espera ao lado, encontrei Charlie no chão massageando seus pés descalços. Não quis interrompê-lo. Bill Wyman estava comendo comida chinesa e sugeriu que eu experimentasse as ervilhas. Dois executivos da CBS — que me lembraram o Jerry Aldini de Bill Murray — estavam conversando com Jane Rose e Tony King.

Mick retornou à cadeira de maquiagem, e todas as outras pessoas deixaram a sala, menos eu. De repente, me vi sozinho com todos os cinco rolling stones. Era diferente de estar apenas com Keith e Woody. Quando se trata dos Rolling Stones, o todo é muito mais esplendoroso do que a soma das partes, é como se o grupo ganhasse vida própria. Como o monstro do Frankenstein.

A tensão entre *eles* deixou tudo ainda mais paralisante para *mim*. Minha única saída era ficar quieto e me anular como se fosse uma mosca na parede. Num primeiro momento, nenhum deles falou uma palavra. Estava dolorosamente silencioso. Mas depois, em tom baixo, Charlie soltou uma piada sobre o vídeo que estavam fazendo. Disse que parecia um show da televisão britânica ao qual costumavam assistir quando eram adolescentes. Não tinha a menor ideia sobre o que ele estava falando, então fiquei de pé ali com um sorriso bobo no rosto, fingindo estar entendendo tudo.

Eles conversaram sobre o memorial de Stu que estava por vir. Estava marcado para o dia 23 de fevereiro em Londres, e cada um jurou que estaria lá. Não seria um serviço religioso, mas uma reunião íntima no 100 Club na Oxford Street. A banda de Stu, Rocket 88, faria um tributo no estilo *boogie-woogie*. Cerca de duzentos amigos de Stu seriam convidados. E, com todos os cinco elementos no lugar, uma apresentação dos Stones — uma pré-estreia de sua turnê de 1986? — era uma possibilidade ainda que pequena.

Ver os Stones fazendo sincronização labial dentro de um estúdio era uma coisa, mas o espectro de vê-los tocando em uma minúscula boate noturna era fascinante. Quando Keith e Woody me convidaram, fiz reserva num voo imediatamente, mesmo não tendo passaporte. Nunca tinha saído do país.

O esquema de hospedagem em Londres ficou assim: Keith ficou no Savoy, Woody na casa de Simon Kirke (o antigo baterista do Bad Company) e eu fiquei no YMCA. Meu quarto custava só quarenta contos por noite (24 libras), mas eu tinha um banheiro particular e um telefone.

Cheguei no dia anterior ao memorial e planejei passar uma semana. Woody me deu um mapa do metrô de Londres, o que me ajudou a ir aos lugares. Ele marcou todos os pontos importantes com um X. Tínhamos marcado de visitar seus pais um dia, para entrevistá-los para nosso livro, mas Woody não pôde comparecer.

Algumas horas antes do evento de Stu, visitei Jane Rose no Savoy para pegar meu passe de convidado. Era estranho ver Jane fora do seu escritório, era como encontrar a professora de matemática numa sorveteria. Ela me mostrou dois vestidos e perguntou: "Qual deles acha que eu deveria usar: o preto ou o vermelho?"

Disse que o vermelho era bonito, mas que o preto era mais apropriado para um memorial. Por outro lado, não era um memorial comum. Ou ao menos não com aquelas coisas deprimentes que nós judeus vestimos. Este teria *boogie-woogie* e talvez uma performance dos Rolling Stones.

O 100 Club ficava a alguns quarteirões do YMCA, mas peguei um táxi para não me perder. Já tinha me acostumado com o jeito britânico de falar — referindo-se ao elevador como "o guindaste" e ao banheiro como "a privada" —, mas, para meu terror, não conseguia me achar na cidade. As ruas são projetadas em círculos, não em quadrados, e todo mundo dirige do lado errado da pista.

Quando meu táxi parou na Oxford Street, fui cercado pelo batalhão de *paparazzi* de Londres. Eles nem sabiam quem eu era, mas a lógica deles era "Fotografe primeiro, faça as perguntas depois". Fotógrafos profissionais não eram permitidos lá dentro. De fato, das duzentas pessoas convidadas, eu era o único jornalista.

Keith me avistou depois que entrei e disse: "Você conseguiu! Atravessou o grande lago!" E Woody me apresentou a um dos seus amigos. "Jeff, este é meu coautor, Bill German. E Bill, este é Jeff. Nós tínhamos uma banda. Ele era tão bom na guitarra que tive que me mudar para o baixo!" Era Jeff Beck, claro.

Em seguida, me apresentou a Pete Townshend. Pete disse que estava impressionado que alguém fosse querer ler um livro sobre Ronnie Woody, e tenho certeza de que ele não estava brincando. De qualquer forma, foi bacana ser apresentado por Woody como seu coautor. Gostei de como isso soou.

Ninguém sabia se os Stones tocariam naquela noite. Woody me disse que "algo *talvez* acontecesse", mas nunca toquei no assunto com Keith.

Não sei o que foi discutido ou como isso veio à tona, mas, logo após Rocket 88 deixar o palco, os Rolling Stones assumiram seu lugar.

Todos eles exceto Charlie, que ainda não tinha chegado. "Vamos tocar algumas canções que Stu gostaria que tocássemos", Mick anunciou. Simon Kirke entrou como substituto na bateria, enquanto eles começaram a tocar "Route 66". A partir daí, foram para "Down the Road Apiece", uma das favoritas de Stu. "Isto é totalmente improvisado", Mick disse. "Algum pedido? É só gritar."

Ver os Stones fazendo um show de improviso em uma boate minúscula já era assombroso para mim, mas isso assumiu proporções épicas quando alguns dos seus amigos se juntaram a eles no palco. Eric Clapton subiu para tocar "Key to the Highway", "Confessin' the Blues" e "I'm a Man". E Jeff Beck conseguiu encaixar a canção "Bye Bye Johnny".

Clapton depois abriu espaço para Townshend. "Pete vai subir ao palco e deixar vir à tona todo seu *Tommy*", Mick brincou. Na realidade, eles tocaram "Harlem Shuffle".

Depois foi a vez de "Little Red Rooster", durante a qual cada guitarrista — Beck, Townshend, Keith e Woody — assumiu a liderança. Exceto que a guitarra de Woody estava em *slide*. Ele enfiou o dedo do meio numa garrafa de Heineken e soltou o som enquanto gotas de cerveja pingavam das dobras dos seus dedos.

Ao final da canção, rumores da chegada de Charlie chegaram ao palco. Townshend se aproximou do microfone: "Agora que os bares estão fechados, Charlie decidiu aparecer. Charlie, se você não subir aqui, Woody irá tocar bateria."

Charlie emergiu da escuridão vestido com um terno de negócios. Ele se sentou atrás do kit sem desapertar sua gravata ou remover seu chapéu. A reunião dos Stones agora estava completa. Ian Stewart conseguiu na morte o que nenhum promotor de shows conseguiu na vida: um concerto dos Rolling Stones em meados dos anos de 1980.

Nesse ponto, Clapton voltou ao palco para tocar ao som de "Meet Me in the Bottom", "Dust My Broom" e o *grand finale* da noite "Little Queenie". Quando tudo estava dito e feito, onze músicas ao todo, eu me senti exaurido. Todos, inclusive os que se apresentaram, sabiam que tinham vivido uma experiência especial. O show está no topo da minha lista, meu show favorito de todos os tempos.

Quando saí de lá, estava frio, a rua escura como um breu e deserta. Sabia que meu hotel estava apenas a alguns quarteirões dali, mas imediatamente me perdi. Chamei um táxi, mas o motorista se recusou a me levar. "Foi mal, parceiro, não posso tentar enganá-lo. Você está apenas a alguns quarteirões de distância." Em Nova York, os taxistas são muito cretinos e, em Londres, são muito bonzinhos. Vaguei por duas horas até encontrar o Y. Foi um milagre não ter morrido congelado ou ter sido esquartejado por Jack, o Estripador. Fui dormir ao amanhecer.

Às dez da manhã, meu telefone tocou. Telefones britânicos não fazem "triiiiiiiiiim" — eles fazem "trim-trim, trim-trim" —, então levei alguns segundos para perceber que não era meu despertador. Atendi quase dormindo, e fui cumprimentado na outra linha por Bill Wyman. Não sua secretária, mas Bill mesmo, de olhos grandes e bundudo, ligando do seu escritório na King's Road. Eu havia deixado um pedido para entrevistá-lo e informei que poderia me contatar no YMCA.

Quando contei a Woody que iria entrevistar Bill, ele disse: "Cuidado para suas cabeças não explodirem!" Ele se referia às minúcias sobre os Stones que eu e Bill tínhamos em comum. Mas eu não tinha a menor intenção de igualar meus conhecimentos com os dele. Queria conseguir adentrar o homem em si e fazer perguntas que sondassem sua vida e sua carreira.

Bill me recebeu na porta do Ripples Productions e fez um rápido *tour* comigo. No escritório principal, vi fotos dele com o príncipe Charles e a princesa Diana. Começamos nossa entrevista falando sobre a morte de Stu.

"Nunca jogarei golfe", disse Bill sarcasticamente. "Nunca jogarei golfe ou comerei hambúrgueres. Quero dizer, estes eram seus únicos vícios." (O infarto de Stu foi causado pelo endurecimento das artérias.)

Pedi a Bill que refletisse sobre a própria vida: carrega alguma cicatriz como resultado da sua fama?

"Então você quer que eu me analise?", ele questionou. "Dar uma de Freud em mim mesmo?... Gosto de pensar que não mudei nos últimos vinte anos, mas é claro que *mudei*. Eu *gostava* da pessoa que eu era vinte anos atrás... Hoje acho difícil confiar em qualquer pessoa. Empresários, fotógrafos, jornalistas. Queria ser capaz de confiar neles.

"E a maior cicatriz", ele complementou, "é que seus relacionamentos pessoais, sua vida amorosa, sofrem com isso. Casa, família, estilo de vida, amigos, relações sociais. Não se pode ter uma vida normal, então tudo fica prejudicado. Quero dizer, basta olhar para os Stones. Existe apenas um que está casado com a mesma pessoa desde 1964, e este é o Charlie. Veja Mick com todos os seus relacionamentos — Marianne, Bianca, Chrissie Shrimpton, Jerry. Brian Jones com crianças aqui e acolá, sendo processado por todo mundo, odiado pelos pais das garotas. Passei por um casamento, um divórcio e outro relacionamento com quem já não estou mais... Quero dizer, esta vida é incrivelmente destrutiva."

"Mas você já não superou tudo isso?"

"Sim, mas as cicatrizes ainda estão lá. Ainda tenho pesadelos. E algumas vezes ainda preciso de uma muleta para dar conta. Tenho sorte porque não sei qual tem sido minha muleta. Imagino que tenham sido as mulheres. Há tantas pessoas famosas que se voltam para as drogas e para o álcool, mas acho que o meu caso tem sido ser mulherengo. Todos nós precisamos compensar de alguma forma. Você já não é mais normal. Basta olhar qualquer membro desta banda. Não são pessoas normais. Somos todos completamente pirados de certa forma, não somos?"

Deixei que isso passasse como uma pergunta retórica. Mas perguntei sobre sua reputação recentemente descoberta de ser um garanhão. Supostamente, ele estava dando uma de Wilt Chamberlain.

"*Que* homem não gostaria de ter essa reputação?", ele disse. "Todos nós *almejamos* isso!"

A imprensa ainda não tinha despejado a história do relacionamento de Bill com a adolescente Mandy Smith. Mas, meses depois de nossa entrevista, manchetes como "Stone com namorada de 13 anos" começaram a pipocar nos tabloides da Fleet Street (apesar de ela já ter 15). Quando isso se tornou público, tomei a liberdade de alfinetar Bill nas páginas do *Beggars Banquet*. Uma vez expus a foto dele com Mandy, com a legenda: "Olha! Os dentes permanentes de Mandy acabam de nascer!"

E a parte mais louca dessa história é que Stephen, o filho de vinte e tantos anos de Bill, tinha começado a namorar Patsy, a mãe de Mandy de quarenta e tantos anos, com rumores sobre um casamento duplo. Numa edição dos *Beggars Banquet*, desenhei as ramificações: a sogra de Bill se tornaria sua nora, seu filho se tornaria seu sogro, sua neta por tabela seria agora sua esposa e, se não me engano, Bill poderia ter se tornado seu primo de terceiro grau removido duas vezes.

Assim, nossa discussão tomou o rumo de qual era seu papel junto aos Rolling Stones. "Meu trabalho é como baixista", ele declarou. "É o que faço. Não faço mixagem, *mastering* ou escolho capas de LP."

"Bem, e se quisesse ter um espaço maior nas tomadas de decisões? Não poderia almejar por isso?"

"Se alguém tivesse almejado por isso, esta banda não mais existiria. Teria terminado 15 anos atrás. Não é possível ter muitos egos na mesma banda. É preciso deixar o orgulho de lado. Algumas pessoas precisam esquecer seus egos e outras precisam voar com eles. Nós sabemos quem é quem nesta banda."

Foi então que Bill me revelou que, em várias ocasiões, Mick tentou chutá-lo. "Você não está falando *sério*", exclamei. "Ah, *estou*, sim", ele disse. "*Muito* sério. Sabe, Mick faz coisas engraçadas em ocasiões engraçadas. Mas ele leva bronca. Às vezes ele faz suas vontades e às vezes não.

"Os Stones obviamente podem continuar sem mim", Bill reconheceu. "Tenho certeza disso. Mick não é substituível, e Keith não é substituível. Mas poderiam substituir Woody e poderiam *me* substituir. *Talvez* pudessem substituir Charlie, embora Keith dissesse que não. Mas, sim, eu poderia ser substituído. Mick tentou fazer isso em várias ocasiões, apesar de não saber disso na época. Sorte a minha que todos os demais o impediram."

Em fevereiro de 1986, esta revelação era como uma bomba. Na verdade, não sei porque Bill estava me deixando a par disso. Ele me deu uma informação exclusiva. Fico envergonhado em admitir que a deixei passar. A explosão de raiva de Mick, no porão de Woody, teve um efeito paralisante sobre mim e não queria passar por aquilo novamente.

Além do mais, era do meu interesse que não abríssemos antigas feridas. Queria que os Stones fizessem uma turnê naquele ano e me pareceu que algumas feridas tinham sido curadas no 100 Club.

Coroando a agitada semana dos Stones em Londres naquele fevereiro gélido, houve a premiação do Grammy no Roof Garden Club. Era um prêmio sem competição — os Stones estavam *realmente* recebendo essa homenagem —, então tudo havia sido programado e coordenado com antecedência. Como usual, o Grammy seria televisionado ao vivo do auditório Shrine em Los Angeles. Assim, para que eles aceitassem seu prêmio honorífico no horário nobre nos Estados Unidos, apareceriam via satélite, às três horas da manhã, no fuso horário de Londres.

Mesmo após 23 anos produzindo discos, os Stones nunca receberam um Grammy. Ainda assim, lá estavam eles recebendo um prêmio honorífico e, acreditem, não gritavam de alegria. Normalmente, a homenagem destinava-se a um compositor de noventa anos que teve que ser levado em uma cadeira de rodas usando uma máscara de oxigênio.

Os Stones decidiram cooperar pela gravadora. A CBS fechou um acordo pelo qual, se os Stones aceitassem o prêmio ao vivo pela TV, os produtores colocariam no ar o clipe de "Harlem Shuffle". Dois minutos e meio de transmissão gratuita e mais exposição que a MTV. Mencionei o acordo Grammy-pelo-clipe para Keith e ele disse: "Por que acha que estou aqui? Não sou nenhum otário."

O Roof Garden Club estava localizado na Kensington High Street, uma parte sofisticada de Londres. Os Stones não chegaram lá até as duas da manhã. Eric Clapton, que deveria presenteá-los, estava decorando e ensaiando sua fala. Ouvi-o pedindo desculpas aos produtores por não estar usando um smoking.

Quando Kenny Rogers, o apresentador do Grammy em Hollywood, entrou ao vivo em Londres, os Stones não conseguiam ficar sérios. Charlie estava sentado num vaso de planta, fumando um cigarro, enquanto Keith o beliscava. Clapton errou a maior parte de sua fala antes de entregar as estatuetas a cada um dos stones. Quando foi a vez de Charlie, sua reação foi: "Não tem rodas! Sem rodas!"

Enquanto a câmera focava em Mick, os outros stones se acotovelavam e davam risadas como criancinhas. "Obrigado a todas as pessoas que acompanharam esta banda nos altos e baixos", disse Mick. "E a todos que tiraram sarro [os caluniadores da banda], vocês é que são a piada agora." Os Rolling Stones finalmente faziam parte do panteão dos grandes do Grammy, com Christopher Cross e Debby Boone.

Assim que as luzes vermelhas da câmera se apagaram, eles empilharam suas estatuetas nos braços abertos de Jane Rose e saíram. Keith passou por mim, murmurando: "*Isso* está feito. Onde está o *dinheiro*?"

Andou em direção à sua mãe. Eu ainda não conhecia Doris, então pedi para ser apresentado. "Mãe", Keith disse, "este é Bill German. Se precisar me achar, é só ligar para *ele* primeiro. Ele sabe onde estou a cada hora do dia."

Keith sugeriu que Doris fosse colocada na lista de correio do *Beggars Banquet*. Ela escreveu seu endereço num guardanapo e prometi dar a ela uma assinatura vitalícia de cortesia. Ela era tão amável que era difícil acreditar que carregou o diabo no ventre durante nove meses.

Às cinco horas da manhã, o Roof Garden Club ficou vazio. Os organizadores estavam arrumando tudo, e o pessoal da limpeza começava a faxina. Keith, Woody e eu fomos os últimos a sair. Keith me agarrou pelo braço e começou a andar comigo como se fôssemos noivos. "William", ele disse, "você vem *comigo*." Foi aí que ele falou para Woody do outro lado da sala: "Ronaldo! Clapton está se mudando do seu apartamento amanhã, então vamos esvaziar o lugar!"

Keith e eu deixamos o edifício e entramos numa limusine que estava à espera. Woody e Jo entraram logo depois ao nosso lado. Jane Rose e Bill Graham já estavam no banco da frente. A viagem durou cerca de vinte minutos. Não era a propriedade de Clapton ou algo assim, apenas um dormitório que ele mantinha na cidade. Já havia feito grande parte da mudança, portanto o lugar estava basicamente vazio. Só algumas cadeiras e uma mesa de café na sala. E várias caixas de bebida.

Alguns de nós se acomodaram na sala e outros, na cozinha. Steve Lillywhite, o produtor de *Dirty Work*, estava lá com a esposa, a cantora Kirsty MacColl. Estavam também Chuck Leavell, o tecladista dos Stones, e Stash, um amigo de Keith desde os anos 1960.

Não sei por quê, mas Eric começou a me interrogar: "O que traz *você* aqui, meu jovem rapaz?"

"Hum, bem, *Keith* me trouxe aqui. Acho que sou a companhia dele esta noite."

"Bill é quem faz nossa revista para fãs", Woody se intrometeu na conversa.

"Ah, é?", disse Eric. "E quantos anos você tem?"

"Eu... eu prefiro não divulgar essa informação", gaguejei. Por mais que eu detestasse ser teimoso, gostava de manter minha idade em segredo perto dos Stones. Tinha vergonha da minha juventude e temia que fosse usada contra mim. Keith, Jane e Woody tinham uma ideia vaga, mas nunca souberam com precisão.

"Bem", disse Eric, "vou dar uns 23 para você. E, quando tinha essa idade, estava tocando no Albert Hall e terminando com o Cream. Os Yardbirds há muito não existiam. Estava quase pronto para o Blind Faith, suponho."

Não sabia aonde ele queria chegar. Estava tentando fazer com que eu me sentisse insignificante ou tentando fazer com que ele se sentisse bem? Provavelmente só relembrando da boca pra fora. Deus não precisa congratular a si mesmo.

"Onde você está hospedado?", ele perguntou. "No Savoy?"

"Hum, não, estou no Hotel Y. Na Oxford Street com a Tottenham Court Road."

"Tottenham Court Road. Costumava morar lá. *Muitos* anos atrás."

Não sei por que ele se interessou tanto por mim, mas fiquei aliviado quando começou a pentelhar outra pessoa. Seus olhos se voltaram para Stash: "Então, você é um príncipe, não é? Onde fica seu principado?"

Stash de fato tinha o sangue azul de Rolle, na Suíça. Eu enviava seus *Beggars Banquet* para o castelo. Seu nome completo era príncipe Stanislaus Klossowski de Rola, e ele era filho de Balthus, um dos melhores pintores do século XX.

Enfim, não quero dar a impressão errada sobre Eric. Ele era um anfitrião muito educado. Acho que estava apenas se divertindo. Às sete da manhã, era hora de ir embora. Keith para o Savoy, Woody para a casa de Simon Kirke, e eu para o Y. Jane disse que havia três limusines esperando lá embaixo, sendo uma só para mim. "É por *nossa* conta", ela disse. Eu lhe agradeci e disse que provavelmente seria a primeira vez que o motorista iria da casa de Eric Clapton até o YMCA.

Eric nos levou até a porta, mas disse estar com uma preocupação. "Estou com todas essas caixas de uísque", ele falou. "E se você não levá-las, vou ter que deixá-las para o proprietário."

Com isso, Keith e Woody retornaram rapidamente à sala de estar. Trataram de enfiar as garrafas de Jack Daniel's nos bolsos dos seus casacos.

"Foi um prazer atendê-lo", disse Keith.

Keith Moon está vivo! Mandei esta foto para publicação.

13

TODA HISTÓRIA CONTA UMA IMAGEM

Woody e eu passamos o ano de 1986 trabalhando em nosso livro. Começamos em janeiro sem nenhuma programação fixa. Se ele estivesse com a noite livre, receberia a chamada: "Grande Bill Broonzy! Jo está assistindo à TV e as crianças estão dormindo, então por que não passa aqui?" Entrava num táxi e chegava lá por volta da meia-noite. Abria minha maleta e nos acomodávamos na cozinha. Para Woody, minha Samsonite era uma fonte sem fim de diversão: "Você parece um vendedor de enciclopédias!"

Uma fita cassete era inserida no aparelho de som de Woody, e apertávamos o botão de gravar. Nunca dava para saber o que teríamos ao cantar do galo. Eu sempre preparava as perguntas com antecedência, mas, com Woody, as coisas podiam tomar rumos bem diferentes. No primeiro mês, tivemos que selecionar todo o seu trabalho artístico e acabamos perdendo muito tempo nisso. Uma noite, passamos trotes para pessoas que tinham colocado anúncios de "Precisa-se de um guitarrista" no *Village Voice*.

Eu teclava os números e passava o telefone para ele. "Sim, estou respondendo ao seu anúncio no *Voice*. Está à procura de um guitarrista?" Eles desligavam o telefone na cara dele quando descrevia seu currículo. "Bem, costumava tocar com Rod Stewart e Jeff Beck e agora estou com os Stones, mas talvez não haja turnê este ano, então eu..." *Click*. Era uma maneira divertida de procrastinar o que realmente tínhamos que fazer e chegamos *muito* perto de enviar pizzas para a casa de Mick.

Passei quase todo o mês de janeiro decifrando suas histórias. No começo, deixava que falasse à vontade, sem interrupções. Achei que fosse entender tudo quando chegasse em casa ao ouvir as fitas. Mas isso nem sempre dava certo. Digamos, por exemplo: "Desenhei esta imagem de Sandie devido à noite em que eu e Mick fomos em sua ambulância, com Linda Ronstadt e o governador Brown, atrás da gente e depois tivemos que parar perto da Sunset Boulevard para deixar Warren Beatty sair... mas, quando chegamos ao Cedars-Sinai, Mick me ajudou com os papéis da cesariana."

Também havia alguém chamado Cepê sobre o qual costumava falar. "Cepê estava vestindo suas plumas", "Eu e Cepê demos a volta pelo bar", "Cepê roubou minha garota".

Eu não fazia ideia de quem era essa pessoa. Algum mexicano revolucionário? Finalmente perguntei a Woody, e ele pareceu impressionado com minha ignorância. "CP", ele disse. "Cantor Principal. Como Rod. Ou Mick. CP."

O outro mistério era o de Karen Dash. Ele costumava me contar como ela o tinha ajudado a se tornar um artista melhor: "Sem Karen Dash, não conseguiria ter feito estes dois retratos", "Karen Dash me ajudou com os tons de pele para este trabalho". Um dia eu perguntei: "Woody, quem é Karen Dash? Uma professora sua da escola de arte? Uma ex-namorada?" Ele trouxe uma caixa de lápis coloridos. "Não, são *estes*. Caran d'Ache." O nome da marca dos lápis.

Depois de me habituar a seu linguajar, tive que me acostumar com suas idiossincrasias. Ele tinha uma habilidade incrível de parar no meio de uma frase e desaparecer do recinto. Podia estar dizendo: "Aprecio o trabalho de Picasso, mas não conseguiria ser fiel ao cubismo porque..." Interrompia-se a si mesmo. "Espera só um momento. Vou subir para pegar um cigarro." Eu ficava na cozinha sozinho durante quase uma hora.

Eu pensava: "Ele vai voltar?", "Será que foi dormir?", "Será que está transando com Jo?" Eu que não ia bater na porta do seu quarto às três horas da manhã para descobrir.

Se ele fosse um menino de dez anos de idade, teriam-no o diagnosticado com distúrbio de déficit de atenção e prescrito Ritalin para ele. Ao menos Woody me concedia privilégios quanto à sua geladeira.

"Bill, olha, quando eu não estiver por aqui, pode pegar o que quiser da geladeira."

No início, eu hesitei, mas depois fiz o que tinha sugerido. Eu precisava da boca-livre. Nunca pegava nada de substancial — apenas queijo, biscoitos ou bananas — e compensava ajudando no trabalho doméstico. Houve várias noites em que Woody e eu, com as fitas rolando, descascamos batatas e raspamos milho para o próximo jantar da família.

Independentemente disso, minha alegada comilança se tornou uma piada corrente entre Keith e Woody, o que inspirou a sinopse na contracapa do livro: "Bill German mora em Nova York, frequentou a NYU, escreveu para revistas como *Spin* e comeu tudo o que havia da casa dos Wood enquanto coescrevia este livro."

Depois de um mês trabalhando até tarde na casa de Woody, o pessoal da editora me pediu uma amostra de um capítulo. Não achava que tinha material suficiente, mas percebi que ele falara muito sobre sua família. Algumas histórias de grande valor sobre os pais e os irmãos.

O pai de Woody tocou numa banda harmônica de 24 peças. Quando perdeu a perna devido a uma coagulação do sangue, ele andava por aí brincando: "O que são duas cabeças, quatro braços e três pernas? O sr. e a sra. Wood!" Dava para ver a quem Woody tinha puxado no que diz respeito à atitude despreocupada.

Woody tinha dois irmãos mais velhos que o importunavam quando era criança. Cuspiam nele e o obrigavam a fazer suas tarefas. Mas ele os respeitava e tentava desesperadamente agradá-los, da mesma forma que agora fazia com Mick e Keith.

Sentia que meu "capítulo de família" encantava e transmitia *insights* sobre como Woody se tornou Woody, mas os editores acharam tedioso. Eles me queriam fora do projeto, e isso foi devastador para mim.

Foi Woody quem apareceu em minha defesa e os convenceu a me dar outra chance. Apimentei as coisas para minha próxima amostra. Pedi a ele que falasse sobre as celebridades que havia pintado. Algumas ele chegou a conhecer, como Hendrix, Muddy e Belushi, e outras ele queria ter conhecido, como Elvis, Otis e Marilyn Monroe.

Também consegui fazer com que ele falasse sobre Keith Moon. Amigos durante os anos 1970, eles beberam muito juntos e estraçalharam muitos quartos de hotel. Ainda assim, por alguma razão, Woody nunca pintara um retrato dele. Desencavei uma grande foto de Moonie usando uma cartola e a entreguei a Woody como referência. Ele fez sua própria versão, e fiquei abismado com o trabalho excepcional.

Isso, por sinal, era uma exceção à regra. Normalmente eram os trabalhos artísticos de Woody que geravam as histórias, não o contrário. Em outras palavras, Woody já havia feito retratos de Hendrix, Muddy e Belushi, portanto era meu trabalho lhe perguntar sobre eles. Mas, no caso de Keith Moon e Groucho Marx, as histórias vieram primeiro.

Woody mencionou por alto que ele havia certa vez comparecido ao *seder* de Páscoa de Groucho. Não tinha sido convidado, mas foi mesmo assim, acompanhando Ahmet Ertegun e Elliot Gould. Era Hollywood, na metade dos anos 1970, e Groucho ainda era Groucho. Sua frase de apresentação para Woody foi: "Agora este é o corte de cabelo mais ridículo que já vi *na vida*." Mais tarde, após o *afikoman*, ele puxou Woody para o lado. "Abriria mão de cada dólar que já ganhei na vida", ele disse, "se conseguisse ter mais uma ereção." Sabia que era bom deixar isso fora do livro, então eu disse: "Woody, você tem que desenhar Groucho."

Os editores adoraram a nova amostra, e eu estava de volta. Eles também me deram uma sugestão: "Quando estiver escrevendo como Woody, imagine como se ele estivesse numa festa. Uma bebida na mão, um cigarro na outra, passando o tempo conversando e olhando para seu trabalho artístico." Foi o que fiz. Sempre que terminava um capítulo, eu o relia para mim mesmo na voz de Woody, com uma bebida e um Marlboro não aceso. Era como um dos métodos que os atores praticavam. Andava pelo meu apartamento durante horas fingindo ser Woody. Se o telefone tocava, não interromperia o personagem. Minha mãe não entendia por que seu filho de repente se tornara britânico.

A parte mais libertadora de "ser Woody" era que *intencionalmente* transmiti informações imprecisas sobre os Stones no livro. Woody tinha algumas recordações vagas, e não era meu papel interferir nelas. Quer precisão? Leia o *Beggars Banquet*. Quer a perspectiva de Woody? Leia *isto*.

O mais difícil de ser o coautor de Ron Wood era também ter que ser sua babá. Os Wood se mudariam em 30 de julho — para morar na Inglaterra —, portanto, cada noite que tínhamos era preciosa. Não podia deixar Woody perder tempo.

Mas, com seu déficit de atenção e todas as distrações por ser Ron Wood, não era fácil. Sua campainha, digamos, podia tocar a qualquer hora e nos levar a uma direção que não tínhamos planejado. Era como uma cena de *vaudeville* ou algo retirado de *Peewee's Playhouse*. Não dava para saber quem estava do outro lado da porta até que ela fosse aberta. *Dim dom*, é Mick Jagger. *Dim dom*, é Keith. Podia ser qualquer pessoa.

Eu me lembro de quando foi Mick que nos fez uma surpresa. Woody e eu estávamos trabalhando na cozinha, e Jo abriu a porta. A voz inconfundível de Mick Jagger podia ser ouvida da sala da frente, ficando mais e mais alta à medida que se aproximava. "Rápido", Woody me alertou, "guarda tudo. Não quero que ele saiba do livro ainda."

Agarrei os cadernos e as fitas cassetes e os joguei na minha maleta. Mick ainda estava alfinetando Woody pelo episódio desastroso no Learning Annex — e por qualquer tentativa sua de quebrar sua posição de "subordinado" —, então era disso que Woody tinha medo.

Keith apareceu várias vezes, e, apesar de ele saber o que estávamos fazendo, nunca demonstrou interesse. Em geral, Keith monopolizava o tempo de Woody e ditava o andamento das coisas. Para ser mais preciso, como babá/coautor de Woody, a noite estava fadada a virar um inferno no instante em que Keith passasse pela porta.

Uma noite, Keith trouxe uma fita de Billy Connolly, o comediante escocês. Não conseguia entender uma palavra do seu sotaque, mas Keith e Woody se acabavam de rir. Passaram a mesma fita uma vez atrás da outra, e não consegui avançar no trabalho.

Outra noite, Keith pegou uma guitarra acústica e se instalou na cozinha. Woody pegou outra. Enquanto fiquei sentado do outro lado da mesa, eles começaram a fazer com alguns *covers* de Buddy Holly "Peggy Sue", "Learning the Game" e "Rave On". Keith cantava a maioria, mas Woody cantou "I'm Gonna Love You Too". Eles também tocaram músicas dos Beatles, como "Day Tripper".

Parte de mim dizia: "Estamos com um livro para escrever, não vamos perder tempo", mas outra parte falava: "Bem, este é um lugar superbacana para se estar no momento. Dois membros dos Rolling

Stones estão me dando um show privado à mesa da cozinha. Esta é a parte *boa* do meu trabalho, não a estressante."

Preciso revelar, contudo, que a apresentação desta noite evoluiu para um campeonato de flatulência de fazer a terra tremer. Algumas dignas de entrar para a Calçada da Fama. No meio de "Not Fade Away", Keith parou, levantou sua guitarra e fez PUM! Woody respondeu com o seu. Eles alternaram flatulências durante mais três ou quatro músicas. "That'll be the day-ay-ay that I..." *Pum!* Falei para Keith: "Você é realmente uma figura *flaterna* para mim."

Certa noite, os caras da banda de Third World apareceram para uma visita. Não eram o tipo que se desejaria contrariar dizendo: "Ei, eu e Woody estamos tentando trabalhar aqui." Eram muitos e muito grandes. Dois metros de altura, se contar com os *dreadlocks* enfiados em suas boinas. Não havia mais espaço na cozinha, então fiquei parado num canto. Um acidentalmente esbarrou num brinquedo da prateleira que se espatifou no chão. Depois acenderam baseados do tamanho de animais de fazenda. A casa ficou empesteada de fumaça, parecendo um filme de Cheech e Chong. Eles se revelaram caras legais, mas inicialmente Jo teve medo deles. "Estamos sendo invadidos por uma nação do Terceiro Mundo", ouvi-a comentar baixinho.

Além de Keith, minha visita surpresa favorita foi quem tocou a campainha numa noite de junho, por volta das três da manhã. Woody e eu estávamos trabalhando em silêncio na cozinha. "Quem diabos deve ser?", ele disse.

Fomos até a porta e encontramos Stevie Ray Vaugham com sua guitarra envolta no corpo. Nenhuma caixa, nenhuma bolsa, só a guitarra. "Quer dizer", perguntou Woody, "que você parou um táxi na rua assim, só com sua guitarra?" E a resposta foi sim.

Ele contou que ficara entediado no quarto de hotel e precisava de alguém com quem tocar. Ele e sua namorada entraram. Ela ficou conversando na cozinha com Jo, enquanto nós homens fomos ao porão. Uma *jam session* abrasadora se seguiu, sendo eu o único espectador.

Já havia conhecido Stevie Ray. Parecia uma pessoa muito legal, mas não falava muito. Sempre deixava a guitarra falar por ele. Usava seu chapéu característico, uma camiseta regata e uma camisa desabotoada.

Quando tirou a camisa, percebi hematomas nas suas costas. Woody mais tarde me contou que se tratava de "algum tipo de tratamento."

Stevie Ray deu meu nome para a namorada depois de ter me convidado para seu próximo show, no Píer 84. Woody e eu nos comprometemos a ir. Mas, quando chegou o dia, Woody não compareceu. Fui sozinho, e, assim que dei meu nome ao leão de chácara nos bastidores do evento, fui confrontado com o relações-públicas de Stevie Ray. "Estamos esperando por Woody", ele disse. "Você tem que convencê-lo a vir".

O relações-públicas e eu nos conhecíamos porque ele uma vez trabalhou na Rolling Stones Records. Ele me levou até o trailer e apontou para um telefone. "Você tem que fazer com que ele compareça." Não me sentia muito à vontade para fazer isso, mas disse que poderia tentar. Disquei o número de Woody, mas ninguém atendeu. Nem mesmo a secretária eletrônica.

Então percebi como aquilo era estranho. Fazia seis anos desde o dia em que conheci Woody, um bobalhão de 17 anos do lado de fora da festa do *Emotional Rescue*. Mas agora lá estava eu nos bastidores de um show de Stevie Ray Vaughan, avaliado como um confidente dos Rolling Stones — e como alguém que poderia ditar a agenda social de Ron Wood. "Stevie Ray é muito modesto para ele mesmo ligar para lá", o relações-públicas complementou. "Mas sei que ele está contando com a aparição de Ronnie no palco. Pode tentar novamente?"

Liguei, mas ninguém atendeu. Se não me engano, esta foi a semana em que Woody ficou incomunicável. Ele estava abrigando Don Johnson.

Donnie estava no meio de uma negociação de um novo contrato com *Miami Vice* e queria 150 mil dólares por episódio. Para assustar os produtores do show, ele se escondeu na casa de Woody. Ficaram sem receber ligações. Mas Don deixou um recado na secretária eletrônica dos produtores: "Se não der o que eu quero, vou me juntar aos Novos Bárbaros!"

A ameaça aparentemente funcionou. Don recebeu seu dinheiro e, para demonstrar gratidão, enviou uma caixa de madeira a Woody. Nela estava gravado "De um bárbaro a outro" e dentro havia uma arma Smith & Wesson.

Quando chegou o dia do aniversário de 39 anos de Woody, Jo preparou uma festa surpresa em casa. Cheguei lá atrasado, então me livrei da vergonha de gritar “Surpresa!”. Mas teria sido engraçado presenciar Ahmet Ertegun e Andy Warhol pulando de trás do sofá.

Eu me atrasei porque estava escolhendo o presente do aniversariante. Queria expressar a ele toda minha gratidão — pela oportunidade que me deu e pela confiança que tinha no meu trabalho —, então estava à procura de algo especial. Sabia que ele nutria uma fascinação pelo faroeste, então quase comprei uma caixa de charutos Indian para ele. Em vez disso, gastei cem contos na livraria Rizzoli, o que era muito dinheiro para mim. Os outros convidados apareceram de mãos vazias ou com pequenas bugigangas. Ahmet lhe deu a última novidade em óculos de sol e um sapo inflado de brinquedo — o tipo de coisa que se compra numa loja de doces.

Comprei um livro sobre o Louvre, um sobre Van Gogh e um sobre Marilyn Monroe. Woody abriu o presente na minha frente e exclamou: “Maravilha, você está finalmente devolvendo os livros que lhe emprestei.” O triste desta história é que provavelmente ele não estava brincando. Ele não tinha ideia do que entrava ou saía daquela casa e dos livros que tinha ou não tinha.

A festa foi muito divertida e se transformou numa *jam session* ao final da noite. No começo, Woody entrava e saía dos quartos, conversando com todos. Na sala de estar do andar de cima, havia a galera da literatura/arte: Warhol, Jerzy Kosinski e Peter Max. Na cozinha, embaixo, havia a galera da música: Paul Shaffer, Don Covay e Mick Jones, do Foreigner. E, no jardim, estavam Matt Dillon e Michael J. Fox.

Por volta da meia-noite, Paul Shaffer começou a tocar piano na cozinha. Mick Jones pegou uma guitarra. Don Covay começou a cantar alguns *covers* do Fats Domino. Woody correu até a cena, com uma guitarra Telecaster em mãos. E foi aí que Michael J. Fox entrou, avistou Mick Jones e gritou: “Você e Bob Seger são meus músicos favoritos de todos os tempos! Não acredito que você está aqui!”

Agora que já estávamos em junho, era tudo ou nada. Faltavam apenas oito semanas para Woody sair de Nova York. Sua programação estava lotada de atividades extracurriculares. Só em junho, e em junho apenas, ele voou a Detroit para tocar com Aretha Franklin, ao Memphis para tocar com Carl Perkins, a Nova Orleans para tocar com o Fats Domino e a Londres para tocar com Rod Stewart. Sem mencionar as *jams* em Nova York com Bob Dylan e Chuck Berry.

Combinado à pressão dos prazos de entrega, havia o problema dos trabalhos artísticos desaparecidos de Woody. Os editores enviaram um fotógrafo até sua casa para fotografar tudo para o livro, mas o que havia não batia com o meu manuscrito. Eu tinha escrito histórias sobre Otis Redding, Billie Holiday, Jimmy Page, Bob Marley, Dan Aykroyd e Whoopi Goldberg, mas não havia retratos para apoiá-las. Também não havia nenhum Keith Moon. Woody informou aos editores que nunca fez esses retratos.

"Nunca fez?!", exclamei. "Não, ele os fez, sim. O único motivo para eu ter perguntado a ele sobre essas pessoas foi porque ele me *mostrou* os retratos *primeiro.*"

"Bem", disseram os editores, "Woody está insistindo que eles não existem. Então temos que nos basear nisso".

Eu me senti como a sra. Kravitz em *A Feiticeira*. Ela *sabe* que viu Samantha balançar seu nariz e fazer o sofá voar, mas ninguém acredita nela. Corri até o arquivo de fotos do *Beggars Banquet* (localizado embaixo da minha cama) e desenterrei algumas provas. Era uma foto de Woody no seu porão, em pé ao lado do seu Keith Moon e de Bob Marley. Eu a encaminhei aos editores.

"Bem", eles supuseram, "talvez ele tenha negociado seu trabalho artístico por drogas."

Era um pensamento horrível, mas plausível. O que quero dizer é que o homem realmente tinha um hábito caro. Ele já não estava mais recebendo traficantes em sua casa como antigamente, só de vez em quando, mas ainda fazia uso contínuo do produto. Durante muitas de nossas entrevistas, ele estava bem ali com uma imensa pedra na sua frente. Ele a inseria em um tipo de moedor e saía como um pó do outro lado. Depois ou ele a cheirava ou a colocava em seu cigarro. Em algumas fitas de áudio, é possível ouvi-lo moendo, cheirando e tragando.

Também dá para ouvir o tinir de cubos de gelos nos nossos copos. No que diz respeito ao Jack & Ginger, confesso que ele encontrava um companheiro aqui. Sabia que ele ficava nervoso e menos comunicativo se eu ficasse sentado ali como um abstêmio, então, se *ele* ficava bêbado, *eu* ficava bêbado. Havia manhãs em que cheguei ao ponto de minha fala ficar incompreensível. Como o dia em que lhe perguntei sobre Hank Greenberg.

"Essssstááá cerrrtoo, Woody, conta como D-D-Dylan levoouu você até Hank Greenberg."

Ele olhou para mim como: "O quê? Quem?"

"Hank Greenberrrrg. Você me disse que Dylan jogou você, que ele jogou para você, algo sobre Hank Greeenberg."

"Não faço a menor ideia do que você está falando."

"Hank Greenberg, Woody! Você fez um desenho f-f-foooooda dele!"

É claro, o que queria perguntar era sobre Hank *Williams*, e não o primeiro *baseman* judeu dos Detroit Tigers de 1938. Só de pensar que, por uma noite, estava mais bêbado do que Ron Wood é, bem, um pensamento capaz de deixar qualquer um mais sóbrio. Para falar a verdade, quanto mais me aproximava de Woody, mais preocupado eu ficava com ele. Queria poder ajudá-lo a se endireitar de alguma forma, a pegar leve na cocaína, mas sabia que isso estava fora da minha capacidade. Eu era um garoto insignificante de 23 anos do Brooklyn, então quem era eu para dar uma lição de moral num astro do rock rico e famoso?

Em vez disso, enviava dicas pela escrita. No capítulo sobre seus filhos, escrevi uma citação de como ele iria se desintoxicar para eles. "As crianças têm sido uma influência no sentido de me tornar estável", escrevi. "É preciso dar um bom exemplo para eles... Quando vejo a pequena Leah colocando coisas em sua lancheira para levar para a escola — um sanduíche, uma maçãzinha —, isso dá uma noção de realidade. Isso me faz perceber o que realmente conta."

Esse parágrafo foi totalmente fabricado por mim, uma prerrogativa de qualquer coautor, mas minha esperança era que ele o lesse, *acreditasse* que tinha sido ele mesmo que falou e colocasse em prática. De ficar livre das drogas por causa de suas crianças.

No geral, Woody não tinha nenhuma grande queixa sobre o que eu escrevia. As únicas partes que ele me fez retirar eram a respeito de Duane Allman e Janis Joplin.

Woody conhecera Duane Allman sem querer. Ele estava nos bastidores de um show do Faces quando alguém abriu a porta. Woody era um grande fã de Duane — ele ainda o considera sua maior influência no *slide* de guitarra — mas não tinha a menor ideia de como Duane se parecia. Então quando um cara disse: "Ei, tem algo para beber aí?", Woody achou que se tratava de um penetra e gritou: "Vá se foder! Procure sozinho!" Quando Woody descobriu que era Duane Allman, já era tarde para pedir desculpas. Algumas semanas depois disso, Duane foi quase decapitado num acidente fatal de motocicleta. (Sua cabeça foi atingida enquanto o capacete saiu voando.)

Woody não tinha problema em me contar essa história, mas ele não gostou da forma como finalizei o relato: "Sinto muito por ter perdido a cabeça com Duane Allman porque, duas semanas depois, foi ele quem perdeu a *sua*." Era algo que Woody *poderia* ter dito, mas não disse. Estava bastante orgulhoso daquela frase, mas Woody insistiu que a removesse.

No que diz respeito a Janis Joplin, Woody estava tranquilo ao revelar que ele havia se esquivado de seus flertes. "Ela costumava beber Southern Comfort sem parar e parecia um menino na puberdade. Ela era o que você chamaria de bruaca." Foi Woody que veio com essas frases, não eu, mas quando viu isso impresso, voltou atrás. "A parte do 'menino na puberdade' pode ficar, mas retire a parte da 'bruaca'. Isso é cruel."

"Ué", falei para ele, "não é como se *nós* tivéssemos votado nela como o homem mais feio no campus!"

Em meados de julho, após sete semanas de trabalho, era a hora de negociar meu contrato. Como era típico no mundo dos Stones, ninguém havia me pagado um centavo e ainda não possuía um acordo por escrito. Uma reunião foi marcada entre mim, o empresário de Woody, o agente literário de Woody e um representante da editora.

A reunião foi marcada para as seis da noite na sala de estar de Woody. Apareci cedo, e ele me abriu a porta. Tinha acabado de acordar e parecia triste: "Estou preocupado com Jerry Garcia."

Jerry Garcia? Eu nem sabia que ele conhecia Jerry Garcia.

Acontece que ele não conhecia. Mas ele ficou de vigília mesmo assim. Jerry havia entrado em coma diabético naquela semana, e Bob Dylan mantinha Woody atualizado.

A outra preocupação de Woody era com sua reputação financeira dentro dos Stones. Desde que tinha se juntado à banda em 1975, ele tinha sido um empregado assalariado, e não um membro igualitário. Ele também não estava recebendo crédito por algumas canções que compôs com outros membros. Seu empresário o orientou a bater o pé e exigir uma divisão igualitária das futuras vendas de álbuns e receitas de shows. Keith apoiou a iniciativa e sugeriu que Woody estendesse seu pedido até os anos 1970, o que deixou Mick de cabelo em pé.

Este era um grande passo para Woody, porque ele sempre esteve acostumado a ser um cidadão de segunda classe. Estava nervoso em ter que fazer valer sua vontade. Ele me mostrou a proposta de seu empresário e pediu minha opinião. Estava escrito em linguagem jurídica, então tudo o que pude dizer era: "Woody, você merece o que você merece." Eu tinha o meu maldito contrato com o qual me preocupar.

Às 18:15, todas as partes foram apresentadas e levadas em consideração. Jo acompanhou todas as conversas, mas Woody desapareceu. Ele tinha que saber como Garcia estava e procurou Dylan. O primeiro assunto em pauta era meu título secundário. O empresário de Woody, que normalmente era legal comigo, não queria o meu nome na capa.

Ele provavelmente estava usando isso como uma espécie de barganha, mas deixei claro que não colocar meu nome na capa era inaceitável e não negociável. De uma forma que me surpreende até hoje bati minhas mãos nos meus joelhos e disse: "Ok, então acho que isso significa que não haverá livro."

Lembrei uma coisa que Keith me ensinara dois anos antes, durante o caos do fã-clube. Que, após fazer tanto trabalho sem contrato, era eu quem dava as cartas. Fui eu que fui à casa de Woody e aturei seu déficit de atenção. Fui eu quem fez as perguntas, gravou as respostas e tentou decifrar tudo isso. Quem mais eles iriam encontrar para tolerar suas longas noites e atos de desaparecimento — principalmente tão perto do prazo final? Todas as fitas e transcrições estavam sob os meus cuidados, numa caixa fechada.

Eles olharam para mim com espanto.

"Estou falando *sério*", disse. "Este crédito é muito importante para mim. Se meu nome não estiver na capa do livro, não *haverá* livro. Alguém tem algum problema com isso? Woody, você tem algum problema com isso?"

Woody não estivera na sala o tempo inteiro, mas inacreditavelmente havia aparecido naquele exato momento para pegar um cigarro. "Quê?", ele perguntou.

"Eu disse: 'Woody, você tem algo contra meu nome estar no livro?'"

"É claro que não", ele declarou. "*Tem* que estar lá." E, com isso, ele acendeu seu cigarro, virou as costas e saiu da sala. Não podia ter chegado numa hora melhor.

"Bem, então", anunciei. "*Isso* está definido. O que mais está em pauta?"

Depois eles me perguntaram como eu gostaria que fosse escrito. "Ron Wood e Bill German" ou "Ron Wood com Bill German". Ou talvez até "Ron Wood *nas palavras de* Bill German". Escolhi o "com".

Depois discutimos o título do livro. Woody já havia escolhido *The Works*, mas odiei. Minha sugestão era *Every Picture Tells a Story*. Esta frase não apenas soava familiar aos fãs de Woody — ele foi o coautor da canção de tremendo sucesso com este título — como descrevia com perfeição o propósito do livro: toda imagem conta uma história. Mas Ron temia a ira de Rod [Stewart]. Ele detestava criar atrito e tinha medo de que Rod, com o qual compartilhava a autoria da música, achasse que ele estivesse se elegendo o autor principal da canção. Então acabou ficando *The Works*.

Eventualmente, nossa conversa tomou o rumo das finanças. Meu contrato seria com Woody, não com os editores, e meu dinheiro sairia dos cem mil dólares que ele já havia recebido. Seu empresário cuidou das negociações, e duvido que Woody tenha sido alguma vez informado. Fechei por precisos 18 mil dólares, sem direitos autorais. Não tenho nenhum *copyright*, sou apenas um idiota que contrataram por uma taxa única. Mas, que se dane, eu teria pagado a *eles* por este trabalho e tenho certeza de que o empresário de Woody sabia disso.

De qualquer forma, foi um alívio deixar tudo acertado antes do êxodo de Woody em 30 de julho. Fui visitá-lo instantes antes de ele sair para o aeroporto. Sentamos no jardim, fumando os cigarros trazidos por Keith. Não sou um fumante, mas Woody disse: "Vamos fumar por um trabalho bem-feito." Então assim fiz.

Infelizmente, enquanto Woody cruzava o Atlântico, seu trabalho artístico ainda estava dado como perdido. O *roadie* de Woody arrumou a mudança e não se recordou de ter visto Whoopi Goldberg, Dan Aykroyd ou Jimmy Page, Ditto, Otis Redding e Keith Moon. A esperança era que estes aparecessem quando as caixas fossem abertas na Inglaterra, o que acabou não acontecendo.

Woody recebeu 1,1 milhão de dólares pela casa (ele estava pedindo 1,9) e, quando a nova família se mudou, a empreiteira montou uma lata de lixo gigante logo em frente. Uma repórter do *Village Voice* que morava naquele quarteirão — a 78th entre o West End e o Riverside — escreveu um artigo intitulado "Lixologia Atualizada, Divisão dos Rolling Stones". Contava como ela e seus vizinhos andavam remexendo no lixo em frente à antiga casa dos Wood. Oferecia descrições e fotos das suas novas aquisições: "Um bom desenho de Johnny Winter, ao lado da frase 'Johnny Winter é um verdadeiro mariquinha'"; "O que parece ser Wood remando uma lancha chamado *Adrift* (Sem Direção), prestes a sobrevoar as cataratas"; "Um desenho intricado retratando 'um tipo de pessoa que foi espezinhada'". Cerca de doze itens ao todo.

Um porteiro daquele quarteirão informou que ela havia chegado tarde. Seus vizinhos é que ficaram com o melhor de tudo. Quando li isso, não sabia se ria ou chorava. Será que alguém desenterrou Billie Holiday e Otis Redding? E Jimmy Page e Keith Moon? Bob Marley, alguém? Só Deus sabe o que Woody deixou para trás e o que agora estava sendo recolhido pelos vagabundos, pelos *yuppies* e pelos fofoqueiros do Upper West Side.

Talvez alguém tivesse *me* encontrado. Não havia mencionado, mas Woody fez um desenho muito bom de seu coautor. Estávamos no meio de uma conversa, e eu não sabia no que ele estava trabalhando. Mas depois ele virou seu bloco e disse: "Olha só o que acabei de fazer."

"Uau", falei para ele. "Ficou ótimo."

"Deixe-me ficar com isto", ele sugeriu, "para quando o fotógrafo vier, ele fotografará isto junto e podemos colocar na parte de trás do livro."

Uma ideia fantástica, mas aquela foi a última vez que vi o desenho. Acredito que algum *lixologista* na 78th Street o tenha desenterrado da lata de lixo, amassado a obra e ainda dito: "Quem diabos era *aquele* cara?"

Keith faz pose com os policiais do lado de fora do Panavideo Studio, na 38th Street.

Um pouco antes, Paul Shaffer conseguiu um autógrafo de Keith em seu exemplar do *Beggars Banquet*.

14
UMA DUPLA DESAJUSTADA

Quando os tiras saíram da radiopatrulha e se aproximaram de mim e de Keith na 38th Street, não sabíamos qual era o problema. Cutuquei Keith e murmurei: "Estão finalmente vindo prendê-lo." Ele fingiu estar me estrangulando e disse aos policiais: "Sou inocente!"

Disseram ter recebido uma reclamação sobre o barulho. Keith e eu éramos parte de um grupo maior, todos absortos na conversa na calçada e aparentemente falando alto demais para algumas pessoas que estavam tentando dormir. Já era mais de meia-noite. Dois oficiais nos mandaram baixar o volume, mas, quando perceberam que Keith Richards era uma das fontes do barulho, pediram seu autógrafo.

Consegui fazer três deles posarem para o *Beggars Banquet*. Era aquele tipo de situação inusitada. Hoje em dia, você não pensaria duas vezes sobre os Stones posarem com a polícia. Mas, em junho de 1986, isso significava a troca da guarda. A última vez que Keith Richards tinha sido fotografado com policiais, ele não estava sorrindo. Mas na era Reagan, os tempos estavam mudando. O rock'n'roll, que fazia parte da contracultura, estava lentamente se *tornando* a cultura. *Nós* agora éramos a polícia.

"No passado", Keith observou, "aqueles caras estariam procurando me prender por porte de drogas. Mas agora querem apertar minha mão e pegar meu autógrafo. É provável que seus pais policiais tenham *realmente* me prendido."

Em 1986, as coisas não estavam sofrendo mudança apenas *em torno* dos Stones, mas *com* eles. Mick se distanciou da banda e deixou com

Keith a tarefa de promover *Dirty Work*. É por isso que estávamos na 38th Street afinal. Keith tinha acabado de gravar um trecho para o programa *Friday Night Videos* da NBC. Quando o álbum anterior dos Stones foi lançado em 1983, *ambos* apareceram no programa, mas dessa vez apenas Keith compareceu. Ele foi entrevistado por Paul Shaffer e cantou a última canção do álbum, "Sleep Tonight". Keith esqueceu a letra, mas minha maleta sempre presente estava ali para socorrê-lo. Eu tinha trazido uma cópia de *Dirty Work* porque precisava que ele a autografasse para um concurso. O encarte do álbum tinha as letras, então a emprestei a Keith como uma cola.

Após a gravação, Keith e eu fomos até a rua com Paul, Jane Rose e alguns membros da equipe do show. Foi aí então que os policiais apareceram. Foi também neste momento que Keith me falou do seu próximo projeto com Chuck Berry.

Os planos iniciais de Keith para 1986 eram de fazer uma turnê com os Stones. Quando estávamos em Londres em fevereiro, ele estava bastante otimista. Os cinco Stones tocaram no memorial de Stu e deixaram de lado suas diferenças. Mas, assim que voltamos a Nova York, tudo desmoronou. Em março, Mick enviou um telegrama aos outros Stones, informando que não iria trabalhar com eles.

Keith sabia que os fãs da banda estavam contando com uma turnê de *Dirty Work,* então ele entrou na TV aberta em abril para explicar a situação. "Tenho apenas duas mãos", ele disse no programa *Today,* da NBC. "E preciso de ambas para tocar guitarra. Então não posso apontar uma arma para a cabeça dele. Não dá para forçar alguém a subir ao palco quando a pessoa não quer. Ainda não sei o motivo [de Mick não querer fazer uma turnê conosco]. Achava que seria uma coisa inteligente a fazer. Faz cinco anos que tocamos aqui pela última vez. Mas aí está, pessoal. Não foi culpa minha." Qualquer pessoa assistindo a isso de casa conseguia perceber sua exasperação.

Foi nessa época que o assunto Mick-*versus*-Keith ganhou força na imprensa. No lugar de fazer propaganda de *Dirty Work,* Mick estava dizendo: "Tenho outros interesses além dos Rolling Stones." Ele preferiu projetos banais como a trilha sonora do filme *Por favor, matem minha mulher* a fazer uma turnê com os Stones, o que Keith teve dificuldade de engolir. Uma manchete de primeira página do jornal londrino *The Sun* informava: "Mick's Feud with Stone Keith: 'We could finish trading punches'." ["Rixa de Mick com Keith dos Stones: 'Podíamos terminar de trocar socos e pontapés'"]

Naquele cenário, os Stones foram obrigados a se reunir por um dia no dia 1º de maio. Uma filmagem em Londres de sua nova música, "One Hit to the Body". Não fui até lá — testemunhar o "Harlem Shuffle" já havia sido estressante o suficiente para mim —, mas recebi um relato completo de Woody. Ele me contou que Mick e Keith encenaram uma briga de mentira durante o solo de guitarra da canção. Contou como ele mesmo quase matou Mick. Ele estava correndo a todo vapor por uma rampa quando — BUM! — o braço de sua guitarra bateu com toda força contra o crânio de Mick. Ele jurou para mim que tinha sido só um acidente e disse: "Sorte que era uma guitarra acústica. Porque se fosse um corpo sólido, teríamos que ter descascado a cabeça de Mick do chão."

Acidente ou não, o choque contra o crânio de Mick não contribuiu em nada para fazer com que ele mudasse de ideia. Ele ainda não iria fazer uma turnê com os Stones. E Keith estava chateado com o fato de Bill e Charlie se recusarem a se envolver nesse assunto. Keith acreditava que os números tinham força. Que, se pressionassem Mick o suficiente, conseguiriam persuadi-lo a pegar a estrada. Mas Charlie já estava lutando com os próprios problemas, e Bill estava pegando leve com Mick.

"Fisicamente", Bill disse, "quem trabalha mais [numa turnê dos Stones] é Mick. Ele tem que se preparar para correr durante duas horas e meia. Sei que *eu* não conseguiria fazer isso. E ele é quem é espinafrado na imprensa. 'Ele não dançou bem, ele está parecendo mais velho, uma paródia.' Oitenta por cento de cada matéria é sobre ele. Os outros vinte é sobre Keith, talvez Woody. Eu sou mencionado uma vez se tiver sorte — ou *não,* dependendo do que digam. Então Mick tem muita responsabilidade. Dá para entender".

Bill deu esta declaração para o *Beggars Banquet*. E, quando a mostrei para Keith, ele soltou: "Vai à merda. Eu não entendo. Se Mick não quer fazer uma turnê conosco por motivos físicos, sem problema. Não precisamos de rampas e de um grande palco desta vez. Mick Jagger é o melhor e mais poderoso *frontman*. Ele consegue fazer seu trabalho direito mesmo em pé em cima de um caixote."

Perder os Stones foi muito duro para Keith. Sem turnê à vista, ele pareceu perdido por um tempo. Observava o tempo passar ao léu na casa de Woody, ouvindo fitas de Billy Connolly, tocando melodias de Buddy Holly e soltando peidos no espaço.

Então, quando apareceu a oportunidade de trabalhar com seu ídolo, Chuck Berry, ele deu um pulo. Em 11 de junho, enquanto estávamos em pé na 38th Street, ele estava me contando como tinha acabado de passar vários dias em Chicago com Chuck. Tocaram no Checkerboard Lounge e no Grant Park, enquanto faziam planos para seu projeto de filme. Keith sentia como se ele tivesse realmente estabelecido uma conexão com seu ídolo e dava para perceber como isso levantava seu espírito.

O filme era um documentário sobre a carreira de Chuck. As filmagens iriam até o auge, um concerto em St. Louis no aniversário de sessenta anos de Chuck em outubro. O trabalho seria intitulado *Hail! Hail! Rock'n'Roll* e mostraria Keith como segundo guitarrista e diretor de música. Keith sempre sentiu como se tivesse uma dívida com Chuck — "Peguei cada *lick* de guitarra que ele já tocou" —, então esta era sua forma de quitá-la.

Entre junho e outubro, a tarefa de Keith era reunir a banda de apoio de Chuck e assegurar a presença de convidados como Eric Clapton e Julian Lennon. Após passar a primeira metade de 1986 em torpor, Keith finalmente tinha um propósito. Sua prioridade máxima era recrutar o pianista original de Chuck dos anos 1950. Johnnie Johnson havia cortado relações com Chuck e não era fácil de ser encontrado. Ele estava dirigindo um ônibus e vivendo na obscuridade. Keith conseguiu localizá-lo numa área de pesca e implorou que ele entrasse a bordo. Seja lá o que ele falou, funcionou.

Ao longo do verão, Keith visitou a casa de Chuck em Wentzville, um subúrbio de St. Louis. Chuck fez passeios pela cidade com Keith e apresentou-o a seu pai. "Um tipo de honra estranho" é como Keith me descreveu tudo isso. "Um cara velhinho e gentil, de 91 anos, sentado ali assistindo aos *Flintstones* e comendo seus grãos de aveia. Chuck chega: 'Pai, este é Keith Richards dos Rolling Stones. Estão juntos há mais tempo do que qualquer outra banda.' O velho olha para mim e fala: 'Você está com uma aparência ótima!' E eu digo: 'Muito obrigado, reverendo.'"

Não demorou, contudo, para Keith perceber que Chuck era tão instável quanto Mick. "Em um minuto ele podia ser o cara mais charmoso, engraçado e interessante. E [no minuto seguinte] ele me ignorava... Estas mudanças incríveis de humor. Todos na sala se entreolhavam, perguntando: 'Foi alguma coisa que *falei*? *Você* falou alguma coisa?' Porque o cara simplesmente fazia *plim*... Desaparecia fisicamente ou, às vezes, estava lá, mas só de corpo. Uma habilidade incrível de se descolar do ambiente."

O relacionamento de Keith com Chuck nunca foi um mar de rosas. Em 1972, Chuck o jogou fora do palco no Hollywood Palladium. Em 1981, Chuck lhe deu um olho roxo. E, em 1983, Chuck colocou fogo nas suas roupas.

Keith me contou que isso aconteceu no aeroporto de Los Angeles: "Chego de avião e quem eu vejo sentado na sua mala... Ninguém menos que Chuck Berry, a quem eu não via desde que ele me deu um olho roxo no Ritz... Estávamos conversando enquanto ele aguardava seu carro e me entregava seu número. Ao mesmo tempo, ele acende um cigarro e o deixa cair na minha blusa e quase incendeia meu estômago por inteiro. Minha camisa está pegando fogo! Toda vez que nos juntamos, seja intencional ou não, acabo saindo ferido."

Não preciso nem dizer que eu não perderia por nada essa ida a St. Louis. Se Chuck terminasse matando Keith — ou vice-versa — eu podia dizer que estava lá. E, se *não* terminassem se matando, assistiria a um show fantástico.

Eu era um grande fã de Chuck, graças aos Stones. Lembro quando tinha dez anos, segurando o *Get Yer Ya-Ya's Out* pela primeira vez. Não entendia porque, ao lado das canções "Carol" e "Little Queenie", estava escrito "Berry" entre parênteses.

Lendo entrevistas com Mick e Keith, descobri que Chuck era uma de suas maiores influências. Assim também como os nomes entre parênteses nos *outros* álbuns dos Stones, como Ellas McDaniel e

McKinley Morganfield — vulgo Bo Diddley e Muddy Waters. Os Stones me levaram a um caminho investigativo que me presenteou com Chuck, Bo, Muddy, Buddy, Otis, Jerry Lee e o Wolf. As crianças infelizmente não têm isso hoje. Não acho que Britney Spears e Avril Lavigne encorajaram seus fãs a ouvir Aretha ou Janis.

É claro que, tendo Keith e Woody em mãos, eu estava em larga vantagem. Mantinha os ouvidos abertos e não tinha medo de fazer perguntas bobas: "Keith, quem fez originalmente esta canção que acabou de tocar?", "Woody, por que fica me chamando de Grande Bill Broonzy?"

Um dia, visitei o novo condomínio fechado de Keith na East 4th Street, em cima da loja Tower Records. Trouxe alguns discos de Otis Redding e Buddy Holly antes de subir as escadas e pedir sua opinião. "O de Buddy podia ficar melhor com 'Learnin' the Game', ele disse, "e o de Otis precisa de 'Dreams to Remember'." Falei que ele deveria se oferecer como guru. Poderia ficar sentado em cima da Tower Records como Oráculo de Delfos, dando conselhos a clientes em potencial. Ou usar um botão onde estivesse escrito: "Sou Keith. Pergunte-me sobre Muddy."

Cheguei a St. Louis no dia anterior ao show e fui direto para os ensaios no Teatro Fox. Quando era criança nos anos 1930, Chuck tentava assistir aos filmes no Fox, mas negros eram proibidos de entrar. Agora, ele estava lá para ser festejado.

Adentrei pela porta de trás do palco e senti alguém agarrar meu ombro. Era Keith, e ele parecia esgotado. De brincadeira, coloquei minhas mãos no seu rosto e fingi que o examinava. "Nenhum olho roxo ainda", eu disse. "Você e Chuck devem estar se dando muito bem."

"Ah, é?", ele bradou. "Então reze para eu não dar a ele um olho *branco*!"

Esta foi minha primeira indicação de que as coisas não estavam indo bem. Keith caminhou até o palco e tentou fazer o ensaio andar. Ele pulou para "Maybellene", mas, quando deu a entrada para Chuck cantar, nada saiu. Chuck estava tocando um *riff* na guitarra, mas não estava cantando. Keith dispensou a banda e parou a música.

Ele começou tudo de novo, mas Chuck não cantava. Quando Keith estava esperando ouvir "Maybellene, why can't you be true", a resposta foi o silêncio. Ele continuava tocando sua guitarra, ignorando a situação, até que Keith parou a música. Ele olhou fixamente para Chuck pelo que parecia uma eternidade, com fogo jorrando dos seus olhos. Chuck percebeu a agitação de Keith e deu um passo até o microfone. "*Não* cantarei na noite antes de um show. Tenho que preservar minha voz para *amanhã*. Keith, você tem que me deixar fazer isto do *meu jeito*."

Keith balançou a cabeça em desgosto e começou a música de novo. Desta vez, Chuck tocou o verso da música na guitarra. Keith entrou na onda durante vinte segundos ou mais, antes de parar tudo novamente. "Chuck, rapaz, você *tem* que cantar. *Uma* vez só. Ou que merda estamos fazendo *aqui*, afinal?"

Uma longa pausa. Keith lentamente juntou suas mãos e começou a implorar. "Por favor, Chuck. Pode cantar para nós *só uma vez*?" Ele deu um beijo na bochecha de Chuck. Depois, entrou direto com "Sweet Little Sixteen", e Chuck mais ou menos acompanhou. Ele ainda não estava cantando, mas ao menos sussurrava. Keith sabia que era o melhor que ia conseguir dele, então foi assim que as coisas prosseguiram durante as próximas duas horas. Como Keith me contou mais tarde: "Engoli um monte de coisas que poderia ter dito porque sabia que não seria produtivo."

Falei para Keith que isso me fazia lembrar o filme *Uma dupla desajustada*. Walter Matthau e George Burns fazem o papel de dois atores de *vaudeville* que são obrigados a se unir para um último show. Dois caras esquisitos, cada um mais teimoso do que o outro, e assim começa a corrida de quem irá estrangular quem primeiro. Milagrosamente, eles conseguem fazer a coisa funcionar na hora do show. Disse a Keith que desejava o mesmo para ele e Chuck.

16 de outubro de 1986. Os preparativos estavam a todo vapor, e o lugar estava lotado. Para alívio de todos, Chuck se comportou para as câmeras. A banda abriu com "Maybellene" e, desta vez, Chuck realmente cantou.

Mas o show acabou não sendo um show. Os cineastas ficavam parando o espetáculo para mudar os ângulos das câmeras. Chuck e Keith entravam no clima, mas depois recebiam um sinal para parar — um cartão vermelho mesmo, segurado pelo diretor — e tudo parava num impasse. "Eu me sinto como um touro", Chuck comentou sobre o cartão vermelho.

Algumas pausas eram dolorosamente longas. Chuck recitava uma poesia indecifrável, e Keith andava nervosamente pelo palco, fumando um cigarro após o outro. O público máximo, de cerca de 4.500 pessoas, foi ficando inquieto. Era como assistir a uma peça na Broadway com vinte intervalos.

Num certo ponto, o DJ local subiu ao palco e leu os telegramas enviados pelo presidente Reagan e por Mick Jagger. (Mick estava forte nos telegramas neste ano.) O presidente chamou Chuck de um ícone americano, e Mick pediu desculpas por não estar presente. Isso não impressionou o público.

Ao final do show, todos saíram de lá desapontados. O negócio todo parecera uma obrigação. Mas os cineastas se deram uma segunda chance programando um show à parte na mesma noite. Eu tinha ingressos extras para o show do final da noite e esperava me livrar deles. Eu me aventurei do lado de fora do Teatro Fox, mas não consegui pessoas que os quisessem. "Não iríamos querer esses ingressos mesmo que nos *pagasse!*", foi o que disseram. "Estávamos no primeiro show desta noite, e foi uma droga!"

O segundo show transcorreu mais como um show e fervilhou. Sinto pena das pessoas que não foram. Ao final da noite, Keith estava exausto, mas sabia que tinha feito bastante no sentido de quitar sua dívida com Chuck. "Acabei de pagar o total", ele me contou. "Mas depois há sempre os juros!"

De certa forma, Keith encarou o projeto com Chuck Berry como uma extensão dos Stones, não um adeus. Mas isso realmente o preparou para trabalhar com pessoas cujos nomes não eram Mick ou Woody.

No início de dezembro, Keith e eu estávamos no Ritz em Nova York, assistindo à orquestra de Charlie Watts. Charlie tinha reconstruído sua vida e dado um passo à frente sem os Stones. Ele estava fazendo uma turnê com uma banda de jazz de 33 peças. Keith me avistou e literalmente pulou sobre mesas em meio ao público para chegar até onde eu estava. "Licença, por favor, licença, com licença." Ele subiu sobre uma grade e se acomodou numa cadeira ao meu lado.

Com "Caldonia" tocando ao fundo, Keith me contou como as gravadoras o cercaram naquela semana. A Atlantic, a Virgin, a PolyGram e a Arista, todas chamando-o para assinar um contrato solo. "Elas estarão me ganhando e me comendo no Russian Tea Room amanhã."

Nunca fora ideia de Keith fazer um álbum solo. Ele só considerou a possibilidade após aceitar a realidade. Ao longo de 1986, pude vê-lo passando por todos os cinco estágios do pesar que foi perder os Stones: a negação, a raiva, a barganha, a depressão, a *aceitação*. Os Rolling Stones estavam mortos, e não havia nada a fazer sobre isso.

Ninguém teria me culpado se tivesse terminado o *Beggars Banquet* neste momento, mas eu já tinha ido longe demais. Decidi acompanhar a carreira solo de cada um deles e aguardar um reencontro. Talvez era *eu* quem estivesse no estágio de negação.

"Deixe-me em paz! Vou virar a noite com o coronel Kentucky!"
A primeiríssima exposição de Woody na Inglaterra.

15

SOBRE AS ÁGUAS E DE VOLTA AOS WOOD

A nova estratégia de Jane Rose era deswoodificar Keith. Ela era a empresária de Keith, de fato, e achava que ele precisava fazer uma ruptura clara para ser levado a sério como artista solo. Por mais difícil que isso fosse, ele não convidou Woody para o concerto *Hail! Hail! Rock 'n' roll* em St. Louis ou para tocar um acorde sequer em seu álbum. No passado, isso seria impensável.

Soube que algo diferente estava acontecendo quando, em julho de 1986, Keith e Woody voaram a Detroit para tocar no *cover* de Aretha Franklin de "Jumpin' Jack Flash". Jane me pediu: "É melhor que não publique fotos de Woody com Aretha. Este é o projeto de *Keith*. Woody apenas o acompanhou e *se* convidou. Ele acha que está no disco, mas não está. Foi removido na mixagem."

Para Woody, isso era uma bênção disfarçada. Ele se mudou para Wimbledon, Inglaterra, aprimorou-se na pintura e se tornou dono de seu próprio nariz. Fui lá visitá-lo em outubro de 1987. Ele estava à frente de uma exposição de arte em Londres afiliada ao lançamento do nosso livro. Falei para ele que eu ficaria hospedado no YMCA novamente, mas ele não quis saber. "Você ficará hospedado comigo e Jo! Temos um quarto livre no andar de cima."

Cheguei um dia antes da exposição. A rua dos Wood, cercada por árvores, era a imagem da paz. Nessa manhã de outono, o único som que se ouvia era o cantar dos pássaros e o farfalhar das folhas secas sob meus pés. Era o local perfeito para Woody. Suficientemente perto do centro de Londres, mas longe das distrações das três horas da manhã que ele encontrava em Nova York. Uma atmosfera muito mais saudável.

Toquei a campainha e Jo rapidamente abriu a porta. Ela mal me cumprimentou e parecia dispersa. Andava pela casa, juntando as crianças. "Estamos de saída para fazer compras", ela disse. "Estaremos fora por duas horas. Ronnie não estará em casa até o jantar, mas poderá ouvi-lo pelo rádio na sala." Depois disso, ela e as crianças saíram rapidamente pela porta, deixando-me sozinho numa mansão vitoriana de quatro andares.

Não sabia localizar nada e não sou o tipo de pessoa que sai fuçando pelos cantos, então me limitei à sala de estar. Fiquei no sofá, tentando dormir um pouco por causa do *jet lag*. Mas adormecer não era nada fácil com Woody falando sobre mim na rádio. O DJ perguntara a Woody sobre o livro *The Works* e meu nome veio à tona.

Ao final da entrevista de Woody, desliguei o rádio. Ao lado do receptor, notei várias fitas cassetes feitas em casa, cada uma com rótulo mais curioso do que o outro, escrito à mão: "Eu e Womack", "Eu e Johnny Marr", "Eu e Keith". Se eu fosse outra pessoa, não estaria ali em primeiro lugar. A meu ver, aquelas fitas eram coisas particulares de Woody, assunto encerrado.

Finalmente adormeci no sofá antes de a campainha tocar. Jo não tinha me avisado que estava esperando alguém, então não atendi. Mas o cachorro começou a latir como um lunático. Nem sabia que os Wood *tinham* um cachorro até ele descer as escadas rosnando e latindo sem parar.

A pessoa continuou tocando a campainha durante vários minutos, mas continuei a ignorar. Quero dizer, como poderia saber se não era algum criminoso de olho na casa, aguardando um visitante inocente abrir a porta? Se caísse na lábia de alguém e deixasse essa pessoa entrar, podia ter sido amarrado a uma cadeira enquanto empacotavam a prataria.

Uma hora depois mais ou menos, Jo entrou pela porta com as crianças. Atrás delas estava a amiga de Jo, Julie. "Por que não abriu a porta?", gritou Jo. "Julie está lá fora há horas!" Jo alegou que tinha me avisado que ela viria, mas juro a você que ela não avisou.

Julia era a esposa do empresário de Woody, Nick. Era uma linda loira de uma família de prestígio, e não acho que ela estava acostumada a não ser atendida. Julie me perdoou, mas Jo fez com que eu me sentisse um bosta.

Ao pôr do sol, Woody chegou e me deu um grande abraço. "Que bom vê-lo, rapaz!" Estava sentindo falta dele — não o via há mais de um ano —, mas ele disse que teria que sair novamente. "Eu e Jo temos um jantar de caridade com a princesa Diana." Ele me perguntou se tinha visto a versão final do nosso livro, e lhe respondi que não. Ele me entregou uma cópia antes de sair.

Em quase toda página, havia algo que me aborrecia. Algumas das minhas palavras tinham sido alteradas, e era preciso uma lupa para enxergar meu nome na capa. Mas pior era a ausência das ilustrações. Nenhum Otis Redding, nenhum Eric Clapton, nenhum Bob Marley, apenas para nomear alguns. As histórias sobre eles apareceram de qualquer jeito e, no caso de Otis, uma página em branco havia sido deixada estranhamente onde seu retrato deveria aparecer. Keith Moon nunca veio à tona e, por alguma razão inexplicável, um desenho de Bobby Keys ficou em seu lugar.

Para prevenir esses erros, inseri um monte de anotações nas margens do meu manuscrito. Conhecia o trabalho artístico de Woody melhor do que ninguém, inclusive o próprio Woody, então sabia onde cada coisa deveria ficar. Mas eles me ouviram apenas algumas vezes e, como resultado, a *Pintura de Mustard* aparece na página 43, enquanto sua descrição aparece na página 38. Levei o livro para a cama e chorei até pegar no sono.

Pela manhã, Woody bateu na minha porta e me acordou. "Grande Bill Broonzy! Pegue suas bolas e traga-as aqui! Café da manhã na sala de jantar!" Todo o clã dos Wood estava reunido, inclusive o cachorro Herman. Jo preparou purê de batatas e legumes verdes fritos, um tradicional café da manhã inglês.

Não sabia se deveria discutir a questão do livro à mesa, mas não resisti: "Hmm, ei, Woody, você sabe o que aconteceu com os retratos de Otis, Keith Moon e Jimmy Page?" Ele simplesmente respondeu "Sei não", então deixei o assunto de lado. Mas me enlouquecia o fato de que isso não o enlouquecia.

A exposição de Woody foi patrocinada pelo departamento de arte contemporânea da Christie's, mas aconteceu na butique de Katharine

Hamnett na Brompton Road. Cabides de roupas de grife foram colocados de lado para abrir espaço para seu trabalho. Fui até lá de carona com os irmãos de Jo.

Na chegada, fomos assediados por fãs e pelos *paparazzi*. Tive a surpresa da minha vida quando uma garota saiu da multidão, correu até mim e me beijou. Fiquei tão em choque que continuei andando como se nada tivesse acontecido. Estava usando minhas botas tipo beatle pontudas, uma jaqueta de veludo preta e uma gravata no estilo faroeste que tinha comprado em um brechó em Nova York. Assim que Woody viu minha gravata, ele zombou de mim sem parar. "Olha! Estou com o coronel Kentucky na minha exposição!" Esse se tornou meu novo apelido.

O resultado final foi ótimo. Nosso livro foi altamente divulgado, e Woody vendeu vários trabalhos. Entre os convidados, estavam Jeff Beck, Dave Edmunds, Bob Geldof, Bill Wyman e Chris Jagger. O irmão de Chris, Mick, estava na cidade, mas tinha avisado que não poderia comparecer. Ele enviara um telegrama onde se lia: "Merda, Leonardo!"

No dia seguinte, a tranquilidade reinava na casa dos Wood. Mas, à noite, eles fizeram um churrasco para celebrar tanto o aniversário de 11 anos de Jesse Wood, quanto o Dia das Bruxas. Era também uma festa de despedida porque Woody, Jo e eu estaríamos viajando para a Flórida de manhã cedo. Woody jogou alguns hambúrgueres na grelha e Jo trouxe a salada de batata. Woody pulou dentro de uma piscina vazia para acender alguns fogos de garrafa. A garotada, vestida de bruxas e duendes, festejou. Estavam todos absolutamente encantados com seu papai.

Depois da festa, Jo colocou as crianças para dormir e ajudou Woody na arrumação. Ele sugeriu que virássemos a noite. Nosso voo estava marcado para as nove da manhã, mas o carro viria nos buscar às sete. Jo gritou para Woody do quarto, insistindo que fosse dormir, mas ele bradou: "Deixe-me em paz! Vou virar à noite com o coronel Kentucky!"

"Ronnie", ela argumentou, "você vai precisar dormir!" Mas ele gritou de volta: "Deixe-me em paz! Dormirei no avião!" Ela bateu a porta do quarto.

Woody e eu ouvimos fitas de Bo Diddley por toda a noite e até assistimos a um jogo do World Series (fita da semana anterior). Tentei ensiná-lo as regras do beisebol, mas ele ficava fazendo graça. Quando o comentarista disse "Duas bolas em Ozzie Smith", ele respondeu "Eu certamente *espero* que sim!". Quando o jogo terminou, ele inseriu um vídeo dos Pretenders. "Descobri recentemente", ele disse, "que me amancebei com a Chrissie Hynde."

Eu nunca tinha ouvido a palavra "amancebar", mas já podia imaginar o que significava. A parte sobre a Chrissie Hynde foi o que me deixou confuso. "Ela e sua amiga vieram assistir aos Faces", ele explicou, "e elas voltaram ao hotel após o show. Sua amiga foi até o quarto de Rod e *ela* veio até o *meu*. Ela acabou de me contar algumas semanas atrás." Achei maneiro ele ter transado com a Chrissie Hynde sem saber.

Antes de percebermos, o sol já despontava no horizonte e estávamos a caminho do aeroporto de Gatwick. Nosso voo na Virgin Airlines estava indo para Miami, para a inauguração do mais novo empreendimento de Woody: uma boate/restaurante/cabana chamada Woody's on the Beach. Para Woody e Jo, esta era a primeira parada após uma turnê de seis semanas de exposições de arte, noite de autógrafos e shows com Bo Diddley.

A ideia de um show com Bo surgira de uma apresentação que Woody fez um ano antes, quando ainda morava em Nova York — uma parceria com Chuck Berry no Ritz, antes de Keith monopolizá-lo para o *Hail Hail! Rock'n'roll*. Woody fez seu show antes de entrar como apoio de Chuck, e arrasou. Ele cantou "Ooh La La", "Love in Vain" e "I Can Feel the Fire", e o público enlouqueceu. Isto pode soar fora de moda, mas senti que meu amigão superou uma barreira naquela noite. Após o show, nos bastidores, eu disse: "Woody, você *pode* fazer isso. Você pode fazer shows sozinho."

Mas ele ainda preferia a posição de subordinado. Então, em 1987, seu empresário o juntou com Bo Diddley para uma turnê de shows pelas boates dos EUA. Eles programaram para que tudo coincidisse. Em algumas cidades, Woody faria noites de autógrafos e depois uma exposição de arte ou um show do Bo naquela noite.

Quando chegamos ao aeroporto de Gatwick, fomos até a sala de espera da primeira classe. Woody e Jo estavam com passagens de primeira classe, mas eu estava pagando a minha e o *transfer*, então não podia entrar. Woody rodou a baiana, e abriram uma exceção para mim. Mesmo dentro do avião, Woody enfiou sua cabeça pela cortina da primeira classe e fez sinal para que eu entrasse. Fiquei ajoelhado ao lado do seu assento durante vinte minutos até que uma aeromoça me informou que ali não era o meu lugar.

Na alfândega, em Miami, um oficial vistoriou a *case* de guitarra de Woody e, brincando, pegou no pé dele. "Então você é músico, não é mesmo? Em que banda você toca?" É claro que ele sabia quem Woody era. "Aqueles caras costumavam ser duros com a gente", Woody me contou. "Mas agora eles são tão legais comigo que às vezes se esquecem de carimbar meu passaporte. Estão muito ocupados perguntando se os Stones farão uma turnê."

A Woody's on the Beach ficava na Ocean Drive com a 4th Street, no distrito de South Beach, em Miami. Atualmente, este é um dos endereços mais hippies e uma das áreas mais atraentes em termos de bens imobiliários dos Estados Unidos. Mas, em 1987, a área estava em depressão. Tomada pelo crime, pela tensão racial e pela deterioração urbana. Enquanto nossa limusine chegava ao Ocean Drive, avistamos asilos e pequenas barracas vendendo sanduíches de porco. Quando chegamos ao nosso hotel, na Ocean com a 13th, dois garotos se aproximaram: "Vocês têm dinheiro? Vocês *parecem* que têm."

No nosso hotel, éramos apenas convidados. Nós não nos hospedaríamos na área naquela época, e a maioria dos hotéis estava trancada após trinta anos de abandono. Foram necessários investidores ousados para reavivar a área para que ela voltasse a usufruir da glória da era Deco. Eles estavam contando com a boate de Woody para ter um grande papel nesse sentido. A cidade estava tão otimista que eles cobriram a praia novamente com areia e o prefeito apareceu para uma cerimônia. Ele e Woody posaram com pás de ouro, e ele entregou a Woody a chave da cidade.

"O que ela abre?", Woody perguntou.

"Meu gabinete!", disse o prefeito Daoud. "Você pode usá-lo a qualquer hora!"

Coloquei uma foto de Woody na próxima capa do *Beggars Banquet*, com a manchete "Woody abraça o mundo!". Ao longo de várias semanas, ele havia se estabelecido como um artista, um autor e agora era o dono de uma boate. Keith não estava tão orgulhoso quanto eu. Ele não conseguia entender por que um membro dos Rolling Stones entraria nesse negócio. Mas Keith não precisava da renda extra como Woody.

Da Flórida, fomos até Nova York. Após deixar minha bagagem, me encontrei com Woody no Top Cat Studio na 28th Street. Lá, ele e Bo ensaiaram para sua turnê. Foi uma honra ter sido apresentado por Woody. Bo, que estava vestindo seu Stetson preto característico e óculos de armação grossa, disse: "É um prazer conhecê-lo, meu rapaz." Em seguida ele retirou um cartão do bolso e me entregou. Nele, estava escrito: "Meus jovens, não entrem nessa. Permaneçam livres das drogas."

A turnê levou Bo e Woody até grandes e pequenas cidades — de Chicago até Poughkeepsie. Eles viajaram a baixo custo, muitas vezes de carro ou de trem, da forma como Bo vinha fazendo há décadas.

Bo era mágico. Chegando aos sessenta, ele ainda dava golpes de caratê no palco e às vezes trocava de lugar com seu baterista enquanto o show rolava. O papel de Woody era dar apoio a Bo, mas ele também brilhava sozinho. Era ele quem puxava a banda através de "Honky Tonk Women" e fazia os números de seus álbuns solo. Bo dizia "Senhoras e senhores, Ronnie Wood dos Rolling Stones!", e Woody respondia "O sr. Bo Diddley *dele* mesmo!"

Voava às minhas próprias custas para as noites de autógrafos e exposições na Califórnia. Em Los Angeles, a fila no Book Soup dava voltas pela Sunset Boulevard. Situações similares ocorreram na Books, Inc., em São Francisco. Em cada local, haveria mais ou menos vinte pessoas que diziam: "Oi, você não é o Bill German? Você também tem que autografar meu livro!"

Como se isso não fosse o suficiente, Woody mencionava meu nome em suas entrevistas. "Bill German tem um bom jeito com as frases", ele dizia. Ouvi meu nome em programas de rádio como *Larry King* e *Rockline* e vi meu nome no *Chicago Tribune, Dallas Morning News,*

Philadelphia Inquirer, Los Angeles Herald-Examiner, New York Post e até mesmo na *Playboy*. Minha imagem apareceu no *Oakland Tribune*, e trechos do nosso livro apareceram na revista *Star*. Eu me sentia ótimo com tudo isso.

As exposições de Woody também eram um agrado a mais. Na galeria em São Francisco conhecida como Art Exchange, pude conversar com Bill Graham. O retrato que Woody tinha feito de Graham apareceu no nosso livro, mas, quando o empresário o viu pessoalmente, não se sentiu lisonjeado. Um repórter perguntou se ele gostou, e ele respondeu: "Bem, digamos apenas que gosto de *Ron Wood*."

Tenho que admitir que os retratos de celebridades de Woody não eram lá muito fiéis. A de Bowie no nosso livro parece mais Geraldine Ferraro, mas o que ele pintou de Belushi é brilhante. Para mim, Woody trabalha melhor quando ele não usa fotos como referência e adentra aquela mente maravilhosamente tortuosa que ele tem para criar imagens completamente originais. Como a chamada *Bird of Death Flying over New York with a Hamburger* [Pássaro da Morte Sobrevoando Nova York com um Hambúrguer], que infelizmente não apareceu no nosso livro.

Mas as celebridades têm poder nas vendas. E foi por isso que, nessas exposições de 1987, Woody fez retratos de pessoas como Madonna. Na exposição de São Francisco, a primeira tela a ser vendida foi um retrato de Clapton. Era destinada ao rabino Earl Kaplan do Templo Beth Israel em Poloma, que disse que ele "não hesitaria em pendurá-lo no templo".

Em 25 de novembro, na quarta-feira antes do Dia de Ação de Graças, Woody estava de volta a Nova York para aparecer no programa de David Letterman. Combinamos de nos encontrar na NBC. Ele trouxe uma grande comitiva. Não apenas Jo, Nick e Julie, mas uma quantidade enorme de pessoas que eu nunca havia visto antes: dois relações-públicas, duas secretárias e um coempresário temporário chamado Phil. O camarim de Woody parecia a cena da cabine de *Uma noite na ópera*.

Do lado de fora, um *pit bull* usava o corredor como pista de boliche, praticando para o quadro "Truques bobos de animais de estimação".

Um produtor do programa veio fazer uma pré-entrevista com Woody, mas meu coautor não conseguia se lembrar de uma anedota sequer do nosso livro. "Conta aquela sobre o Groucho", sugeri. "Ou como tentou conhecer Elvis quando ele estava no hospital."

Infelizmente, todos na comitiva de Woody me olharam de cara feia como se estivesse falando fora de hora. Eles me fizeram sentir como se fosse chato e estivesse atrapalhando. Entendo que *ghost-writers* normalmente não participem de turnês de livros, mas honestamente achava que poderia ajudar.

Woody aguardou com a banda de Paul Shaffer antes de uma entrevista de oito minutos com Dave. Todo mundo da equipe de Woody assistia do camarim. Woody parecia excessivamente formal sentado ali. Ele contou a Dave sobre como conheceu Groucho, mas esqueceu o clímax da história sobre a ereção do comediante. Podia ter sido melhor.

Depois escoltamos Woody ao longo do corredor até o famoso programa de notícias da WNBC *Live at Five*. Sue Simmons, a popular âncora do programa, conseguiu fazer com que Woody se abrisse. Ela perguntou sobre seu declarado papel de subordinado, e ele falou para ela: "Bill German me fez aceitar isso. Meu coautor. Foi ele quem escreveu essa frase, e não fiz objeção porque acho que é verdade. Eu me sinto mais confortável sendo um subordinado."

Tinha esperança de que o fato de Woody ter mencionado meu nome ao vivo pela televisão faria os membros da equipe de Woody pararem de me tratar como um grude irrelevante, mas não. Quando pedi as horas a uma das secretárias, ela veio com "Não sou o pregoeiro público!". "Você é o *ghost-writer*", Jo complementou, "então por que não fica invisível?"

Woody e Al Roker foram as únicas pessoas que foram gentis comigo neste dia. Al era o homem do tempo do *Live at Five* e, pouco tempo depois da aparição de Woody, ele entrou com tudo no camarim, proclamando: "Sou o maior fã dos Stones no mundo!" Woody não tinha a menor ideia de quem ele era, mas ele apertou sua mão e me apresentou como seu coautor. "Toda sorte do mundo", disse Al. Não tenho certeza se ele era o maior fã dos Stones no mundo, mas isto *era* antes da cirurgia de estômago.

Horas depois, Woody estava no palco com Bo no Ritz. O público ficou enlouquecido quando Woody tocou "Plynth" e quando os Temptations fizeram uma participação na música final, "Who Do You Love". Após o show, fui aos bastidores para ver Woody. Mas, quando passei pela porta, Jo gritou ao segurança da boate: "Não deixe ele entrar!" Achava que ela estava brincando, mas ela falou: "Estou falando sério! Não quero ele aqui atrás!" Já tinha aturado o suficiente da minha gravata do coronel Kentucky, de Woody mencionar meu nome nas suas entrevistas e de minha constante presença nos eventos. Então me recolhi e fui para casa.

Exceto que realmente precisava falar com Woody. Se não o encontrasse antes de ele deixar a cidade, teria jogado 1.800 dólares no lixo.

Muitos dos meus leitores queriam cópias autografadas do *The Works*, mas não moravam em nenhum lugar perto de onde Woody estava assinando livros. Então fiz um pedido de duas mil cópias da editora — com um desconto não reembolsável para autor totalizando 1.800 dólares — com a promessa de Woody que ele assinaria todas elas. Mas, se não conseguisse uma hora com ele, perderia meu dinheiro e ficaria encalacrado com dois mil livros sem necessidade. Woody tinha dito que faria isso no Dia de Ação de Graças, mas ainda precisávamos especificar a hora e o lugar.

Sabia que ele estava hospedado na casa de um amigo, então telefonei no Dia de Ação de Graças e deixei um recado. Meus pais estavam me esperando no outro lado do rio East, no Brooklyn, mas avisei que me atrasaria. Esperei o dia inteiro pelo retorno de Woody, mas ele nunca ligou de volta. Era a primeira vez que faltava ao Dia de Ação de Graças com minha família.

Na sexta-feira, Woody estava autografando os livros no Shakespeare & Co. na 81st Street. Carreguei meus dois mil livros no bagageiro de um carro de um amigo e os trouxe comigo. Não tinha um plano específico, exceto fazer meus livros chegarem o mais perto possível de Woody.

Infelizmente, as coisas não transcorreram da melhor maneira possível na livraria. O evento havia sido malprogramado (feriado de fim de semana) e não fora suficientemente divulgado, então quase ninguém apareceu. Literalmente uma dúzia de pessoas. Assim que Woody assinou os doze livros, seu coempresário, chateado, disse "Vamos dar o fora daqui", e o retirou de lá. Nunca consegui falar com Woody e tive que carregar meus quase cem quilos de livros de volta até em casa.

Tentei ligar para o amigo de Woody durante todo o fim de semana, mas só caía na secretária eletrônica. Sabia que Woody estaria deixando a cidade domingo à noite, mas não tinha outra opção a não ser olhar para o telefone e esperar. Estava uma pilha de nervos.

Após quatro dias de espera, finalmente soube de Woody às seis da noite do domingo. Ele estava legal, calmo e controlado. "Coronel Kentucky, quer fazer os livros? Estou aqui na 46th Street. Mas venha aqui agora porque estamos saindo em uma hora."

Numa questão de segundos, estava saindo pela porta com os livros. Estava com um amigo a postos para me dar uma carona. Ele era um grande fã dos Faces e queria conhecer Woody, então se ofereceu para ajudar. Conseguimos concluir a tarefa em trinta minutos, apesar da aporrinhação constante de Jo: "Não acabaram ainda? Quando vamos sair?"

Jo só foi me pedir desculpas anos depois. Ela revelou que estava bastante doente na época. "Estava com uma dor abdominal excruciante", ela disse. "Os médicos tinham diagnosticado que eu estava com a doença de Crohn e me prescreveram esteroides, mas isso só fez com que eu me sentisse pior. Depois descobri que haviam diagnosticado errado. Estava vivendo com um apêndice perfurado. Sei que fui má com muitas pessoas naquela época, então sinto muito."

Fingi ignorância e disse: "Bem, você nunca foi má *comigo*." Até mesmo durante suas oscilações de humor, eu sempre soube que ela era uma mulher decente, que procurava fazer o melhor para Woody. Ele não estaria vivo se não fosse por sua vigilância.

A boate de Woody ficou aberta durante um ano mais ou menos, e ele nunca foi creditado pelo estrondo da South Beach. A boate foi mal-administrada e sofreu processos judiciais por parte dos asilos vizinhos. Mas foi ótimo enquanto durou. Woody trouxe apresentações de Billy Preston, Mick Taylor e Jerry Lee Lewis e deu aos moradores de Miami um motivo para otimismo. Ele estava além do seu tempo.

Keith não ficou triste pelo desaparecimento da boate. Ele nunca dera a Woody a satisfação do seu interesse, mas sei que ele ficou curioso. Ele até *me* perguntou como "a cabana de Woody" estava indo.

"Extremamente bem", contei para ele certa vez. "Semana passada, mil pessoas vieram da França. Mas Woody teve que explicar que era Jerry *Lee* Lewis."

Tom Hanks e Keith. Ou seria Keith e Tom Hanks?

Fazendo a festa no Acme com minhas roupas de sinagoga.

16

AO VIVO DE NOVA YORK

Com a ajuda de Tom Hanks, Keith ficou pronto para lançar seu primeiríssimo álbum solo.

Hanks: "Sou Keith Richards."

Keith: "Sou Tom Hanks."

Hanks: "Trocamos de corpo para o *Saturday Night Live* desta semana."

Keith: "Rapaz, você está com uma cara *péssima*!"

Este não era um episódio qualquer do programa. Era a abertura da temporada de 1988. Uma imensa exposição e um imenso passo para Keith. Sua primeira aparição na TV como um *frontman*.

Eu fui ao ensaio final das sete e meia da noite. Keith apresentou "Take It So Hard" e "Struggle", duas de suas novas canções. Quando ele terminou a última, algum cara na plateia gritou: "Você não precisa do bocão!" Todo mundo deu risada, mas Keith fingiu não ter escutado.

Entre o ensaio e a transmissão, às 23:30, fiz um lanche perto do Rockefeller Center. No caminho de volta ao Studio 8H da NBC, esbarrei com Patti Hansen, que estava com John F. Kennedy Jr. Conversamos no corredor, o que fez com que nos atrasássemos. Isso não era problema para Patti ou John-John — eles tinham assentos reservados —, mas eu não conseguia achar um lugar sequer para pôr meu traseiro. Um dos organizadores me deixou ficar agachado entre as filas de assentos, então foi o que fiz.

Exceto que, quando olhei para minha esquerda, percebi que estava acocorado ao lado do meu ídolo do jornalismo de todos os tempos,

Tom Snyder. Fiquei nervoso, meu coração começou a palpitar e minhas mãos começaram a suar. Durante os noventa minutos seguintes, permaneci paralisado. Queria me apresentar durante os intervalos dos comerciais, mas não conseguia falar.

Sei que parece estranho o fato de eu nunca ficar nervoso perto dos Stones, no entanto ficar com medo de um cara velho e peculiar com uma feia cabeleira. Mas o negócio é o seguinte: por mais que adorasse os Stones, eles nunca foram os modelos que queria seguir. Queria estar *perto* deles, mas não queria *ser* como eles. Queria ser um jornalista. Quando era adolescente, assistia ao Snyder no programa *Tomorrow* à uma da manhã todos os dias, até mesmo em época de aula. Eu contava com ele para organizar os acontecimentos do dia calmamente para mim, como o caso do Filho de Sam. O trabalho de todo jornalista é encontrar sentido dentro do caos e, depois de assistir a Tom fazendo isso, eu sabia que era o que *eu* queria fazer também. Os Stones me davam bastante material com o qual trabalhar.

Tom estava confuso sobre a identidade de Keith, mas tinha uma leve noção. Após Keith mostrar "Take It So Hard," ele se virou para quem o acompanhava e disse: "Agora este é o *desobediente* da banda, certo?"

Em 13 de setembro de 1988, Keith deu uma festa particular de apresentação do seu álbum no Acme Bar & Grill. Os convidados incluíam Iggy Pop e Paula Abdul. Como fã, jornalista e amigo, queria estar lá, mas estava diante de um dilema: a festa caía no segundo dia do Rosh Hashanah, o Ano-Novo Judaico. Estava visitando meus pais no Brooklyn e seguindo as tradições, tais como ir à sinagoga e evitar viagens nesse período. Para chegar à festa de Keith — embarcando no trem D até Manhattan — estaria indo de encontro às doutrinas da minha religião.

Isso significava muito para meus pais, por isso busquei a permissão deles. Meu pai concedeu porque, apesar de Sandy Koufax não jogar beisebol no Yom Kippur — o mais importante dos feriados judaicos —, ele jogava durante o Rosh Hashanah. Então isso significava que eu estava liberado. Corri até o Acme com minhas roupas de sinagoga e fiquei perto de Keith e de Iggy.

Lembrei a Keith das coisas que ele teve que enfrentar para concluir o álbum. Quando visitei suas sessões numa noite de 1987, o estúdio foi tomado pela fumaça e foi preciso evacuar a área. Depois, quando as sessões se mudaram para Montserrat, seu carro deslizou dentro de um canal durante uma chuva torrencial, e ele ficou com a lama até os joelhos. "Estou exausto", ele me contou nessa época. "Nunca trabalhei tão duro em toda a minha vida. Os Stones eram fáceis se comparados a isto." Mas ele perseverou e venceu essas batalhas.

O álbum *The Talk Is Cheap* foi sucesso de crítica e de vendas. Como resultado, Keith estava toda hora nos jornais. Tentei marcar uma entrevista com Jane Rose, mas ela me deixou esperando. Enquanto isso, a *Rolling Stone*, a MTV e o *New York Post* iam ao seu escritório para conversar com ele. Eu me senti menosprezado.

Mas ser eu, no final das contas, implicava alguns privilégios. Não estava na lista formal porque era visto mais casualmente. Quando Keith não tinha nada melhor para fazer certo dia, ele pediu a Jane para me chamar até sua casa. Em uma hora, estava no metrô rumo à 4th Street.

A sogra de Keith, Beatrice, atendeu a porta e falou para ele que eu havia chegado. Ele me cumprimentou descalço. Pegou dois copos, uma garrafa de *ginger ale*, outra de Jack Daniel's e me pediu para segui-lo. Subimos para o segundo andar do seu apartamento e até o lado de fora, no terraço. No caminho, passamos por uma bicicleta ergométrica. "Você se exercita nela?", perguntei.

"*Às vezes*", ele disse. "Mas, na maioria das vezes, é Patti."

Sentamos perto de uma mesa de madeira no terraço, onde ele me preparou um drinque. Parecia mais uma visita amigável do que propriamente uma entrevista. Mas, em certo ponto, eu tive que ligar o gravador. Perguntei a ele sobre o processo de excluir Woody do álbum.

"É muito difícil não ter Woody", ele disse, "mas achei muito necessário me desvencilhar completamente dos Stones neste trabalho. É Keith Richards. Não queria deixar as coisas indefinidas."

Ele parecia contente com os resultados. "Há poucos discos que você faz, ou ao menos que eu tenha feito, que você quer ouvir quando chega à fase de conclusão. Você já está tão cheio deles. É a última coisa que quer ouvir. Mas com este — não sei se é pelo fato de ser uma novidade, meu primeiro álbum solo — realmente me sento pelos cantos e curto ficar ouvindo faixa por faixa; ouço também enquanto estou no banho."

Perguntei se Mick havia dado algum parecer.

"Toquei o álbum para ele, mas ele falou o tempo inteiro. A única hora em que percebi alguma reação dele foi quando saí para fazer xixi. Saio do banheiro e o vejo dançando pelo quarto. Eu o observo por um minuto, e percebo que ele está simplesmente curtindo o som. Então entrei de volta no banheiro, bati a porta e saí novamente, e lá está ele sentado no sofá. Mas este é o Mick. Conheço o cara. Ele estava curtindo o álbum enquanto eu não estava vendo."

O álbum apresentava uma canção chamada "You Don't Move Me", uma carta venenosa escrita a Mick. Letras como "You Made the Wrong Motion", referindo-se ao afastamento de Mick dos Stones, e "You Already Crapped out Twice", referindo-se aos dois álbuns solo de Mick.

"É apenas uma expressão do que acho que aconteceu", Keith me contou. "Um pequeno diário dos acontecimentos. Porque aconteceu o óbvio. [O material solo de Mick] não é tão bom quanto os Rolling Stones. Não parecia uma alternativa competente. O que acho que Mick não percebe é que, sem os Stones, metade do seu poder desaparece. É como cortar o cabelo de Sansão."

Keith me contou que havia gritado com Mick duas semanas atrás. "Mas estava doente naquela hora e lhe pedi desculpas. Gritar não ajuda em nada. Mas ele ainda me irrita, com sua atitude. Os Stones passaram muito tempo construindo sua integridade, o que é difícil de achar em toda a indústria da música, e fiquei com a impressão de que a maneira como Mick lidou [com sua carreira solo] colocou tudo isso a perder. Eu o conheço há quarenta anos, e nossas brigas ocorrem em muitos níveis diferentes, não apenas sobre quem dirige os Stones, blá-blá-blá. Tem mais a ver com conhecer alguém por muito tempo. E chegou um ponto em que achei que meu irmão estava colocando tudo a perder, e tentei falar isso para ele porque é para isso, afinal, que servem os amigos. Ainda tenho muitas reservas sobre Mick, mas acho que isso é uma coisa natural pela qual passamos como pessoas. Uma hora a gente se entende."

O legal de entrevistar Keith no seu terraço era que ninguém estava nos vigiando ou nos dizendo quando parar. Terminamos a entrevista apenas porque estava ficando frio e porque Keith tinha virado o Jack. A entrevista apareceu na "Edição do Aniversário de Dez Anos" do *Beggars Banquet*.

Durante a maior parte de outubro, trabalhei incansavelmente nessa edição e na organização de uma festa de aniversário. Queria agradecer a todos que um dia me ajudaram naqueles dez anos. Desde os próprios Rolling Stones até as pessoas anônimas cujas pequenas ações fizeram a diferença: os vizinhos em 1978 que me emprestaram sua máquina datilográfica, o garoto que me ajudou a entrar escondido na sala de mimeógrafo, o cara que colocou minha primeira edição nas prateleiras da sua loja de disco.

O aniversário do *Beggars Banquet* era de fato em setembro, mas uma boate chamada U.S. Blues na Bond Street me informou que me reservaria uma sala, sem custo, no dia 3 de novembro. Trabalhei intensamente para deixar tudo pronto. Lançar a edição de aniversário, preparar a lista de convidados, imprimir os convites e organizar a festa na boate. Passei dias sem tomar banho, sem comer, dormir ou escovar os dentes. E, apesar de a Lei de Murphy dizer "Tudo que *pode* dar errado *dará* errado," parecia que as coisas que *não* podiam dar errado *deram* errado.

Quando minha superimportante edição de dez anos voltou da loja de impressão, descobri que centenas de exemplares tinham sido impressos de trás para frente. O que significava que a página 3 estava onde deveria estar a página 9, e a página 7 no lugar da página 5, e assim por diante. Nada fazia sentido. Uma nota insignificante sobre Bill Wyman se tornou a matéria de capa e minha grande entrevista com Keith estava na última página.

Enquanto isso, a MTV continuava me ligando. Queriam enviar uma equipe de filmagem até minha festa, mas apenas se pudesse garantir a presença dos Stones. Fiquei dizendo que não podia. Keith era o único stone na cidade naquela semana e, apesar de morar perto da boate, isso não era garantia de nada. Na verdade, Jane me deu a seguinte declaração: "Keith realmente não irá à sua festa. Ele tem um ensaio esta noite." Sabia que ela tinha razão sobre o ensaio — a turnê solo de Keith estava marcada para começar em 24 de novembro —, mas ela poderia não ter sido tão dura.

Enviei um convite à 4th Street e o reforcei depois com um telefonema. Patti disse que Keith estava em pé ali, de toalha, prestes a entrar no banho. Pude ouvi-lo, mas não consegui decifrar o que dizia, então ela traduziu para mim: "Ele disse que tem um ensaio essa noite, mas tentará ir. Ele ainda não sabe." Falei que ela e Keith tinham feito tanto para me ajudar e que significaria muito se eles fossem.

A MTV não era a única que queria saber se os Stones compareceriam. Meus leitores também queriam. Meu telefone tocava sem parar e acabei convidando alguns deles. Mas até mesmo meus queridos amigos queriam saber se Mick e Keith já haviam confirmado presença. Eles não queriam sair dia de semana se não houvesse uma "recompensa".

Em meio a este furacão, meu teto desabou. E não estou falando metaforicamente. O teto do meu banheiro se juntou com o chão do meu banheiro. Svi havia me avisado dessa possibilidade, mas a hora não poderia ter sido mais inapropriada. Enquanto me vestia para a festa e falava com a MTV pelo telefone, trabalhadores da construção estavam esculpindo e perfurando paredes ao fundo.

Quando finalmente saí do meu apartamento rumo ao centro, estava completamente exausto. Já estava cheio de tudo associado ao *Beggars Banquet*, inclusive o apartamento de quinta categoria onde morava devido à minha baixa renda. À medida que meu táxi se aproximava da Bond Street, pensei em entrar na festa e dizer: "Obrigado por terem vindo. Eu me demito."

"Vocês têm um rapaz e tanto aí." Keith, Bernie e Sylvia saindo para a balada.

17
FILHO DE PEIXE PEIXINHO É

A MTV não enviou sua equipe, ainda bem. Já havia o suficiente naquela festa para me deixar boquiaberto. O número de pessoas presentes foi enorme e minha vida passou como um flash diante de meus olhos. Quase todos que algum dia já me ajudaram com o *Beggars Banquet* estavam na mesma sala ao mesmo tempo.

Os vizinhos que me emprestaram sua máquina datilográfica em 1978 se misturaram com Art Collins, o ex-presidente da Rolling Stones Records. O amigo do colégio que mimeografou minha primeira edição conversou com Lisa Robinson, a jornalista que escreveu sobre mim em sua coluna. E a ex-namorada que uma vez me ajudou a grampear o fanzine estava sentada ao lado de Don Covay, o lendário cantor de R&B. Era uma mistura incrível de pessoas.

Uma hora após o início da festa, alguém subiu ao palco e sugeriu um brinde em minha homenagem. Era Debby Hastings, a baixista de Bo Diddley. Tinha feito amizade com ela um ano atrás, durante a turnê Bo-Woody. Todos levantaram suas taças ou copos para mim e me encorajaram a subir ao palco para dar uma palavra. Um bolo foi levado sobre rodas até o centro da sala. Ele trazia a logo do *Beggars Banquet* e seu cabeçalho de "Aniversário de Dez Anos". Um presente de um amigo de Woody e uma surpresa total para mim. Foi tão espontâneo, nunca imaginara alguém fazendo algo tão legal sem meu conhecimento.

Subi ao palco, usando minha gravata de coronel Kentucky, e todos fizeram silêncio. Após anos colocando os Stones no centro das atenções, os holofotes de repente estavam virados para *mim*. "Vocês estão todos aqui por uma razão", falei para meus convidados. "E é porque, de alguma forma, cada um de vocês contribuiu para o *Beggars Banquet*. Tenham me ajudado em 1978 ou hoje, nunca me esquecerei do que fizeram. Então quero apenas dizer obrigado e que estou muito feliz que possam ter vindo."

Acredito que era nessa parte que deveria ter entrado meu discurso sobre a aposentadoria, mas não tive coragem. O calor humano que senti nesta festa me fazia ansiar pelos *próximos* dez anos. Deixei o microfone, mas, enquanto todos aplaudiam, pensei numa última coisa e corri de volta até ele. "Por sinal", brinquei, "não pense que não sei que alguns de vocês estão aqui porque acham que os Stones virão. Bem, detesto lhes contar, mas os Stones *não* virão!"

Pulei do palco até o chão, onde notei todo mundo rindo. Era *eu* quem tinha que morder a língua: Keith Richards dos Rolling Stones estava de pé bem em frente ao palco. Ele estivera lá durante todo o discurso, mas não tinha conseguido vê-lo por causa das luzes nos meus olhos.

Keith me abraçou e disse que estava matando o ensaio. Usei as letras do seu novo álbum para expressar minha gratidão. "Isso significa muito para mim", falei para ele. "Você poderia ter me dado um bolo, mas não o fez."

Ele estava usando uma faixa vermelha na cabeça e uma camiseta onde estava escrito *Obergruppenführer*, uma palavra em alemão que significava "líder do grupo". Ficou num canto separado com Patti, Don Covay e Sarah Dash, a cantora que faz a segunda voz do seu álbum. Ficou lá durante quase uma hora e foi gentil com todos que o cumprimentaram, como meu ex-colega de quarto e minha ex-namorada.

Num determinado momento, o gerente da boate se aproximou de mim. Disse que alguém telefonou para seu escritório, pedindo para falar com Keith. Achou que se tratava de um fã maluco dos Stones, então desligou. Mas a pessoa ligou novamente, desta vez perguntando por Bill German. Ele se identificou como Charley Drayton.

Fui escoltado até seu escritório, onde atendi o telefonema. Era de fato Drayton, o baixista da banda de apoio de Keith, os X-Pensive Winos. Disse que todos estavam esperando Keith no estúdio para o ensaio e me pediu para repassar essa informação para o *Obergruppenführer*. Voltei e agradeci Keith por ter vindo.

"Não teria perdido isto por nada", ele disse.

Enquanto saía, entregou a cada um dos meus convidados um presente de despedida. Qualquer pessoa que quisesse um aperto de mão, um autógrafo ou uma foto com ele conseguiu. Keith Richards foi fenomenalmente bondoso e paciente.

Eu o perdi de vista e fiquei ocupado conversando com as pessoas quando percebi uma comoção perto da porta. Dei uma olhada e jurei ter visto Keith tendo altos papos com meus pais. Olhei novamente para ter certeza de que não estava enganado e vi que era verdade mesmo: Keith Richards, o Príncipe da Escuridão, estava fofocando com Bernie e Sylvia, os dois trabalhadores da delicatéssen *kosher* do Brooklyn. Corri até a cena.

"Acabei de conhecer seus *pais*", Keith me contou.

"Isso é um sinal do Apocalipse", respondi.

Testemunhas mais tarde recontaram a história para mim: Keith estava andando até a porta quando meu pai o agarrou pelo ombro. "Keith", ele disse, "somos os pais de Bill". E Keith respondeu: "Bem, vocês têm um rapaz e tanto aí!"

Nunca tinha passado pela minha cabeça apresentar meus pais a Keith. Não imaginei que queriam conhecê-lo. Mas estava errado. Bernie e Sylvia não eram fãs dos Stones, mas consideravam Keith uma pessoa importante na minha vida e queriam agradecê-lo por ter me ajudado.

O fato é que quase não convidei meus pais. Esta festa era para pessoas *jovens*, não para pessoas na faixa dos cinquenta. Sempre me dei bem com eles, mas não conseguia imaginá-los ali. Depois me dei conta: meus pais têm tanto orgulho de mim que dá até medo. A sala de jantar deles é como um santuário do *Beggars Banquet*. Um monte de fotos minhas com os Stones emolduradas. Sem mencionar o quão *verklempt* eles ficaram quando Woody me mencionou no *Live at Five*. Não podia deixar de convidá-los.

O que quero dizer é que, por minha causa, estes apaixonados por *Um violinista no telhado* se interessaram pelos Stones. Até hoje, minha mãe fareja material para mim. Ela recentemente ligou para me avisar que "o filme de Mick, *Freeze Jack*, estará passando na TV hoje à noite". Tive que avisar para ela: "É *Freejack – Os Imortais*, mãe. 'Freeze Jack' é o que se usa no carro", mas fiquei grato assim mesmo.

Na semana da minha festa, ela leu algo no jornal sobre Keith. "Ele fará um '*jig*' em breve", ela me informou.

Respondi: "Não, mãe, pronuncia-se '*gig*', não '*jig*'[12]. Ele não estará usando um saiote escocês ou dançando."

Mas ao menos ela tenta. E, se esta era uma festa ligada a pessoas que me ajudaram, meus pais estavam no topo da lista. Eles me inspiram por seu exemplo sereno e não teria existido um *Beggars Banquet* sem eles.

No início dos anos 1970, minha mãe editava o boletim para sua ida regular ao Hadassah. Ela juntava migalhas dos sabe-tudo da vizinhança — "*mah jong* na casa de Sadie esta terça"; "*bar mitzvah* dos Horowitz no sábado" — e colocava tudo isso em seu magazine. Organizava tudo no seu Underwood manual, inseria alguns desenhos gráficos charmosos (como o pequeno cara com o megafone) e levava tudo à loja de impressão.

Eu a observava enquanto ela elaborava o boletim e adorava todo o processo. Queria um boletim informativo exatamente como o de mamãe. Tinha nove anos e ainda não conhecia os Stones, então comecei a montar um álbum sobre meu time favorito de beisebol, os New York Mets. De 1972 a 1977, escrevi matérias sobre quase todo jogo. Uma boa prática para o *Beggars Banquet*.

Para complementar a criatividade de mamãe, havia o meu pai, o símbolo da estabilidade e da autodisciplina. O cara consegue realmente comer apenas *uma* batata frita. Ele assumiu trabalhos duros, como dirigir a van de entrega da deli no inverno, para conseguir pagar as contas. Observando seu modo de agir, herdei uma noção de responsabilidade da qual precisei para dirigir meu negócio. Poderia ter assimilado facilmente os maus hábitos dos Stones, mas nunca esquecia que havia trabalho a fazer.

E, apesar de nunca terem me encorajado a passar minha vida seguindo os Stones, tampouco me *des*encorajaram. Eles me deram muita liberdade e, como resultado, nunca quis desapontá-los ou abusar de sua confiança. Um brilhante experimento em psicologia reversa.

---

[12] Forma de dança e música popular da Irlanda.

Quando olho para trás, não acredito que tive a sorte de ter essas três pessoas às quais fui muitíssimo grato — Bernie, Sylvia e Keith — na mesma sala ao mesmo tempo. Meus pais conseguiram novas fotos para seu santuário e, desta vez, eles estavam *nelas*. Uma vez por ano, o rapaz que veio consertar a TV caminhará pela sala de jantar e irá parar de repente, estupefato. "Epa! Aqueles são *vocês* com Keith Richards! Como *isso* aconteceu?"

Numa das fotos, parece que Sylvia e Keith estão compartilhando uma piada particular. Acredito que foi quando ela falou: "Bom '*jig*' para você."

10TH ANNIVERSARY ISSUE
Vol. 2
The Rolling Stones
No. 15
BEGGARS BANQUET
Keith
Gives
Cheap
Talk

18

AS LOUCURAS DE BILL E JANE

Yoko separou os Beatles. Eu separei os Stones. Ao menos de acordo com Jane Rose.

Estava me sentindo ótimo nos dias seguintes à minha festa. Fui até o escritório de Jane para deixar alguns exemplares extras da minha Edição de Aniversário de Dez Anos. Mas, quando entrei, a primeira coisa que ela me disse foi: "Não estou falando com você! Não acredito no que fez! Nunca pensei que faria isso conosco! Comigo! Com Keith! Você estragou tudo! Espere lá fora até eu estar pronta para falar com você!"

Eu me esquivei até a área da recepção como um cachorrinho que acabou de fazer xixi no sofá. As secretárias de Jane ouviram tudo e sugeriram que eu não levasse nada no nível pessoal. "Você conhece Jane, ela é assim com todo mundo."

Elas não sabiam por que Jane estava chateada comigo, mas, a essa altura, nada seria capaz de surpreendê-las. Jane tratava as garotas como lixo e com frequência eu as via levantando o dedo do meio quando ela virava as costas. A rotatividade era bastante alta naquele escritório. Em poucos anos, por lá já tinham passado Kathy, Joanne, Debby, Michele e Linda.

Jane me deixou esperando na recepção por mais de uma hora. Li o jornal, fiquei virando meus polegares e tentei imaginar o que poderia ter feito de tão ruim. Ela finalmente me convocou até seu escritório e explicou minha transgressão mortal. "Você arruinou tudo! Por causa do que escreveu naquela edição, os Stones não voltarão a se encontrar!

Você se dá conta disso? Mick vai ler e não haverá jeito de ele se juntar novamente com Keith! Você arruinou tudo! Uma turnê dos Stones não acontecerá mais por *sua* culpa!"

Tudo o que pude pensar foi: se eu tinha tanto poder assim sobre os Rolling Stones ninguém jamais me contou, e eu certamente não estava capitalizando em cima disso.

Havia uma citação na Edição de Aniversário, disse Jane, que trazia tanta discórdia, que era tão explosiva que marcaria o fim dos Rolling Stones. Não foi algo que elaborei, foi uma citação de Keith. "Você deveria ter me mostrado antes de imprimir isso!", ela esbravejou.

Keith falou várias coisas maldosas sobre Mick durante a divulgação de *Talk Is Cheap*, no entanto, esta foi a citação ofensiva: "Gostaria muito de usar o mesmo *cat* que montou meu álbum [solo], Don Smith, para montar o próximo álbum dos Stones, porque acho que ele é o melhor nessa tarefa, devido à forma como os Stones gravam."

Essa foi a citação pela qual estava histérica. Ela acreditava que Mick iria pensar que Keith estava tentando assumir o controle da banda e que isto o chatearia tanto que ele daria o fora. "Por que não veio falar comigo primeiro?", ela gritou. "Só porque Keith falou não significa que você pode colocar!"

Bem, na verdade, só porque Keith falou *realmente* significava que eu podia colocar. Não era obrigado a submeter meus rascunhos a ela, da forma como eu fazia durante a época do fã-clube. Keith já é um rapaz bem grandinho e sabia que estava falando publicamente. Se percebesse que estava delatando algo — e, falando sério, o que poderia ser pior do que sua venenosa canção-carta para Mick ou sua citação sobre cortar a garganta de Mick? —, ele teria me pedido para apagar a declaração e eu teria consentido. Mas ele não pediu.

Fiquei ali, sob tensão, enquanto Jane me dava um sermão, como se eu fosse uma criança. Tentei desviar da bomba — "Ei, meus pais gostaram de conhecê-la na festa naquela noite" —, mas ela gritou: "Não tente mudar de assunto! Você realmente deu uma mancada!"

Dias após este encontro inesperado, vários amigos de Keith me contaram que Jane estava decididamente contra Keith comparecer à minha festa. Supostamente, ela teria até ligado para ele do orelhão da boate e dito: "Não venha para cá! Vá direto ao estúdio!"

Não quis acreditar, mas reconheço que foi verdade. Jane havia recentemente assinado um contrato para se tornar a empresária oficial de Keith. Ela *já* era superprotetora com relação a ele, mas, com seu novo título e o novo álbum *dele*, havia muito mais em jogo. Por isso, apesar de faltar três semanas para a turnê, ela estava nervosa sobre os ensaios e preocupada com as aparições dele na mídia. Quer dizer, o que ficaria melhor na página seis do *New York Post*: Keith janta no Da Silvano com John-John ou Keith comparece a uma festa de um fanzine com Bernie e Sylvia?

No final das contas, o álbum de Keith ganhou um disco de ouro e sua turnê tocou para plateias incrivelmente entusiásticas. Fui até quatro dos 15 shows da excursão e amei cada um deles. O *gran finale* ocorreu na Brendan Byrne Arena em Nova Jersey, na véspera do aniversário de 45 anos de Keith.

Duas noites depois, em 19 de dezembro, foi dada uma festa na casa de Keith e Patti na East 4th Street. Patti me convidou diretamente. Era um aniversário, as bodas (de cinco anos de Keith e Patti), o Natal e uma celebração de final de turnê. Quando Keith e Patti abriram a porta, eu disse: "Feliz *tudo*!"

O pai de Keith, Bert, estava lá, assim como seus filhos, Marlon e Angela (nos tempos passados, conhecida como Dandelion). Conversei com os membros da banda X-Pensive Winos de Keith e paquerei a sobrinha de Patti, Marisa. Jane me orientou a não colocar muito enfoque nos X-Pensive Winos no *Beggars Banquet*. "Não quero Mick pensando que Keith tem outra banda."

Keith e eu nos esbarramos na cozinha. Eu estava raspando lasanha de uma lata, enquanto ele inseria uma fita cassete no seu aparelho de som. Era a fita do show em Hollywood na semana anterior, ao qual eu estava presente.

Ele se sentou no chão da cozinha, enquanto arrastei uma cadeira e pus o prato de lasanha no meu colo. Keith estava usando jeans, botas de camurça e uma camiseta sem manga, segurando um copo de *bourbon*. Disse que estava triste por a turnê ter chegado ao fim. Mais até do que os Winos e a música, ele sentiria falta dos fãs. Ele havia tido uma oportunidade única de encontrar as pessoas cara a cara, tanto no palco quanto fora dele. "Em Detroit", ele recordou, "esta garota, que devia ter uns 15 anos, correu ao palco e começou a me beijar e beijar. Faz mais de vinte anos que não tenho garotas correndo atrás de mim!"

Em outra cidade, ele deu uma carona a um fã até em casa. O garoto estava mancando e usando um colar cervical. Keith o avistou na rua após o show. "Ei", Keith disse ao motorista, "ali vai o garoto da terceira fila. Temos que ir buscá-lo."

O momento mais triste da turnê, Keith disse, foi quando ele soube que Roy Orbison havia falecido. Dedicou o show daquela noite em Cleveland em memória de Roy. E o momento mais aterrorizante foi o voo até Oakland. "Turbulência", Keith contou. "Fomos pra lá e pra cá, tentando nos manter no ar. Falei para os caras: 'Preparem-se para conhecer o Big Bopper[13].'"

Enquanto ouvia Keith me contando estas histórias, comecei a estudar as linhas do seu rosto. São como os anéis de uma árvore, exceto que, no caso de Keith, cada linha representa não apenas um ano, mas um momento em que esteve muito perto do perigo. Seus ombros também me chamaram atenção. Devido à forma como ele estava sentado no chão e da forma como eu estava arqueado na minha cadeira, consegui dar uma boa olhada. Eles aparentavam estar perfurados por celulite. Buraquinhos ao redor dos músculos faciais. Não era a primeira vez que havia notado, mas era a primeira vez que pude estudá-los de perto. "Quando Keith notou seu aparecimento", Woody uma vez me explicou, "ele achou que eram pancadas que desapareceriam. Mas ainda estão lá." Desde então, soube que eram resultado do uso que Keith fez da heroína nos anos 1970. Em vez de injetá-la nas veias, ele a injetou nos músculos. Isso tirou a vitalidade de sua pele e gerou fendas que pareciam queijo *cottage*. Outro anel ao redor de sua árvore.

Assim, nossa conversa alcançou o âmbito dos Stones. Keith me contou que se reuniria com Mick após o Ano-Novo para determinar o destino da banda. Seriam apenas eles dois na ilha de Barbados. Nenhuma esposa, nenhum filho, nenhum empresário. "Ele me tira do

[13] Músico e um dos pioneiros do rock que morreu em um acidente de avião.

sério", Keith declarou, "mas somos como irmãos siameses. É preciso muito para nos separar para sempre".

Keith e eu notamos que Charley Drayton estava sentado no chão do outro lado da longa cozinha. Ele estava absorto ouvindo a fita do Hollywood Palladium enquanto chorava. Para Charley, de vinte e poucos anos, trabalhar com Keith foi a experiência de uma vida. Mas que agora tinha chegado ao fim.

Quase todos naquela casa tinham se tornado mais próximos de Keith nos últimos cinco ou seis anos. Pessoas como eu, Bert e os X-Pensive Winos. Mas se as coisas dessem certo para Keith e Mick — se Mick conseguisse relevar as declarações que coloquei no *Beggars Banquet* —, então teríamos que dividir Keith com o resto do mundo. Por mais que ansiasse por uma turnê dos Stones, pressenti que esta noite era o final de algo muito íntimo e muito especial.

Mick, Mick e Keith no Waldorf. "Foi muito superficial", disse Mick T. sobre seu reencontro com Mick J.

19
O TESOURO DE UM HOMEM

É estúpido pensar que é possível institucionalizar o rock'n' roll. Não se pode segurar algo tão rebelde e esperar que ele se contente em ficar em casa. Quando Jerry Lee Lewis dançou a "Great Balls of Fire" pela primeira vez, ele não tinha a Calçada da Fama do Rock'n'Roll em vista ou algum museu. Na verdade, as palavras "rock'n'roll" e "museu" não deveriam nem mesmo aparecer na mesma frase.

E, no entanto, considerando a última leva de sincronizadoras de lábios com seios siliconados e bandas de garotos frescos, eu, de má vontade, concluí que a Calçada da Fama do Rock'n'Roll é um mal necessário. Como uma cultura, é nossa incumbência mostrar à próxima geração que as estrelas do rock foram uma vez descobertas na boate Marquee, e não no Mickey Mouse Club. Pessoalmente, não vejo necessidade de visitar a Calçada da Fama do Rock'n'Roll tão cedo. Mas, como arquivista e historiador, estou feliz por ela existir. Desde que nunca desmantelem a exposição de Muddy Waters para abrir espaço para a exposição de Justin Timberlake.

Apesar de a Calçada da Fama ficar em Cleveland, as apresentações normalmente acontecem no Waldorf-Astoria em Nova York. A primeira aconteceu em 1986, quando artistas como Elvis, Bo e Chuck Berry foram eternizados. Keith subiu ao pódio para apresentar Chuck e depois tocou com Woody, Jerry Lee Lewis e Neil Young.

Em 1987, Keith fez o discurso de apresentação para Aretha Franklin, antes de tocar com Bruce Springsteen. E, em 1988, Mick apresentou os Beatles, antes de cantar "I Saw Her Standing There" e "Like a Rolling Stone" com George Harrison e Bob Dylan.

Em 18 de janeiro de 1989, foi a vez de os Stones serem apresentados. Esta seria a primeira aparição pública de Mick e Keith juntos em anos. Se a noite transcorresse bem, seria o precursor de uma turnê de reconciliação. Se não, seria o arauto do fim dos Rolling Stones.

Naquela época, as cerimônias não eram televisionadas como hoje. Seria pura sorte se conseguisse assistir a um trecho na MTV ou no *Good Morning America*. Então, se quisesse ouvir os discursos de Mick e Keith, decifrar as linguagens corporais e testemunhar sua *jam* em potencial, teria que estar lá em pessoa. Mas a Calçada da Fama estava cobrando 1.250 dólares por prato, o que era caro demais para meros mortais.

Fiquei sabendo que a imprensa seria colocada no balcão (sem comida, sem cadeiras, sem *couvert* artístico), então enviei um pedido. A Calçada da Fama recusou. Depois telefonei para Jane, na esperança de entrar com os Stones. Sabia que iriam ter três mesas grátis. Ela disse que me retornaria, mas me deixou no limbo. Na noite antes da cerimônia, ainda não tinha obtido uma resposta.

Video James não tinha como entrar da maneira oficial, então falsificou o convite. Um conhecido tinha um e tirou cópia numa loja. Porém, o original possuía uma logomarca dourada e a loja de cópia não tinha máquina que imprimisse colorido. Ele, então, aplicou esmalte dourado, e ficou demais . Além do mais, o convite por si só não valia de nada. Seu nome tinha que estar na lista de convidados. Video James disse ter um plano, mas não quis participar dele.

Em 18 de janeiro, fiquei esperando ao lado do telefone, por Jane. Às seis da noite, ela finalmente disse: "Você está dentro." Coloquei minha gravata de coronel Kentucky e corri até o Waldorf.

Era preciso passar por uma antessala para registrar presença. Então, se recebia um cartão com o número da mesa — eu fiquei com a Mesa 9 —, que era a credencial para entrar no salão.

Avistei Video James na antessala, onde ele posou como outra pessoa. Acho que ele disse que seu nome era Cousin Brucie. Por incrível que pareça, ninguém verificou os documentos de identidade, então funcionou. Ele recebeu o número de sua mesa, mostrou ao guarda e entrou no salão. Não tinha um lugar legítimo onde sentar, então ficou na frente dos seguranças se passando por ajudante de garçom. Esvaziar cinzeiros era um preço bem pequeno para assistir a uma apresentação dos Stones.

Eu, enquanto isso, fiquei sentado na mesa reserva deles, que tinham duas mesas na frente, onde Mick, Keith e Woody estavam sentados com suas esposas e Jane Rose. Mas eles tinham uma mesa auxiliar num canto, para peões como eu. Fiquei ao lado da nova secretária de Jane e do cara que tomava conta do pai de Keith. Phil Spector estava sentado na mesa seguinte, e eu acabei tendo uma visão privilegiada. Olhei por baixo do vestido de Tina Turner enquanto ela se abaixava para beijar Phil e quase fiquei cego quando o autor Tom Wolfe, vestido com um branco reluzente, deu um tapinha no ombro do primeiro. Sua mesa estava cercada por cinco dos seus guarda-costas, armados até os dentes de modo conspícuo, então tomei cuidado para não fazer movimentos bruscos. Nem sequer levantei minha faca de cozinha.

Você podia pensar que, por 1.250 dólares, eles serviriam um prato à altura do Waldorf. O lugar havia recebido presidentes e reis. Mas, não, eles nos serviram empadões de galinha de micro-ondas que saíram direto da geladeira. Para fazer jus à verdade, havia um recado no prato de todos os presentes que dizia: "Estamos servindo uma refeição que garante que vocês se lembrarão da música acima de tudo."

Por volta da meia-noite, Pete Townshend entregou as homenagens. "Os Stones", ele disse, "parecem ainda ter futuro. Mas não será fácil. E, se não fosse a imensa quantia de dinheiro que poderão fazer, não se incomodariam com isso de forma alguma, para falar a verdade. Ou, pelo menos, Mick não. Então temos sorte, como fãs, por Mick possuir gostos tão caros."

Por vezes, o discurso parecia algo tirado de um espetáculo de humor. Townshend aludiu aos rumores sobre a transfusão de sangue de Keith, a depravação de Bill Wyman e até mesmo o vício de Charlie em heroína. Ele descreveu Woody, o membro mais jovem da banda, como o único Stone que "ainda tem seus próprios dentes". E alegou que Mick lhe deu "um caso ruim de DV [doença venérea]". "Desculpa,

desculpa, está errado!", ele complementou. "Os CDs de Mick estão numa caixa ruim, diz aqui!"

Pete arrancava gargalhadas do público. Ao final de seu discurso, os Stones se levantaram e subiram ao palco para pegar as estatuetas da Calçada da Fama e dizer algumas palavras. Nesta noite, fazendo honra aos 25 anos da história dos Stones, a banda foi representada por Mick, Keith, Woody e Mick Taylor.

Todos os olhares estavam em Mick e Keith. Lá em cima do palco, os dois agiram como bons amigos. Abraços, risos, tapinhas nas costas. Não iriam me enganar, mas pareceram convincentes aos demais.

"É meio irônico", Mick falou para o público, "que esta noite possam nos ver comportados, enquanto, durante 25 anos, temos sido recompensados pelo nosso mau comportamento". Ele estava lendo um discurso preparado anteriormente, que havia retirado do bolso. Como no Grammy, ele não fingiu entusiasmo ou que aquilo era uma honra. Ele sarcasticamente se referiu à Calçada da Fama como "o museu de cera do rock" e citou Jean Cocteau: "Os americanos são pessoas engraçadas. Primeiro você os choca e depois eles o colocam num museu."

"Mas", ele concluiu, "não estamos exatamente prontos para terminar nosso número ainda".

Assim que ele disse isso, houve uma enxurrada de aplausos da plateia. Era o único indício de que os Stones poderiam existir a partir daquela noite.

Keith foi o próximo a falar ao microfone. Ele não mencionou uma palavra sequer sobre o futuro dos Stones. Em vez disso, aproveitou a ocasião para agradecer a Leo Fender — "por ter feito os malditos troços que temos que tocar!" — e para lembrar Ian Stewart. "Ainda me sinto como se estivesse trabalhando para *ele*. É a banda *dele*."

Woody falou algumas poucas palavras, antes de puxar Mick Taylor para o pódio. Num tom bem suave, o ex-stone descreveu aquela noite como sendo "uma grande honra" e agradeceu a todos que tornaram aquilo possível. Dos quatro homens em pé naquele palco, Mick Taylor era claramente o que se sentia mais honrado por estar ali. Para ele, aquilo era "mais do que as palavras conseguiam expressar".

Mick T. foi ovacionado pela plateia. Mas antes que pudesse saboreá-la, o outro Mick fez um gesto com seu dedo indicador, como quem diz: "Estamos dando o fora daqui." Mick J. saiu, e os outros dois Stones e meio não tiveram outra escolha a não ser segui-lo para longe dos holofotes, e para fora do palco.

Todos retornaram a seus lugares, exceto Keith, que foi até Stevie Wonder. Ele se agachou e sussurrou algumas palavras para ele. Woody e os Micks já estavam sentados quando perceberam onde Keith estava. Não foram até lá, mas Woody acenou para Stevie do outro lado da sala.

Stevie foi o último homenageado da noite, após o qual o supershow tão esperado aconteceu. Um "quem é quem" do rock'n'roll lotou o palco. Keith, Woody e Mick Taylor se juntaram a Townshend e Springsteen. Os Temptations dividiram um microfone com Little Richard e Dion.

Stevie deu a nota de abertura com "Uptight", com a qual ele fez uma miscelânea culminando em "Satisfaction". Mas Mick Jagger, que estava praticamente se escondendo na parte de trás do palco, agiu como se não conhecesse a canção. Colaborou com algumas palmas e uma segunda voz sutil, e só.

Depois que o grupo tocou as canções "Lucille", "Respect" e "Be My Baby", o diretor musical do evento, Paul Shaffer, veio à frente do palco e entrou na bajulação: "Acho que é hora de algumas 'Honky Tonk Women'."

Mick finalmente foi para frente. Ele fez um dueto com Tina em "Honky Tonk" que se comparava à sua apresentação no Live Aid. Mick estava em chamas e toda sua compleição daquela noite mudou. Uma habilidade incrível de se ligar e se desligar por vontade própria. Até os caras de terno na mesa de Warner-Elektra ficaram de pé.

Ao final de "Honky Tonk", Mick entrou com "Can't Turn You Loose" e "Bony Maronie" com Little Richard. Novamente, foi algo mágico. Depois, Keith cortou o barulho como uma trovoada, tocando as notas de abertura de "Start Me Up". Mick tirou sua jaqueta e ficou só com a camisa branca de baixo. Keith e Tina dividiram o microfone no verso "*You make a grown man cry*" ["Você faz um homem feito chorar"]. Isso compensou e muito o empadão de frango.

Em momento algum, contudo, Mick e Keith estiveram a menos de seis metros de distância um do outro. E, em momento algum, eles estabeleceram contato visual. Mas digo isto: se essa tivesse sido a última vez que tocaram juntos no palco, poderia se dizer que foi uma grande despedida.

Keith me avistou quando deixou o palco e me convidou para uma recepção particular no andar de cima. "Quarto 39H." Mas, quando cheguei lá, parecia que eu era o único convidado. Havia uma dúzia de pessoas, a maioria delas casadas, ou empregadas, com algum rolling stone. Curiosamente, Mick Taylor estava ausente.

Mick Jagger estava em pé num canto, sozinho, enquanto Keith estava num sofá. Longe do público, os tapinhas nas costas e risos estavam longe de acontecer. Na verdade, o quarto estava misteriosamente silencioso. Eu me sentei ao lado de Keith e estava prestes a perguntar como estavam indo as pazes com Mick, mas este estava por perto.

Woody entrou rapidamente no quarto, suavizando um pouco a tensão. Ele se aboletou no sofá e falou sobre sua conversa com Springsteen durante "Start Me Up". "Ele me perguntou a clave em que estávamos tocando e falei para ele: 'Você está sozinho nessa, chefe!'"

Os troféus da Calçada da Fama entregues a Keith e Woody descansavam sobre a mesa de café em nossa frente. Keith notou que a estatueta não tinha genitália. Era uma pessoa nua e dourada com uma parte importante faltando. Observando de perto, Keith descobriu que podia desmontá-la. Ou pelo menos a parte do disco. A estatueta, compreenda, era uma pessoa sem face, sem pinto, sem peitos, segurando um disco. Mas se forçasse suficiente, era possível arrancar o disco das mãos do eunuco.

Keith forçou. Primeiro, ele usou o disco como descanso de copo. Depois, ele o apanhou e o jogou em Woody como aquelas armas com formato de estrelas em filmes de *kung fu*. Bateu no ombro de Woody. Era leve como um biscoito, então não era nada de mais, só que Woody sentiu a necessidade de retaliar. Ele arrancou o disco do outro troféu e o jogou rente à orelha de Keith. Dali a pouco, havia uma guerra declarada.

Isso me fez pensar sobre as pessoas que recebem aquele troféu e o valorizam pelo resto de suas vidas. Com certeza, os Coasters não o utilizam como descanso de copo. Mas ali estavam os Stones. O que aquela estatueta poderia significar para *eles*? Que tipo de valor ou incentivo poderia lhes oferecer? Quantos desses pesos de mesa poderão levar para casa?

Após ser atingido pelos discos voadores de Keith e Woody, percebi que era mais seguro ficar longe do sofá e cumprimentar Mick. Fazia quase um ano desde a última vez em que falara com ele, e eu havia recentemente escrito algumas coisas sobre as quais poderia ter ficado descontente. Descrevi sua turnê solo como "um risco calculado". Ele apresentou vinte canções dos Stones por noite — comparado a cinco canções solo — e tocou apenas nos países famintos pelos Stones, como Japão e Austrália. Mick "nunca pode ser metido demais quando o assunto é seu sucesso de crítica e de vendas", tinha escrito.

Em outro comentário, o qual intitulei "Estado da União", previ que os Stones se juntariam novamente, principalmente por razões financeiras: "O todo sempre fará mais do que a soma de suas partes. Cada membro sempre terá o ímpeto criativo e financeiro para tocar com os outros quatro." Se Mick não gostou da minha avaliação de "chantagem emocional" em relação ao Live Aid, com certeza não adoraria minha referência a "Estado da União" em relação com os Stones.

Enquanto me aproximava dele no quarto 39H do Waldorf-Astoria, não sabia como ele ia reagir. Para captar seu bom humor, brinquei em cima do seu comentário sobre "museu de cera do rock".

"O que virá depois?", perguntei. "Madame Tussauds?"

"Isto é *pior*!", ele exclamou. Mas ao menos consegui fazê-lo rir. Trocamos algumas palavras por alguns minutos, e tudo foi bastante cordial. Fiquei longe de qualquer assunto relacionado com os Stones.

Durante todo o tempo em que estive no quarto 39H, não vi Mick e Keith se dirigirem a palavra. Quer dizer, até estarem saindo. Enquanto Mick vestia seu casaco, Keith se aproximou e soltou algumas piadas sobre os guarda-costas de Phil Spector. Os dois se abraçaram e disseram que ansiavam pelo momento a sós em Barbados. Ao menos estavam se falando. Mas, enquanto deixava o Waldorf, não estava mais perto de prever o futuro dos Stones (e, por consequência, o meu próprio) do que quando entrei.

Nas semanas seguintes, correu todo tipo de boato. Alguns eram fato, outros eram ficção e dois encontraram meios de chegar à mídia.

Boato Número Um: O promotor de show está pronto para carregar o caminhão. Ele está garantindo aos Stones 65 milhões de dólares — dinheiro adiantado — para eles pegarem a estrada.

Boato Número Dois: Os Stones farão uma turnê, mas sem Bill Wyman. Bill irá se aposentar, e, como um time de beisebol alternando sua linha, Woody assumirá o baixo, e Mick Taylor entrará na guitarra.

Queria saber o que Mick Taylor pensava sobre isso, então marquei uma entrevista com ele para o *Beggars Banquet*. Eu tinha me encontrado com ele poucas vezes ao longo dos anos, mas nunca cheguei a conhecê-lo. Video James tinha seu telefone e nos colocou em contato.

Mick estava morando na Cornelia Street com sua esposa, Val, num apartamento modesto. Fiz a entrevista na cozinha, que estava ligada à sala de estar. Sua estatueta da Calçada da Fama estava sobre a lareira, a poucos metros de distância.

Por mais agradável que Mick fosse, não dava para descrevê-lo como um saco de risadas. Não sei se era por causa do enfoque das minhas perguntas ou seu jeito de ser, mas ele me pareceu muito introspectivo.

Ele reiterou o que sentia sobre a cerimônia da Calçada da Fama — de que foi "um privilégio e uma honra ter participado" — e refletiu sobre como foi bom rever os outros stones. Ele explicou que estava em contato com Keith — ele inclusive teve participação numa faixa do *Talk Is Cheap* — e que se tornou amigável com Woody ao longo dos anos. "Os Stones encontraram o cara perfeito para me substituir."

Mas, no que concerne a Mick Jagger, ele revelou: "Realmente não tenho falado [com ele] desde que saí [em 1974]. Na cerimônia da Calçada da Fama, foi muito superficial. Estive com ele apenas cinco minutos antes de subirmos e depois o vi no palco. Foi basicamente isso."

Perguntei-lhe sem rodeios se ele faria turnê com os Stones se fosse chamado.

Antes de mais nada, ele deixou claro que *não* havia sido abordado e que não esperava que o fizessem. "*Mas*", ele complementou, "se os stones alguma vez me chamassem para participar de uma turnê, é claro que diria que sim. Porque me lembro de como adorava estar com eles."

Ok, então por que saiu?

"Frustração de forma geral. Não poder tocar guitarra tanto quanto gostaria, ou tão expressivamente quanto gostaria. Não que houvesse algo errado com o que fazia nos Stones... Mas não posso dizer que me via ali pelo resto da vida."

Perguntei a ele se ele experimentou a "crise de abstinência" depois de sair.

"Sim, experimentei. Não vou dizer que foi a coisa mais inteligente a se fazer, deixar a banda de rock'n'roll de maior sucesso no mundo. Mas, ao mesmo tempo, não tinha dúvida de que era o que tinha que fazer, e procurar outras coisas, apesar de não saber exatamente o quê."

Sem dúvida, nos 15 anos desde que ele havia deixado os Stones, não havia nada no seu currículo tão conhecido pelo público — ou lucrativo — quanto a banda. Um álbum solo que não saiu do lugar e algumas apresentações em boates que ninguém comprou; fez turnês na metade dos anos 1980 com Jack Bruce, John Mayall e Bob Dylan, mas apenas como apoio e tinha esperança de lançar outro álbum solo, mas informou: "Não tenho tido muita sorte em fechar acordo com alguma gravadora."

Ele disse não guardar arrependimento algum em relação à saída dos Stones, mas ainda me sentia mal por ele. Em 1989, qualquer pessoa com alguns trocados ou marcos alemães conseguiria contratá-lo. Sei disso porque minha caixa postal ficou abarrotada de álbuns horríveis, de bandas horríveis procurando um espaço de divulgação. "Querido sr. Bill German", escreviam. "Poderia, por favor, escrever em seu fanzine sobre a participação de Mick Taylor em nosso novo disco? Chama-se *We Love the Blues*, e somos de Frankfurt, e nossa banda é a Blues Lovers, e a canção na qual ele toca é chamada de 'The Blues Are the Best'." Recebi tantos recados desses que era possível encher dois andares do Tower Records com eles. E, apesar da grandeza de Mick na guitarra, até ele não conseguia apagar a pura mediocridade delas. Ele fazia isso pela grana e nada mais.

Enquanto olhava seu apartamento, comparei sua vida à de Woody, o cara que o substituiu. Para Woody, a noite no Waldorf não era nada mais do que uma desculpa para se divertir. Ele jogava aquele troféu como se fosse um brinquedo e, da forma como o conheço, provavelmente se esqueceu de levá-lo. Alguma camareira do Waldorf provavelmente está com ele hoje. E, se o que andavam falando era verdade — aquilo sobre os Stones receberem 65 milhões de dólares adiantados — Woody estaria lá para receber uma quantia de sete ou oito dígitos naquele ano. A perda de Mick Taylor foi o ganho de Woody. É assustador pensar sobre como as decisões que tomamos na nossa juventude podem ter impacto sobre o resto de nossas vidas. Mick tinha apenas 26 anos quando deixou os Stones, a mesma idade que eu tinha quando me sentei no seu apartamento nesse dia.

Depois de abotoar meu casaco, dei alguns passos até a lareira para ver seu troféu da Calçada da Fama de perto. Estava em perfeitas condições e parecia que havia sido recentemente pintado de amarelo.

Instigado pelo Baba Booey de Howard Stern, Mick imobiliza Keith numa chave de braço na Grand Central.

20

CARTA FORA DO BARALHO

Os Stones pediram para encontrá-los na Grand Central Station por volta de meio-dia. Era dia 11 de julho de 1989, e eles anunciariam sua próxima turnê *Steel Wheels*.

Normalmente, a sala de espera da Grand Central era o refúgio para viajantes cansados e desabrigados. Mas, neste dia, ela estava tomada por trezentos jornalistas, ansiosos por uma declaração importante ou uma sessão de fotos. Não havia ar-condicionado, e o calor estava insuportável. Tivemos que sofrer ao longo do discurso do promotor de eventos e um dos patrocinadores da turnê. A repórter da NBC parecia que ia desmaiar e o da CNN estava enxugando as sobrancelhas com a gravata. Como todo mundo, eu estava usando o kit de imprensa da *Steel Wheels* para me abanar.

Os relações-públicas dos Stones escolheram a Grand Central devido à alusão às "rodas de aço" do trem e porque acharam que isso igualaria à animação da banda na conferência de imprensa de 1975, quando tocaram "Brown Sugar" atrás de um caminhão na Fifth Avenue. No cenário de 1989, os Stones entrariam sobre rodas na Grand Central, em um vagão e depois responderiam a algumas perguntas. Sem música.

Teria ficado visualmente muito bom se tivessem conduzido a conferência de imprensa detrás daquele vagão, como um daqueles discursos de parar o trânsito de Teddy Roosevelt, mas não. Em vez disso, tivemos que assistir aos Stones numa tela de vídeo enquanto eles desembarcavam do trem. Não os vimos em pessoa até virem pelo corredor e adentrarem a sala de espera. Isso cortou um pouco o clima e nos fez pensar por que os Stones não se encontraram conosco em algum outro lugar com ar-condicionado.

Quando eles finalmente se juntaram a nós naquele inferno de cem graus, Mick ficou só com sua blusa de baixo e disse: "Minha máscara está derretendo." Keith perguntou se alguém precisava de uma toalha. Os Stones responderam às perguntas da imprensa, incluindo uma lançada pelo Baba Booey de Howard Stern. Ele queria saber se Mick e Keith haviam solucionado suas rixas. Mick correu até Keith, deu uma chave de braço nele, e disse: "Não temos brigas! Temos desentendimentos!"

Depois vieram as perguntas cansativas que os Stones já esperavam: "Esta será a última turnê?", "Quanto vão ganhar?", "Esta será a última turnê?". Quando uma repórter perguntou se estavam embarcando nessa pela grana, Woody satirizou: "Não, esse é o The Who!", e Keith proclamou: "Estamos nessa pela glória, querida, pela glória!"

Bill Wyman passou a maior parte da conferência de imprensa olhando para o relógio. Mas, quando alguém perguntou se os Stones tinham energia suficiente para sobreviver à turnê, ele respondeu sem pestanejar: "Pergunte à minha esposa!" Foram as únicas palavras que ele falou naquele dia, mas eram três palavras a mais do que Charlie.

A aparição dos Stones por inteiro durou 15 minutos. Esbarrei em Jane na saída e agradeci por ela ter me arrumado um crachá de imprensa. Também perguntei sobre a possibilidade de entrevistar Keith para minha edição de "pré-estreia da turnê". Imaginava que seria tão fácil quanto a entrevista prévia com ele — Keith acorda certa tarde e pede a Jane para chamar Bill German —, mas ela disse: "Sou apenas a empresária de Keith. Não trabalho para a turnê. Se quer entrevistar Keith, precisa falar com a Rogers & Cowan." Ela me deu o número de contato e avisou que desta vez eu estava sozinho.

Rogers & Cowan era a nova agência de publicidade dos Stones. Após ter construído um relacionamento com o relações-públicas dos Stones de longa data, Paul Wasseman, eu agora tinha que recomeçar do zero.

A demissão de "Wasso" chocou o mundo publicitário. Ele era considerado uma lenda nesse meio — entre seus primeiros clientes estavam Bob Hope e Frank Sinatra —, e sempre nutriu excelentes relações com a imprensa. Por uma década e meia, ele esteve presente durante cada alto e baixo dos Stones. Quando Keith foi preso por drogas em Toronto, Wasso estava lá. Quando os Stones tocaram atrás do caminhão, Wasso estava lá. Quando a banda quase foi presa em San Antone, Wasso estava lá.

Wasso brincava com a cabeça de jornalistas muitas vezes, mas pelo seu próprio bem. Em 1975, ele convocou a mídia a um restaurante na Fifth Avenue. Ele montou cinco microfones, presumivelmente para os Stones anunciarem sua nova turnê. Os repórteres e os fotógrafos clamavam por um bom lugar e aguardavam a chegada da banda. De repente, a melodia de "Brown Sugar" começou a ser ouvida do lado de fora do restaurante. Todos se viraram e olharam para fora da janela. Ali, atrás de um caminhão de reboque, estavam os Rolling Stones, fazendo uma apresentação ao vivo. Todos agarraram suas câmeras e correram para o lado de fora. Depois de "Brown Sugar", Mick jogou os panfletos do itinerário da turnê, e a banda saiu sobre rodas. Cada jornalista voltou ao seu escritório com ótimas imagens e uma história fantástica. Eles não responderam uma pergunta sequer, mas conseguiram transmitir sua mensagem. Muito diferente desse ocorrido na Grand Central, que se limitava a uma punição cruel e incomum e não oferecia um único fator de deslumbramento.

Wasso tratava meu pequeno fanzine como se fosse o *New York Times*. Ele me supriu com ingressos extras e entradas para os bastidores da turnê do *Talk Is Cheap* de Keith e do projeto com Chuck Berry em St. Louis. E toda vez que falava com ele, ele me engajava em algo engraçado e diferente, como: "Onde está o melhor sanduíche de carne de boi enlatada, Bill? No Katz's ou na Second Avenue?" Tudo o que sabia era que, se Wasso estivesse na turnê *Steel Wheels*, teria sido uma jornada agradável para mim. Keith queria manter Wasso por perto, mas Mick quis tirá-lo. De acordo com as profissionais da indústria de relações públicas, Mick estava chateado com a quantidade de tempo que Wasso estava passando com seu outro cliente, o U2, e irritado com sua forma de lidar com a campanha do *Talk Is Cheap*. Mick achava que Wasso deveria ter prevenido os comentários incendiários de Keith sobre ele de chegar à imprensa. Mais do que isso, Mick achava que Wasso estava cobrando muito caro e que, aos 55 anos, estava muito velho. Mick queria alguém mais jovem e mais barato.

A Rogers & Cowan, pelo que fiquei sabendo, conseguiu o contrato com os Stones porque deu o menor preço. Isso não implica que não eram qualificados, implica somente que eram os menos caros. Haviam recentemente perdido alguns artistas de rock de grande renome e estavam desesperados para fechar com os Stones.

É claro, se Mick não estivesse motivado pelo dinheiro em jogo, a turnê *Steel Wheels* talvez não tivesse acontecido em primeiro lugar. Foi preciso a quantidade certa de dinheiro, do cara certo, para conseguir fazer a banda esquecer suas desavenças.

Michael Cohl era um produtor de eventos relativamente desconhecido e ousado do Canadá. Ele fez aos Stones uma oferta irrecusável. Uma oferta que mudou para sempre o negócio de shows de rock.

Cohl começou sua carreira dirigindo um bar de *striptease* em Ottawa chamado Caixa de Pandora. Depois começou a promover shows dentro e em torno de Toronto. Em 1973, ele criou uma empresa chamada CPI, ou Concert Productions International, e se tornou o melhor empresário do Canadá. Porém, ele continuava desconhecido nos Estados Unidos.

Nos anos de 1980, ele decidiu arriscar. Ganhou força financeira fazendo parceria com o Labatt's, o mestre da cerveja. Sob uma nova denominação, chamada de BCL, ele abordou a banda mais famosa do rock'n'roll e lhe garantiu 65 milhões de dólares. Para os Stones, não importava se *três* ingressos ou três *milhões* de ingressos fossem vendidos, eles pegariam sua grana, sem risco, mais uma grande parcela dos lucros.

A oferta de Cohl chamou a atenção. Os empresários dos Stones — e pode incluir Mick nesse contigente — ficaram totalmente embasbacados. Informaram aos que tentavam competir com Cohl, o lendário Bill Graham, a nem se incomodar em dar um lance.

Graham havia promovido a turnê anterior dos Stones e esperava fazer o mesmo em 1989. Ele apelou diretamente a Mick e lembrou-lhe de como ele dera o sangue, suor e lágrimas pela banda. Sua lealdade não contava de nada? "Estou fazendo esta turnê por uma razão", Mick supostamente lhe falara. "O dinheiro. E os números serão melhores [com Cohl]."

Em troca dos 65 milhões, os Stones deram a Cohl os direitos de licenciamento de todas as facetas da turnê. Ele e a BLC seriam os donos do nome *Steel Wheels*, assim como a imagem e a logo dos Stones, por toda a duração daquela jornada. Coorporativamente falando, os Stones venderam tudo.

A prioridade inicial da BCL era receber seu investimento de volta, e, para fazer isso, Cohl deu passos ousados e inovadores. Para melhor ou pior — a maioria dos fãs diria que para pior —, ele revolucionou a indústria de shows.

Para começar, cobrou trinta dólares por ingresso. Essa quantia parece ridícula hoje, mas era um *absurdo* em 1989. Nunca ninguém cobrou tanto, principalmente por um show num estádio. Na turnê anterior, os fãs pagaram 15 dólares pelo Madison Square Garden. Mas isso eram oito anos atrás. Cohl estava contando com a *nova* demografia dos Stones — o fã de rock maduro, com um bom emprego e renda para gastar — a soltar a grana.

Em seguida, Cohl fechou acordos de patrocínio de arregalar os olhos e lançou uma campanha de *merchandising* crassa. As jaquetas do *Steel Wheels* estavam agora à venda na Macy's e na JCPenney por 450 dólares.

Por último, Cohl tirou do jogo os promotores locais que tinham relações com os Stones desde os anos 1960. Cobrindo todos os custos locais, como a segurança nos estádios e a apólice de seguro, Cohl não tinha que dividir os lucros. Mas, ao contrário de outros modelos de negócios, nos quais cortar os gastos menores com intermediários significaria preços *mais baixos*, Cohl estava pedindo que os consumidores pagassem *mais*. Ele tinha interesse em deter o monopólio sobre os Rolling Stones, o que o tornava indomável e impossível de ser desafiado.

Assim como no caso de Wasso, eu sabia que, se tivesse sido Bill Graham dirigindo a turnê, eu estaria destinado a uma jornada mais tranquila. Tinha me encontrado com Graham poucas vezes, mas mesmo assim ele se identificou com a ética do *Beggars Banquet* para com o público. Assim como eu, ele dava aquele gás extra pelos consumidores, independente do que iria ganhar. Lidava com acordos de negócio num nível pessoal e, com frequência, entregaria rosquinhas aos fãs que esperavam na fila.

Na última turnê dos Stones, Graham mostrou que sabia que o ingresso em si era parte da experiência do show. Então, independente de você assistir aos Stones no Tangerine Bowl ou no Candlestick Park, seu ingresso vinha com o design do álbum *Tattoo You*. E quando alguns fãs em Illinois lhe entregaram uma petição, alegando que os Stones deveriam tocar em sua cidade, ele realmente lhes respondeu: "Estamos encantados pelo convite na petição. Nós aceitamos." Ele fez reserva para os Stones no Metro Center de nove mil lugares em Rockford e o público era inteiramente composto por assinantes da petição — uma forma de presentear fãs extremados dos Stones pela paixão e lealdade. Em cada ingresso, em vez do nome do patrocinador, estava escrito: "Os fãs de música de Rockford apresentam os Rolling Stones".

Outra história de Graham envolve a bota de Keith. Os Stones estavam prestes a entrar no palco quando um dos saltos de Keith saiu. Graham revirou os bastidores até encontrar alguém com um salto semelhante. Ele pagou cem contos a um estranho, arrancou o salto e se sentou em cima dele, prendendo a nova peça à bota de Keith.

Na turnê *Steel Wheels*, cada ingresso era uma impressão impessoal de um computador Ticketmaster, e eu não conseguia imaginar alguém da BCL consertando os sapatos de Keith, muito menos dando corda a uma petição de fãs. Keith preferia ficar com Graham, mas ele sabia exatamente que batalhas travar com Mick e, no final, perdeu no voto. Graham e Wasso *fora*, BCL e Rogers & Cowan *dentro*.

Um dia depois da Grand Central Station, telefonei para a Rogers & Cowan e requeri uma entrevista com Keith. Eles não me conheciam, então tive que me apresentar.

"Agora me diga *de novo*", disse a secretária. "De *qual* revista você é?"

Eu me encolhi enquanto ouvia a mim mesmo. "Bem, não, é um boletim informativo, o jornal oficial dos Stones."

Ela não fazia a menor ideia do que eu estava falando, mas disse que deixaria um recado para Linn, a chefe de relações-públicas.

Ao longo das duas semanas seguintes, tentei falar com a tal de Linn, sem sucesso. Após 11 anos de *Beggars Banquet*, sentia como se não tivesse nada de valor em que me apoiar. Keith falou sobre mim na TV nacional naquele verão, e, ainda assim, isso não ajudou na minha causa. A MTV mostrou o *Beggars Banquet* como parte do seu programa *Week in Rock* e exibiu declarações dos Stones. "Conheço Bill German muito bem", Keith falou para Kurt Loder da MTV. "De onde acha que ele consegue informação?"

Infelizmente, ninguém na Rogers & Cowan assistiu a este vídeo, então concluíram que eu era algum psicótico delirante: "Aquele garoto do fanzine ligou novamente. Ele acha que Keith Richards está falando dele na TV."

A grande ironia era que a Rogers & Cowan era a agência que o empresário de Woody havia contratado dois anos antes para fazer a publicidade do *The Works*. Ou seja, a Rogers & Cowan havia *me* representado. Mas, para meu azar, ninguém que trabalhara na conta de Woody em 1987 ainda estava na firma em 1989. A outra grande ironia é que eu tinha contribuído na confecção do próprio kit de imprensa para a turnê *Steel Wheels* feito pela Rogers & Cowan. Fui contratado pela CBS Records para escrever a história dos Stones em vinte páginas, que depois foi inserida no material da Rogers & Cowan, e vinha com minha autoria. "Meu nome está no seu kit de imprensa", informei à secretária.

Por fim, algo deu um estalo por lá. Uma garota chamada Jill telefonou e disse que eu estava com sorte. "Não podemos deixá-lo entrevistar Mick e Keith, mas podemos deixá-lo entrevistar Ron Wood."

"*Aceito*", respondi. "Qual o melhor caminho até Wykeham?"

Por "Wykeham" eu estava me referindo ao espaço temporário para os ensaios dos Stones, Wykeham Rise, na pacata cidade de Washington, em Connecticut.

"Não", disse Jill. "Retornaremos sobre quando e onde. Só queria deixar você a par de que recebemos seus recados e que, sim, poderá entrevistar Ron Wood."

Duas semanas se passaram e nada foi marcado. Nesse meio-tempo, conversei com Woody pelo telefone. Ele me convidou a uma área reservada — "Faremos a entrevista no *meu* quarto" —, mas recusei.

Sabia que era financeiramente desaconselhável burlar a autoridade de alguém, então continuei aguardando.

Em meados de agosto, os Stones mudaram suas operações para Long Island. Estavam hospedados no Garden City Hotel e ensaiando no Nassau Coliseum. Perguntei a Jill: "Devo ir a Long Island?", mas ela respondeu: "Ainda não sabemos."

Um mês havia se passado desde o meu pedido inicial e comecei a duvidar se aconteceria mesmo. Milhares dos meus leitores estavam aguardando minha edição de "pré-estreia da turnê", mas tive que deixá-los esperando. Estava me sentindo preso.

No final de agosto, os Stones mudaram de local novamente: desta vez para a Filadélfia, a primeira parada da turnê. Faltavam dois dias para o show de abertura quando meu telefone finalmente tocou. "Pode entrevistar Ron esta tarde", disse Jill.

"Entrarei no próximo trem", respondi.

"Não. A entrevista será pelo telefone. Poderá ligar para o quarto de Ron em algumas horas, provavelmente por volta das três."

Falei para ela que preferia entrevistá-lo pessoalmente a usar o telefone, mas disse que havia conseguido um encaixe para mim "via fone". Quando ela me ligou às três da tarde, ela disse: "Ok, estou transferindo a ligação para Ron neste momento. Você terá dez minutos." Woody atendeu na outra linha e disse: "Você deveria estar aqui. O serviço de quarto acabou de enviar algumas bananas." E eu respondi: "Sim, eu *deveria* estar aí."

Era estranho entrevistá-lo a 144 quilômetros de distância em vez de trinta centímetros. Seu comentário sobre a banana era uma reafirmação dos nossos bons velhos tempos na 78th Street, quando nos sentávamos em sua cozinha, bebíamos Jack Daniel's e abríamos a porta para Stevie Ray Vaughan. Se estivesse com fome, ele me dizia para pegar uma banana.

Perguntei a ele sobre os ensaios para a *Steel Wheels* e ele disse que a canção "You Can't Always Get What You Want" estava lhe dando trabalho. "Estamos fazendo exatamente como no álbum, com todos os arranjos e crescendos. Em 1981, começávamos a tocá-la e meio que improvisávamos... Mas agora temos que trabalhar em cima dessas limitações... Essa canção tem muitas nuances para eu dar conta."

Perguntei se ele estava nervoso.

"Sim, *estive*. Fiquei doente por alguns dias, mas agora estou pronto."

Perguntei sobre os preços absurdos dos ingressos.

"Bem", ele suspirou, "as pessoas com certeza receberão pelo que pagaram, não apenas da nossa parte, mas do pessoal da pirotecnia, os infláveis. E estamos com o maior palco já montado."

E a campanha crassa de *merchandising*?

"*Moichandising*? Acho divertido. Nunca imaginei que algum dia o *merchandising* — *moichandising* — se tornaria tão grande quanto ele é hoje no rock'n'roll. Mas talvez saia algo bom disso tudo."

Falei que soube de certa regra desta turnê de estar "limpo e sóbrio". Sem drogas, sem bebida.

Ele pulou a parte sobre drogas, mas falou da questão da bebida. "Bem, nós estamos sendo patrocinados pela Budweiser e pela Labatt's, então esse negócio sobre álcool não é exatamente verdade. Mas nós *temos* maneirado bastante."

A Budweiser, deve-se levar em consideração, desembolsou o valor representativo de dez milhões de dólares como o principal patrocinador da turnê. Seu nome estava em cada um dos ingressos — "A Budweiser apresenta os Rolling Stones" — e podia usar o nome deles e sua imagem em pôsteres, sinais de néon e *displays* promocionais. Até o final de 1989, não era possível entrar num bar sem ser lembrado das núpcias Stones-Bud.

Por cinco milhões de contos, a MTV pôs seu nome nos ingressos também, num acordo que também lhe garantiu o direito de televisionar a turnê. Foi por isso que ela ficou com a cobertura ao vivo exclusiva da conferência de imprensa na Grand Central e o motivo pelo qual os Stones apresentaram "Mixed Emotions" no MTV Video Awards. Também foi por isso que participaram dos programas *Week in Rock* e *Rockumentary* da emissora.

Até corridas de ônibus estavam à venda nessa turnê. Uma empresa chamada Event Transportation Systems comprou o "direito de transporte de fãs" por um milhão de dólares. Ela ofereceu aos fãs o pacote transporte mais ingresso para vários shows. Tratava-se de uma viagem de ônibus que normalmente custaria dez contos, combinada com o ducado legalmente avaliado em trinta, porém, como um pacote, a ETS estava cobrando de oitenta a noventa dólares por passageiro. Presumivelmente, eles estavam lucrando sobre as corridas, não sobre os ingressos.

Levando em consideração que tudo nesta turnê vinha com um rótulo de preço, achei que tive sorte de minha entrevista por telefone não ter me custado um tostão. Antes de terminar minha ligação com Woody, ele perguntou se eu iria à Filadélfia para o show de abertura.

"Eu não perderia por nada neste mundo", falei para ele.

"Isso é bom", ele disse. "Então dê uma passada no meu quarto. Guardarei algumas bananas para você."

Era reconfortante saber que, apesar de todos os obstáculos e intermediários, ainda tinha Woody do meu lado. Mas, ao mesmo tempo, não podia deixar de pensar: se os Stones descartaram dois caras como Wasso e Graham — dois caras que haviam mostrado lealdade à sua banda e eram reconhecidos como lendas em suas áreas —, então o que poderia estar reservado para alguém como *eu*?

Escoltado por policiais e guarda-costas,
Mick (com boné de beisebol) deixa o Toad's Place.

21
OS GUARDIÕES

Navegar pela turnê de *Steel Wheels* envolvia mais sacrifícios do que eu esperava. Justo quando pensava que havia manjado tudo — estabelecendo contato com os novos relações-públicas e o novo promotor de turnê dos Stones —, dei de cara com outra barreira: os guarda-costas. O muro mais impenetrável de todos.

A diferença entre os guarda-costas dos Stones e o outro pessoal era que os primeiros deixavam claro imediatamente onde você estava pisando — ou onde *não* deveria pisar. Não havia secretárias com quem deixar mensagens ou mero sinal de que dariam algum retorno. As respostas dos guarda-costas eram rápidas, diretas e às vezes... ai!

Esses caras eram os guardiões. Os árbitros que detinham a palavra final sobre quem entra ou não. Não era aconselhável provocá-los ou começar com o pé esquerdo com eles.

Já eu, comecei com o pé esquerdo.

Em 12 de agosto de 1989, o toldo no Toad's Place dizia, "Noite Dançante de Rock, $3". O Toad's era uma boate em New Haven, Connecticut, que divulgava "noites dançantes de rock" de tempos em tempos. Nesta noite, porém, falharam ao mencionar os Rolling Stones.

O lançamento da turnê *Steel Wheels* estava se aproximando rapidamente, e os Stones queriam fazer um teste frente a um público ao vivo. O Toad's tinha capacidade para apenas cinco mil pessoas, então ficaria um pouco apertado e poderia funcionar apenas em segredo.

Na noite antes do show, estava ao telefone com Woody e ele disse que me conseguiria uma vaga. "Você veio em boa hora", ele complementou. "Porque JC [o chefe de segurança dos Stones] passará pelo meu quarto. Darei seu nome, e ele o colocará na lista. Mais ninguém. Estão deixando a gente colocar apenas alguns nomes, e Keith já tem quarenta!"

Minutos depois, Video James me telefonou. Ele insistiu para que eu ligasse de volta para Woody e conseguisse colocar o nome *dele* na lista também. Falei que isso não seria educado. "Woody e eu deixamos tudo acertado, e não quero importuná-lo." Mas Video James ficou apelando — "Quem ajudou você nos velhos tempos?" —, então eu finalmente tive piedade.

"Woody, oi. Sou eu de novo. Desculpa incomodar. Sei que não é para chamar mais ninguém, só que recebi uma ligação de Video James. Você pode colocar o nome dele na lista também?"

"Video James quer vir? Bem, pode perguntar então a JC, que ele acabou de entrar." Woody passou o telefone para ele. "Quem está falando?", ele quis saber.

"Hum [gulp], Bill German."

"E você é amigo de Video James?"

"Hum, sim."

"E gostariam de vir ao show amanhã?"

"Aham."

"Bem, então você e Video James me encontrem do lado de fora da boate." Click.

Na noite seguinte, 12 de agosto, Video James e eu dividimos uma limusine de Manhattan até New Haven com seis amigos de Keith. Quando chegamos ao Toad's Place, o local parecia fora de controle. A informação havia vazado pela estação de rádio da Universidade de Yale, então centenas de fãs lotavam a York Street. Acompanhados por vans de reportagem, carros de polícia e caminhões dos bombeiros. Um sargento com um megafone mandou todo mundo dispersar. "Não estão vendendo mais ingressos!"

Os dois mil que chegaram primeiro realmente conseguiram entrar pela quantia de três dólares, mas, além dessa cota, era preciso estar na lista de convidados. Video James, os amigos de Keith e eu conseguimos fazer nosso caminho pela multidão e chegamos à porta de entrada. Uma garota magra com uma argola no nariz estava segurando uma prancheta. Ela trabalhava para a boate, não para os Stones, e não parecia animada por estar ali. Os amigos de Keith deram seus nomes e entraram. Falei meu nome e recebi de volta: "Desculpa, você não está na lista."

"Talvez tenham escrito German com um 'J'", sugeri. "Pode checar novamente?"

"Não, não está aqui. Pode sair do caminho, por favor?"

"Espera, tem certeza de que essa é a lista da *banda*? A lista de *Ron Wood?*"

"Olha, há apenas duas listas. A lista da banda e a lista da casa. E você não está em nenhuma delas."

Video James apelou para JC. Mas JC estava parado perto da porta dos fundos, atrás de uma barricada e era impossível chamar sua atenção. Ele estava com o ouvido colado a um rádio-falante e estava ocupado com sargentos da polícia e capitães dos bombeiros.

Então Video James se aproximou da Garota da Argola no Nariz esgotada, deu uma olhadela na sua lista de convidados e usou o nome de outra pessoa. Ela não estava pedindo documento de identidade, então deu certo. Eu o observei entrando e desaparecendo dentro da boate. Todos que estavam conosco no carro entraram, exceto eu.

A cena na York Street permaneceu caótica. Tiras, bombeiros, equipes de reportagem, fãs — não consegui nem chegar perto de JC. Eu estava resignado em ter que ficar lá fora durante o show. Sentei na beira da calçada, pensando no que havia dado errado.

Começou com o fato de JC nunca ter ouvido falar sobre o *Beggars Banquet* e não saber quem eu era. Ele morava na Inglaterra e seus serviços de guarda-costas não foram requisitados quando eu estava nas casas dos Stones em Nova York. Por outro lado, ele realmente conhecia Video James, dos acordos que tinham fechado no passado. Lembra-se dos Walkmans da Sony na turnê de 1981? Aquele era JC. Video James encontrava um monte de fãs que quisessem ingressos e depois agia como um intermediário. JC recebia seus Walkmans (ou às vezes dinheiro), os fãs recebiam seus ingressos e Video James recebia sua "comissão" na forma de um ingresso gratuito e uma entrada para os bastidores. O ponto é que, em vez de me associar a algo legítimo, como ser o coautor de Ron Wood, JC me associou a Video James. Ele presumia que eu era um fã desesperado em cima do qual poderia lucrar. Não colocou meu nome na lista de convidados e minha entrada no Toad's dependia de uma negociação de última hora entre ele e Video James.

A coisa toda me deixou muito triste. Os Stones estavam fazendo seu primeiro show nos Estados Unidos em oito anos, mas o melhor que conseguiria dar aos meus leitores era um relato de segunda mão. Decidi me levantar da beira da calçada e fazer uma última tentativa com a Garota da Argola no Nariz. "Sei que você ouve isto o tempo todo", eu disse, "mas eu *realmente* deveria estar nessa lista. Ron Wood me disse que sim. Escrevi um livro com ele e tenho publicado o boletim oficial dos Stones há 11 anos. Há centenas de pessoas aí dentro que podem confirmar o que digo. Pode até perguntar a Ron Wood e Keith Richards. Pergunte a eles se Bill German deve estar dentro ou fora deste show".

Nesse momento, ela percebeu que eu não estava mentindo. Ela abaixou a prancheta e, exasperada, disse: "Vá! Vá de uma vez! Mas se descobrir que está mentindo, envio alguém aí dentro para pegá-lo!"

O show foi bem especial. "Temos tocado para nós mesmos", Mick falou à multidão, "então é legal finalmente tocar para *pessoas*". Eles tocaram onze canções, incluindo "Little Red Rooster", "Start Me Up" e a nova, "Mixed Emotions". Erraram um bocado, mas isso dava apenas um toque a mais à atmosfera íntima e ao seu carisma. Ao final do show, Mick soltou beijos para o público, e Keith apertou a mão dos fãs na frente do palco.

Assim que voltei ao meu apartamento, dei início a um boletim especial sobre o show, dando furos de reportagem tanto para a *Rolling Stones* quanto para o *Week in Rock*. Eu adoraria poder dizer "Tudo vai bem quando termina bem", mas não posso. Porque o que aconteceu no Toad's se repetiu por toda a turnê. Só porque Keith e Woody me convidaram a algum lugar, não significava que conseguiria entrar. Ainda precisava ser colocado numa lista de convidados ou ser deixado passar por uma porta, normalmente patrulhada por JC e seus capangas animalescos. Eles tinham a palavra final quando o assunto era conseguir entrar, e, no seu mundo, os mais fortes e poderosos é quem mandam.

STEEL WHEELS...
Vol. 2
The Rolling Stones
No.17
BEGGARS BANQUET
Get
Rolling!

22

O INGRESSO ESTÁ NA MEDIDA

Assim que entrei no quarto 227 do Four Seasons, tinha certeza de que esta não era uma das turnês dos Stones sobre as quais tinha lido na metade dos anos 1970 nas revistas *Creem* ou visto em filmes como *Cocksucker Blues*. O quarto registrado sob o nome do sr. Simon Templar, vulgo Ron Wood, estava empesteado de bombons, confetes e balões da *Vila Sésamo*. As *groupies* e as seringas estavam claramente ausentes, substituídas por bonecas Barbie e aviões de brinquedo.

"Fizemos uma festa para as crianças", Woody explicou. "A última farra delas antes da volta às aulas."

Era dia 31 de agosto de 1989. Em poucas horas, 56 mil fãs estariam se aglomerando no Estádio dos Veteranos na Filadélfia para o lançamento oficial da *Steel Wheels*. Eu havia chegado à cidade naquela manhã de trem e ido direto ao Four Seasons, onde chamei o sr. Templar pelo telefone. "Pode subir", ele dissera.

Jo abriu espaço para mim no sofá removendo os brinquedos das crianças. Desde a última turnê da banda, três dos Stones (Mick, Keith e Woody) tinham gerado um total de cinco crianças. A piada corrente, disse Jo, era que a turnê requeria uma creche.

Woody me ofereceu uma banana da fruteira, e recusei. Mas quando Jo disse: "Ah, vá lá, você sabe que está querendo uma!" Aceitei em nome dos velhos tempos. Enquanto a descascava, dei uma olhada na lista do conjunto de músicas que iriam tocar naquela noite; foi Woody mesmo que colocou no meu colo para eu poder ver. A canção de abertura era "Start Me Up" e o *finale* seria "Jumpin' Jack Flash".

Woody já estava sentindo o nervoso. "Mas estaremos bem assim que passarmos pelos primeiros dois ou três números."

Olhei a lista toda e gravei na memória: segunda canção, "Bitch"; terceira, "Shattered". Estava impressionado de ver 28 canções na lista, incluindo surpresas como "2000 Light Years". Os Stones iam explorar todas as tangentes de sua carreira, desde blues e country até *disco music* e o estilo psicodélico. "Vinte e oito canções deve ser um recorde num show dos Stones", pensei. "Vocês irão realmente *tocar* todas essas?"

"Esse é o plano", ele disse. "Ou ao menos morreremos tentando."

Do quarto de Woody, fui direto à Mulher dos Ingressos. Acredite ou não, os Stones contrataram alguém para vender ingressos para amigos e membros da família. Repito: para *vender* ingressos aos amigos e à família, não *dar* ingressos aos amigos e à família. Como parte do acordo entre os Stones e Michael Cohl, não haveria absolutamente nada gratuito nesta turnê. Até as esposas tinham que pagar.

Fiquei sabendo sobre essa política quando telefonei para o escritório de Jane Rose e pedi um ingresso para o show de abertura da turnê. Seguindo sua nova conduta, ela me encaminhou para outro lugar, desta vez para Shelley Lazar, a Mulher dos Ingressos.

Shelley estaria viajando junto à turnê. Em cada cidade, ela montaria a bilheteria no seu quarto de hotel, onde amigos e familiares da banda adquiririam seus ingressos. A cada um seriam cobrados mais ou menos trinta dólares, mais uma taxa nominal referente ao salário de Shelley e seus custos de viagem. A vantagem de comprar por meio de Shelley era que não precisava pagar a mais a um cambista por um bom lugar. Ela normalmente lhe dava um lugar entre a 20ª e a 30ª fileira, o que não era nada mal para um show num estádio. (Esta turnê seria em estádios apenas, com uma exceção.)

Ao longo da turnê, Shelley vendeu dezenas de milhares de ingressos aos "íntimos" dos Stones, às vezes alguns milhares por um único show. E a parte divertida era que você nunca sabia com quem esbarraria em seu quarto. Um vez avistei Patti Hansen comprando ingressos para suas irmãs e Karis Jagger (a filha de Mick com Marsha Hunt) distribuindo dinheiro para suas colegas da faculdade.

As esposas e os filhos dos Stones, para dizer a verdade, *podiam entrar* nos shows de graça. Eles possuíam passes de "Acesso Liberado" que os permitiam entrar em todos os estádios. Mas não podiam pegar um assento na plateia sem pagar. Teriam que assistir ao show de um balcão para a imprensa ou se acomodar num lugar apertado ao lado do engenheiro de som dentro da cabine de mixagem.

Para a infelicidade de Shelley, nem todos que iam até seu quarto eram tão corteses quanto Patti Hansen ou Karis Jagger. Shelley tinha que lidar com pés no saco que lhe davam cheques sem fundo ou pagavam literalmente em moedas de 25 e de dez centavos. Alguns deles eram groupies que tinham encontrado alguém daquela comitiva. Garotas que masturbavam algum roadie em troca de uma referência. E, no final das contas, acabava sendo aquele tipo de pessoa que reclamava com Shelley do seu número de assento. "Falei para você que queria o do lado de *Keith*! Quero um reembolso!" Shelley ficou exposta às piores tendências do ser humano nesta turnê, mas nunca a vi perder sua disposição amigável. Ela costumava ser professora da quarta série em Nova York, então talvez tenha sido ali onde ela obteve sua paciência.

Ela me entregou um ingresso na 26ª fileira e um passe VIP que não havia pedido. "Vem com o ingresso", ela disse. Era um adesivo que vinha com a data, assim como as iniciais de Keith. "Você está com *ele*."

Do Four Seasons peguei um táxi até o estádio. Sentindo-me como um VIP, andei empertigado à entrada do palco. Logo descobri, contudo, que meu passe não me dava acesso aos Stones. Para isso, eu precisaria de um daqueles passes laminados iguais ao de Patti Hansen. Fiquei dentro de um quarto com as pessoas que *conheciam* os Stones, mas não *tão bem*. Como refeição leve, serviram-nos batatinhas envelhecidas e Budweiser morna, o rei de todos os patrocinadores dos grupo. Às nove horas, um guarda de segurança do estádio mandou esvaziar a área de trás do palco e tomar nossos lugares.

Apesar de o assento que Shelley me dera ser na 26ª fileira, acabei ficando no centro da fileira da frente. Alguns dos meus assinantes tinham um ingresso extra e me convidaram a aceitá-lo. Assim que as luzes se apagaram, todas as 56 mil pessoas no estádio se levantaram imediatamente. Uma fita da nova canção da banda, "Continental

Drift", jorrou das caixas de som. O som macabro da música, repleta de cantos marroquinos, nutria o sentimento de antecipação. Ela evoluiu para um crescendo quando — BUM! — houve uma explosão tão quente e tão alta que queimou as pontas de minhas sobrancelhas e estourou meus tímpanos. Quando a fumaça se dispersou, estava com os Rolling Stones bem ali na minha frente, entrando direto com "Start Me Up".

O resto do show não foi menos espetacular. Houve mais explosões, fogos, mais infláveis grosseiros que dariam um pé na bunda de qualquer balão da Macy's. Sem mencionar o palco de noventa metros que servia de parque de diversões para os Stones. A banda tinha escadarias para subir, rampas por onde andar e estava constantemente em movimento.

Para puristas como eu, a coisa poderia ter ficado muito parecido com o Kiss. Mas eu realmente fiquei vidrado na novidade. Tinha acabado de assistir aos Stones num pequeno bar, e isso seria para sempre minha preferência. Mas, pela duração da jornada da *Steel Wheels*, estava disposto a me adaptar. Para ver o quanto eles conseguiriam levando tudo em GRANDE escala. O show apresentou momentos dramáticos de todos os tipos — Mick emergindo de uma bola de fogo durante "Sympathy for the Devil" — e era diferente de qualquer show que eu já tinha visto.

Depois de "Start Me Up" e "Bitch", os Stones vieram com seu hino pós-punk, "Shattered". Chegaram à metade dele quando — *zap!* — tudo ficou escuro. Nenhuma luz, nenhum som, nada. Mick percebeu o que estava acontecendo e, como descrito no *Beggars Banquet*, "saiu correndo do palco". A plateia achou que isso fazia parte do teatro.

Os quatro Stones restantes estavam tão abismados quanto todos nós. Keith e Woody continuaram tocando, mas o som não saía. Charlie continuou tocando, mas apenas as primeiras duas fileiras conseguiam ouvi-lo. Quando Keith se deu conta do que estava acontecendo — ou *não* acontecendo —, ele começou a apontar para Bill Wyman e rir, sugerindo que havia sido culpa *dele*. Após receber orientação dos bastidores, eles deixaram seus instrumentos e saíram do palco.

Pelo que parecia uma eternidade, fomos mantidos na escuridão. Ninguém sabia o que estava acontecendo e começou a dar medo.

O show acabou? Devemos ir? Não havia um anúncio sequer para nos deixar a par da situação.

A grandiosidade da produção da *Steel Wheels* tinha feito com que parecesse invencível. Mas agora o navio indestrutível dos Rolling Stones estava afundando. Cinquenta e seis mil fãs estavam cada vez mais inquietos e começaram a cantar "Queremos os Stones!". Escombros foram arremessados no palco e comecei a temer um episódio tipo o The Who em Cincinnati[14]. Não me senti seguro na fileira da frente.

Após vários minutos, a energia foi restaurada e os Stones retornaram, recomeçando de onde tinham parado como se nada tivesse acontecido. Mick não deu explicações ou fez qualquer uma de suas piadas satíricas habituais. Para falar a verdade, pelo resto da noite, ele quase não falou com o público. Escrevi na minha edição seguinte que "a banda parecia distante".

Após o show, fui até o Four Seasons para uma recepção tranquila com Keith e Woody. Keith não sabia o que havia causado a falha na eletricidade, mas estava disposto a falar disso para o *Beggars Banquet*. Ele me contou por que estava apontando para Bill Wyman: "Fui até ele [durante 'Shattered'] e perguntei como tudo estava indo. Ele disse: 'Até agora, tudo bem.' E então, cinco segundos depois, bum, morre tudo."

Keith me providenciou seu último pseudônimo, sr. LaFaccia e me pediu para manter contato ao longo da turnê. A única forma de contatá-lo na estrada era estando a par dos seus nomes.

Depois de falar com Keith, foi natural ser levado a falar com Jane. Contei para ela que sempre fora meu sonho desde a infância seguir os Stones numa turnê e escrever um livro sobre isso. "Não um livro escandaloso relacionado a drogas", reforcei. "Mais um documentário ou um diário, como o que faço no *Beggars Banquet*."

[14] No dia 3 de dezembro de 1979, no Riverfront Coliseum, em Cincinnati, Estados Unidos, o Who começa a passagem de som, e a multidão, cada vez mais impaciente após esperar por horas do lado de fora no frio do inverno, pensa que o show já estava começando. A gerência da casa decide abrir somente duas das quatro portas de entrada, causando um empurra-empurra do público. Com o tumulto, 11 fãs morreram sufocados e pisoteados. A banda só fica sabendo da tragédia após o término do concerto.

"Esqueça", Jane disse. "A banda nunca vai aceitar isso."

Não sabia no que sua opinião estava baseada, mas não a questionei. Era apenas a primeira noite da turnê, então podia deixar essa ideia de molho. Minha *outra* ideia era muito mais imediata: apresentar um programa de rádio com músicas só dos Stones.

Sempre fantasiei sobre ser um DJ e já haviam me dito que eu tinha voz e dicção para esse papel, senão o rosto. Mas eu trabalhava no *Beggars Banquet* desde os meus 16 anos e nunca tive tempo de investir nesse caminho. Estava ocupado com impressões e agências de correio quando deveria estar fazendo estágio na WNEW ou fazendo chá para Howard Stern. Em 1987, porém, tentei usar meus conhecimentos sobre os Stones como entrada no negócio de rádio. Levantei a proposta de um "*Beggars Banquet* no ar", um programa semanal que veicularia notícias e histórias sobre eles. Sonhei com todas as canções raras que poderia pôr para tocar e com todas as transições inteligentes de um número musical para outro. Um programa semanal dos Beatles já existia, então não seria nada fora da realidade.

Dei a ideia para a D.I.R., a empresa que produzia o *King Biscuit Flower Hour*, mas fui ignorado. Então levei a proposta até a Westwood One, a maior estação de rádio dos Estados Unidos. Um executivo chamado Gary Landis gostou da minha fita demo e disse que consideraria levar minha ideia adiante "se os Stones voltarem a fazer turnê".

Ele cumpriu sua palavra. Em agosto de 1989, ele me ligou e me contratou. Queria que eu apresentasse um programa diário — não semanal —, no qual eu divulgaria notícias sobre cada parada da turnê *Steel Wheels*. Seriam apenas alguns poucos minutos por dia, mas eu estaria em centenas de estações pelo país. Traria as últimas notícias de cada show e o que acontecia nos bastidores, além de declarações dos Stones. A Westwood One me pagaria quinhentos dólares por semana e cuidaria dos custos de viagem. Um sonho de verdade tornado realidade.

Infelizmente, quando mencionei isso para Jane na festa, ela acabou com meu barato. "Esqueça", ela disse. "Não poderá fazê-lo." Ela me contou que o grupo tinha vendido os direitos sobre suas vozes faladas por um milhão de dólares. Ninguém exceto quem havia dado o maior lance poderia entrevistá-los na rádio. O pacote dos direitos de rádio da turnê, licenciado por meio de Michael Cohl, incluía a transmissão ao vivo em FM do show dos Stones em *pay-per-view*, assim como uma entrevista exclusiva de duas horas com a banda. Um bocado de estações de rádios competiram para fechar o acordo, mas ele fora abocanhado pela ABC.

"O que isso significa", disse Jane, "é que não poderá entrevistá-los na rádio. Nem por um segundo. E, se tentar, tiraremos você da turnê. Não podemos arriscar uma quebra de contrato".

De acordo com Jane, a Westwood One estava me contratando apenas porque estavam desesperados. "Estão à procura de qualquer pessoa que tenha acesso à banda. Então, pode trabalhar para a Westwood e fazer seu showzinho, mas não será permitido entrar em festas como esta, não receberá entrada para os bastidores como está usufruindo agora e não poderá comprar ingressos com a Shelley como conseguiu esta noite. A escolha é *sua*."

De manhã, telefonei para a Westwood One do meu quarto de hotel na Filadélfia. Em vez de subir meu primeiro relato ao vivo, falei para eles que estava fora. "Não vale a pena correr esse risco", eu disse. "Investi tempo demais da minha vida para chateá-los neste momento. Sinto muito, mas terei que ficar do lado *deles*." Melhor o diabo, entende.

No início daquele ano, Woody estava em Washington, D.C. para tocar com (da esquerda para a direita) o presidente George H. W. Bush, Lee Atwater e o "soul man" Sam Moore.

23
O SANTO

O grande Bob Bender estava estacionado do lado de fora do quarto de Woody. Não importava se o próprio Woody havia me convidado pessoalmente, eu ainda teria que passar por Bob. Era setembro de 1989 e estávamos no Omni Georgetown Hotel perto de Washington, D.C. Os Stones tinham acabado de deixar o palco do Estádio RFK.

Woody havia me dito para bater à sua porta depois do show, mas Bob estava sentado numa cadeira logo na frente, lendo um livro. Ele olhou para cima quando eu disse: "Oi, estou aqui para falar com o sr. Templar." O pseudônimo secreto de Woody não era uma senha exigida, mas eu precisava deixar claro que não era um estranho qualquer vindo da rua. Apesar de Bob ter trabalhado como guarda-costas dos Stones desde os anos 1970, ele ainda não tinha me conhecido até esse momento.

A primeira coisa que dava para notar sobre Bob Bender eram suas medidas. Em suas mãos, aquele livro de brochura parecia mais um selo postal. Ele era tão largo quanto alto e, com sua barba de homem do campo e seu rabo de cavalo, me lembrava o velho lutador chamado Haystack Calhoun. Após me interrogar, ele se levantou, pôs o livro na sua cadeira e mandou que eu esperasse no corredor enquanto verificava dentro do quarto. Cerca de um minuto depois, ele abriu a porta e me deixou entrar. "Woody descerá em breve", ele disse. "Ele está no banheiro." Sentei no sofá e olhei em volta.

Não sabia que se faziam quartos de hotéis tão grandes assim. Havia uma cozinha, uma sala de estar e um primeiro andar. Por um instante, senti inveja. Não invejei o luxo tanto quanto invejei a facilidade e a conveniência. Estava organizando tudo sozinho — voos, hotéis, ingressos com a Shelley — enquanto Woody tinha pessoas que faziam isso *por* ele. Nunca teve que fazer reserva de hotel e recebia uma carona de graça para todo show.

Para cobrir a turnê bem e sem gastar muito, estrategicamente escolhi as cidades que iria visitar. Previ onde haveria o melhor da turnê e me espalhei geograficamente. Fiquei hospedado com frequência no hotel dos Stones e, para diminuir meus gastos, levava um colega de quarto.

Para uma atmosfera pós-show, o Omni estava surpreendentemente silencioso. Para falar a verdade, momentos antes, testemunhei o serviço de quarto trazendo quatro copos de leite ao quarto de Keith. (Ele estava com suas duas filhas pequenas.)

Woody estava demorando uma eternidade no banheiro, então folheei alguns papéis na mesa de café. Um dizia "Promotour Group Rooming List". Era um catálogo com os grandes nomes da turnê. Todos eles desde Michael Cohl até os membros da banda. Exceto que os Stones estavam listados sob seus pseudônimos. Mick estava sob "G. Fanshawe", o nome de solteira da sua avó paterna, enquanto Bill estava sob "B. Stevens" e Charlie como "R. Roberts" (provavelmente porque seu nome do meio é Robert). Keith ainda era LaFaccia (nunca descobri o porquê) e Woody ainda era "Simon Templar", o personagem do programa de TV dos anos 1960, *O Santo*.

Outro item interessante que encontrei foi o guia da comitiva. Ele continha um calendário de viagem — hotéis, horário dos voos — mais uma lista de instruções. Coisas como "Chegue a tempo para a verificação de som" e "Certifique-se de que sua bagagem esteja devidamente etiquetada." Mas havia também um decreto do patrocinador da turnê: "Se for fotografado durante esta turnê e tiver uma bebida alcoólica em mãos, certifique-se de que ela seja da Budweiser e de nenhuma outra marca." Estou parafraseando, mas essa era a essência do recado.

Woody desceu as escadas e me serviu um Jack & Ginger. Ele me perguntou o que achei do show.

"Melhor do que o da Filadélfia", respondi. "Acho que está em *mid-season form*."

"É verdade, mas eu e Keith continuamos errando o início de 'It's Only Rock 'n' Roll'. Uma noite a culpa é *dele*, na noite seguinte é *minha*. Vamos mantê-la no repertório, mas Keith acha que devemos tocar 'Carol' no lugar dela."

Ele estendeu o braço por trás do sofá e agarrou uma belíssima guitarra vermelha. Colocou-a no seu colo e tocou as notas de abertura de "Carol". "É um Gibson de 1937", ele disse, batendo no corpo do instrumento. "Comprei quando estávamos em St. Louis na semana passada. E a melhor parte é que Scotty Moore [o guitarrista original de Elvis] veio ao show naquela noite e ensinou a mim e a Keith como tocar 'My Baby Left Me'. E depois Johnnie Johnson [o primeiro pianista de Chuck Berry] subiu ao palco para tocar 'Little Red Rooster' com a gente. Você tem que colocar isso no *Beggars Banquet*."

Jo desceu e informou que Lee Atwater tinha convidado ambos para um almoço na Casa Branca. "Falei para ele que não poderemos ir."

Woody conheceu Atwater, o homem que presidia o controverso Comitê Republicano Nacional, no baile inaugural para George H. W. Bush naquele ano. (Woody era um artista convidado.) Não importava o fato de Woody discordar de tudo o que Atwater representava, eles rapidamente se tornaram amigos. Woody o convidou aos shows no RFK e lhe deu uma guitarra.

Woody reconheceu as palavras de Jo e continuou a acariciar seu Gibson de 1937. Eu nunca me apeguei a uma máquina datilográfica da forma como Keith e Woody adoravam determinadas guitarras. Ele começou a dedilhar "Lady Jane" e disse: "Keith e eu queremos tocar esta em vez de 'Play with Fire', mas é difícil convencer Mick. Também queremos adicionar uma boa quantidade do que temos de novo, como 'Hold On to Your Hat' e 'Terrifying', mas Mick fica dizendo que não estamos prontos."

Apenas a menção do nome de Mick fez Jo vir com sua própria reclamação. "Dá para acreditar", ela disse, "que Mick gritou comigo na noite passada porque sou loira? É verdade! Estava caminhando por trás dos amplificadores durante o show e usava preto, como é exigido. Mas, após o show, ele me puxou para o lado e disse que viu meu cabelo loiro saindo do meu chapéu. Ele disse: 'Jo, se eu consigo ver seu cabelo durante o show, então todos na plateia conseguem. É uma distração.' Falei para ele: 'Quer que eu pinte meu cabelo de preto?' Me desculpe, mas não pintarei meu cabelo por Mick Jagger."

"Ah, bem", suspirei. "Acho que ele só estava querendo ser perfeccionista."

Para mudar de assunto, perguntei a Jo se ela tinha alguma foto dos Stones com Scotty Moore ou Johnnie Johnson. Negou. Fotos assim eram difíceis de conseguir. As restrições severas significavam que alguns dos momentos mais mágicos da turnê — tanto no palco quanto fora dele — nunca eram vistos pelo povo.

A política, colocada em prática pelos relações-públicas dos Stones, a Rogers & Cowan, determinava que aos fotógrafos não é permitido fotografar após as duas primeiras canções. Independentemente de estar fotografando para a *Time* ou para o *Beggars Banquet*, você seria escoltado para fora da área de foto — e para fora do estádio — após "Bitch".

O resultado disso era que tudo que acontecesse no palco após os primeiros dez minutos acabava não sendo fotografado pela mídia. Mick emergindo de uma bola de fogo durante "Sympathy for the Devil"? Ficou sem foto. A reverência da banda, durante a qual Charlie segurava a guitarra de Keith? Ficou sem foto. A aparição de Clapton como convidado? Ficou sem foto. Os poderes que governavam isso eram muito rígidos, e não sei por quê. Ou Mick não queria close-ups após sua maquiagem borrar ou os Stones e Michael Cohl pensavam assim: "Ei, você está atrás dos melhores momentos desta turnê? Compre um ingresso!"

Essa política não era um problema para a *Time* ou para a *Newsweek* porque elas podiam inserir fotos genéricas sobre o show: "Os Rolling Stones durante sua apresentação no Estádio XYZ na semana passada." Mas eu me *especializava* nos Stones, então meus leitores esperavam mais. Para conseguir as cenas que descrevi acima, pedia a um amigo para esconder uma lente de telefoto dentro de sua cueca e fotografar da trigésima fileira.

Também implorei e pedi desesperadamente à Rogers & Cowan. Havia apenas um fotógrafo que registrava todo o show de cada noite, mas era um mercenário para a turnê. Ele tinha que entregar seu filme aos chefes, que decidiam o que fazer com as fotos. Um monte de gente teria que aprovar cada uma delas — Mick, Tony King, Michael

Cohl — antes de a Rogers & Cowan poder distribuí-las para alguma revista. O que acabava comigo era que entregavam algumas fotos de bastidores para a *People* em vez do *Beggars Banquet*.

Woody não sabia das dificuldades que eu enfrentava nesta turnê. Como sempre, ele pressupunha que cada porta estava aberta para mim e que todos eram prestativos. Não era minha intenção fazer com que ele pensasse o contrário, então não contei para ele. Nunca contei sobre meu fiasco com JC no Toad's porque eu sabia que ele e Keith não gostavam de dedos-duros ou de bebês-chorões. Mas foi Chuch Magee, que passou no quarto de Woody às duas da manhã, quem fez com que eu me abrisse.

Chuch (pronuncia-se "chooch") tinha sido o técnico de guitarra de Woody desde os Faces. Quando Woody se juntou aos Stones na metade dos anos 1970, ele trouxe Chuch junto e logo se tornou o chefe da equipe de rua. O grande Bob o deixava entrar no quarto de Woody sem passar por nenhum tipo de vistoria.

Chuch era uma das pessoas mais realistas que conheci no mundo dos Stones. Quando a banda não estava em turnê ou em gravação, ele levava uma vida longe do rock'n'roll na cidade de Marquette, no Michigan. Ele produzia xarope das árvores maple e atuava como mentor de grupos de jovens na igreja local. Pude conhecê-lo durante as sessões em Nova York para o *Dirty Work* e ele era um dos meus grandes apoiadores. Ele apreciava a ética que o *Beggars Banquet* tinha com o público, e ainda assim achava que merecia uma exposição maior. "Deveriam oferecê-lo nos shows", ele me sugeriu naquela noite.

Falei para ele que não sabia por onde começar nesse aspecto, então ele me entregou o nome do cara do topo do merchandising da BCL, Norman Perry. "Keith e eu não o suportamos", Woody se intrometeu na conversa, "mas ele é o cara que organiza a parte das camisas e jaquetas nos estádios".

Depois, Chuch perguntou sobre meus gastos com voos, hotéis e ingressos de show. "Quem está pagando por tudo isso?" Quando disse que estava tudo saindo do meu bolso, Woody pareceu surpreso. "Isso não está certo!", ele exclamou. "Primeiro, deveria estar no avião conosco. Falarei com Keith sobre isso. Segundo, depois de tudo que fez por esta banda, não deveria precisar pagar para nos assistir tocando."

Expliquei que meu "acordo de negócios" com os Stones era de que "faço meu dinheiro e cubro meus custos. É assim que *gosto* de fazer".

"Que nada", Woody argumentou, "isso não está certo. Tenho uma *ideia*".

Estava pronto para ouvir sua ideia, mas ele entrou num dos seus momentos de distúrbio de déficit de atenção. "Espera aí", ele disse.

"O que foi, Woody? O que houve?"

"Espera aí."

Ele olhou para o centro no meu rosto. Depois, tocou a ponta do meu nariz com o dedo indicador. "Você percebe, Bill, que seu nariz está quebrado?"

"Sim, Woody, eu sei. Quebrei meu nariz quando era criança. Nunca o consertei."

"Como isso aconteceu?"

"Futebol americano. Estava jogando sem capacete. Mas podemos falar sobre isso depois, Woody. Conta pra gente sua ideia!"

"Humm", ele disse. "Nunca notei isso antes. Futebol americano?"

Que ótimo. O cara trabalhou a centímetros de distância de mim durante grande parte de 1986, mas só agora ele escolhe implicar com meu nariz. E como se ele fosse alguém com o direito de falar sobre narigões. "Sim, Woody, sim. Futebol americano. Qual é sua ideia, afinal?"

"Ah, *certo*. Minha ideia é conseguir um laminado para você e é pra já. Dessa forma, não pagará para nos assistir."

Ele pegou a "Promotour Group Rooming List", procurou um número e discou: "JC, sou eu. Estou com Bill German aqui e vou enviá-lo aí embaixo para pegar um laminado." Ele ouviu a resposta de JC e depois disse: "Desculpe por isso. Não sabia. Falarei para ele."

Como se já não tivesse causado má impressão com JC, este telefonema às três da manhã o acordara. Ele disse para Woody que eu deveria bater na sua porta "logo de manhã cedo", por volta das nove horas.

O negócio é que eu já havia estado num quarto de JC nesta viagem, mas sob um pretexto diferente. Antes do concerto no RFK, tinha ido ao quarto de JC para comprar um bloco de ingressos. Não eram para mim, não tinha nada a ver com isso. Eu era simplesmente um emissário. Video James havia arrumado para que vinte fãs conseguissem ingressos via JC sob um "preço especial". Video James não conseguiria ir a Washington, então pediu que eu mesmo recebesse o dinheiro dos vinte fãs e o levasse até JC. Eu disse: "Não quero participar disso", e aí ele disse que já era tarde. "JC já está aguardando você e já falou para todo mundo para ir até o seu quarto e lhe entregar o dinheiro."

Diferentemente da turnê de 1981, JC não estava num escambo com Walkmans da Sony. Desta vez, ele fixava uma taxa rasa de cem dólares por ingresso. Um aumento considerável em relação aos trinta dólares base, porém mais barato do que os cambistas conseguiam. De fato, os cambistas iam até JC para as vendas *no atacado*.

Por não haver nada gratuito nesta turnê, JC tinha que pagar à Mulher dos Ingressos o requisito de trinta dólares por ingresso. Mas, diferente da média, ele tinha carta branca no que dizia respeito à quantidade de ingressos que podia comprar dela. Nessa transação em particular teve um lucro líquido de setenta dólares por ingresso vezes vinte ingressos, então faça as contas. Se ele vendesse uma média de vinte ingressos para todos os sessenta shows, ganhava era uma grana considerável.

Antes que diga "Aposto que Keith ficaria fulo se soubesse dos trambiques e tramoias de JC", deixe-me lhes contar que Keith *sabia* e não ficou fulo da vida. O que importava para os Stones e para Michael Cohl era o fato de JC ser o melhor homem da segurança nesse ramo. Ele conhecia cada buraco e cada esconderijo de todos os hotéis e estádios que a banda estaria visitando. Ele levava os Stones rapidamente e em total segurança do ponto A até o ponto B todo dia. Se ele embolsava alguma "gratificação", isso era meramente um bônus.

Se perguntado, Keith lhe diria sua filosofia geral de vida, que era *caveat emptor*: "Comprador, cuidado." Se não gosta do esquema, não compre os ingressos. Segundo, ele lhe lembraria que estava conseguindo um puta acordo. Está conseguindo um lugar na 30ª fileira por cem contos. Tenta fechar um acordo assim com um cambista cretino no estacionamento. Na opinião de Keith, JC estava oferecendo um serviço. A realidade cruel era que alguns dos melhores ingressos da casa não eram colocados à venda ao público. Eles ficavam de lado, nas mãos da BCL e/ou da organização dos Stones. Se JC não lucrasse em cima dos ingressos, *outra* pessoa mais abaixo na cadeia alimentar o faria, e por muito mais.

Quando menos esperava, mais ou menos uma dúzia de fãs dos Stones estavam batendo na minha porta e deixando a grana. Após juntar o dinheiro, fui até o quarto de JC sozinho. Eu estava seriamente temendo este encontro. Seria a primeira vez que iria encontrar com JC cara a cara e o que mais queria era enfiar minha cabeça dentro de um buraco. Não queria que ele me associasse a esta merda toda. Primeiro o Toad's Place, e agora *isto*.

A transação foi rápida. Entreguei a ele o dinheiro, ele me entregou os ingressos e eu saí. Queria que ele soubesse que eu não era um desses fãs desesperados que precisavam pagar a mais por um ingresso, mas fiquei de boca fechada.

Enfim, aquilo aconteceu na manhã de *domingo*, 24 de setembro. Agora vamos voltar para a manhã da *segunda-feira*. Desta vez, em vez de visitar o quarto de JC como um lacaio para Video James, estava fazendo uma visita como um amigo de Ron Wood — o que ainda não me garantia que receberia minha credencial de "Acesso Liberado". Bati na porta de JC às nove em ponto.

"Quem é?", ele bradou. Parecia irritado.

"Hum, Bill German. Woody falou com você ontem à noite..."

Ele abriu a fresta da porta. "Que inferno. Você aqui de novo? O que você quer?"

"Lembra, Woody ligou ontem à noite..."

"Ah, certo", ele suspirou. "Devo lhe dar um laminado então? Foi por isso que me acordou de um sono profundo ontem à noite?"

"Hum, bem, aquilo foi ideia de Woody."

Ele abriu a porta do quarto e me convidou a entrar. Seu quarto era pequeno como o meu. Sentei numa cadeira num canto e ele se sentou na cama, calçando suas meias e sapatos.

"Então deixa ver se entendi", ele disse. "Você é amigo de Video James?"

"Sim, pode-se dizer que sim."

"E como conhece Woody?"

"Bem, escrevi um livro com ele. E também venho publicando o boletim informativo dos Stones, o *Beggars Banquet*, nos últimos 11 anos. É o seu boletim oficial. Eles o divulgaram num dos seus álbuns."

Esta era a minha chance de me defender para que ele mudasse sua opinião sobre mim. Ele não pareceu impressionado com meu currículo, nem pela minha amizade com Woody, mas acredito que passei no teste. Após alguns minutos, ele abriu uma gaveta e retirou o passe. "Woody disse para lhe entregar um laminado, então, jovem rapaz, aqui está seu laminado."

Terminado tudo, acho que ele ainda me via como nada mais do que um fã dos Stones que conseguiu alguns privilégios extras. E, como tal, ele sentiu que estava perdendo um cliente. Como em: "Woody foi lá e ferrou comigo." Durante o restante da turnê, tive que lidar com um relacionamento estranho de gato e rato. Ele seria legal comigo num dia e no outro me faria comer o pão que o diabo amassou.

De qualquer forma, este laminado tornaria minha vida mais fácil. Economizaria mil contos em ingressos e era um aprimoramento na minha mobilidade nos bastidores, algo que incrementaria minha reportagem.

O passe vinha com a logo verde da *Steel Wheels* e dizia "Acesso Liberado". Na parte de cima, havia um número de identificação. E, é claro, estava preso a um cordão — uma corda verde, para que usasse pendurado no pescoço. Se existia alguma corda além dessa, logo eu iria descobrir.

Após tocar "Litte Red Rooster", Clapton se juntou a mim no compartimento fechado.

24
SIMPATIA PELO ADVOGADO DO DIABO

Quando meu time favorito de beisebol pisou na bola, minha banda de rock favorita invadiu seu gramado. Os Mets perderam os jogos decisivos de 1989, então deixaram o Estádio Shea livre para alguns encontros com os Stones no início de outubro. No dia 10, fui de trem como quem iria a um jogo. A diferença era que a cantoria estourava no Queensboro Plaza. Meu vagão inteiro estava cantando a todo vapor "She's a Rainbow". Estávamos tão apertados quanto sardinhas dentro de uma lata, mas todo mundo cantava a plenos pulmões e bebia de dentro de sacos de papel. Eu era o único que não estava participando e estava ansioso. Pela primeira vez usaria meu laminado de Acesso Liberado e não sabia se daria certo.

Tenho certeza de que era a única pessoa naquele trem das sete com uma credencial de Acesso Liberado, porque qualquer outro estaria dentro de uma limusine ou dentro de uma van com a banda. Deixei escondido dentro do meu bolso, pois não queria ser importunado por fãs bêbados. Só mostrei quando finalmente estava no estádio e me deixaram entrar.

Fui até a área atrás do palco e fiquei à procura de expressões amigáveis. Mas o primeiro cara em que esbarrei foi Alan Dunn. Ele me parou como um policial numa blitz e pediu para ver minha identificação e registro.

Alan era parte da equipe de Mick. Era basicamente a Jane Rose de Mick. Trabalhava em Londres e era o membro mais antigo da comitiva dos Stones. Começou sua carreira como motorista de Brian Jones em

1967, mas tinha sido o braço direito de Mick nas últimas duas décadas. Perguntou o meu nome, então eu disse: "Bill German, do *Beggars Banquet*. Estou procurando o bufê." Ele não riu da minha piada sem graça — minha tentativa de quebrar o gelo — e agiu como se nunca tivesse ouvido falar do meu fanzine.

Alan possuía uma aparência britânica pastosa, um físico enérgico e uma barba desordenada. Já tinha o visto de longe algumas vezes, mas nunca nos falamos porque ele sempre me pareceu sério demais. Até durante as festas, ele nunca sorria ou dava risada.

Era pouca sorte a minha de que era o pessoal de Mick, não o de Keith, que estava dando as cartas. Todos eles agora abarcavam posições oficiais na turnê e trabalhavam com o promotor, os relações-públicas e os guarda-costas. Isso vinha do fato de que Mick era considerado a "alta administração", enquanto Keith era mero "talento". Enquanto Mick conduzia as reuniões de negócio e analisava as vendas de ingressos a cada manhã, Keith estava debruçado sobre seu travesseiro.

Como o general da equipe de Mick, Alan Dunn era da mais alta patente que existia. Seu título na turnê era de "diretor de logística", o que significava que nada passava sem o seu conhecimento. Quando ele me viu com aquele laminado, sua sobrancelha subiu dois centímetros e ele se aproximou de mim imediatamente. Após perguntar meu nome, ele estendeu a mão até meu peito e pegou o laminado; examinou-o de perto para certificar de que não era falso e anotou o número de identificação. Meu "270" revelava que eu era um convidado de Woody, o que não o impressionou.

Alan Dunn tinha uma patente superior a Ron Wood nesta turnê. Alan estava carregando a bagagem de Brian quando Woody ainda tinha espinhas. Além do mais, a equipe de Mick — incluindo Mick — via os amigos de Keith e Woody como parasitas. Bundões que tinham se agarrado a Keith e Woody em Nova York e agora subiam sobre as "rodas de aço". De acordo com a primeira impressão de Alan Dunn, era isso o que eu também era.

Finalmente, ele largou meu passe e o deixou cair de volta ao meu peito. Ele murmurou de forma seca "Subindo pelo elevador" — a resposta para minha pergunta sobre o bufê — e me deixou sair andando. Mas ficou de olho de mim durante o resto da turnê.

Subi pelo elevador ao andar do Diamond Club do estádio e adentrei o caos. Dezenas de pessoas corriam por ali como formigas. Usavam passes para os bastidores e pareciam imersos em sua autoimportância. Mas a festinha terminou quando descobriram que seus passes não lhes davam acesso real à parte de trás do palco.

A Mulher dos Ingressos distribuía milhares de ingressos entre as pessoas que compraram entradas com ela. Não sei o que algumas dessas pessoas esperavam, mas muitas pareciam desapontadas, senão frustradas. Elas começaram a invejar o passe e não resistiam a dar uma olhada no que cada um carregava. "Que tipo de passe *ele* tem? Por que *eu* não fiquei com esse passe? Esse passe permite que ele vá atrás do palco *de verdade*?"

A realidade era que o passe para os bastidores determinava a comida que podia comer, não os Rolling Stones que poderia conhecer. Vi pelo menos oito tipos de passes diferentes e aprendi que cada um correspondia a um bufê específico, cada um patrocinado por um anfitrião diferente: a MTV oferecia macarrão, a CBS Records dava almôndegas e a Budweiser dava carne grelhada. As credenciais tinham vários formatos — redondo, quadrado, oval, triangular — e vinham escritos com "VIP", "Hospitalidade", ou "Convidado". Até vi um que dizia "Refeições de Aço". Eram tantos os tipos que uma tabela de referência tinha sido pregada na parede. Como um sistema de castas do rock'n'roll.

Como era de costume, eu não tinha ideia de onde era meu lugar. Pensei que meu passe de Acesso Liberado teria o efeito de uma chave mestra, mas não. Quando tentei dar um espiada no bufê da Budweiser, fui comunicado que precisaria de um passe específico para aquela sala. Acabei entrando no da CBS. Avistei Dustin Hoffman e Milli Vanilli ali e as almôndegas não estavam nada mal.

Minha credencial de Acesso Liberado não me permitia adentrar alguns lugares ditos "privilegiados". Em certo momento, me vi na área detrás do palco *de verdade*, no andar térreo do estádio. Os Stones estavam cumprimentando alguns "não VIPs".

Perguntei a Jill, a relações-públicas, o que estava acontecendo, então ela explicou que cumprimentavam algumas pessoas da Budweiser.

Não os caras de terno, apenas o grupo de maior número da organização. Os caminhoneiros e as mulheres da fábrica de engarrafamento. Não sei se eram os empregados do mês, mas eles podiam conhecer os Stones. Posaram para uma foto em grupo, apertaram as mãos e foram escoltados para fora. A coisa toda demorou um minuto, mas, para aqueles fãs, aqueles momentos durariam a vida inteira.

Nunca tinha ouvido falar dessa coisa de "conhecer e cumprimentar" e sabia que isso era algo novo para os Stones. Se adentrasse os bastidores de suas turnês anteriores, era mais um "conhecer e foder", e não um "conhecer e cumprimentar". Mas as coisas tinham mudado. O evento aconteceu por uma razão: o patrocínio da Budweiser no valor de dez milhões de dólares. Independentemente disso, muitos fãs habituais conheceram a banda e achei isso bem legal.

Para entrar no campo de onde eu estava, caminhei por dentro do local onde os jogadores da reserva do Mets faziam o aquecimento, onde meus amados Tug McGraw e Jesse Orosco costumavam ficar. Isso me levou a uma área atrás do palco, onde descobri que o muro de fora do campo do Mets não havia sido retirado. Na verdade, o palco dos Stones havia sido montado *sobre* ele. Então fui para debaixo do palco, onde ninguém estava olhando, e corri contra o muro como Rusty Staub no quarto jogo das partidas decisivas de 1973. Até então, essa tinha sido a melhor parte de estar com meu passe de Acesso Liberado.

Faltavam apenas alguns minutos para o show começar e ainda não sabia de onde assistiria a tudo. Patti Hansen disse que iria assistir ao show da cabine de mixagem, então era para lá que estava indo. Mas fui comunicado que precisaria de um passe específico de "Mixagem", além do meu passe de Acesso Liberado. Na maioria das cidades, o Acesso Liberado dava para entrar na mixagem — a cabine no meio do campo onde ficava o engenheiro do som —, mas em Nova York, onde a banda tinha tantos amigos, parentes e sócios, a cabine estava lotada demais.

Dustin Hoffman estava assistindo ao show de uma cabine de imprensa no andar de cima, mas soube que a vista era ruim dali. Lembrei que tinha amigos na 25ª fileira, então me apertei entre eles. Mas durante "Tumbling Dice", um dos funcionários da casa iluminou meu rosto com a lanterna e pediu para ver meu ingresso. Quando apontei para meu passe de Acesso Liberado, ele me mandou sair. Sem ingresso, sem assento.

Dei umas voltas durante mais algumas músicas, antes de visitar um assinante que estava na seção para cadeira de rodas. O cara disse que sua cadeira estava equipada para captar som e estava gravando o show para uma cópia pirata. Perguntei como ele conseguira trazer aquele equipamento para dentro e ele disse: "Eles nunca revistam os aleijados."

Durante a "You Can't Always Get What You Want", fui até o banheiro VIP. Do mictório atrás de mim, ouvi um forte sotaque do leste europeu: "Vamos, temos que assistir a Clapton."

Era o amigo de Keith, Freddy Sessler, um sobrevivente do holocausto de 66 anos. Mal consegui fechar a calça, muito menos lavar as mãos, antes que ele agarrasse meu pulso e me arrastasse porta afora. Passamos pelo local de aquecimento do Mets e fomos para trás do palco. Não sabia para onde ele estava me levando, mas estava ofegante. "Não podemos perder essa parte, não podemos perdê-la por nada! Conheço Clapton desde que ele era um nada! Um músico qualquer! Foi por isso que ele escreveu aquela canção sobre mim, 'Hello Old Friend'. Aquela canção é sobre *mim*!"

Nem conseguia entender direito o que ele falava com aquele sotaque carregado, muito menos discutir com ele. Segui-o por uma rampa que levava ao palco. Quando os Stones estavam atingindo o crescendo de "You Can't Always Get What You Want", um guarda da segurança iluminou meu passe com sua lanterna e disse que eu não poderia ultrapassar aquele ponto.

Freddy tinha um laminado laranja de Acesso Liberado, diferente do meu, que era verde. Seu passe era mais valioso do que o meu. Laranja permitia subir no palco — no palco, dá para acreditar?! — e o meu não. Mas Freddy exclamou: "Ele está comigo!", e funcionou. Quando menos esperava, eu estava *no palco* com os Rolling Stones.

Freddy me levou a um local fechado, bem ao lado dos cantores de apoio. Ali estavam uma dúzia de pessoas mais ou menos e era meio um abrigo do beisebol. Jerry Hall estava ali dentro, assim como o pai de Keith. Estávamos obtendo uma visão meio oblíqua — um dos motivos de Patti Hansen normalmente não sentar ali —, mas a intensidade da coisa era alucinante. Quando Mick se aventurava pela rampa do palco da esquerda, nós o perdíamos de vista. Mas quando ele e Woody vinham pela rampa do palco da *direita*, podíamos literalmente agarrar seus calcanhares e fazê-los tropeçar.

Por bem ou por mal, eu estava vendo o que os Stones veem. E me ajudou a entender por que as estrelas de rock acabam pirando. Estar na frente de sessenta mil fãs aos gritos durante duas horas pode ser uma experiência incrível. Não há forma saudável de igualar aquela intensidade quando a turnê acaba e se está em casa de chinelos comendo cereal.

Eric Clapton entrou no palco para fazer uma participação na canção "Little Red Rooster". E assim que terminou, ele entrou naquele lugar fechado para se sentar entre mim e o pai de Keith. Durante "It's Only Rock'N'Roll", ele até dançou. Eu estava muito acanhado para dizer oi ou lembrá-lo de que já havíamos nos conhecido.

O novo local me deu oportunidade de espiar por trás das cortinas, por assim dizer, e observar como os truques eram feitos. Os Stones contavam com toda uma estrutura ali atrás. Dúzias de pessoas com capacetes e rádios. Chuck Magee afinando guitarras e Jo procurando com afinco pelo cabide de casacos de Woody. Sem mencionar "a equipe dos sopradores" — dezenas de caras que enchiam os balões da "Honky Tonk Women" de 15 metros de altura. Nos bastidores, era possível vê-los caindo um por cima do outro, lutando contra os obstáculos.

A abertura de "Sympathy for the Devil" era a parte mais dramática de cada show. Era quando o palco ficava todo escuro e apenas uma batida tribal de bongô e uivos agudos podiam ser ouvidos. De repente, da escuridão, Mick aparecia dentro de uma bola de chamas, bem acima do palco.

Por mais dramático que isso fosse para o público e para Mick, era consideravelmente não dramático para os quatro Stones embaixo. Quando o público fixava sua atenção no cantor principal dos Stones a trinta metros no ar, os quatro membros restantes da banda, não vistos na atmosfera escura e cheia de fumaça do palco, não tinham nada a fazer exceto ficar à toa. Para fazer o tempo passar, eles iam até onde estávamos e conversavam conosco. Keith acendia um cigarro e soprava beijos para seus filhos. Charlie podia falar com sua esposa, Shirley. E Woody convidaria a celebridade *du jour* para fazer uma visita ao seu quarto de hotel após o show. Nessa noite em particular, 10 de outubro, Woody disse oi para o ator David Keith e me perguntou o que eu estava fazendo. Nunca imaginei que algum dia estaria conversando com um rolling stone *durante* um show dos Rolling Stones.

Bem acima do palco, Mick fez uma pose dramática durante "Sympathy". A luz atrás dele emanou sua sombra gigante pelo estádio. Mas, de onde eu estava, podia vê-lo retornar de sua aterrissagem poderosa por meio de um pequenino elevador. Era como pegar Houdini dentro de um compartimento secreto.

A visão que eu tinha daquele local também me permitia detectar a comunicação sutil e não verbal entre os membros da banda. Coisa não destinada ao público. Keith piscando para Charlie, Bill suspirando ou até mesmo Keith brincando com a cabeça de Mick. Ele fazia isso para bagunçar as deixas de Mick. Mick estaria esperando que Keith tocasse uma determinada nota, mas Keith fazia Mick esperar por ela e isso o tirava do seu tempo. Mick fingia ignorar, mas Keith faria uma cara para Woody ou Charlie como: "O filho-da-puta está com a *dele* bem aqui."

Fiquei surpreso ao descobrir que os Stones, principalmente Mick, estavam usando um teleprompter. A pessoa que o operava estava dentro daquele mesmo lugar fechado e eu pude ler o que ele escrevia. Não era como o Sinatra naqueles tempos, que precisava de um teleprompter para se lembrar das letras, era mais como uma direção de cena. "'Brown Sugar': Mick rampa da esquerda, Ronnie direita." "'Tumbling Dice': Tirar a jaqueta verde." E "E aí, Nova York, como estão se sentindo?"

"Mick rampa da esquerda, Ronnie direita" era para que os caras da iluminação evitassem surpresas. Isso também prevenia que Mick e Woody colidissem na pista ou se empurrassem escada abaixo. Em outras palavras, o teleprompter servia de guarda de trânsito. E, quanto ao "E aí, Nova York", não era porque Mick não sabia em que cidade ele estava — o velho clichê do showbiz —, mas para assegurar que ele falasse isso no momento certo e sem repetições.

"Brown Sugar", a antepenúltima canção, era o sinal para Alan Dunn pescar os familiares de dentro do local fechado no palco e colocá-los dentro de vans que já estavam à sua espera. Quando ele me viu, não pareceu contente, mas estava ocupado demais para me tirar dali a pontapé. Ele escoltou Jerry Hall e Bert Richards dali e desapareceu.

Os familiares dos Stones nunca conseguiam assistir ao final do show. Já estariam dentro das vans, prontas para deixar o estádio. Os últimos passageiros eram os próprios Stones. Após sua reverência final no palco, a banda seria levada pela rampa (com toalhas sobre suas cabeças, como Muhammad Ali) e colocados dentro das vans. Em segundos, a caravana saía do estádio, pelas ruas, em alta velocidade, escoltada por uma fila de veículos da polícia. Sirenes soando no meio da noite. Tudo tão rápido, tão preciso, tão imponente, parecia uma operação militar.

Tive sorte de assistir a vários shows da *Steel Wheels* a partir daquele local, e compartilhei minhas observações com os leitores. Achava que eles estavam ansiosos em saber como funcionavam as coisas nos bastidores, mas não era sempre o caso. Durante uma reunião que aconteceu por acaso certa noite, um fã me desafiou. "De jeito nenhum os Stones usam um teleprompter!", ele gritou. "*Retire* o que disse!"

Ele também não gostou quando eu disse que, ao contrário do que andavam dizendo por aí, os Stones *não* tocariam em nenhuma boate. Na turnê de 1981, eles pararam na Checkerboard Lounge em Chicago para tocar com Muddy Waters. Mas, desta vez, sua apólice de seguro gigantesco não permitia tanta espontaneidade. "Se Keith quebrar a perna durante um show dos Stones", expliquei, "o seguro cobre. Mas se ele quebrar a perna dentro de um bar numa noite de folga, não."

O fã disse que não me aguentava mais. Ele se manteve firme à ilusão de que os shows ainda eram espontâneos e que os Stones ainda eram astros rebeldes do rock, que podiam fazer o que quisessem. Eu invejava essas ilusões. Comecei a desejar não saber como os mágicos fazem seus truques ou tanto sobre o dia a dia da banda. Isso tornava as coisas menos divertidas para mim.

Keith e Freddy (segundo da esquerda) nunca estavam muito longe um do outro. (Flanqueados por Don Covay e Sarah Dash na minha festa de 1988.)

25

O RASPUTIN DO ROCK'N'ROLL

Se você tivesse que escolher uma pessoa "por dentro dos Rolling Stones" numa fila, Freddy Sessler seria seu último candidato. Ele era um sobrevivente do holocausto com duas décadas a mais do que Keith e *quatro* décadas a mais do que *eu*. Ainda assim, era ele que possuía a credencial laranja de Acesso Liberado e que me levou até o palco no Shea.

Eu o conheci em meados dos anos 1980, durante uma confraternização às altas horas na casa de Woody. Suas primeiras palavras para mim foram "Então, tá trabalhando com Voody? Tá procurando droga?" Seu sotaque era tão forte que é impossível descrever. Ele pronunciava Keith "Keet" e Woody "Voody" e soava como Peter Lorre naqueles filmes de terror antigos. O narigão e os lábios grossos eram uma mistura de Chico Marx com Yasir Arafat.

Pela sua estimativa, Freddy havia estado em cada turnê dos Stones desde o *England's Newest Hitmakers* (o álbum de estreia da banda). Ele supostamente havia transado com mais *groupies* do que Mick Jagger e Bill Wyman e cheirado mais pó do que Keith e Woody. O que mais fez jus à sua fama, contudo, foi sua participação no "Fordyce Four incident".

Isso aconteceu em 1975, após o show dos Stones em Memphis. A banda estava embarcando em seu jatinho particular rumo a Dallas, quando Keith anunciou: "Saiam sem mim porque vou dirigindo." Ele queria conhecer de verdade o extremo sul dos Estados Unidos, e não da janela de um avião, então alugou um Cadillac. O promotor da turnê, Peter Rudge, implorou que Keith não fizesse isso, mas Keith o mandou se foder. Ele pegou o volante e trouxe consigo três passageiros — Freddy, JC e Woody. Um quarteto que ficaria conhecido como "Fordyce Four".

Fordyce, no Arkansas, já me falaram, era o tipo de lugar onde campeonatos de imitação do som de porcos produziam manchetes de primeira página. O crime mais atroz foi o roubo de uma torta de pêssego da janela da tia Bea. Então, quando Keith Richards e Ron Wood dos Rolling Stones entraram num pequeno restaurante do lugar que cheirava a óleo, ninguém sabia o que pensar. A força policial ficou de olho nesses sujeitos de aparência suspeita.

Depois de um hambúrguer e uma mijada, Keith e seus companheiros de viagem pularam de volta no Cadillac. Mas, quando Keith deu partida, o carro levantou poeira e derrapou um pouco na pista. O deputado Barney Fife ligou sua sirene e os mandou parar no acostamento. Uma vistoria policial dentro carro encontrou uma faca e uma pequena quantidade de cocaína. Os "Fordyce Four" foram levados à delegacia — passando pela Barbearia do Floyd no caminho —, e parecia então que o show dos Stones em Dallas, senão toda a turnê, poderia ser cancelado.

Duas coisas trabalharam a favor de Keith e Woody. Primeiro, Barney Fife encontrou apenas uma quantidade ínfima de cocaína que estava realmente dentro do carro. Como Keith me revelou anos mais tarde: "Havia mais drogas naquele carro do que um *carro*." E, segundo, Freddy Sessler fez o papel de bode expiatório. Ele convenceu o juiz, que por sinal era também o gerente do mercadinho e o prefeito nas terças e sextas, de que ele estava apenas pegando carona e que as drogas eram todas dele. "Que quer dizer com Rolling Stones? Não os conheço."

Os outros fingiram concordar. "É verdade, não conhecíamos este cara até hoje." Após sete horas na cadeia, todos foram liberados. Freddy foi fichado.

Ninguém jamais esqueceu o que Freddy fez pelos demais. Ele levou o crédito de salvar a turnê e foi recompensado por sua lealdade. Recebeu carta branca, e era imprecisamente reconhecido como o mascote dos Rolling Stones — como o avô de Paul em *Os Reis do Iê Iê Iê,* mas sem chegar perto de ser tão fofo.

Enquanto os anos se passavam, porém, a familiaridade produziu desprezo. Já ouve um tempo em que Freddy era tão amigo de Mick quando era de Keith, mas não na turnê *Steel Wheels*. Ficou claro para mim que Freddy não era tão bem-vindo pela equipe de Mick quanto tolerado.

Freddy resumia tudo o que Mick desprezava no bando de Keith. Ele via Freddy como um traficante sem cultura. Se Keith dormisse durante um ensaio, sabia que isso tinha sido coisa de Freddy.

Na sua autobiografia de Hollywood, *You'll Never Eat Lunch in This Town Again,* a produtora do filme Julia Phillips descreveu seu encontro nos bastidores de um show dos Stones em 1975: "Há um israelita fedorento chamado Freddie [*sic*] que parece ser importante para todos. Ele carrega consigo duas garrafas de tamanho médio cheias de cocaína. Ofereceu um pouco para Goldie [Hawn] e um pouco para mim, [mas] recusamos."

Phillips informou errado: Freddy era polonês, não israelita. Mas ele era importante para muitas pessoas, incluindo Keith. Quando Freddy entrava num recinto, mesmo se os Stones estivessem lá, era impossível passar despercebido. Falava alto, era prepotente e enxerido, e nunca dava para saber se ele estava falando a verdade ou uma bobagem. Uma vez implorei para que me contasse sua história de vida e eis o que ele me relatou:

Ele nasceu na Cracóvia, na Polônia, em 1923. Quando tinha 15 anos, o exército de Hitler invadiu sua vizinhança judaica, incendiando casas e atirando em pessoas nas ruas. Freddy, junto com toda sua família, foi recolhido e enviado a um campo de concentração perto dali.

Freddy tentou escapar uma noite, e conseguiu. Deixou sua família para trás e chegou até a Rússia. Mas, quando os comunistas o pegaram, o mandaram para a Sibéria. Depois foi enviado para a Inglaterra durante a Segunda Guerra Mundial, porque os Aliados precisavam de tradutores em Londres. Freddy falava inglês, polonês, russo, alemão e iídiche.

Quando a guerra terminou, voltou à Polônia para procurar sua família, e acabou descobrindo que todos haviam morrido. A casa onde ele crescera não estava mais em pé. Freddy teve que começar sua vida outra vez.

Sendo fã de jazz, ele tinha ideias românticas sobre Nova York, para onde ele foi. Tornou-se presença constante em boates como a Birdland e se sustentava trabalhando como auxiliar de garçom. Enquanto trabalhava na famosa Lindy's, ele mantinha relações amigáveis com alguns dos seus ídolos, como Louis Armstrong, Duke Ellington e Billie Holiday. Fez amizade com eles e começou a lhes conseguir drogas.

Em seguida, Freddy conseguiu um emprego na Volkswagen. Em 1961, enquanto o Muro de Berlim era construído, ele foi transferido para o centro de operações da companhia na Alemanha Ocidental. Frequentava bares de strip-tease e boates de música em Hamburgo, onde assistiu a um show de uma banda desconhecida da Inglaterra. Um bando de rapazes que se chamavam The Beatles. *Eu fiquei muito amigo de John Lennon. Muito bons amigos.*

Cerca de um ano mais tarde, Freddy se mudou para Londres, de onde manteve contato com John. Costumava assistir à banda de John no Cavern Club em Liverpool. Uma noite, John apresentou Freddy a um garoto que disse: "Serei o maior guitarrista do mundo algum dia." *E sabe quem era aquele garoto? O poderoso Eric Clapton! Foi por isso que ele escreveu aquela canção sobre mim, "Hello Old Friend".*

Lennon também lhe falou para checar uma banda que ia vez por outra tocar no Crawdaddy Club em Londres. *E sabe quem são eles? Os poderosos Stones! Fiquei bem amigo de Brian e de todos eles.*

Foi essa a jornada que levou Freddy Sessler até os Rolling Stones. Mesmo que um décimo disso seja verdade, ainda assim é bastante impressionante.

Quando Freddy apareceu, ele imediatamente se destacou dos demais. Tinha vinte anos a mais do que qualquer outra pessoa na sala. Keith foi logo atraído por ele. Como já tinha comentado, é preciso levar algo à mesa dele, como drogas ou alguma celebridade, para se estar com os Stones. Freddy já estava por dentro no esquema das drogas, mas ele ofereceu a Keith algo a mais. Para Keith, Freddy representava uma figura paterna. O *verdadeiro* pai de Keith havia se separado dele quando era muito novo, portanto Freddy preenchia um vazio real. Keith e Freddy podem ter agido como irmãos travessos algumas vezes, mas havia uma inegável conexão de pai e filho por trás disso.

Na vida real, Freddy foi casado quatro vezes e tinha duas meninas e três meninos. Suas filhas não queriam saber das suas proezas com os Stones, então nunca as conheci. Mas seus dois filhos mais velhos se alistaram para o negócio da família. Tornaram-se ajudantes e *roadies* da banda. Um deles se casou com Mackenzie Phillips, tornando Freddy e Papa John Phillips parentes orgulhosos.

Outra coisa que uniu Keith a Freddy foi a Segunda Guerra Mundial. Keith levava a guerra num nível pessoal — "Hitler atirou um V-1 na minha cama" — e ficou obcecado com isso durante a maior parte de sua vida. Na visão de Keith, ele e Freddy tinham ambos resistido à intimidação de Der Führer e vencido.

Os dois se tornaram inseparáveis e constantemente tiravam um e outro de enrascadas com drogas e quase overdoses. Então, não importava o que qualquer pessoa pensasse sobre Freddy na turnê *Steel Wheels*, ninguém podia mexer com ele. Ele estava sob a constante proteção de Keith.

Um dia, em Washington, Freddy me convidou para almoçar num restaurante chique de um hotel. Eu o encontrei do lado de fora, onde um aviso dizia: "É necessário jaqueta." Por sorte, eu estava vestindo um *blazer*, mas Freddy apareceu lá usando calças curtas, chinelos e uma camiseta mal-passada dos Stones. Seu cabelo estava um emaranhado só. Cutuquei seu ombro e apontei para o aviso. "É necessário jaqueta, Freddy."

"Pra merda com isso!", ele falou enfaticamente. "Eles me conhecem aqui! Já vim aqui com Keet!"

Atraímos os olhares dos outros clientes (executivos de paletó conduzindo seus almoços de negócios), mas o maître não se incomodou. Ele nos levou até nossa mesa e se dirigiu a Freddy como "sr. Sessler". Quando o garçom anotou nosso pedido, Freddy perguntou se tinham coca.

"Sim, senhor, nós temos", foi a resposta. "Com gelo e limão?"

"Não!", exclamou Freddy. "Eu quero *coca*, não *Coca-Cola*! *A maldita droga!*"

"Não se incomode", eu falei ao garçom, "apenas traga uma Coca--Cola para ele."

Numa mesa próxima estava Norman Perry, o chefe do merchandising da turnê — um grande nome no regimento da BCL. "Freddy", ele disse com desdém, "quando irá se endireitar ou pelo menos pentear o cabelo?"

Freddy deixou-o papando mosca. "Que porra você acha que é? Pensa que é minha mãe? Não me diga como devo me vestir! Tenho andado com os Stones faz cem anos e aí vêm *você* e Cohl? Vocês são os *novatos* na parada, seus *maricas*!"

Freddy não tinha medo de ninguém e estava sempre me aconselhando a me impor nessa turnê. "Você tem ficado do lado dos Stones há anos", ele dizia. "Manteve os fãs acreditando neles. Os fodidos dos Stones lhe *devem* por isso!"

Os Stones estavam rodeados por tantas pessoas que o idolatravam que Keith se sentia aliviado por ter alguém por perto para lhe falar a verdade. Se Freddy achasse que um show dos Stones tinha sido uma droga, ele diria: "Keet, cê foi uma droga!"

Por outro lado, se Keith tivesse algum problema com Freddy, ele não media as palavras tampouco. Ou balas. Woody uma vez me contou como Keith ficou tão irritado com Freddy que ele sacou um .45. Isso aconteceu no antigo apartamento de Keith na 10th Street. Woody não se lembrava de qual tinha sido a causa do desafeto, mas ele disse que Keith apontou para os pés de Freddy e o fez dançar uma dança irlandesa.

Freddy conseguiu ir a quase todos os shows da turnê *Steel Wheels* e eu não tinha a menor ideia de como ele havia conseguido essa façanha financeira. Conseguia descontos em alguns hotéis e ocasionalmente pegava uma carona no jatinho particular dos Stones, mas os cálculos não batiam. Ele não era um empregado assalariado da turnê e não era um dependente de Keith. Ainda assim ele se hospedava no Ritz-Carlton ou no Four Seasons em toda cidade, gerando contas de serviço de quarto impressionantes. Mesmo se ele estivesse ganhando dinheiro com drogas ou ingressos, não teria sido o suficiente para sustentar esse estilo de vida. Pelo que vi, ele dava muito mais do que vendia. Sucessos grátis para os Stones e ingressos gratuitos para umas *groupies*. Ele também se deu bem com seu negócio de moedas.

Seu "Conjunto de moedas comemorativas dos Rolling Stones" foi uma brilhante ideia, mas que fracassou amargamente porque a maioria dos fãs nunca soube que existia. Os conjuntos eram oferecidos em apenas um estande em cada estádio. "Norman Perry está ferrando comigo!", ele dizia.

Perry e a BCL cobraram 250 mil dólares a Freddy pelos direitos de licenciamento. E isso sem contar os custos de cunhar as moedas, banhá-las em prata etc. As moedas eram como as que se vê nas Olimpíadas, exceto que eram em comemoração à turnê *Steel Wheels*. Havia uma moeda com a logo oficial da turnê mais cinco outras com o perfil de cada stone. Era verdadeiramente único. Mas Freddy ficou encalacrado com muitas delas e acabou tendo que derretê-las.

Freddy era cheio de esquemas de enriquecimento rápido. Alegou ter feito fortuna vendendo agulhetas de metal ou plástico, aquelas coisinhas nas pontas dos cadarços de tênis, e vendendo lâmpadas para o Empire State Building. Mas ele sempre acabava perdendo tudo. "Já fui milionário oito vezes, e já fiquei liso oito vezes!"

Freddy encontrava público para suas histórias porque, não importava a cidade onde estávamos, seu quarto estava sempre cheio de pessoas. Assim que chegávamos do show, ele colocava música e distribuía cocaína. Havia os usuais, como Bobby Keys e alguns *roadies*, mas também pessoas da localidade. Fãs e *groupies* que veríamos apenas uma noite durante todo o resto da turnê.

Freddie adorava ser o centro das atenções. Mas era triste como todo mundo queria algo dele ou estava lá porque Keith poderia entrar pela porta. (Keith era inteligente o suficiente para ficar longe.)

Ele sabia que eu não precisava dele para ingressos, passes, coca ou acesso a Keith. Eu o visitava simplesmente pela sua amizade e porque acabei desenvolvendo uma afeição genuína por ele. Tinha consciência de quão grosseiro e vulgar ele podia ser, mas também percebia seu lado encantador e inteligente. Podia estar cheirando cocaína num minuto e devorando o *Wall Street Journal*, o *Jewish Press* ou o *New York Times* no momento seguinte. Era um homem cheio de contradições, mas oferecia seu suporte inabalável ao *Beggars Banquet*, pelo qual eu era grato.

Se você está se perguntando como um cidadão na terceira idade conseguia ingerir mais drogas do que Janis Joplin aos 27, não tenho resposta para isso. O que sei é que Freddy havia conquistado uma longa lista de problemas de saúde no decorrer dos anos. Ele já havia sofrido alguns derrames, gota, infartos, coágulos sanguíneos, diabetes e câncer, mas isso apenas solidificou sua determinação. Nenhum prognóstico era capaz de fazê-lo perder uma turnê dos Stones e, como o Rasputin, nada conseguia exterminá-lo.

Eu o visitei num hospital de Nova York pouco antes do início da turnê *Steel Wheels*. Sem aviso prévio, ele abriu seu roupão para me mostrar sua última cicatriz. Estava em pé com seus tênis Speedo vermelhos, com o púbis cinza de fora. "Tá bom, Freddy! Já entendi!"

Ele contou que a canção "Struggle", do álbum solo de Keith, era sobre seus problemas de saúde. "Keet escrefeu sobre *mim*!" Perguntei a Keith se isso era verdade e ele caiu na risada. "Mas esse é o Freddy", ele suspirou. "É por isso que nós o amamos, não é?"

Meu desafio — antes de tudo como um jornalista — era discernir quais de suas declarações eram verdadeiras e quais não eram. Nem sempre era tão fácil. Durante a turnê *Voodoo Lounge*, Freddy teimava em dizer que Keith iria anunciar seu aniversário no meio do show. Durante dias, ele não calava a boca sobre isso. "Keet fai anunciar meu aniversário no palco, Keet fai anunciar meu aniversário." Ele contou isso para todos os *roadies*, todas as *groupies* e até mesmo para os carregadores de malas e as arrumadeiras do hotel.

"Os Stones não são Willard Scott", eu disse. "Eles não fazem anúncios de aniversário. Eles *nunca* anunciaram nenhum aniversário." Mas, quem diria, quando Keith se aproximou do microfone para cantar "The Worst", ele fez uma dedicatória. "Há um amigo muito querido conosco esta noite e é seu aniversário. Freddy, esta é para *você*."

Quanto mais fui conhecendo Freddy na turnê *Steel Wheels*, mais compreendi por que ele precisava estar ali. As pessoas o rotulavam de vendedor de drogas, *starfucker*, artista medíocre e velho nojento, mas ele era mais complexo do que isso.

"Hitler matou minha família", ele lembrou certa noite. "Minha mãe, meu pai, foram exterminados. Mas o que posso fazer a respeito disso agora? Sentar em casa e chorar? Esperar que meus coágulos sanguíneos me matem? Tenho que *viver*, querido! Tenho que provar que não conseguiram acabar comigo."

As *groupies*, o glamour e o ritmo alucinante proporcionavam a Freddy a vitalidade que ele não conseguiria encontrar em mais nenhum outro lugar. Enquanto o pessoal da sua idade jogava *shuffleboard*, Freddy se divertia com os Stones. Cada carreira de pó que cheirava e cada *groupie* que comia era uma afirmação da vida e uma proclamação de sua sobrevivência. "Veja onde *eu* estou hoje, e olha onde *vocês* estão, seus nazistas filhos da puta!" Cada vez que ele dançava num show dos Stones — e, cara, você tinha que vê-lo — era como se estivesse dançando sobre o túmulo de Hitler. "Não vou dançar apenas por mim, mas por todos os meus parentes que *não podem*."

Mick recepciona Barbra Streisand, Meryl Streep e Michael Douglas no LA. Coliseum.

26

MICK E KEITH NO DIVÃ

Se é verdade que as pessoas podem ser julgadas pelas companhias que têm, então Mick e Keith revelaram suas verdadeiras identidades em Los Angeles.

Assisti a todos os quatro shows de outubro no Los Angeles Coliseum enquanto me hospedava na casa de um assinante. Não conseguiria custear uma semana no Four Seasons, mas continuei a par de tudo o que acontecia. Uma noite, Bill Wyman quis que eu cobrisse uma festa com temática literária que ele estava dando na North Robertson Boulevard. Outra noite, Woody me convidou para sua exposição de arte em La Cienega. E, uma tarde, Keith me chamou para um almoço no restaurante do hotel.

Tinha ido ao Four Seasons com meu assinante para falar com a Mulher dos Ingressos e acabei esbarrando em Keith e Patti no saguão. Eles iam ao restaurante do hotel e nos convidaram a fazer-lhes companhia. Estavam com suas duas filhas pequenas, Theodora e Alexandra, Marisa (a sobrinha de Patti), Joe Seabrook (o guarda-costas de Keith) e Bernard Fowler (o cantor de apoio dos Stones). Enquanto mastigava pão, Keith me informou que ele estava mudando seu pseudônimo de hotel de LaFaccia para R. Soul — como o disco dos Beatles "Rubber Soul". Era uma informação importante, do tipo que jamais conseguiria com Jane.

Outro dia, eu estava no Four Seasons aguardando para tomar café da manhã com Norman Perry, o czar da divisão de merchandising da BCL, Brockum. Embora a turnê *Steel Wheels* já estivesse na metade, eu queria conversar com ele sobre a possibilidade de oferecer o *Beggars Banquet* nos estádios. Também queria discutir minha ideia sobre o programa de rádio, que eu ainda tinha todo interesse de pôr em prática.

Já havia tentado vender meu "*Beggars Banquet* por ondas de rádio" à ABC Radio Network — a empresa que havia conquistado os direitos de rádio da turnê —, mas não obtive sucesso. Havia deixado inúmeras mensagens para Tom Cuddy, o vice-presidente da programação, mas nunca recebi resposta. Então pensei, se a BCL, a companhia que vendeu a ela esses direitos, patrocinasse a ideia, isso poderia ajudar minha causa com a ABC. Norman aceitou se encontrar comigo no Four Seasons.

Antes mesmo de fazer nossos pedidos, ele foi rude com o ajudante de garçom. O garoto havia perguntado se queríamos suco de laranja e Norman gritou: "Se quisesse suco, teria *pedido*!" Rapidamente, percebi que Norman e eu vínhamos de duas realidades distintas e, portanto, falávamos línguas diferentes. Chegava a falar sobre a minha ideia do programa de rádio, mas ele sempre mudava de assunto. Ficava dizendo para lhe entregar minha *mailing list* para ele gratuitamente. Quando eu disse que não, ele sugeriu que eu comprasse um monte de mercadoria dele para oferecer aos meus leitores.

Permanecemos assim, dando voltas, sem chegar a lugar algum: ele tentando me vender as jaquetas de couro da *Steel Wheels* e eu tentando fazer com que ele patrocinasse meu programa de rádio inexistente. Ele me perguntou se eu tinha alguma ideia mercadológica, e eu brinquei sugerindo um vídeo "Jaggerobics". "Como o de Jane Fonda, mas com Mick." Ele não sorriu e pediu a conta.

À noite, saí rumo ao Coliseum, onde a montagem dos bastidores foi a mais elaborada e a mais cheia de celebridades em toda a turnê. Avistei Bowie, Springsteen e Nicholson, apenas para listar alguns nomes.

Chamar aquele cenário dos bastidores de circo não seria uma metáfora. Para acomodar aquelas belas pessoas, um conjunto de tendas de circo foi erguido. A grande ponta estava decorada como uma lanchonete dos anos 1950 e a equipe de garçons estava vestida como *soda jerks*. Havia videogames para as crianças e uma mesa de bilhar para os adultos, sobre a qual Clapton foi colocado de frente para Bill Wyman. Woody ficou em primeiro lugar.

Mick e Keith tinham cada um sua tenda para receber visitas, e a diferença entre os respectivos visitantes era gritante. Quando espreitava a tenda de Keith, ele estava imerso numa conversa com Phil Spector. Também recepcionou Tom Petty, Little Steven e Waddy Wachtel. Na tenda de Mick, porém, era possível encontrar Barbra Streisand, Meryl Streep e Michael Douglas.

Keith estava com o pessoal da música, Mick com o pessoal de Hollywood. Não era algo absoluto — Springsteen realmente passou para dizer um oi a Mick —, mas estava claro quem estava alinhado com quem. Mick queria muito fazer parte da cena de Hollywood (como ator, diretor, produtor), então ele estava cortejando as personalidades de grande prestígio nessa área. Ele já havia conquistado o rock'n'roll, e procurava uma nova fronteira. Quantas vezes mais ele conseguiria atuar diante dos mesmos fãs alucinados e não atraentes dos Stones?

Para Keith, não existia outro lugar onde estar. Não queria ser um astro do cinema e não sentia necessidade de impressionar Barbra Streisand mais do que algum alucinado inveterado pelos Stones na fila de trás. Keith se considerava o fã número um dos Stones. Quando não estava no palco, era possível avistá-lo ao lado de sua jaqueta da *Steel Wheels*, a mesma que estava sendo vendida nas franquias. Acho até que ele já dormiu com ela. Era como aquele cara do comercial: "Gostei tanto do produto que comprei a companhia inteira."

A razão para se importar com as diferenças de filosofias e círculos sociais de Mick e Keith é que elas basicamente resumiam o que se via e ouvia na turnê *Steel Wheels*. O desejo de Mick de ser popular e bem-relacionado podia deixar Keith louco, mas isso realmente revigorou os Stones. Nos sete anos desde a última turnê da banda, Mick havia investigado muito sobre a nova música e tinha se afiliado a muitas novas bandas de sucesso. Estava determinado a fazer com que isso fosse aproveitado pelos Stones.

Keith, é claro, rejeitava essa visão. Via os colegas musicais de Mick (Duran Duran, Paul Young, os Eurythmics) como "os sabores do mês" e os relacionamentos de Mick com eles como superficiais e desviados.

Mas, por outro lado, se havia algo que me incomodava em Keith, era que ele acabava sendo desprezível demais quando o assunto era a nova música. Se você não era algum cara negro e corcunda do Delta do Mississipi, Keith não se interessaria.

Keith tinha uma lista muito pequena de músicos que ele respeitava, e a maioria deles ou estava morta ou muito próxima de bater as botas. Uma noite, quando a turnê estava num intervalo, Mick foi ao Ritz para ver os Red Hot Chili Peppers, enquanto Keith foi ao Carnegie Hall assistir ao Carlos Montoya de 86 anos de idade. Mick achava que Keith era teimoso, sem visão e que vivia dentro de uma redoma.

Mas existia uma ironia curiosa nesta turnê. Por mais que Mick professasse sua adoração pela nova música e por mais que desprezasse o rótulo de "roqueiro retrô", ele hesitava em inserir as novas canções da banda ao repertório. Mick estava feliz com a fórmula da turnê e se recusava a mexer nela. "Espontaneidade normalmente significa erros", ele falou para a *Rolling Stone*.

A fórmula de Mick ditava uma abordagem rígida, que não era aplicada apenas ao repertório, mas à própria organização. Mick queria que cada música, fosse ela "Brown Sugar", "Tumbling Dice" ou "You Can't Always Get What You Want", ficasse exatamente igual à versão original do álbum. Os Stones nunca tinham feito isso dessa forma antes. Nas turnês anteriores, eles apareciam e tocavam de improviso. O resultado seria uma nova versão de cada canção — uma "versão de rua, uma versão completa", como Keith descreveu — que se diferenciava bastante da gravação familiar.

Mas não desta vez. De acordo com Mick, a turnê *Steel Wheels* era muito grandiosa e muito importante para deixar tudo ao acaso. Havia apenas um jeito de tocar cada canção, e *um* jeito apenas. Ele já havia testado essa teoria no mercado. Quando Mick fez suas turnês solo no Japão e na Austrália em 1988, eu o critiquei no *Beggars Banquet* por incluir vinte músicas dos Stones no repertório de cada noite. Por que chamar aquilo de show solo quando ele estava tocando uma quantidade imensa de canções dos Stones? Mas, ao montar sua banda cover dos Stones, Mick arrumou tudo e fez cada música soar igual às gravações originais, inserindo de volta todas as sutilezas.

E foi assim, assistindo a muitas bandas de sucesso comercial — não os caras blues de boteco que Keith costumava parar para ouvir — que Mick percebeu o que estava acontecendo na indústria fonográfica. Aprendeu que a forma de atingir o maior público, e não apenas os fãs de carteirinha dos Stones, era tocar as músicas de sucesso da forma como as pessoas se lembravam delas. Não peça às pessoas para ceder às idiossincrasias dos Stones no palco, e também não supor que o som áspero dos Stones seria afetuoso. A maioria dos *baby boomers* quer ouvir "Gimme Shelter" da forma como ouvia dentro do quarto vinte anos atrás, então é isso que será dado a eles. Estava mais para uma decisão de negócios do que para uma decisão artística, mas funcionou.

Keith, é claro, teria preferido a maneira antiga. Joga tudo no ar e vê o que acontece. Assuma os riscos e abrace a vulnerabilidade. Keith não queria que o show se transformasse num pacote de sucessos previsíveis, portanto ele lutou pelo material novo. O repertório trouxe três números da *Steel Wheels* — incluindo "Mixed Emotions", à qual Keith se referia em âmbito privado como "Mick's Demotions" ["O Rebaixamento de Mick"] —, mas queria mais. Mick achava que a banda e o público não estavam prontos.

Quando chegou outubro, Keith ficou impaciente. "Estou pronto para improvisar qualquer coisa", ele me falou. "Há uma pressão inexorável de manter tudo do mesmo jeito, por causa [da] incrível quantidade de coordenação, das luzes [e] até mesmo o figurino. [Mas,] ao mesmo tempo, isso o torna banal."

Keith abriu mão de muito de sua autoridade nessa turnê, mas uma coisa a qual ele não largava era o repertório. Ele fez lobby a favor de incluir novas canções como "Terrifying", "Hold On to Your Hat" e "Almost Hear You Sigh", mas Mick recusou. Duas dessas canções acabaram sendo tocadas, mas não até o final de novembro e não antes de algumas discussões calorosas.

Keith compactuou com as ideias de Mick porque, francamente, ele precisava mais dos Stones do que Mick. Ele amava os Stones e não tinha uma Hollywood onde se escorar. "Estar nos Stones é a única coisa que sei fazer", ele me disse. "Não posso fazer outra coisa. O que farei, ir para uma universidade?"

Então Keith aprendeu a escolher suas batalhas. Em vez de confrontar Mick em cada esquina, tinha uma forma de eles ficarem quites. A primeira vez que notei isso foi quando assisti ao show daquele compartimento fechado no Estádio Shea. No início de "Honky Tonk Women", Keith tocava aquelas notas famosas. Bem, digamos que, em algumas noites, Keith se estenderia um pouco mais do que o necessário. Deixava Mick esperando por alguns segundos extras para a entrada de voz. Isso forçava Mick a tentar prever quando seria sua entrada e arruinava sua noção de tempo na frente de sessenta mil pessoas.

A mesma coisa com "Midnight Rambler". Sabe aquele intervalo no meio da música? *"You heard about the Boston"* — PLAFT! — Mick pulava e/ou simulava um movimento de chicotear no exato instante em que Keith tocasse aquela nota. Mas, se Keith segurasse por alguns poucos segundos, Mick ficava pendurado e se sentia meio idiota. Era algo sutil, mas dava para notar se estivesse assistindo perto o suficiente. Era um comportamento definido nos livros de psicologia como passivo-agressivo, mas possibilitou a Keith atravessar a turnê sem estrangular ninguém.

Continuei tentando falar com Tom Cuddy na ABC, mas eu estava sem sorte. O cara não fazia ideia de quem eu era, então não podia culpá-lo por não retornar minhas ligações. Além do mais, meu programa de notícias semanal da turnê se tornou um debate público quando a ABC começou a transmitir notícias diárias. Um jornalista trabalhando para a afiliada local da rede produziria uma reportagem de dois minutos. Uma pessoa diferente a cada dia. Infelizmente, a maioria tinha pouco conhecimento sobre a história da banda ou não sacava o que os fãs queriam ouvir. Muitos focavam nas condições do tempo. "Estava bastante tempestuoso aqui em Pittsburgh ontem à noite, mas, apesar do frio, os Stones trouxeram bastante satisfação." Quando um repórter puxou Milli (ou seria Vanilli?) para saber qual era sua opinião profissional sobre os Stones, cheguei ao limite da minha paciência.

Enviei uma carta via FedEx para Tom Cuddy no dia seguinte dizendo: "Suas notícias sobre os Stones estão uma porcaria." Informei a ele que a ABC poderia se redimir se contratasse alguém que estivesse por dentro do assunto. Alguém como *eu*. É claro que deixei de lado a parte referente à minha falta de experiência em rádio. Mas incluí, sim, uma fita demo com minha própria matéria, com informações exclusivas e anedotas da turnê. "É assim que deveria ser", escrevi.

Para minha surpresa, ele me ligou enquanto eu estava em Los Angeles. Disse que gostou da minha fita demo e que a KLOS, a afiliada local em Los Angeles, queria que eu comparecesse como convidado. Fariam uma transmissão ao vivo direto do show.

Quando cheguei para minha grande aparição na rádio, um segurança disse que eu precisava de um passe de "Funcionário" para subir até a cabine. Tinha acabado de entrar na sala da banda, mas este cara não me deixava subir até a cobertura. Mostrei a ele meu passe de Acesso Liberado e disse: "'Acesso Liberado' quer dizer qualquer lugar", mas ele não gostou da minha atitude. Só que eu não estava ali para ver meu *début* na rádio no horário nobre ser destruído por um segurança qualquer, então, assim que ele virou as costas, dei uma de Lucy Ricardo[15] e entrei sorrateiramente no elevador.

Os DJs da KLOS deram grande importância à minha presença. Steve Downes e Gayle Murphy disseram aos ouvintes que eu era um amigo íntimo dos Stones que havia "visto a turnê por todos os ângulos". Eles me providenciaram uma cadeira, um microfone e até meu próprio par de binóculos. Curti assistir ao show por mais um novo ângulo, mas fiquei assustado com a cabine em si. Era um troço de madeira improvisado que ficava literalmente no telhado do estádio. Um terremoto mortal havia ocorrido em São Francisco alguns dias antes, portanto, se algum abalo sísmico secundário atingisse Los Angeles, nosso estande de limonada viraria e estaríamos mortos.

Os DJs perguntaram sobre os bastidores. "Clapton está aqui? Ele vai tocar?" Respondi a todas as perguntas e falamos sobre o que os Stones andaram fazendo na cidade naquela semana. Também entrei em assuntos mais profundos, como o impacto da morte de Stu e a controvérsia dos Guns'n'Roses, o show de abertura dos Stones. (No palco, na noite anterior, Axl Rose assegurou que ele não era racista ou homofóbico, como tinha sido amplamente divulgado. "Não tenho nada contra crioulos e bichas", ele declarou, "desde que não tentem

---

[15] Personagem principal do seriado *I Love Lucy*.

tocar em mim ou me roubar". Isso quase culminou num conflito racial entre os G'N'R e a outra banda do show de abertura dos Stones, a Living Colour.)

Permaneci no ar por três horas, o que incluiu partes do próprio show. O que quero dizer é que haveria momentos em que estaríamos conversando enquanto nossos ouvintes escutavam os Stones ao fundo. A rádio não tinha permissão para fazer isso, mas eles ignoraram as regras, e os adorei por isso. Para mim, essa era a essência da rádio FM: uma paixão pela música e uma vontade genuína de ser espontâneo e relevante. Estava entusiasmado em participar daquilo.

Com os microfones ligados, conseguimos falar sobre o show como um evento esportivo. Os dois DJs eram os narradores e eu era o comentarista. Antes de "Sympathy for the Devil", eu disse: "Ok, Mick está entrando num elevador secreto neste momento para que possa chegar à parte de cima do palco." Durante "Brown Sugar", expliquei como as famílias dos Stones estavam naquele instante saindo do compartimento fechado sobre o palco em direção às vans. O representante da KLOS gostou tanto da minha presença no ar que me pediu para voltar na segunda noite.

Sem eu saber, o pessoal da ABC também estava me ouvindo. Tom Cuddy me telefonou em Los Angeles com uma proposta interessante: "Queremos que você entreviste Mick e Keith para nossa transmissão nacional na próxima semana."

29 de outubro de 1989: Meu dia começou na lavanderia do Mets com Keith, Charlie Kendall (esquerda) e Dave, o Engenheiro...

... e terminou no Ritz-Carlton com (da esquerda para a direita) Michael Woods, Marisa, Keith, Carrie Woods (esposa de Michael), James Woods, Woody e Patti.

27

A ERA DO RÁDIO

Ainda hoje acho difícil acreditar que a ABC me confiou seu bebê de um milhão de dólares. Centenas de estações de rádio pelos Estados Unidos estavam prontas para veicular o programa — uma entrevista com Mick Jagger e Keith Richards, conduzida por Bill German.

A emissora pagou um milhão à BCL pelos direitos exclusivos de rádio da turnê (o que também incluía uma transmissão simultânea do show em pay-per-view dos Stones) e estava colocando sua maior *broadcast* de rock desde o Live Aid nas mãos de um garoto de 27 anos sem nenhum experiência profissional em rádio. Imagino que o fator-surpresa — um fã entrevistando os Stones — possuía algum apelo em termos de relações públicas.

Isso também poderia significar um desastre em grandes proporções, e foi por isso que eles me colocaram ao lado do veterano de rádio Charlie Kendall. Entrevistaríamos Mick e Keith como um painel, alternando nossas perguntas.

Na verdade, o acordo de um milhão de dólares determinava que os Stones participassem de um programa ao vivo por telefone. Todos os cinco membros, com a ajuda de um moderador, responderiam as perguntas do público durante um programa de rádio de duas horas. Mas, à medida que a data se aproximava, os Stones foram fugindo do plano original. Falaram para a ABC deixar de lado a ideia das perguntas por telefone. "Vamos fazer apenas uma entrevista normal. Os cinco stones juntos numa sala, ao vivo na rádio, entrevistados por um DJ." A ABC não estava feliz com a mudança, mas não questionou. Os Stones eram o assunto mais comentado da música em 1989, então uma entrevista habitual ainda era uma vitória.

Mas depois a BCL veio com outra surpresa. Não seriam todos os cinco stones. Apenas Mick e Keith. De novo, a ABC engoliu. Mick Jagger e Keith Richards dentro do mesmo recinto ao vivo na rádio ainda era um evento especial. A revista *Billboard* não perdeu tempo de veicular a notícia: "A ABC Radio Networks já marcou seu programa de entrevista de duas horas ao vivo com os rolling stones Mick Jagger e Keith Richards. O programa será apresentado pelo veterano Charlie Kendall e por Bill German, editor/diretor do fanzine *Beggars Banquet*."

Dias antes do programa de rádio, contudo, a BCL telefonou para a ABC com outra mudança. "Nós lhe daremos Mick e Keith, mas terá que entrevistá-los separadamente, uma hora cada, pré-gravado, não ao vivo." Quando chegou a esse ponto, a ABC se cansou do chove não molha e ameaçou entrar com um processo por quebra de contrato.

Era tarde demais para divulgar a mudança. "Mick Jagger e Keith Richards não parecem muito amigos no palco esses dias", o *Daily News* de Nova York noticiou, "mas eles vão esquecer suas rixas no programa."

É claro que isso não fazia a menor diferença para *mim*. Mick e Keith juntos, separados, ao vivo ou no Memorex. Já estava tão por dentro da alma humana que teria feito tudo até mesmo de cabeça para baixo na lua.

A entrevista com Mick foi marcada para o sábado, 28 de outubro, na ABC Studio na West End Avenue. A de Keith estava programada para domingo, antes do show no Estádio Shea. (Esse era o segundo trabalho dos Stones em Nova York naquele mês. Já tinham feito dois shows no Shea, nos dias 10 e 11 de outubro, antes dos quatro em Los Angeles, e depois mais quatro novamente no Shea.)

Mick tinha regras. Ele não queria nenhuma pessoa na ABC, exceto se necessário, enquanto ele estivesse lá. Nenhuma secretária, nenhuma recepcionista, nenhuma arrumadeira, sem exceções. Ele não queria ninguém pedindo seu autógrafo ou falando com ele. Entraria por trás, chegaria ao estúdio da rádio por volta das dez da manhã, gravaria sua entrevista de uma hora e deixaria o local. Se alguém ali dentro se aproximasse dele com uma câmera ou uma caneta, ele sairia antes mesmo de dar a sua entrevista. Sei de tudo isso porque a ABC precisava me deixar a par de tudo. "Vou me lembrar disso", falei, engolindo o riso. "Nenhum autógrafo, nenhuma foto. Vou tentar *realmente* me segurar."

Não via a hora de o sábado chegar. Estava nervoso, mas era um tipo bom de nervoso. Quando meu telefone tocou às nove da manhã, deixei que minha secretária eletrônica atendesse. Estava muito ocupado estudando as perguntas e penteando o cabelo.

"Se está aí, Bill, atenda. É Tom Cuddy."

Atendi.

"Ah, que bom que consegui contatá-lo a tempo. Não sei nem como dizer isso, mas Mick não quer você por lá, então fique em casa."

Mick não havia sido informado até aquela manhã que eu seria o entrevistador. Ele recusou no mesmo instante. Ou ele queria me punir por algo que escrevi no *Beggars Banquet* ou estava com medo que eu lhe fizesse as mesmas perguntas que já tinha feito a Woody — sobre os altos preços dos ingressos e a campanha de merchandising crassa. Seja lá qual fosse o motivo, ele falou para seu assistente, Tony King, ligar para a ABC e me vetar.

Minha entrevista com Keith ainda estava de pé no domingo no Estádio Shea. Peguei uma carona com um amigo que estava indo para o show. Mas, quando pegamos um engarrafamento na Second Avenue, comecei a entrar em pânico. "Se perder esta entrevista, eu me mato." Pulei do carro e rolei sobre o capô de um cara, bem ao estilo Starsky & Hutch, para chegar até a calçada. De lá, corri até a Lexington Avenue para pegar o trem das seis, o que por sua vez me levou ao trem das sete. Consegui chegar ao Shea bem na hora.

Charlie Kendall e Dave, o Engenheiro, estavam me esperando atrás do placar do Mets. A chefe de relações públicas dos Stones, Linn, veio nos buscar e entregou um passe de "Funcionário" para cada. Ela nos escoltou por um túnel e para dentro de um quarto pequeno e pouco iluminado. "Keith estará aqui a qualquer momento", ela disse. Quando olhei em volta, percebi que estávamos rodeados por máquinas de lavar e secar. Estávamos na lavanderia do New York Mets, a qual Keith e Woody andavam usando como um espaço de afinação de instrumentos. Encontrei várias palhetas de suas guitarras no chão, incluindo uma na qual estava escrito "Woody's Pecker"[16].

Dave, o Engenheiro montou o equipamento, enquanto Kendall e eu comparamos anotações. Andamos de um lado para o outro, como pais ansiosos dentro de uma maternidade, à espera de Keith. Estávamos ao lado da sala privativa dos Stones, então podíamos ouvi-lo rindo e contando piadas. Depois sorrimos um para o outro à medida que sua gargalhada inimitável se aproximava de nós do outro lado da porta. Keith entrou e me cumprimentou primeiro. "Estávamos *esperando* você", ele brincou.

Keith sabia como esta era uma grande oportunidade para mim. Ele foi um dos que a tornou possível, simplesmente dando sua aprovação. Não sabia se ele estava consciente da minha situação com Mick, então me senti compelido a trazer esse assunto à tona. "Você ficou sabendo?", eu perguntei. "Mick ligou para a ABC ontem e disse que não queria que eu o entrevistasse."

A resposta de Keith, a qual nunca vou esquecer pelo resto da minha vida, foi: "Sim, soube, e, bem, ele não sabe o que é bom."

Apresentei Keith aos meus colegas antes de Linn fechar a porta e nos deixar a sós. Seriam apenas nós quatro, sentados em torno de uma mesa de pôquer. Considerando o milhão de contos em jogo, nossa estrutura estava um tanto primitiva. "Para onde nos trouxe?", brinquei com Keith. "Aqui é o lugar onde Darryl Strawberry lava seu protetor de testículos."

Eu sabia tanto sobre a turnê *Steel Wheels* e me sentia tão à vontade com Keith que não tive medo de fazer algumas perguntas difíceis. Um dos assuntos que abordei foi o uso de música pré-gravada no palco pelos Stones.

"Há um pouco de amostras de percussão", Keith admitiu. "Mas eu digo, qualquer amostra existente está sendo supervisionada de *perto* pelo sr. Watts. *Bem de perto*. Então não estou realmente preocupado com isso. Para mim, o importante a respeito dos sintetizadores e amostras é como os utilizamos, e não fazer uso deles indiscriminadamente. Às vezes, entramos numa lugar e achamos que estamos numa

[16] Trocadilho com o nome do personagem de desenho animado Pica-Pau em inglês (Woody Woodpecker).

sala de datilógrafos, pois não tem ninguém tocando, estão apenas apertando botões."

Keith disse que, devido à tentativa dos Stones de fazer réplicas das gravações originais, era preciso fabricar alguns poucos elementos para que tudo soasse igual. Invocou o espírito de Ian Stewart, o mais puro de todos os puristas, para ter certeza de que isso passasse pelo seu crivo. "Charlie e eu, e Ronnie também, nós olhamos um para o outro no palco às vezes e pensamos: 'Ele teria gostado disso.' O maior elogio que receberia de Stu era: 'Nada mal.' Então hoje olhamos para o céu e dizemos: 'Como foi isso agora, cara? Que tal um pouco de 'Nada mal', para sabermos que está tudo bem?"

Isso era tudo o que eu queria: fazer a Keith algumas perguntas que podiam estar na mente das pessoas. Por que os Stones *estão* usando música gravada no palco? E qual *é* a história com esse merchandising? Keith é um garoto grandinho, então tinha certeza que ele saberia lidar com isso.

"A maior parte do merchandising", ele explicou, "deixei nas mãos habilidosas de Charlie Watts. [Isso] elevou um tanto a qualidade".

Achei que Keith podia estar tirando o corpo fora, mas apenas admitiu que exercia pouco controle nesta turnê. Ele delegava o resto para as pessoas em que confiava. Charlie era um artista gráfico por profissão — ele tinha tanto sucesso nessa área que por pouco não trocou os Stones por esse trabalho —, então ele se orgulhou em fazer o design dos elementos de palco e dos produtos, as coisas com as quais Keith não podia lidar. "Charlie sabia que eu já estava sobrecarregado organizando as músicas", Keith disse. "Ele normalmente é do tipo 'Onde está a bateria?', mas assumiu as rédeas de muitas coisas dos bastidores dessa turnê. A razão para eu estar vestindo esta jaqueta é graças a Charlie Watts."

Ah, sim, a jaqueta. Fico feliz que tenha tocado nesse assunto, Keith. "Devemos dizer aos nossos ouvintes que Keith está usando o item de 'Rock dos Rolling Stones' de maior valor. Quatrocentos e cinquenta dólares a jaqueta de couro. Completa com fechos de língua, remendos de língua e pinos de língua."

Keith pareceu um tanto envergonhado, senão confuso, com o fato de eu dizer o preço. "Hum, bem, esta aqui é *minha*", ele murmurou para ninguém em particular. Talvez ele não soubesse que a jaqueta estava à venda, muito menos o preço que Brockum/BCL estava cobrando por ela.

Keith alegou ignorância sobre muitas coisas nessa turnê, o que poderia ter sido apenas uma desculpa insatisfatória, mas acredito que ele estava sendo sincero. Talvez ele até tenha olhado alguns memorandos durante o seu bourbon e sucrilhos de cada dia, porém, se não tinha nada a ver com mudanças de claves e acordes, ele não se envolveria tanto.

Perguntei que tipos de concessões ele tinha feito a Mick nesta turnê, e respondeu que não conseguia pensar em nenhuma. Depois perguntei como eles estavam se dando.

"Não temos tempo para nos relacionar bem", ele respondeu. "Não temos tempo de discutir, porque estamos trabalhando e o trabalho tem que andar. Agora, basta nos dar algum tempo livre, e aí sim teríamos uma briga *tremenda*!"

No que diz respeito ao seu relacionamento com Woody na turnê, ele suspirou: "[Nós] nem mesmo passamos a noite inteira juntos como antes." Descreveu o ritmo alucinante da turnê: "Quando tinha vinte anos, um show de rock'n'roll tinha vinte minutos de duração. Tenho 45 agora, e o show não tem duração de 45 minutos. Hoje são duas horas e meia."

A diminuição do número de festas também tinha a ver com o aumento de sua prole. Perguntei a Keith o que suas duas filhas, de 3 e 4 anos de idade, acham da vida de estrada do pai.

"Elas devem pensar que todo pai faz esse tipo de coisa. '*Seu* papai fará um show hoje?' Elas adoram o final, quando podem assistir aos fogos de artifício e receber escolta policial. As motocicletas e o barulho das sirenes. Tenho que dizer para elas: 'Não posso garantir isso [o tempo todo], vocês sabem.'"

O pai de Keith, Bert, também era uma presença constante na turnê. Eu me sentei ao seu lado algumas vezes e ele parecia estar fazendo a festa. "Tenha certeza de que está", Keith confirmou. "Rum de graça!"

Os convidados dos bastidores da turnê variavam de estrelas de filme pornô à prole da presidência, então queria saber qual deles era seu favorito. Previ que ele diria Scotty Moore, o velho guitarrista de Elvis.

"Tirou as palavras da minha boca. Uma cara incrivelmente interessante. Ele nos relatou algumas histórias fantásticas, que não contarei aqui. Mas mostrou para mim e para Woody como fazer aquele *lick* de guitarra de 'My Baby Left Me' e 'That's All Right, Mama.'"

Perguntei como foi conhecer Seka, a estrela pornô, e ele exclamou: "Sou o único que não tocou nela!" E depois perguntei sobre as *groupies* na turnê. Pelo que tinha visto, já não era mais como rezava a lenda.

"Não vou dizer que elas não estão lá", Keith declarou. "Apenas eu não optei por isso!"

É claro que, pela cara delas, você não iria *querer* mesmo. A maioria não estava mais no auge da beleza e vinha desde a época de *Exile* ou *Aftermath*. Conheci uma que costumava prestar serviço a Brian Jones quando era adolescente, mas que agora estava do tamanho de um elefante. "Ninguém transa mais com ela", um *roadie* me contou. "Agora é apenas sexo por telefone." Esta também era a primeira turnê dos Stones após a aids, então era preciso ter cuidado. No passado, pegava-se gonorreia; agora era possível contrair a morte.

Perguntei a Keith se ele sentia falta da intimidade que os ambientes menores conferiam, além da chance de interagir com os fãs. Mencionei como, na sua turnê solo, ele dera uma carona a um fã até em casa.

"Ei", ele interrompeu. "Sou um cara legal, Bill."

"Eu sei! Isso é óbvio! Mas você teve a oportunidade de fazer algo assim *nesta* turnê, ou as coisas estão agitadas demais?"

Ele se inclinou para compartilhar uma história: "Estávamos na autoestrada ontem, vindo até o show aqui, e havia uma van cheia de caras... Eles sabiam [que era a gente] e começaram a dizer: 'Ingressos, ingressos, precisamos de ingressos.' Então, estendi minha mão e disse: 'Grana, grana, grana.' E viram o anel, entende? Finalmente, eles pararam o carro do nosso lado, por isso pedi para um dos nossos caras lhes dar o nome de JC. Dissemos para eles fazerem o caminho por trás. Fizemos contato pessoal e conseguimos ajudar os caras a entrarem. Na verdade, eles só estavam esperançosos de conseguir ingresso com algum cambista."

Não era apenas uma grande história: era um anúncio em âmbito nacional do negócio de JC. "Então eis aqui um conselho para todos os nossos ouvintes", anunciei. "Se quer ingressos, apenas siga a van dos Stones."

"Isso mesmo", Keith concordou, "dê uma olhada ao seu redor. E, se me vir, sou um cara legal, e terá uma boa chance de conseguir".

No geral, foi uma entrevista informativa e divertida. Provei a Tom Cuddy que ele estava certo em me contratar. Nenhum outro jornalista saberia perguntar a Keith sobre seu pai, Seka ou o serviço de táxi que ele tinha para seus fãs.

Depois de uma hora de entrevista, Keith se levantou e me deu um abraço. Depois ele cedeu aos pedidos de Kendall e Dave, o Engenheiro, por autógrafos. Por um dia, eu me senti tão profissional quanto qualquer outro na rádio FM. Como prova, a ABC me pagou trezentos contos. Saí daquele quarto me sentindo ótimo.

Normalmente, quando eu me sentia tão bem assim na turnê *Steel Wheels*, alguém chegaria por trás e cortaria o meu barato. Mas, nessa noite, essas pessoas deviam estar escondidas em outro lugar. Freddy se ofereceu para me levar até o palco, mas recusei. Em vez disso, eu me sentei ao lado de alguns amigos de infância num assento normal pelo qual tinha pagado. Após o show, trouxe-os comigo a um bufê de graça no Diamond Club do estádio. Não esperávamos ver os Stones, mas mesmo assim meus amigos estavam superanimados.

Num determinado momento, enquanto estava de pé com meu prato vazio na fila para linguine, um cara na fila para verduras cozidas no vapor pareceu me conhecer. Era o ator James Woods. Nunca tinha conversado com ele, mas adorava seu trabalho. *Cat's Eye*, *Assassinato a Sangue Frio* e sua atuação em *Salvador – O martírio de um povo* indicada ao Oscar. Tinha até assistido à versão longa de *Era uma vez na América*.

O cara fazia papéis de caras valentões na telona, mas estava sendo bem cortês na vida real. Não sabia por que ele estava me cumprimentando de longe, mas eu o cumprimentei de volta antes de sair andando. Trinta minutos depois, enquanto a sala estava se esvaziando, ele cutucou meu ombro. "Você tem que me fazer um favor, Bill. Diga a Keith que não foi *minha* ideia fazer aquela piada ontem à noite."

Não entendi nada do que ele estava falando ou como ele sabia meu nome. E ele desapareceu dentro de um elevador antes que pudesse perguntá-lo. Mas, quando saí do estádio e andava pelo estacionamento, ouvi duas vozes masculinas chamando de trás de uma limusine: "Ei, Bill! Adoramos o fanzine!"

A janela estava abaixada, então dei uma espreitada. "Olá", disse James Woods, "apenas queríamos dizer o quanto gostamos do fanzine. Meu nome é James, e este é meu irmão, Michael. Você envia as edições para a casa de Michael e depois ele as entrega para *mim*."

"Ah, sim! É claro! Michael Woods! Já vi esse nome um milhão de vezes nos meus arquivos. Você é dos meus assinantes mais antigos."

James explicou que ele havia apresentado o *Saturday Night Life* na noite passada, no qual participou de uma cena de vampiro que fazia referência a Keith de maneira nada lisonjeadora. Eu lhe garanti que Keith não ficaria chateado com ele. Apertamos as mãos e eles me disseram para eu continuar com o bom trabalho. Meus amigos de infância ficaram impressionados. "Tudo isso", um disse, "por algo que você começou no seu quarto."

Quando voltei a Manhattan, fui até o Ritz-Carlton Hotel, onde os Stones estavam hospedados. Queria fazer uma celebração de pós-show com um drinque junto a alguns *roadies*, mas percebi uma comoção no bar do hotel. Sentados num banquinho estavam Keith e Woody, ao lado de Michael e James Woods. Patti Hansen me avistou à distância e falou para o guarda-costas de Keith, Joe Seabrook, me deixar entrar.

Não sei ao certo por que James Woods me pediu para dar um recado a Keith se sabia que estaria falando com ele de qualquer forma, mas não procurei entender. Woody caiu na risada me apresentando James e Michael como seus irmãos.

Eles explicaram a Keith e Woody que já me conheciam: "Somos membros de carteirinha." Também nos informaram que Michael era proprietário de uma loja de vídeo em Warwick, Rhode Island. Quando James vinha visitar, ele se sentava atrás do balcão, registrando os aluguéis de filmes e recomendando alguns. Era possível alugar um filme com James Woods do próprio James Woods. Michael, descobri, era mais extrovertido e sociável do que seu irmão famoso. Ele nos fez rir a noite inteira, e não foi surpresa quando, anos mais tarde, ele concorreu a prefeito de Warwick.

Sempre adorei conhecer meus leitores, não importava quem fossem, mas essa experiência era como a cobertura do bolo. Eu me sentia como se tivesse jogado a partida perfeita no Shea aquele dia.

Os Stones mal conseguiam esperar o final da sua conferência de imprensa patrocinada por Trump e ameaçaram ir embora se ele chegasse perto deles.

28

ACUSADOS POR TRUMP

Atlantic City não era o tipo de lugar em que se esperaria encontrar os Rolling Stones em 1989. A cidade era, em grande parte, a Meca dos aposentados da Costa Leste que não aguentariam uma viagem a Las Vegas. Grupos de igreja apareceriam aos montes vindos de ônibus, inserindo suas moedas nas maquininhas, saboreando uma boca livre e retornando ao seu ônibus antes do anoitecer. Frankie Valli era o mais próximo que se podia chegar do rock'n'roll ali.

Donald Trump atraiu os Stones à sua espelunca com uma oferta gigante: seriam três concertos, nos dias 17, 19 e 20 de dezembro, no Centro de Convenções de Atlantic City, ao lado do Trump Plaza Hotel e Cassino. Seria a última parada dos Stones da turnê.

O Centro de Convenções, mais conhecido por sediar o desfile anual de Miss Estados Unidos, era o menor local do itinerário da *Steel Wheels* (capacidade para 16 mil) e, de longe, o mais caro. Os ingressos custavam 250 dólares, para ser exato.

Soube de fãs que não puderam pagar pelos ingressos de trinta dólares, então 250 dólares estava fora de cogitação. Foi o show mais caro na história do rock'n'roll. Como informei aos meus leitores: "Talvez queiram economizar 230 dólares e assisti-lo de casa." O show do dia 19 de dezembro seria transmitido em pay-per-view por apenas vinte contos.

Trump comprou estes shows abertamente por seis milhões — uma quantia incrível naquela época —, portanto, era ele quem dava as cartas. Ele, não os Stones, determinava os preços dos ingressos. Trump também podia vender/distribuir os ingressos como quisesse. Para o show de 17 de dezembro, ele reservou os melhores lugares para seus grandes apostadores do cassino. Velhinhas e velhinhos de cabelo azul que cheiravam a Vitalis. Não eram capazes de dizer o nome de sequer uma canção dos Stones, mas quando viram o preço dos seus ingressos — 500 dólares o par — não resistiram ao bônus.

Os Stones não estavam contentes, mas era por sua própria culpa que Trump ditaria as ordens durante uma semana. Numa conferência de imprensa antes desses shows, todos os cinco evitaram tirar fotos com ele e ameaçaram ir embora se ele chegasse perto deles. No seu livro *Sobrevivendo ao sucesso*, Trump declara que os Stones estavam com inveja e tinham medo de dividir os holofotes com ele. "Sendo bem-educado", Trump escreve, "os Stones me impressionam como sendo um bando de cretinos sem tamanho. Um visão lamentável... Pálidos e acabados, muito além de suas idades. Cercando-os por todos os lados estão seus guarda-costas... Um bando de caras espertos de má índole que empurram e tratam violentamente pessoas que não estão nem mesmo em seu caminho."

Com ou sem foto, Trump viu o retorno de seu investimento. Ele se certificou de que em cada ingresso estivesse escrito "Os Rolling Stones, em associação com o Trump Plaza" e burlou a entrada de forma que fosse preciso adentrar seu cassino para assistir ao show. Um pequeno dado sendo jogado antes de "Tumbling Dice".

No show de 17 de dezembro, fiquei deprimido com o que vi. Após as primeiras duas músicas, as pessoas se levantaram para sair. Quando estavam em "Midnight Rambler", a seção da frente já estava metade vazia. Um êxodo em massa de cidadãos da terceira idade, todos com as mãos sobre seus ouvidos. Alguns dos meus assinantes teriam dado o testículo esquerdo por aqueles lugares, e todos foram desperdiçados.

Como se a plateia de 17 de dezembro não tivesse sido ruim o bastante, o show em si foi uma droga. O técnico de som não conseguiu se adaptar àquele ambiente e tudo rebatia nas paredes como batidas de carro. Depois, o que deveria ter sido o ponto alto da noite, uma participação de John Lee Hooker, foi um fiasco. A guitarra de Hook não estava plugada ao seu amplificador e levou alguns minutos para que todos no palco percebessem. Ele estava executando uma de suas corridas características ao longo do palco quando tropeçou num fio e saiu voando, quase rachando seu crânio.

Dos acordes de abertura até a reverência final, nunca vi um show dos Stones tão ruim. Noticiei todos os detalhes no *Beggars Banquet* e no *Connection*, o fanzine que inaugurei para as últimas notícias. Também comentei sobre isso na K-Rock, a grande estação de rádio em Nova York.

Houve uma festa no hotel após o show, em comemoração ao aniversário de Keith. Estávamos hospedados no Marriott Seaview Golf Resort, na comunidade de quartos de Absecon. Keith estava registrado sob R. Soul, Woody como J. Ramsey e eu como Bill German.

Trump tinha se gabado para a mídia de que os Stones se hospedariam no seu hotel, e, no entanto, eles optaram pelo Golf Resort, a 12 quilômetros de distância. Isso permaneceu como um segredo bem guardado. Estávamos distantes de tudo e tínhamos o lugar só para nós.

A festa de Keith aconteceu no porão do hotel. Já passava da meia-noite, então tecnicamente já era o dia do seu aniversário, 18 de dezembro. O quarto era incrivelmente rústico e muito parecido com os porões onde costumávamos ficar quando crianças. Com chão de ladrilho e painéis de madeira, parecia mais apropriado para hóquei e o jogo Twister do que uma festa dos Stones.

O bufê self-service oferecia o prato favorito de Keith, empadão de carneiro. O bolo de aniversário parecia uma garrafa de seu molho de carne favorito. (Keith gostava tanto desse molho que viajava com ele. Tente encontrá-lo em Iowa.)

Todos os Stones estavam presentes. Mick estava num canto sozinho, mas Keith, Woody e Bill jogavam bilhar e conversavam com os convidados. Consegui colocar alguns assinantes para dentro e apresentá-los. Woody arregaçou as mangas para mostrar para eles o corte no seu cotovelo. "Quando tropecei", ele disse, "ou eu caía no chão e derrapava, ou ia direto contra um poste e partia minha cabeça ao meio".

"Ainda bem que escolheu a primeira opção," suspirei. "Porque a última certamente teria arruinado a festa."

O aniversário de Keith em si foi tranquilo. Ele passou o dia apenas com a família e não saiu do quarto. Não havia nenhum show à noite, então tudo transcorreu sem exaltações. Eu, contudo, tinha muito o que escrever sobre a noite anterior. Tinha sido contratado pela K-Rock — "Howard Stern na sua manhã, rock clássico o dia todo" — para telefonar de Nova Jersey e entrar no ar ao vivo.

Para manter a privacidade dos Stones, não revelei onde estava hospedado. "[Nós] tecnicamente não estamos em Atlantic City", falei à DJ Meg Griffin. "Não posso dizer exatamente onde, mas... estamos na natureza." Dei um relato completo sobre a festa de Keith e conversei sobre o show da noite anterior. Expressei como tudo foi bastante instável e como John Lee Hooker se esqueceu de ligar a guitarra. Mencionei o envolvimento de Trump no show e como algumas pessoas saíram no meio do evento.

Uma hora depois de ter saído do ar, recebi uma ligação de Jane Rose: "Por que falou tantas coisas negativas sobre o show? Achávamos que estaria do *nosso* lado." As várias personalidades da turnê tinham me ouvido falar na rádio e não estavam contentes. Tinham ligado para Jane imediatamente e disseram: "*Você* conhece esse garoto. Dê um jeito nele."

Ela me deu um sermão: "Depois de tudo o que fizemos por você, é assim que nos retribui? Estamos tentando fazer com que as pessoas *comprem* o pay-per-view e você entra na rádio para *falar mal*? Para dizer para todo mundo que o show vai ser fraco?"

Tentei explicar que estava apenas noticiando os fatos. John Lee Hooker se esqueceu de ligar a guitarra? Sim. Os engenheiros de som usaram o show como um ensaio para o pay-per-view? Sim. As velhinhas de cabelo azulado saíram no meio do show? Sim. Nunca falei que os Stones iriam repetir essas falhas na noite do pay-per-view. Dei um relato do que já havia acontecido, não uma previsão do que viria.

"Olha", Jane suspirou, "tudo o que estou dizendo é que estávamos esperando que tivesse sido menos negativo. Está todo mundo realmente chateado. Estão me perguntando 'Qual é a dele?' Fomos *nós* que o colocamos naquela estação, e aí vem ele usando essa oportunidade para nos colocar para baixo? Seja mais positivo da próxima vez. Ajude-nos a *vender* este negócio".

Não queria discutir com Jane, então não levantei uma informação essencial: *não* tinham sido eles que me colocaram na rádio. Eles me ajudaram a entrar na ABC (aprovando a entrevista com Keith), mas o trabalho com a K-Rock eu tinha conseguido sozinho. Já conhecia pessoalmente os DJs da K-Rock havia anos e já tinha sido convidado a entrar no ar várias vezes antes do pacto Stones-ABC. A K-Rock havia me intitulado um perito nos Stones (uma posição não assalariada), da mesma forma que o telejornal tem o Cara das Frutas ou o Especialista Técnico.

Mas a grande pergunta permanecia: eu realmente devia algo à turnê *Steel Wheels*? Os Stones e a BCL tinham me deixado entrar nos seus shows de graça e eu estava me alimentando da sua torta de carneiro, então, desse modo, eu era seu convidado. Mas se posar de consumidor satisfeito era o preço que tinha que pagar pela minha credencial de Acesso Liberado, ninguém havia me dito isso antes.

Eu era um jornalista independente, empregado pelos meus assinantes, não pelos Stones. Negativo ou não, o show de 17 de dezembro era uma história inusitada que precisava ser contada.

Infelizmente, as pessoas do alto escalão da turnê estavam com uma determinada percepção de mim, e foi essa frustração que as tirou do sério: "O que este garoto está aprontando? Com um fã-clube como o *dele*, quem precisa de inimigos?" Acho que o fato de não poderem me despedir os deixava loucos. E, se queriam agora remover meu acesso ou meus privilégios com a Mulher dos Ingressos, já era tarde. A turnê estava quase no fim.

Na minha matéria para a rádio do dia 19 de dezembro, não facilitei por causa do pay-per-view daquela noite, mas previ que seria menos caótico. E foi. John Lee Hooker se lembrou de ligar sua guitarra, Woody não tropeçou e ninguém na plateia se levantou para sair. O Centro de Convenções estava lotado de fãs dos Stones, não de fãs de Trump. Clapton fez uma performance abrasadora como convidado com a música "Little Red Rooster" e permaneceu no palco durante o "Boogie Chillen" de Hook. Até Axl Rose veio prestigiar a ocasião. Fez um dueto com Mick na canção "Salt of the Earth" e não mencionou "crioulos e bichas".

Um relações-públicas me contou que quatrocentos mil lares compraram o programa de televisão. A BCL e os empresários dos Stones estavam muito contentes. Mas houve uma pequena falha: durante "Satisfaction", a transmissão foi interrompida. Pelo que me disseram, os militares dos Estados Unidos haviam tirado o satélite dos Stones do ar, porque naquele momento estavam invadindo o Panamá e precisavam daquela frequência. Como resultado, a empresa do pay-per-view ofereceu a todos uma reprise gratuita.

A última noite da turnê, 20 de dezembro, foi amarga. Ela gerou, posso dizer, emoções de vários tipos. Eu havia adorado aquela turnê — assistindo aos shows, encontrando os assinantes, fazendo minhas transmissões pela rádio —, mas a constante incerteza do meu status de "dentro-fora" me exauriu. Os chefões fizeram eu me sentir como se estivesse sempre implorando por favores e como se meus motivos estivessem sempre em questão. Dessa parte eu não teria saudade.

Antes do show, visitei a sala privativa da banda. Imaginei que seria minha última oportunidade de dizer adeus a algumas pessoas e lhes desejar feliz Natal. Em meio à controvérsia sobre minha matéria para a K-Rock, temia que fosse barrado dos bastidores, mas o grande Bob Bender, que estava na porta, relutantemente me deixou entrar.

Foi uma cena bastante emotiva. As pessoas trocavam presentes e abraços. Os *roadies* pediam aos Stones para fotografarem seus programas da turnê, não como itens de colecionador, mas como momentos pessoais. Era como pedir ao professor para assinar seu anuário.

Também pedi alguns autógrafos. Não para mim, mas para a promoção que estava fazendo no *Beggars Banquet*. Eu tinha prometido ao ganhador que "ao menos um membro" dos Stones iria assinar um programa da turnê, mas tinha esperança de conseguir autógrafos de toda a banda. Tinha pavor de pedir autógrafos, então comecei por Woody, sempre o mais fácil. Depois fui até Bill Wyman, também fácil.

Woody disse que a chave para conseguir o autógrafo de Mick era conseguir primeiro com o resto da banda. Eu me senti muito intimidado para abordar Charlie, então fui direto para Keith. Ele disse: "É claro." Colocou meu programa na mesa de sinuca, puxou a tampa da caneta e se inclinou, pronto para assinar. Mas, naquele instante, sua mãe, que tinha vindo da Inglaterra para seu aniversário, chamou do outro lado da sala. Keith pediu licença — "Um segundo, Bill" — e correu até ela.

Infelizmente, o grande Bob entrou na sala com seu anúncio da noite: "A banda vai subir no palco, então todos precisam evacuar esta área. Retornem aos seus assentos." Meu vencedor teria então que se contentar com duas assinaturas, e não cinco.

Os Stones fizeram uma performance explosiva naquela noite. Um dos meus shows favoritos da turnê. Quando terminou, a banda ainda ficou por lá. Diferentemente das suas fugas anteriores em alta velocidade do local do show, eles permaneceram nos bastidores para dizer adeus a toda a equipe.

Desta vez, a cena era mais triste do que antes. As pessoas estavam chorando abertamente, e me senti um intruso. Tinha relações amigáveis com aquelas pessoas, mas não podia me iludir achando que eu era um deles. Os *roadies*, os engenheiros de som, a maquiadora, a costureira — eles eram partes integrantes da produção da *Steel Wheels*, mas eu não. E, então, me sentindo um intruso, eu ia saindo quando de repente alguém agarrou meu ombro. Era Keith. "Ainda precisa que eu assine aquele livro?"

Fiquei com a cara no chão. Mesmo com tudo que ocupava sua mente e todas as emoções da noite, ele estava se aproximando de mim para atender meu pedido. Ele sabia que era para os fãs dos Stones e não queria decepcioná-los. Nas três horas desde que tinha falado com Keith, ele teve que ficar atento às mudanças de acordes, a não tropeçar nos fios, a se certificar de que sua mãe estava bem, a ter certeza de que John Lee Hooker estava com a guitarra ligada e a dizer adeus a duzentas pessoas. E, ainda assim, ele nunca esqueceu aquele autógrafo.

Cada um foi para um lado a partir de Atlantic City. O sr. Soul foi para Connecticut; o sr. Ramsey embarcou no próximo Concorde. Eu planejei pegar um ônibus até Manhattan, mas Freddy insistiu que eu pegasse uma carona com ele em seu carro alugado. Achei que sua namorada iria dirigir, mas não. Não imaginava que Freddy tivesse uma carteira de motorista, e ainda não tenho certeza se ele realmente tinha. Tudo o que sei é que ele pegou as chaves dela e se sentou no volante. Discutimos com ele, mas era tarde demais. Freddy deu partida no motor e lá fomos nós.

Durante duas horas, ziguezagueamos por todo o Garden State Parkway e Jersey Tumpike. Ele acertou a linha amarela durante a maior parte da jornada, e por pouco evitamos uma colisão de frente. Cheguei a *desejar* que fôssemos parados por policias, porque seria melhor do que sair voando pelo para-brisa ou cair dentro de uma represa. Sua namorada implorou para que a deixasse dirigir, mas ele ficava gritando: "Cala essa boca! Me deixa em paz!" Ele não fechava a matraca sobre Donald Trump, a invasão do Panamá e a turnê dos Stones no Japão, enquanto eu ficava cada vez mais pálido no banco de trás.

A namorada de Freddy tinha menos da metade de sua idade. Ela era loira, magra, peituda e linda. Ela havia viajado com ele durante grande parte da turnê, e eu presumira que ela o usava para ter acesso às drogas e aos Stones. Mas ela me revelou durante nossa viagem de carro assustadora que nunca havia tomado drogas e não era fã da banda. Ela era uma "mulher trabalhadora".

Finalmente juntei os pontos de como Freddy conseguira custear a turnê. Ele buscou fãs ricaços para serem seus "patrocinadores". Em troca de passes para os bastidores, eles pagavam suas contas com passagens aéreas e hotéis. Pagaram até por suas "namoradas". Não havia escassez de fãs dispostos a entrar nesse acordo, independentemente de quão caro.

Enquanto Freddy me deixava no apartamento, ele disse: "Vejo você em Tóquio!"

Woody me chama para fazer uma participação como convidado durante sua conferência de imprensa em Tóquio.

29
ENCONTROS E DESENCONTROS

Se os Stones não tivessem transformado suas prisões por porte de drogas num hábito, eles teriam incluído o Japão em suas turnês muito antes. Quando pediram seus vistos ao governo de Hiroíto em 1973, foram recusados sem rodeios. O governo precisou apenas dar uma olhada na ficha criminal de Mick e Keith para tachá-los de "não desejáveis" e "corruptores da juventude".

Mas agora era fevereiro de 1990. Hiroíto estava morto, e as pessoas no poder ou curtiam os Stones ou tinham consciência de que eles eram bons para os negócios. O iene estava mais forte do que Godzilla, e a nação estava num clima de consumismo. Um promotor de shows ofereceu aos Stones trinta milhões de dólares para vir.

Como no acordo com Trump, eles receberam o valor adiantado. Dez shows, todos no Dome de Tóquio, para cinquenta mil pessoas por noite. O promotor fixou o preço em dez mil ienes — setenta dólares americanos —, mas o meio milhão de ingressos foi vendido praticamente no mesmo instante. Os fãs estavam esperando por isso a vida inteira. Era um grande acontecimento.

Os veículos de informação americanos se interessaram pela história, mas não enviaram nenhum correspondente. Fui o único jornalista ocidental a fazer essa viagem e fui contratado pela *Rolling Stone* para escrever um artigo e por três veículos de rádio para dar relatos para a rádio por telefone. O dinheiro que ganhei foi todo destinado às despesas com a viagem.

Quando os Stones pousaram no aeroporto de Narita, milhares de fãs jogaram flores sobre eles e gritavam como menininhas. Os Stones ficaram um tanto envergonhados. Cheguei num outro voo e não obtive a mesma recepção, mas havia um comitê para me receber. De alguma forma, os membros do fã-clube japonês descobriram informações sobre mim e me aguardavam no portão de desembarque. Dois caras acenavam para mim e uma garota estava pulando, tentando conseguir minha atenção. Não tinha a menor ideia de quem eram aquelas pessoas, então achei que estavam acenando para um estranho. Mas a garota correu até mim e disse: "German-*san*, nós levamos você a Okura Hotel."

"Arigatô", eu disse. "Mas me desculpe, desculpe mesmo. *Já* tenho uma carona". A garota se virou e traduziu o que falei para os dois caras. Eles pareciam realmente desapontados, como se fosse uma honra ser meu motorista. Um deles tinha um fichário cheio de *Beggars Banquets* e me pediu para autografá-lo.

Já era de conhecimento de todos que os Stones estavam hospedados no Okura Hotel. Após fazer o *check-in*, fiz uma visita ao quarto de Freddy. Tudo estava estranhamente silencioso por lá. Sua companhia era uma garota local chamada Mary. Freddy deixou claro que ela não era sua namorada. "Ela é uma fã dos Stones", ele explicou, "mas não estou transando com ela. Ela é minha tradutora".

Ele estava de mau humor. "Não consigo arrumar boceta e não consigo arrumar coca!", ele se queixou. "As prostitutas não transam com americanos porque nosso pau é grande demais! Elas ainda se lembram de Kenny Norton[17]!" Ele acrescentou que os Stones estavam sendo observados de perto, e assim não foi possível trazer drogas para dentro do país. Freddy também não conhecia os traficantes locais. Toda a comitiva já estava no local havia uma semana e já estava ficando inquieta.

Freddy estava sentado em frente a um carrinho de mão e mastigava um sanduíche de atum trazido pelo serviço de quarto. Também pediu uma tigela de missoshiru, sopa de algas com tofu, e um prato de pudim. Aproveitava os intervalos entre as mordidas no sanduíche para reclamar ainda mais e apenas se calou quando alguém bateu na porta. Freddy pediu que eu abrisse a porta, e Keith entrou, seguido pelo assistente, Tony Russell, e o guarda-costas, Joe Seabrook.

---

[17] Lutador de boxe que posou nu.

Keith puxou uma cadeira e roubou uma colher cheia do pudim de Freddy. O quarto era pequeno, então Mary e eu nos sentamos na cama enquanto Joe e Tony ficaram perto do penteador. Para Mary, esta era a recompensa por ter que aturar Freddy: a chance de conhecer Keith.

Freddy foi até a mesinha de cabeceira, tirou uma bolsa pequena de plástico e despejou todo o conteúdo no carrinho. As pastilhas pareciam mais com chocolates M&Ms, mas era um monte de comprimidos. Keith encheu a mão deles e os colocou na boca, assim como Freddy. Keith engoliu tudo com um pouco de pudim.

Eu não via Keith desde Atlantic City, portanto tínhamos muito sobre o que conversar. Desde os Stones e Mike Tyson até Nelson Mandela e a queda do comunismo.

Um dia antes, Keith, Mick, Woody e Charlie estavam no Dome de Tóquio para assistir a derrota de Tyson para Buster Douglas. "Mike não tem sido o mesmo desde que Rooney foi embora", observou Keith. Quanto a Mandela, Keith disse que "já era hora" de ele sair da prisão, o que havia acontecido no dia anterior. Já no caso da queda do comunismo, Keith contou que ele estava animado para ver o acontecimento com seus olhos se os Stones fizessem turnê pela Europa. Ele sempre achou que havia sido a diplomacia do rock'n'roll, e não as balas, que fez a Cortina de Ferro vir abaixo.

Foi uma conversa maravilhosa, que podia ter se estendido pelo resto da noite se Keith não tivesse perdido suas habilidades motoras. Os comprimidos de repente fizeram efeito e sua fala ficou lenta, uma gravação de 45 RPM em 33. Seus gestos também ficaram lentos como um brinquedo de dar corda.

Freddy tombou para frente e seu rosto afundou dentro da tigela de sopa. Ele se endireitou momentaneamente. Keith ainda tentou conversar, sem sucesso. As únicas coisas que saíam da sua boca eram palavras desconexas e pudim. Nesse momento, Mary começou a alimentar Keith como a um bebê. Havia mais pudim pingando do queixo de Keith do que propriamente entrando, então ela pegava e inseria o alimento de volta à sua boca.

Joe e Tony sabiam que era hora de tirar Keith dali. Eles o pegaram pelo braço, o levantaram da cadeira e o arrastaram do quarto, com seus pés roçando no carpete. Freddy, enquanto isso, tombou para a frente novamente. Eu o segurei, com medo de que ele se afogasse dentro da sopa. Mary e eu conseguimos tirá-lo da cadeira e deitá-lo na cama, com os sapatos ainda nos pés. Ele balbuciava "sem boceta, sem drogas" enquanto desligávamos as luzes e saíamos.

No dia seguinte, eu estava no Dome de Tóquio para o ensaio final. Quando terminou, Mick se apressou pela rampa de trás do palco antes de todo mundo. Passou direto por mim e intencionalmente evitou contato visual. Não havia possibilidade de não ter me visto, mas ele não me cumprimentou. Levei isso para o lado pessoal.

Keith seguiu o mesmo trajeto um minuto depois, com um copo de uísque na mão e um cigarro pendurado da boca. Pediu desculpas pela "saída brusca" na noite anterior. Juntos, caminhamos pelo túnel do estádio em direção aos camarins. Keith, então, parou de repente e abriu uma das portas. Mick estava no quarto em pé, completamente sozinho. Ele olhou para mim e parecia um pouco agitado.

"Ok", Keith suspirou. "Tenho que ter uma conversa séria com a velhinha."

Ri de nervoso diante do comentário de Keith. Não sabia o que ele e sua "velhinha" tinham para conversar — ninguém ousaria entrar naquele quarto com eles —, mas foi um alívio descobrir que Mick estava aborrecido com Keith, e não apenas comigo.

Apertei a mão de Keith e avisei que um pouco das cinzas do cigarro havia caído dentro do copo. "Talvez não queira beber isso", eu disse. Mas ele murmurou: "Hummm, *proteína*", e, com num movimento rápido, bebeu seu Jack-e-cinzas de um só gole, entrou no camarim e fechou a porta.

O primeiro show em território japonês foi na quarta-feira, 14 de fevereiro. Meu passe de Acesso Liberado não era mais válido, mas a Mulher dos Ingressos me deu um passe adesivo que me possibilitou entrar sem pagar. Não me permitia entrar na sala da banda, apenas numa sala VIP de pessoas que não falavam inglês. Serviram lulas para comer, e mucos e suor para beber. Sem brincadeira, o patrocinador da turnê no Japão era uma empresa de refrigerantes chamada Pocari Sweat ["suor Pocari", literalmente] e outra chamada Mucous ["muco"].

Os shows foram idênticos aos dos Estados Unidos. Os Stones apresentaram o mesmo repertório e trouxeram ao palco as mesmas atrações de pirotecnia e os infláveis. Mick, por sua vez, arriscou um pouco de japonês de um teleprompter. "Olá, povo do Japão", ele disse. "Esperamos tanto tempo para vir tocar aqui." O público gritou em júbilo.

Keith não se deu ao trabalho de falar a língua, mas ainda assim foi celebrado pela multidão. Quando ele deu um passo ao microfone para "Can't Be Seen" e "Happy", ele disse: "Eu me sinto melhor do que Mike Tyson." E, diferente dos shows nos Estados Unidos, todos permaneceram nos seus lugares durante todo o tempo, em vez de usar esse pausa para ir ao toalete.

Para mim, observar a plateia foi tão divertido quanto assistir à banda. Os fãs estavam animados, mas nunca se permitiam perder as estribeiras. A maioria nem mesmo afrouxou suas gravatas. Foram ao show direto do escritório, então ainda estavam de terno e as garotas estavam de saia. Ficaram em pé durante todo o show, mas, ao contrário das contrapartes americanas, nunca subiram nos assentos. Chamaria isso de selvageria contida. Eles batiam palmas, torciam e gritavam, mas os detalhes americanos não estavam presentes. O cheiro de pó nunca passou pelo ar e nenhum sutiã foi lançado ao palco.

O contraste absoluto veio *após* o show. Todos se sentaram e esperaram ser liberados, como uma assembleia escolar. Uma voz soou pelo sistema com as instruções: "Seção 1, podem deixar seus lugares neste momento. Seção 2, agora é *sua* vez." Era tudo em japonês, portanto não entendi uma palavra, mas era assustador observar aquilo. Uma seção de cada vez se levantava roboticamente e andava em fila única, como num filme de ficção científica.

É claro que Freddy não esperou pelas instruções. "Pra merda com isso!", ele gritou. "Fomos *nós* quem ganhamos a porra da guerra, não *eles*! Não podem nos dizer o que fazer!" Eu o segui até a rua, e, quando tivemos dificuldade de conseguir um táxi, ele esbravejou de novo: "*Nós* ganhamos a porra da guerra, não *você*!" A falta de drogas já estava o afetando.

Tim Kellogg chegou bem a tempo. Ele voou dos Estados Unidos e passou pela alfândega com uma bolsa de cocaína enfiada pelo reto. Kellogg (nome fictício) era o "provedor" oficial para a turnê *Steel Wheels*. A equipe de Mick não o suportava, mas, em Tóquio, os bandos de Keith e Woody o receberam como um herói. Ele foi recompensado com dinheiro, ingressos, passes e acesso. Os *roadies* o deixaram dormir em seus quartos, e ele conseguiu se hospedar no Okura, um hotel cinco estrelas, inteiramente de graça. A quantidade que tinha trazido durou mais ou menos um dia, mas o humor de todos pareceu melhor.

Os shows foram ótimos, porém foi em outro lugar que encontrei as grandes histórias. Durante uma de suas noites de folga, Woody fez uma exposição na loja de departamento Isetan, a loja de conveniência para os *yuppies*. De uma só vez era possível comprar uma geladeira, um seguro de vida e o litógrafo de Ron Wood.

Peguei uma carona com a linda cunhada de Woody. Quando chegamos, ele estava atrás de uma mesa, parecendo um cervo diante dos faróis de um carro. Ele tinha ido achando ser uma exposição de arte convencional, mas acabou se enfiando numa conferência de imprensa formal. As luzes da tevê iluminavam seu rosto e ele parecia bastante desconfortável. As perguntas e as respostas estavam sendo traduzidas do japonês para o inglês e do inglês para o japonês.

Woody me avistou do outro lado da sala e tentou escapar um pouco dos holofotes. "Acho que vejo Bill German ali", ele anunciou no microfone. "Acho *bom* que ele esteja aqui." As equipes de filmagem se viraram para ver com quem ele estava falando. Masayoshi Koshitani, o chefe do cerimonial, insistiu para que eu me juntasse a Woody para uma sessão de fotos.

Eu me aproximei da mesa enquanto Woody segurava uma cópia do *The Works*. "Ele é o coautor, o *ghost-writer*", Woody falou para o pessoal da imprensa. "E também é o editor da revista dos Rolling Stones, o *Beggars Banquet*." Roubei a cena com Woody durante alguns momentos — os flashes disparando como fogos de artifício — e acho que ele ficou aliviado por poder dividir essa responsabilidade.

Após o show da noite de 17 de fevereiro, foi dada uma festa no salão de banquetes do Okura Hotel. Não tinha recebido um convite formal, mas não achava que seria necessário. Bob Bender estava lá barrando a porta. "Eles me disseram para não deixar você entrar", ele disse, "mas vou ver o que posso fazer".

De início, achei que ele estava brincando. Mas quando ele entrou para verificar se o caminho estava liberado para mim, percebi que estava falando sério. "Ok", ele disse. "Pode entrar." Agradeci e entrei. Levei meses para perceber que Bob era um sujeito legal que detestava a hierarquia ridícula da turnê. No entanto, havia *alguém* na comitiva dos Stones que não me queria por perto.

Eu sabia que estava sendo observado nesta festa. Enquanto papeava com Keith e Woody — que estava vestido com um quimono — avistei Jane, JC e Alan Dunn reunidos num canto, olhando para mim. Ninguém me pediu para sair — ninguém *faria* isso, desde que estivesse ali de pé do lado de Keith —, mas tive a nítida e assustadora impressão de que eu não era bem-vindo.

Woody disse que estava indo a um bar chamado Red Shoes, no distrito de Roppongi, e que eu deveria me encontrar com ele lá, após a festa. Tentei pegar um táxi, mas nenhum dos motoristas sabia o que "Red Shoes" significava. Alguém sugeriu que tentasse a pronúncia em japonês — "Red Shoozda" — o que, para minha surpresa, funcionou.

Quando cheguei, Woody estava muito bêbado. Ele e Jo estavam sentados com Bernard Fowler e Lisa Fischer, os cantores de apoio dos Stones.

"Bill German, seu fodido!" Woody gritou. "Você veio!"

"Ron Wood, seu fodido! Com certeza vim!"

"Bem, sente-se, Bill German! Bill Germ-Fodido-Man!"

Ele abriu um espaço para mim à sua mesa e me ofereceu um pouco de suco de lagarto. É uma bebida coreana semelhante a, digamos, *nada*. Sabe quando a garrafa de tequila tem a minhoca dentro? Esta garrafa tinha a carcaça de uma iguana de 15 centímetros.

Woody estava bebendo esse troço como se fosse água. Experimentei um gole e optei pelo bourbon. Fui até o bar para fazer meu pedido, onde acabei me deparando com JC. Ele estava sentado num banco sozinho e me pediu para lhe comprar uma bebida.

"Quem não iria querer você por aqui?", ele perguntou.

"Ahn?"

"Quem você acha que não quer você por aqui?"

"Quer dizer neste *bar*?"

"*Não*! Nesta *turnê*! Quem você acha que não iria querer você por perto?"

"Ah, então o que está dizendo é que *existe* alguém que não me quer por aqui."

"Não estou dizendo isso. Estou dizendo que, se fosse o caso, quem você acha que seria?"

"Bem", eu disse. "Imagino que algumas pessoas na equipe de Mick talvez não tenham caído de amores por mim. Talvez Alan Dunn, talvez Tony King, talvez o próprio Mick. Quero dizer, já escrevi muitas matérias sarcásticas sobre ele ao longo dos anos e talvez ele seja sensível a isso. Não sei. Vai me dizer ou não?"

"Estou apenas levantando uma hipótese", ele disse. "Nunca falei que havia alguém que não o queria por perto. Apenas perguntei quem você *acha* que não iria querer você por perto."

Woody se levantou da mesa para ver o que estávamos discutindo, mas fizemos com que ele se afastasse. JC e eu precisávamos nos conhecer mais a fundo.

Ele me contou que seu primeiro trabalho como guarda-costas foi com os Monkees em 1967. Tinha acabado de sair do Exército e precisava de um emprego. Seu irmão já era guarda-costas e lhe deu uma força nesse sentido. Em 1969, seu irmão foi contratado para o show dos Stones no Hyde Park. JC foi junto e se aproximou de Mick: "Vou trabalhar para você algum dia." Os Stones de fato contrataram JC para sua turnê de 1973 pela Europa, e depois disso ele não parou mais. Fisgou outros clientes — Bowie, Dylan, The Who —, "mas largo tudo por uma turnê dos Stones".

Quando contei para ele como eu tinha me aproximado dos Stones, acho que ele sentiu que tínhamos uma conexão. Ambos nos aproximamos deles como rapazes jovens ousados-porém-inocentes. Ele disse que respeitava os jornalistas e mencionou o colunista que ele costumava ler no *Guardian*. "O cara era um absoluto cretino", ele disse, "mas adorava como ele escrevia. É um talento maravilhoso ser escritor. Queria *eu* conseguir escrever. Mas olha só para mim, olha para o Seabrook. Fomos destinados a trabalhar com nossas mãos, não nossas mentes".

Nunca esperei que ele pudesse se abrir comigo dessa forma. "Alguma vez já lhe ocorreu", ele complementou, "que algumas pessoas nesta turnê tenham inveja de você?"

"*Inveja*? De *mim*? Nunca pensei a respeito."

"Bem, *deveria*. Porque aqui está você, um jornalista na faixa dos vinte anos, enquanto algumas pessoas nesta turnê, com o dobro da sua idade, estão sem qualquer perspectiva. Trabalharão para Mick e Keith pelo resto de suas malditas vidas, porque não podem fazer mais nada."

Isso era muito para eu digerir. Durante a maior parte da turnê *Steel Wheels*, eu estivera preocupado com a possibilidade de ser visto como um idiota incapaz. Mas, se entendi JC corretamente, eu estava sendo visto como exatamente o oposto. Como alguém capaz de fazer "estrago".

O trabalho de JC era proteger os Stones livrando-os das ameaças físicas e perturbações. Ele sabia que eu não representava nenhum desses tipos de problemas. Então, se alguém tinha lhe dito para me manter a distância, isso não tinha nada a ver com minhas ações físicas, e sim com minha escrita.

JC sabia que eu conhecia algumas informações. "Olha", ele disse, "você está obviamente consciente de alguns dos acordos que tenho feito. Mas me deixe lhe dizer uma coisa, Bill. O que você *não* sabe são as coisas que eu *não* faço por dinheiro. Os fãs que deixei entrar inteiramente de graça. Os fãs que levei aos bastidores, sem um dólar sequer. Você sabe o que é progeria?"

"Pro o quê?"

"Progeria. É uma doença infantil. Faz as crianças parecerem cidadãos da terceira idade. Quando têm 9 anos, parecem ter 90. Enrugadas, sem dentes e carecas. Li sobre um garoto que tinha isso. Ele tinha 15 anos e estava se esforçando para viver por mais tempo. Um artigo dizia que ele amava os Stones, então liguei para o jornal, e eles me deram seu número. Eu o convidei e também convidei a mãe para um dos shows e os muni com passes, ingressos, a coisa toda. A mãe disse que esse foi o dia mais feliz da vida dele."

"Uau", eu disse, "isso foi muito legal da sua parte".

"Bem, aí é que está, Bill. Se algum cretino está disposto a me entregar um milhão de dólares para deixá-lo entrar nos bastidores e impressionar sua namorada, não vou ser idiota o suficiente de não aceitar. Desde que eu saiba que ele não é nenhum chato ou perturbador. Mas, se vejo um garoto que tem progeria, que não vai viver por muito tempo, e que quer apenas assistir a um show dos Stones, então farei o possível para deixá-lo feliz. Já sofri com algumas doenças na minha família, então sei que não é uma situação fácil. Se alguém está doente, se alguém está numa cadeira de rodas, vou até onde puder para ajudar — totalmente de graça."

Percebi que ele estava falando a verdade. E me dei conta de que ele era muito mais complexo do que havia imaginado inicialmente. Enganando os ricos e ajudando os pobres, ele era um Robin Hood do rock'n'roll. "Então o que você está dizendo é que, se eu trouxer um ônibus cheio de fãs dos Stones em cadeiras de rodas, cuidará deles?"

"Isso mesmo", ele respondeu. "Mas, para cada ônibus cheio de aleijados que me enviar, traga *dois* ônibus cheios de ricaços cretinos!"

JC nunca me revelou quem na comitiva dos Stones tinha algo contra mim. Ele terminou nossa conversando dizendo: "Gosto de você. Foi um prazer tomar um drinque com você esta noite. E é por isso que, no final do dia, se eu ferrar com você nesta turnê, estarei apenas cumprindo meu trabalho. Entenda que não é nada pessoal, apenas negócios."

No próximo show, Freddy me procurou nos bastidores: "Conversou com Kellogg?"

"Humm, não. Por que deveria falar com ele?"

"Vá procurar o Kellogg."

Freddy não queria me dizer qual era o assunto, mas percebi certa urgência em sua voz. Encontrei Kellogg no túnel atrás do palco e perguntei qual era o problema.

"Bem", ele disse com vergonha, "sabe o vídeo que enviei para seu quarto? Ele vai chegar aqui amanhã, e tem uma 'parada' dentro dele".

"*Parada*? Você está brincando, né? Por favor, diga que não está falando sério."

Ele não estava brincando. Quando o suprimento inicial de cocaína tinha acabado, todos imploraram por mais. Ele telefonou para a esposa em casa e pediu que enviasse um pouco. Ele a instruiu sobre como usar uma fita de vídeo para esconder a droga, abrindo a fita com uma chave de fenda e inserindo o plástico dentro. Se isso fosse feito direito, não estragava a fita. O que significa que, se os funcionários da alfândega ficassem curiosos, podiam inserir a fita num vídeo e assistir a ela perfeitamente.

Como é que *eu* tinha me envolvido nisso? Bem, Kellogg nunca teve um quarto no Okura. Os *roadies* estavam tão felizes de hospedá-lo que o deixaram dormir no chão. Um quarto diferente toda noite. "Bill", ele disse para mim um dia, "tudo bem se minha esposa enviasse um vídeo por FedEx para o seu quarto? É para Woody. Ele quer assistir ao show de 1975 em Los Angeles. Apenas vá buscá-la no balcão de entrada quando chegar e virei pegá-lo com você. Porque não sei ao certo em que quarto estarei nesse dia."

Então fui tão bobo e inocente que disse: "Está bem, sem problemas." Não pensei duas vezes. Nunca imaginei que uma fita de vídeo pudesse conter cocaína. E nunca pensei que ele seria burro o suficiente para enviar um pacote de drogas para si mesmo. O que, claro, ele não *era*. Ele estava enviando o pacote para *mim*.

Kellogg disse que tinha sido ideia de JC de usar o *meu* quarto em vez do quarto de outra pessoa. Nada pessoal, apenas negócios. *Vamos enviar a cocaína para o único cara que não usa drogas*. Acho que tinha a ver com o fato de eu não estar no manifesto da turnê. Se Keith e Woody fossem presos, a turnê seria cancelada. Se algum *roadie* ou engenheiro de som fossem pegos, isso afetaria o show. Mas, se Bill German fosse preso, não seria nada de mais.

Quem queria se livrar de mim encontrou a forma perfeita. Dez anos antes, Paul McCartney passou dez dias numa prisão em Tóquio por porte de maconha. Os que acreditavam na linha dura queriam sentenciá-lo a sete anos. Imagine o que fariam comigo por causa da cocaína.

Quando Freddy se inteirou da situação, ele explodiu para cima de JC. Freddy queria coca, mas tinha consciência de que essa não era a melhor forma de conseguir. Eu desabei numa cadeira atrás do palco e pus as mãos sobre meu rosto. Freddy deu uma cotovelada nas costelas de JC e o fez me oferecer um prêmio de consolação. Por esta noite apenas, mesmo que não possuísse o passe correto, JC me deixaria subir ao palco para assistir ao show. Como a última refeição de um homem condenado. Eu não tinha forças para gritar, então segui Freddy pela rampa de trás do palco e me sentei no compartimento fechado. "Foi sacanagem o que fizeram com você", ele disse. "Keet ficaria muito chateado se soubesse disso."

Não prestei atenção ao show aquela noite. Meus olhos estavam abertos, mas não via nada. Acredito que Mick estava dançando a apenas alguns centímetros e tudo o que sei é que Keith e Woody conversaram comigo durante "Sympathy for the Devil". Mas não consigo me lembrar de um minuto sequer disso tudo. Estava ali catatônico, com as cenas de *O expresso da meia-noite* passando como flashes na minha mente.

Voltei ao hotel naquela noite, mas não consegui dormir. Estava realmente convencido de que seria preso. Como os policiais *não* iriam revistar um pacote destinado ao hotel dos Stones?

De manhã, recebi uma ligação do aeroporto de Narita. Uma oficial da alfândega que falava inglês disse que estava com um pacote FedEx endereçado a mim. Ela precisava me fazer algumas perguntas antes de despachá-lo.

"Qual o conteúdo desse pacote?"

"Uma fita de vídeo, uma fita VHS."

"E qual o conteúdo dessa fita?"

"Música, rock'n'roll."

"Pode me dizer qual o nome do artista nesta fita?"

"Rolling Stones."

Já tinha lido em algum lugar que o Japão estava travando uma batalha contra a pornografia, então rezei para que fosse isso o que estavam procurando. Se assistissem à fita, tudo o que veriam seriam os Stones cantando "Wild Horses" no Fórum de Los Angeles. Mas se balançassem o vídeo no focinho de um cachorro do esquadrão antidrogas, eu iria parar na cadeia.

Poucas horas depois, recebi uma ligação da recepção do Okura. Uma garota disse que havia chegado um pacote para mim e que o mandou até o meu quarto. "Não", eu gritei. "Não envie para cá! Pedirei para alguém ir buscá-lo. O pacote não é realmente para mim, então o verdadeiro proprietário é quem irá aí apanhar."

Kellogg e Freddy foram até lá. Kellogg assinou e não precisou mostrar identidade. Ninguém pulou para prendê-lo. Para garantir que estavam realmente seguros, contudo, ele e Freddy ziguezaguearam pela escadaria de trás do hotel para despistar. Por alguma razão, eles trouxeram a fita para o *meu* quarto.

Assim que entraram, Kellogg quebrou a fita com suas próprias mãos. Fez algumas carreiras na mesa e as cheiraram como cachorrinhos famintos. Duvido que tenha sobrado algo para Keith, Woody ou um *roadie* sequer.

Fiquei nervoso pelo resto da viagem, esperando ser algemado a qualquer momento. Não conseguia respirar direito até estar finalmente a bordo da Northwest Airlines, rumo ao aeroporto JFK. Ficar sentado dentro de um avião por 14 horas não era fácil, mas certamente era muito melhor do que dez anos atrás das grades.

Um rapaz e o seu cão.

30
BEM-VINDO À SELVA

Quando os Stones chegaram à Europa no verão de 1990, eles mudaram o nome da turnê para *Urban Jungle* [Selva Urbana]. Já haviam licenciado *Steel Wheels* para Michael Cohl, portanto o novo nome significava um novo contrato e novas oportunidades de *merchandise*.

A Europa já tinha mudado bastante desde a última visita da banda em 1982. A Cortina de Ferro não existia mais, e os Stones queriam tocar em Moscou, Praga e nos estaleiros de Gdansk.

Antes da estreia da turnê na Holanda, visitei Jane Rose em seu escritório em Nova York. Ela me cumprimentou não com um "Olá", mas com um "Todo mundo está furioso com você". Fiquei com o estômago embrulhado. "Você imprimiu as datas erradas para a turnê!", ela disse. "Você não estava autorizado a imprimir *qualquer* data, mas foi lá e imprimiu de qualquer forma, e estavam erradas. Está todo mundo furioso."

Perguntei o que ela queria dizer com "todo mundo" — porque Keith não daria a mínima para isso —, mas tudo o que ela conseguiu me responder foi "*todo mundo*". Ela parecia sentir prazer em dizer isso. O fato é que realmente imprimi algumas datas erradas, e ninguém se sentia pior do que eu em relação a isso. Em março de 1990, dois meses antes da inauguração da turnê *Urban Jungle*, alguns boatos davam conta de que os Stones visitariam a Europa naquele ano, mas Tony King e Jane Rose ficaram calados.

Recebi uma enxurrada de cartas de assinantes americanos, implorando por mais detalhes. Eles queriam assistir aos Stones no exterior, mas precisam reservar voos e marcar suas férias com antecedência.

Eu tinha um rascunho do itinerário — o qual obtive de uma fonte confiável —, então imprimi tudo junto. Na edição de 11 de março do *Connection* — a irmã mais nova e mais veloz do *Beggars Banquet* —, publiquei a lista inteira. Mas, nos dois meses entre a publicação e a inauguração da turnê, as datas sofreram alterações. Havia divulgado que os Stones estariam em Rotterdam nos dias 19, 21 e 23 de maio, mas acabou sendo 18, 19 e 21 de maio. Eu os coloquei em Helsinki em 9 de agosto, quando acabou sendo em Copenhagen. Informei que estariam em Knebworth em 30 de junho e em Moscou em 12 de agosto, mas ambos os dias foram cancelados.

Estava plenamente consciente que um furo de reportagem não era um furo se a informação não fosse precisa. Não teria me sentido bem se soubesse que meus assinantes apareceram em Rotterdam com um dia de atraso ou se foram a Helsinki rumo à decepção. Por isso, pensei em imprimir, em letras pequenas, "Sujeito a mudanças", mas acabei esquecendo.

Na edição seguinte do *Connection*, em 14 de abril, humildemente imprimi uma errata. Mas o estrago já estava feito. Jane disse que vários jornais europeus pegaram carona na minha lista de 11 de março e começaram a ligar para o escritório de Mick em Londres. Supostamente, os membros da equipe de Mick foram cercados por repórteres procurando confirmar meu furo.

Sempre que cometia um erro no *Beggars Banquet*, minha vontade era de enfiar minha cabeça dentro do fogão. Ainda me martirizo por ter escrito "os Grammies" e por noticiar que Keith assistiu a Sam Shepard tocar quando na verdade tinha sido Tom Stoppard. Então o comentário de Jane — "Todo mundo está furioso com você" — apenas se somou ao meu estresse. Sabia que "todo mundo" não incluía Keith ou Woody, mas significava, sim, as personalidades importantes da turnê.

Voei até Rotterdam para a abertura. Para cortar gastos, viajei com duas fãs dos Stones. Nós dividimos o aluguel do carro e um quarto no Hilton.

Após fazer o check-in, encontrei alguns dos meus assinantes holandeses no bar do hotel. Minhas duas companheiras de viagem — às quais me referirei como as Irmãs Pombas — se encontraram com Alan

Dunn. Elas o conheciam há anos, e foi ele que lhes deu o aval com a Mulher dos Ingressos. Quando ele me viu do outro lado do recinto, ele disse para elas: "Está vendo Bill German ali? Ele é uma *persona non grata* nesta turnê."

Isso assustou as Irmãs Pombas. Temeram que seus privilégios com a Mulher dos Ingressos pudessem ser revogados se Alan Dunn descobrisse que estávamos dividindo o mesmo quarto. Então precisávamos ir e vir separadamente para manter a discrição. Sem meu conhecimento, as garotas até riscaram meu nome do registro do hotel. E, depois do primeiro show, elas me abandonaram no Estádio Feyenoord. Fomos de carro até lá juntos, no carro alugado pelo qual também paguei, mas elas voltaram para o hotel sem mim. Caminhei pelo estacionamento como um paciente com Alzheimer, até não restarem mais carros para procurar. Dei uma corrida até a estação de trem e peguei o último trem.

Toda essa coisa de "*persona non grata*" me deixou tão desmoralizado e com saudade de casa que telefonei para um amigo lá nos Estados Unidos. Isso me custou cem contos. Também bati na porta de Jane, atrás do seu conselho. Ela me explicou que o problema não eram as datas erradas em si, mas o que isso representava. O itinerário era um memorando interno não destinado à publicação. Quando o divulguei, isso deixou alguém de orelha em pé: existe um rato entre nós, e precisamos nos livrar dele.

Ela nunca me revelou quem especificamente me colocou a bola preta, mas disse: "Por que não pode ser mais como o fã-clube *japonês*? Aqueles caras estão felizes apenas por estar ali. Todo mundo acha que você não é um fã e que tem motivos escusos. Como se estivesse aqui para lucrar com a banda."

Eu? Aqui para lucrar com a banda? Uma noção um tanto engraçada essa. Fui eu quem ganhou uns vinte e tantos mil naquele ano, enquanto Michael Cohl varria os milhões e as Janes, os JCs e os Alan Dunns ganhavam somas de seis dígitos cada. De um jeito ou de outro, todos nós lucrávamos com a banda — desde o príncipe Rupert e Michael Cohl até o cara vendendo camisas não oficiais no estacionamento. Toda uma economia existia porque cinco garotos em 1962 tocaram algumas canções de Chuck Berry.

Freddy, hoje posso revelar, foi meu Garganta Profunda para as datas da turnê. Ele tinha todas as cópias do itinerário proposto e me emprestou em fevereiro, quando estávamos no Japão.

Tinha ido ao seu quarto para dar *sayonara*. Ele estava na cama, com as cobertas até o pescoço. Perguntou se eu tinha as datas europeias, e respondi que não. Ele saiu da cama, foi até sua mesa e me entregou uma cópia — completamente nu.

Imprimi a lista. Era um papel de carta oficial do escritório de Mick na Inglaterra, então confiei. Mas era apenas um rascunho, sujeito a uma ratificação final. A maioria das datas estavam confirmadas, mas algumas foram alteradas. O preço que paguei por obter essa lista foi ter visto Freddy nu e o preço que paguei por *imprimi-la* foi meu status de "*persona non grata*".

Eu me lembro de ter pensado como foi maneiro quando Chet Flippo, que escrevia para a *Rolling Stone*, foi excluído da turnê dos Stones de 1978. A revista tinha escrito uma crítica, e Mick se ofendeu. "Flippo está fora da turnê", ele decretou.

Quando li sobre isso, eu tinha 15 anos de idade e sonhei em um dia ser como Flippo. Bem, aqui estava eu, doze anos depois, e não estava achando tudo tão legal assim. A diferença, é claro, é que Flippo tinha uma grande revista por trás dele, no caso a *Rolling Stone*. Já eu estava totalmente sozinho e num país estrangeiro.

Depois da Holanda, as Irmãs Pombas e eu fomos até a Alemanha Ocidental. Durante a viagem de carro até Hannover, elas disseram que quebrariam nosso acordo de divisão de quarto. Não podiam arriscar serem vistas comigo. Quando chegamos ao InterContinental — o mesmo hotel dos Stones —, elas fizeram check-in no quarto que havíamos reservado, enquanto eu pedi por um separado.

O pessoal da recepção avisou: "Estamos com reservas em todos os quartos", então encontrei uma pousada logo na esquina. Perto o suficiente da ação, ainda assim mais barato do que um terço do preço do InterContinental.

Não houve show naquela noite, e eu estava me sentindo sozinho, então passeei por Rathaus. É uma construção de milhares de anos que parecia uma prefeitura e um museu. Por coincidência, uma limusine parou no acostamento e uma voz falou: "Olha! É o Bill German na Alemanha!"

Era Woody, é claro, voltando do jantar. Ele me convidou para ir a seu quarto, onde assistimos ao jogo de futebol entre Uruguai e Inglaterra. Ou ele não tinha recebido o memorando sobre meu status de "*persona non grata*" ou escolheu ignorá-lo. Passamos o tempo juntos até a madrugada, e ele me convidou a voltar na noite seguinte. Esteve presente quando mais precisei de um amigo.

Outra pessoa que ignorou o "memorando" foi a Mulher dos Ingressos. Fui visitá-la no InterContinental, e ela me convidou para me sentar um pouco. Ela deve ter percebido como eu estava me sentindo para baixo. Conversamos sobre como ela costumava viver no Brooklyn e como ela ia até a delicatéssen onde meus pais trabalhavam. Isso me fez sentir um pouco melhor quanto a estar longe de casa. Independente do meu status, ela continuou me deixando comprar os ingressos. E, apesar de eu não ter permissão para entrar na sala da banda atrás do palco, ela me entregou passes para a sala VIP da lista B.

Os shows na Europa foram semelhantes aos dos Estados Unidos, exceto pela montagem do palco. Para economizar, eles usaram cortinas em vez do metal da *Steel Wheels*. No início, as cortinas foram adornadas por um cenário de selva (ideia de Mick), mas ficou parecendo muito esfarrapado, então foi raspado.

No caso do repertório, eles adicionaram "Street Fighting Man". E, para apimentar, encheram dois cães-balões gigantes com os quais Mick lutou. Ele batia nos seus focinhos e nos seus testículos com uma vara enorme. Depois, no final da canção, desaparecia dentro das bocas dos cães e era devorado.

Após o show em Hannover, um assinante local me achou. Disse que estava se sentindo insultado por aquela atitude ridícula. Acreditava que os Stones estavam zombando da situação do seu país. "Meu país tem passado por muita coisa", ele disse, "e essa canção é muito importante para nós. Ela conta a história de como nos sentimos. Mas Mick fez piada disso".

Ele estava verdadeiramente chateado, e dava para entender. Uma frase como "*My name is called disturbance*" ["Meu nome é perturbação"] ressoava no coração dos garotos que haviam derrubado o Muro de Berlim seis meses antes. E *"Everywhere I hear the sound of marching charging feet, boy"* ["Em todo lugar, ouço o som dos pés marchando, garoto"] era o grito de guerra para milhares de manifestantes. "Street Fighting Man" havia resistido ao tempo e se tornado um hino em ambos os lados do Muro — assim como na Tiananmen Square, em Johannesburg, em Praga, em Moscou e em Gdansk. Mas Mick optou pelos balões de cachorros sem nenhuma seriedade, com apelo visual apenas.

"Sympathy for the Devil", pelo menos, deu o troco. Os Stones fizeram como nos Estados Unidos, com Mick cantando o primeiro verso bem acima do palco. Exceto que, no Estádio Niedersachsen, de Hannover, o microfone dele não funcionou. Ele estava lá em cima sozinho, cantando *"Please allow me to introduce myself"*, e ninguém o ouviu. Logo depois desceu pelo elevador, exasperado. A plateia podia perceber sua irritação.

Depois do show, estava eu no bar do InterContinental, sentado ao lado de JC. Ele me contou que Mick estava com tanta raiva da falha que cabeças iam rolar. Naquele exato momento, Mick entrou no recinto. JC pulou no banco como se o Führer tivesse acabado de entrar e fingiu não me conhecer. Mick me olhou como se a falha do microfone tivesse sido culpa *minha*.

A presença de Mick me deixou tão tenso que saí rapidamente em direção ao elevador para visitar Woody. Ele estava comendo um hambúrguer trazido pelo serviço de quarto. Nunca despejei meus problemas sobre ele, mas lhe falei sobre o olhar maquiavélico de Mick. Ele disse para eu não me preocupar e que falaria com Keith para dar um jeito nele. Bobby Keys fez uma visita e, quando o assunto do mau humor de Mick veio à tona, ele disse: "Ah, isso não é *nada*. Mick Jagger não trocou nem sequer duas palavras comigo o ano inteiro."

Foi consolador saber que Mick não estava reservando aquele tratamento exclusivamente para mim. Bobby tinha gravado com os Stones havia mais de duas décadas. Ele tocava os principais solos de saxofone de "Live with Me" e "Brown Sugar" e tinha feito turnês com a banda desde 1972. Mas pelo jeito isso não tinha mais importância em 1990.

Voltei à Europa para os shows de julho no Estádio de Wembley em Londres. Eu me hospedei no YMCA, como tinha feito na ocasião do memorial de Stu em 1986. Era dez vezes mais barato do que o hotel onde os Stones estavam hospedados. Keith, Woody e sua comitiva estavam no Mayfair, enquanto Mick estava no Halcyon.

Passei muito tempo no Mayfair. Um dia, trouxe Keith comigo para encontrar vários dos meus assinantes no saguão. Outro dia, levei um presente de aniversário tardio até o quarto de Woody. Um daqueles dioramas do Dia dos Mortos do México retratando um esqueleto jogando bilhar. Woody disse que adorou e contou o que as outras pessoas haviam lhe dado: "Um par de pijamas de Bobby Keys, um pingente de Jo, Mick me deu um tapete, Bill me deu um litógrafo de Chagall e Keith me deu um bracelete de prata. Mas ele não tinha uma caixa ou papel de presente, então ele o colocou dentro de uma casca de laranja-romã." Boas fofocas para a revista e para minhas matérias de rádio para a K-Rock.

O show no Wembley foi divertido e serviu como fonte de aprendizado sobre a cultura britânica. No show de 4 de julho, os fãs ignoraram os Stones preponderantemente, porque estavam vidrados no jogo da semifinal da Copa do Mundo: Inglaterra e Alemanha Ocidental. Mick não queria subir ao palco, pois estava assistindo ao jogo da sala da banda. O show começou enquanto a partida ainda estava rolando, então os fãs ouviram o jogo com fones de ouvido ou assistiram a ele no bar do estádio. Torcidas e gritos aconteciam ao longo do show, mas não tinham nada a ver com os Stones. A Inglaterra perdeu o jogo, então todos ficaram de mau humor, incluindo o pessoal da equipe de Mick.

Não sabia se o meu status de *persona non grata* ainda estava em vigor, mas pisei em ovos de qualquer maneira. Evitei o pessoal de Mick e as grandes personalidades da turnê o máximo possível. O único cara que veio atrás de mim foi Norman Perry. Ele não ligava para o que eu colocava no meu fanzine, contanto que estivesse disposto a comprar produtos de *merchandising*. Muitos dos meus assinantes americanos estavam sedentos pelo material de *Urban Jungle*, então combinei de visitar seu escritório na Marylebone Road.

Norman me fez comprar um mínimo de trezentas peças de cada item, pagamento à vista, sem política de devolução, e aceitei. Era um risco financeiro, mas não me importei. Além do mais, apreciava sua honestidade. Já estava tão frustrado com o caráter ambíguo de todos desta turnê que fiquei feliz por saber onde estava pisando. Norman sempre fora honesto comigo e nunca tentou me esfaquear pelas costas, apenas pela frente.

Quando saí do seu escritório e caminhei pelo distrito de Marylebone, tive uma sensação estranha. Eu me lembrei que tinha sido aqui onde, de um telhado da Langham Street, Edward R. Murrow tinha feito suas matérias famosas para a rádio durante o *Blitzkrieg*. Um dos maiores santuários do jornalismo, no entanto, eu estava lá para pedir abatimento na compra de *moichandise*. Isso me fez perceber que, como jornalista, eu havia perdido meu rumo.

No show seguinte, um verso da canção "Ruby Tuesday" me chacoalhou como uma bomba. Quando Mick cantou "*Cash your dreams before they slip away*" ["Deposite seus sonhos antes que eles desapareçam"] senti como se ele estivesse cantando isso para *mim*. Durante anos, meu maior sonho tinha sido escrever um livro sobre os Stones em turnê. Com a parada de um ano de duração da *Steel Wheels/Urban Jungle* chegando ao fim, a hora de ir atrás desse sonho era agora.

Isto estava pendurado na sala de bilhar de Keith.

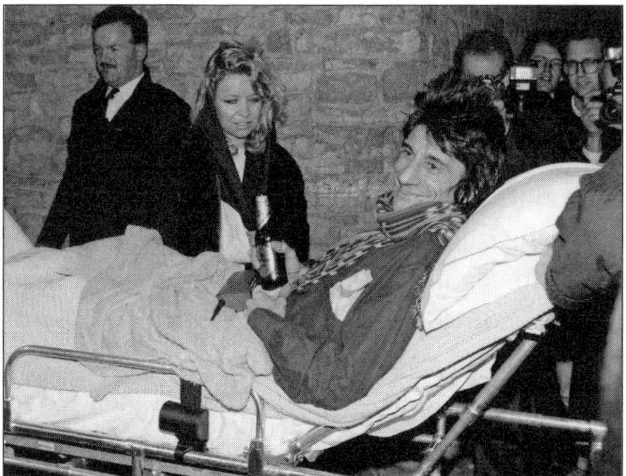

Com a cerveja em mãos, Woody é levado do Hospital Princess Margaret.

31

UM GRAU DE SEPARAÇÃO

Ao final da campanha *Steel Wheels/Urban Jungle*, eu havia assistido a mais shows e percorrido maiores distâncias do que qualquer outro jornalista na cobertura dessa turnê. Havia cruzado os Estados Unidos, assim como os oceanos Atlântico e Pacífico, para assistir a 34 shows de todos os ângulos concebíveis — no palco, no teto e de todos os pontos intercalados. Isso foi noticiado em 12 edições do *Beggars Banquet/Connection*, 12 transmissões de rádio e um artigo na *Rolling Stone*. Meu plano era compilar minhas observações dentro de um livro coeso.

Quando mencionei minha ideia no primeiro dia da turnê, Jane Rose havia me dito para esquecê-la. Ela dissera que os Stones não desejariam participar desse tipo de projeto. E depois que a turnê havia chegado ao fim, ela me disse para esquecer essa ideia *de novo*. Os Stones tinham concordado em escrever esse tipo de livro, mas Mick queria outra pessoa para escrevê-lo.

Havia sacrificado um ano inteiro da minha vida para cobrir essa turnê. Com algumas poucas exceções, não deixei meu apartamento por nada a não ser os Stones. Não saí com uma garota sequer e não dormi com ninguém. Vi os pais de Keith mais do que meus próprios pais. Portanto, fiquei extremamente sentido por não poder assumir essa tarefa. Ninguém estava me proibindo de escrever o *meu* livro sobre a turnê, mas era preciso lembrar duas coisas: a organização dos Stones estava com as melhores fotos, pois o fotógrafo contratado é quem tivera o melhor acesso; além disso, se fosse competir com a organização dos Stones no mercado, podia dar adeus à cooperação deles para sempre, o que significaria o fim do *Beggars Banquet*.

Mick e seu *aide-de-camp*, Tony King, juntaram seus esforços no sentido de criar um artigo belo e atraente em vez de um documento para a posterioridade. O livro foi bem-escrito e apresentava algumas fotos legais, mas havia umas lacunas imperdoáveis.

Não consigo conceber como um livro sobre a turnê *Urban Jungle* podia ignorar a visita dos Stones a Praga. Eles tocaram para cem mil pessoas e partiram pão com Václav Havel, o dramaturgo-transformado-em-prisioneiro-e-transformado-em-presidente. Quando a Checoslováquia estava sob regime comunista um ano antes, uma visita dos Stones teria sido impensável. Mas em 18 de agosto de 1990, Praga os recebia como heróis de uma conquista. Pôsteres tinham sido pregados por toda a cidade informando: "Os tanques estão saindo, os Stones estão entrando." Outdoors gigantes, que antes estampavam retratos de Stálin, mostravam a logomarca de língua. O país estava passando por uma "Revolução de Veludo", e a chegada dos Stones foi o seu símbolo mais visível.

No Estádio Strahov, 107 mil checos, poloneses e ucranianos assistiram aos Stones no meio de uma chuva intensa. Havel declarou que o ingresso dos Stones serviria de visto temporário para cruzar a fronteira e assistir ao show,, bastava mostrá-lo para o oficial o deixar entrar.

Antes do show, Havel convidou os Stones ao castelo Hradčany, o palácio presidencial. Milhares de pessoas festejaram ao ver o presidente eleito democraticamente de pé na sacada ao lado da banda de rock'n'roll favorita. No show daquela noite, Havel vestiu uma camisa da *Urban Jungle*, enquanto os fãs que tinham sofrido de repressão por toda a vida podiam finalmente curtir os Stones abertamente.

Nada disso foi mencionado no livro autoproduzido pelos Stones. Nenhuma foto sequer dos Stones com Havel — eu havia colocado três no *Beggars Banquet/Connection* — e nenhuma referência sequer a Praga. Também negligenciadas foram a viagem a Berlim. Eles tocaram em Berlim *Oriental* antes da nomenclatura geopolítica "Oriental" ter sido alterada, e tocaram também em Berlim *Ocidental* no mesmo estádio que sediou os Jogos Olímpicos de 1936. Onde Hitler assistira a Jesse Owens, fãs vibravam pelos Stones. Mas o fato é que isso não era o suficiente para o livro de Mick. Em vez disso, duas páginas foram dedicadas aos caminhões da turnê.

Por mais frustrado que eu me sentisse, tinha pouco tempo para ficar emburrado. Tinha um jornal para fazer e muitas histórias para noticiar. Meses após a conclusão da turnê, Woody quebrou as duas pernas, Mick se casou com Jerry Hall e Bill Wyman ameaçou se demitir.

Em 12 de novembro de 1990, Woody voltava do funeral de seu sogro em Devon, na Inglaterra. Ele e Jo passavam pela estrada M-4 quando o carro derrapou por causa da chuva. "[Fomos atingidos] por trás na faixa de velocidade", Woody explicou. Seu veículo foi atingido e, quando Woody saiu para verificar o estrago, um terceiro carro derrapou e o imprensou entre os veículos. Suas pernas foram esmagadas e ele foi socorrido às pressas e levado ao Hospital Princesa Margaret. "Não era minha hora de partir", ele me disse ao telefone. "E a melhor parte é que os médicos me prescreveram uma garrafa de Guinness."

Em 21 de novembro, Mick e Jerry estavam viajando por Bali e sentiram vontade de casar. Encontraram um padre hindu para realizar a cerimônia. Pelo que fiquei sabendo, isso envolvia Mick salpicar sangue de galinha sobre Jerry e bater na cabeça dela com uma banana. Alan Dunn foi o padrinho e os únicos convidados foram os filhos ainda pequenos de Mick e Jerry e a babá. A coisa toda não me pareceu kosher. Sabia que isso nunca seria considerado válido pela Justiça e, bem, por isso mesmo Mick escolhera proceder dessa forma. Anos depois, quando Jerry exigiu metade dos bens de Mick — após o trilionésimo caso extraconjugal da parte dele —, ele negou que eles estavam casados, e o sistema legal britânico aceitou.

No início de 1991, os Stones lançaram um álbum ao vivo chamado *Flashpoint*. Ele apresentava uma faixa de estúdio de bônus, "Highwire", inspirada na Guerra do Golfo. A banda filmou um videoclipe dessa música no Brooklyn Navy Yard, sem Bill Wyman. Sua ausência gerou rumores de que ele estaria deixando a banda.

Perto do final de 1991, os Stones deram continuação a *Flashpoint* com o lançamento de *At the Max*, um filme concerto feito a partir da turnê do *Urban Jungle*. Ela fez uso de um novo formato conhecido como IMAX. A estreia do filme era para ter sido no Museu de História Natural, o único local em Nova York com uma tela IMAX legítima, porém, devido a um conflito, acabou sendo exibido no Teatro Beacon. Keith conduziu uma conferência de imprensa formal no saguão e, quando lhe perguntaram se ele gostava da sua aparência no filme, ele declarou: "Ei, cara, eu *nunca* gosto da minha aparência!"

O *Beggars Banquet* estava indo bem, mas eu tinha chegado ao meu limite. Após cobrir os Stones por 13 anos, estava ganhando pouco dinheiro e não podia nem mesmo escrever um livro sobre eles. Eu me mudei para um estúdio no Upper West Side de Manhattan, num edifício para nova-iorquinos de baixa renda. Fui atrás de outras possibilidades de trabalho — participando de seleção para o canal de TV VH1 e escrevendo para um catálogo de um amigo —, mas a vida sem os Stones parecia desafiante: o epílogo de desistentes e expulsos dos Stones não era encorajador: Brian Jones foi pescado de uma piscina e Mick Taylor parecia adoentado.

E o que dizer então de Bill Graham? Quando os Stones o rejeitaram para a turnê *Steel Wheels/Urban Jungle*, ele entrou em depressão profunda e desenvolveu um vício por Halcion. "Perder os Stones", ele escreveu em sua autobiografia, "foi como assistir ao amor da minha vida se transformar numa prostituta". Ele havia trabalhado com dúzias de bandas lendárias, mas considerava o Stones o "filé". Do Halcion, ele recaiu para Prozac e lítio, e, em outubro de 1991, estava morto. Pode até ter sido um acidente de helicóptero que matou seu corpo, mas perder os Stones foi o que matou seu espírito.

Também não vamos esquecer Paul Wasserman, o relações-públicas trocado por outra firma mais jovem e mais barata. Wasso foi quem havia orquestrado a acrobacia dos Stones no caminhão de reboque em 1975 e quem os havia ajudado a passar por anos turbulentos. Quando se livraram dele antes da turnê *Steel Wheels*, ele se sentiu perdido. Montou um esquema digno de Max Bialystock. Convenceu algumas pessoas de que seus clientes famosos — U2 e Jack Nicholson — precisavam de investidores para suas companhias não existentes de produção. Quando nada se materializou, suas vítimas o confrontaram e ele tentou suicídio. Wasso foi condenado por fraude e, aos 66 anos, passou seis meses na Prisão Central para Homens do condado de Los Angeles.

A vida pós-Stones não é bonita de ser ver. Nada do que você fará será tão excitante quanto o que costumava fazer com *eles*. E não dá para deixá-los para trás como qualquer emprego que tenha abandonado ou do qual tenha sido demitido. Eles o assombrarão enquanto tenta assistir a futebol americano ("Start Me Up" antes de cada pontapé de saída), ao Letterman (Paul Shaffer tocando as primeiras notas de "Bitch" antes dos comerciais) ou a Martin Scorsese (De Niro arrebentando algum cara ao som de "Monkey Man" ou "Gimme Shelter"). Os Stones estarão com você em todo lugar — filmes, comerciais, o Super Bowl — e você constantemente se lembrará do que não tem mais. Se sua vida não está em ordem ou não tem nada de bom à vista, com certeza se sentirá estúpido e solitário.

Talvez tenha sido por isso que Keith disse: "Ninguém deixa os Stones exceto dentro de um caixão." Não tenho certeza se ele falou isso como um comentário ou como um decreto — ele *estava* ameaçando quebrar as pernas de Wyman se ele deixasse a banda —, mas o ponto ficou claro: ninguém sai de bom grado. E isso se estende aos Bill Germans, aos Freddy Sesslers e às Janes Roses.

O apelo dos Stones é como uma sucção a vácuo. E quando está nesse vácuo, nada no mundo real importa. Numa turnê, você chega de avião na cidade e caminha pelo hotel em meio a dúzias de alucinados pelos Stones invejosos da sua posição. Depois você chega ao local e está no meio de celebridades e passa pelo mesmo túnel que a banda. Você já sabe as músicas que irão tocar, e Woody o convidou a ir até o seu quarto após o show. Você olha para as cinquenta mil pessoas nas arquibancadas, e sabe que cada uma delas deseja estar no seu lugar.

Está num mundo onde todos que encontrará julgarão seu valor pela proximidade que tem com a banda, não por algo que fez na sua *própria* vida. Tem entrada para os bastidores? Foi ao aniversário de Keith? É tudo o que importa. Você acaba entrando nesse jogo e toda sua autoestima e identidade depende disso. Isso se transforma num vício e acabará fazendo tudo o que for preciso para mantê-lo.

Contudo, após 13 anos de *Beggars Banquet*, eu queria mais. O maquinário da banda havia esgotado todo o entusiasmo que existia dentro de mim, e percebi que meu professor de história do colégio tinha razão: "O problema de misturar hobby e profissão é que, sim, isso fará seu trabalho parecer divertido, mas isso provavelmente irá fazer com que sua diversão pareça trabalho."

Por mais que meus leitores me invejassem por sair com os Stones, era eu quem estava *os* invejando. Eles me enviavam fotos deles nos shows — segurando cervejas, usando as camisas dos Stones e se divertindo numa boa. Para mim, os Stones tinham se tornado um dia no escritório e a alegria visceral de cantar "*yeah-yeah-woo!*" ao final de "Brown Sugar" era algo do qual sentia falta.

Com todos esses conflitos pairando pela minha cabeça, eu me vi na casa de Keith e Patti em Weston, Connecticut. Eles tinham me convidado para a comemoração da trindade sagrada de final de dezembro: o aniversário de Keith, o aniversário de Cristo e o aniversário de casamento dos dois.

Queria levar algo especial para agradecê-los pela bondade e apoio, mas me senti de mãos atadas. (Citando Letterman, "Keith Richards é um cara difícil de presentear. O que comprar para o cara que já pegou *tudo*?") Sempre ouvira sobre os presentes que receberam dos seus amigos famosos — relógios de ouro e obras de Warhol —, mas eu nem tinha como competir. Sabia que eles adoravam jogos de tabuleiro, então parei numa loja que vendia xadrez. Peças de luxo, como Robert E. Lee versus Ulysses S. Grant, e Luke Skywalker versus Darth Vader. Isso me fez ansiar por um "Equipe de Mick versus bando de Keith": Keith como o rei, Jane como sua rainha e Freddy como a torre contra Mick como o rei, Tony King como sua rainha e Alan Dunn como um bispo. Havia peões suficientes em ambos os lados.

Os tabuleiros de xadrez eram muito caros, então comprei um diorama do Dia dos Mortos como tinha feito com Woody. Este em particular mostrava vários esqueletos como músicos mariachi. Até tinha a ver com eles, já que Keith e Patti se casaram sob a música de uma banda mariachi.

Era minha primeira visita à sua casa relativamente nova, então Patti me mostrou todo o lugar. Quando chegamos ao escritório privado de Keith, fiquei lisonjeado de ver uma cópia do *The Works* sendo exibida com destaque. A festa em si ocorreu no porão, então Patti e eu pulamos sobre o labrador que dormia para descermos as escadas.

O porão tinha um bar repleto e uma tela gigante. No outro lado do porão havia uma sala de aula de verdade, com um quadro-negro, apagadores e cadeiras para crianças. Era onde Patti lia para as garotas. Alexandra e Theodora tinham cinco e seis anos e foram as principais razões para os Richards se mudarem de Manhattan para Weston. No quadro de avisos, havia os desenhos do "Papai". Um homem de palito com uma guitarra de palito.

O porão também tinha um quarto de jogos, onde a principal atração era a mesa de bilhar da *Steel Wheels*. As paredes tinham pinturas dos Stones com Sebastian Krüger. Minha favorita, perto da estante de tacos de sinuca, mostrava Mick como uma marionete na mão de Keith.

Os nossos olhares se cruzaram e Keith se aproximou de mim do outro lado do quarto. Estava tão confuso com os conflitos da minha vida que a minha própria linguagem corporal refletia isso. Não sabia se devia apertar a mão de Keith como um associado dos seus negócios ou abraçá-lo como um amigo, então eu me contentei, meio sem jeito, a algo intermediário.

Não queria discutir os Stones com ele, então tentei jogar conversa fora. Eu tinha percebido um pôster no banheiro, autografado pelo elenco da Broadway de *Seis degraus de separação*, então perguntei: "Você curtiu *Seis Degraus*?" Ele passou rapidamente pelo seu Rolodex mental, mas não tinha a menor ideia sobre o que eu estava falando.

"A *peça*", eu disse. "O pôster que estava olhando para mim enquanto eu mijava."

"Ah, *isso*", ele respondeu. "Patti foi sem mim. Teria que perguntar a *ela*." E lá se ia minha tentativa de jogar conversa fora.

Alguns minutos depois, Steve Jordan e Charley Drayton chegaram. Os amigos de Keith dos X-Pensive Winos o cumprimentaram com abraços de irmãos do soul e *high-fives*. Tive inveja de como eles não tinham conflitos em relação aos Stones. Eles sabiam exatamente seu lugar diante de Keith, enquanto eu ficava ali questionando: "Eu sou um fã? Um amigo? Um jornalista? Ou o quê?"

Quando olhei ao redor, percebi que não havia ninguém da turnê dos Stones ali — nenhum guarda-costas, nenhum promotor e nenhum relações-públicas. Passes para entrar nos bastidores não eram requeridos no porão de Keith e Patti, e esta festa, ao contrário do mantra de

JC, era *pessoal*, não de *negócios*. Os vinte convidados eram estritamente amigos e familiares.

De pé ali, percebi que podia continuar sendo amigo de Keith e Patti, mesmo deixando o *Beggars Banquet*. Ainda podia ir a shows dos Stones, sem ter que escrever crônicas sobre eles. E ainda podia ser um jornalista, noticiando tudo o mais que acontecia pelo mundo, enquanto curtia as festas em Weston. Sem conflitos ou confusões.

Minha divagação no porão de Keith foi interrompida por Jane Rose. "Certifique-se", ela disse, "de que o quer que escreva sobre esta festa passe primeiro por mim. E, não se esqueça, não pode escrever 'Connecticut'. Apenas diga que esta festa foi *fora* de *Nova York*."

Era Natal, então não queria discutir. Ela estava preocupada com a privacidade de Keith, e eu podia compreender isso, mas ela já estava exagerando. Connecticut é um lugar bem grande e um *stalker* teria que tocar em muitas campainhas até achar a casa de Keith.

Na minha edição seguinte, mencionei a festa apenas sucintamente. Era uma coisa tão pequena que não passou por Jane. Para mim, não foi nada mais do que uma celebração privada com algumas pessoas legais. Tinha sido convidado à casa de um amigo, que, por incrível que pareça, era um rolling stone.

No fim das contas, continuei com o *Beggars Banquet*, da forma como Jack Paar continuou no *Tonight Show*. Ele é o cara que precedeu Johnny Carson como apresentador do programa. Em 1960, ele sentia que a emissora o fazia de besta (dizendo o que ele podia ou não dizer), então ele ab-ruptamente anunciou sua saída no ar. Suas palavras de despedida foram: "Deve existir uma forma melhor de ganhar a vida do que isso." Mas ele retornou ao show de cabeça baixa algumas poucas semanas depois, dizendo: "*Procurei*. E *não* existe."

Chuckles visita Nova York.

Woody me apresentou a Izzy, mas Izzy não foi muito amigável.

32
NENHUM PÁSSARO NA MÃO

Com os Stones iniciando cinco projetos solos diferentes, tive que lidar com a enorme quantidade de novos intermediários. Charlie foi o primeiro a pegar a estrada, com seu brilhante álbum de jazz *From One Charlie*, em que mostrou toda sua admiração e respeito pelo falecido Charlie "Bird" Parker.

Para promover o lançamento de 1991, ele trouxe seu quinteto de jazz a Nova York para uma noite na Blue Note. Também concederia entrevistas, por isso pedi a Sherry Daly para me arrumar um encaixe. Sherry tinha escritório em Londres, e, por falta de uma descrição mais apropriada, ela era a Jane Rose de Charlie. Disse que eu poderia falar com Charlie durante 15 minutos antes do show de 3 de junho na Blue Note. "Apareça durante a verificação de som por volta do meio-dia", ela disse, "e, quando ele tiver concluído, ele terá um tempo para você".

Mal podia esperar. Charlie era o único stone que eu nunca tinha entrevistado, muito menos conversado. Já tínhamos estado juntos em algumas situações íntimas, mas nunca consegui mais do que um cumprimento da parte dele. Ele, às vezes, era muito introvertido perto de estranhos e tive a nítida impressão de que ele não se lembrava de mim. Tinha esperança de que minha entrevista mudasse isso.

Fiquei sentado à mesa perto do palco durante a verificação de som. Sherry disse: "Charlie estará com você em alguns instantes", mas esperei duas horas. Charlie era um perfeccionista consumaz, envolvendo-se em cada aspecto do show. Após ensaiar cada canção com sua banda, ele pulou dentro da cabine de som para testar os monitores e a iluminação. Passou por mim em vários momentos, mas estava concentrado demais para perceber minha presença.

Num certo ponto, ele terminou de consertar tudo e fugiu escada acima até seu camarim. Acho que ele nunca soube que eu estava lá. Sherry desculpou-se e me pediu para ligar para ela no hotel. "Ligue para mim no Mark", ela disse, "e organizaremos algo antes de ele ir embora. Prometo".

Deixei vários recados, mas não recebi retorno. Charlie deu entrevistas ao *Good Morning America* e a vários veículos impressos, mas não para o *Beggars Banquet*. Quando Sherry retornou minha ligação, ela e Charlie já tinham voltado a Londres.

Tenho a impressão de que ela via uma entrevista no *Beggars Banquet* como jogar tempo fora atingindo um público de fãs sem necessidade. Se o modelo de negócios da *Steel Wheels* tinha ensinado alguma coisa aos Stones, era que o importante era o quanto se ganharia. E, portanto, as pessoas as quais eles precisavam alcançar não eram os fãs alucinados, mas, sim, as pessoas que penteavam seus cabelos e preparavam as lancheiras de suas crianças em frente à televisão durante o *Good Morning America*.

Um ano depois, tive uma segunda chance. Em julho de 1992, Charlie e seu quinteto voltaram à Blue Note para um trabalho de seis noites. Sherry prometeu me arrumar um encaixe. Ela me orientou a ir ao Hard Rock Café, onde Charlie ia doar uma pele de bateria. "Após a apresentação", ela disse, "ele terá cinco ou dez minutos disponíveis para sua entrevista". Eu corri até lá, gravador em mãos.

Infelizmente, Bill Clinton ficou entre nós. A limusine de Charlie ficou presa num engarrafamento fora da Convenção Democrática Nacional. Milhares de pessoas estavam numa manifestação perto do Madison Square Garden, o que fez a cidade inteira parar. Quando Charlie finalmente chegou ao Hard Rock, não dava mais tempo. Ele posou para fotos e saiu logo em seguida. Sherry se desculpou novamente enquanto ela e Charlie saíam apressadamente pela porta: "Ligue para mim no hotel!"

Fui a dois shows de Charlie na Blue Note, incluindo àquele ao qual não era para ter ido. O que quero dizer é que Sherry me colocou na lista de convidados para o show da sexta-feira, mas apareci um dia mais cedo. Keith disse que estaria lá na quinta, então perguntei se poderia mudar meu dia. Ela disse que não. Minha linha de raciocínio era: se tivesse que ir a *um* show, sendo todos eles iguais, então deveria ir ao show que Keith estaria. Dessa forma, mataria dois stones com um cajadada só. Se algo de interessante acontecesse como resultado da presença de Keith, estaria lá para apurar a história em primeira mão.

Fui à Blue Note na quinta-feira, já que os ingressos ainda estavam disponíveis. Mas, quando cheguei à porta, Sherry, que estava de pé com a lista de convidados, disse: "Esta *não* é a sua noite."

"Eu sei", retruquei. "Mas eu *também* quero vir *hoje à noite*. Eu *pago*."

"Mas esta não é sua noite", ela reiterou. "Falei para você ao telefone que está na lista de *amanhã*."

"Eu sei. Mas *também* quero vir *hoje à noite*."

Ela não estava entendendo o que eu estava dizendo e agiu como se eu a estivesse colocando numa situação difícil. "Bill German", ela declarou, "você é um menino malvado! Um menino muito malvado!"

Não tinha ideia do que ela queria dizer com isso, mas abri minha carteira para mostrar que não queria uma entrada gratuita. "Bem", ela disse, "deixarei você entrar esta noite, seu menino treloso, mas não posso colocá-lo ao lado de Keith".

"Está bem", eu disse. "Eu não estava *esperando* sentar ao lado de Keith. E, olha... *dinheiro!* Estou disposto a *pagar*!"

Ela me levou a uma mesa da seção paga e disse: "Aqui é onde posso colocá-lo." Acabei ao lado de três caras, todos fedendo a bebida. Vestiam camisas dos Stones e gritavam pedidos de músicas durante o show.

Era uma boate de jazz, com toalhas de mesa e velas. Charlie estava tocando com pincéis, não bastonetes. Baixa intensidade. Mas esses narigões gritavam: "'Brown Sugar'!" e "Charlie está bom hoje, não está?" Quando um deles gritou "Ei, Chuck! Opa, Chuckles!", eu queria morrer. Tentei me esconder embaixo da mesa para que Keith não me visse.

Após o show, de fato conversei com Keith. Por sorte, ele não me associou àqueles três idiotas. Mas, enquanto deixava a boate, o comentário de Sherry de "menino malvado" reverberou em minha mente. Eu estava prestes a fazer 30 anos e ainda tinha que lidar com uma metida a diretora de escola me dando uma bronca como se fosse uma criança. Ao final da semana, Sherry não me deu minha tão esperada entrevista, dizendo: "Desculpa por não conseguir encaixá-lo."

Eu me consolei um pouco quando Charlie pulou também a entrevista com David Letterman. Ele desistiu no último minuto após saber a política do programa: Paul Shaffer e companhia tinham que acompanhar todo convidado musical. Charlie admirava Shaffer, mas tinha elaborado sua canção para um quinteto de jazz, não uma banda de rock.

Dez minutos antes do programa, nenhum dos lados estava disposto a ceder. Charlie avisou que ele estava de saída, e não estava blefando. Deixou o *green room* e foi até o elevador. Soube a partir de uma testemunha ocular que tudo ocorreu como numa cena de vaudeville. O produtor do programa seguiu Charlie até o elevador, implorando para que ele ficasse. Charlie entrou e apertou o botão do térreo, mas o produtor entrou e apertou em "Cancela". A coisa continuou assim por dois minutos. Térreo. Cancela. Térreo. Cancela.

Charlie foi até outro elevador. Novamente, foi térreo-cancela-térreo-cancela, até que o térreo ganhou e ele foi embora. Isso aconteceu tão perto do horário do programa que Letterman não fazia ideia. Ele anunciou que Charlie estaria lá, mas Shaffer o corrigiu. Letterman disse algo como "Você está falando *sério*?" e Paul respondeu que sim. E isso se tornou a piada da noite: "O que foi, Paul? Charlie deu o fora?" Gary Busey era o outro convidado do programa, então ninguém esperava que *Charlie* fosse ser o problema.

Com dois *strikes* contra mim, tentei novamente em outubro de 1993. *Warm and Tender*, uma coleção de canções de Tin Pan Alley, era o novo álbum de Charlie. Para promovê-lo, ele voou a Nova York para um show privado no Algonquim Hotel.

Perguntei à gravadora se poderia entrevistá-lo, mas eles disseram: "A casa está cheia." É provável que ainda estivessem chateados comigo. Meses antes, quando imprimi uma lista inicial dos títulos das canções do álbum, recebi uma ligação da relações-públicas da gravadora: "Como conseguiu a lista das faixas? Quem lhe entregou? Não tinha autorização para publicar isso!"

Não revelei minha fonte — Bernard Fowler, o cantor principal do Quinteto de Charlie Watts — e segurei o telefone distante do meu ouvido enquanto ela enlouquecia e reclamava. A gravadora tinha dois anos de existência e estava localizada nos pântanos de Nova Jersey, então achei que se sentiriam gratos pela publicidade. *Warm and Tender* foi um grande disco, mas eles tiveram que trabalhar arduamente com o terceiro álbum de jazz de Charlie por muitos anos. Os fãs dos Stones o consideraram uma distração excessiva, e os puristas do jazz nunca lhe deram uma chance.

O pessoal de Charlie, em vez disso, colocou-no no programa *Regis and Kathie Lee*. Ele se sentou mudo na TV ao vivo, enquanto Reege zombava dele e Kathie Lee, no seu tom mais convencido, comparava o repertório de Charlie ao seu ato insípido a bordo de um cruzeiro: "'Time after Time' é minha nova canção de fechamento!" Charlie estava ali como quem diz: "Quem *é* esta pessoa?" Mas, para os que cuidavam da carreira dele, era mais importante atingir o público das donas de casa com bobes do que os fãs que liam o *Beggars Banquet*.

Woody, enquanto isso, tinha *seu* álbum para fazer. Ele me manteve informado sobre o andamento de cada estágio do processo de gravação. Começou gravando na sua nova casa na Irlanda e inseria a gravação para eu ouvir pelo telefone. Depois mixou o álbum em Los Angeles, onde me encontrei com ele para ouvir melhor.

O álbum foi chamado de *Slide on This* e apresentava convidados como The Edge, do U2, e Joe Elliott, do Def Leppard. O empresário de Woody contratou uma relações-públicas para ajudar a promovê-lo. Ela nunca tinha ouvido falar do *Beggars Banquet* e, francamente, eu nunca tinha ouvido falar nela tampouco. Mas, para marcar uma entrevista com Ron Wood, eu precisava passar por ela. Enviei um pacote com algumas edições do *Beggars Banquet* para ela se familiarizar. Seu escritório ficava em Nova York, então fui até lá para pegar algumas fotos promocionais e lembrá-la de nossa entrevista. Perguntei se ela havia dado uma olhada nos exemplares do fanzine e ela respondeu: "Credo, é um excesso tão grande de informação." Eu dei uma risada e disse: "É mesmo, tento cobrir *tudo*, e tenho feito isso desde 1978."

"Uau!", ela exclamou num tom condescendente. "Isso o torna um fã de um fanzine!"

Girei meus olhos, dando a entender que não me sentia confortável com essa avaliação, mas ela me entendeu mal. Em vez de calar a boca, ela colocou ainda mais lenha na fogueira: "Deixe-me corrigir: você é um *fã* do fã do fã!"

Senti vontade de dizer: "Olha aqui, minha senhora, posso ser um fã, mas eu dirijo uma publicação jornalística legítima. Posso cobrir apenas os Stones, mas diga isso a Sam Donaldson. Ele cobriu apenas a Casa Branca durante 12 anos. Desculpa se sou muito conhecedor e apaixonado pelo que faço."

É claro que era isso que deveria ter dito. Mas eu era muito educado e odiava me gabar. Ela estava trabalhando para Woody havia cinco minutos, enquanto eu já tinha escrito um livro com o cara. No entanto, ela *se* considerava a profissional e eu era o nerd obcecado.

Então aqui está a ironia: quando Woody apareceu no programa *Later*, de Bob Costas, ela e eu estávamos nos bastidores. E quando Costas, durante o intervalo dos comerciais, perguntou as datas dos próximos shows solo de Woody — para que ele pudesse divulgá-las no ar —, ela não fazia a menor ideia. Fui eu que tive que dizer: "St. Petersburg na sexta e Miami no sábado." E após o show, fui *eu* quem juntou Costas e Woody para posarem para uma foto juntos, algo que deveria ter sido trabalho dela.

Acabou que ela nunca marcou aquela entrevista para mim.

Outra coisa do *Slide on This* que não dava para entender foi como Woody não conseguia fechar um acordo com uma gravadora. Um membro dos Rolling Stones — sem mencionar o cara que coescreveu a canção "Stay with Me" — estava sendo ignorado pelas grandes gravadoras. Então, em 28 de março de 1992, uma festa foi organizada em Hollywood. Woody e seu empresário convidaram amigos e executivos de gravadoras ao A&M Studio.

Fui tanto torcida quanto repórter. Woody estava feliz por me ver e me apresentou a algumas pessoas. Primeiro a Izzy Stradlin, do Guns'n'Roses. Tentei ser cordial, mas ele ficou calado e não me cumprimentou. Se alguém era mais imbecil do que Axl Rose, era *esse* cara.

Depois, Woody me levou até Richard Lewis, o comediante. Richard havia ignorado todo mundo a noite inteira. Ele estava dançando num canto sozinho, curtindo o álbum de Woody e tocando guitarra de ar. Em alguns momentos, ele se virava e mostrava seu apoio a Woody, antes de retornar a seu transe. Deve ter se esquecido de cortar seus comprimidos pela metade naquele dia. Woody o assustou tocando no seu ombro. "Richard, gostaria que conhecesse Bill German. Ele é o coautor do meu livro."

Richard apertou minha mão. Sabia que ele colecionava os trabalhos artísticos de Woody, por isso perguntei quais ele tinha. Mas tudo o que ele respondeu foi: "Ligo para você! Ligo para você!"

"Não, só queria saber quais os trabalhos de Woody que você tem..."

"Ligo para você! Ligo para você!"

Nem me dei ao trabalho de avisá-lo que ele não tinha meu número. Ele estava muito doidão, mas pelo menos foi mais sociável do que Izzy e menos assustador do que Phil Spector.

Phil passou a maior parte da noite sentado num banquinho e não interagiu. Ele estava com dois guarda-costas e ficou em pé contra a parede. Woody se sentou ao lado dele e se sentiu lisonjeado quando o ouviu dizer: "*Eu* deveria ter produzido esse álbum!" Apesar de não saber ao certo se Phil falou isso como um elogio.

Dois fotógrafos do *Beggars Banquet* estavam na sala, então perguntei a Woody se poderiam tirar uma foto dele com Phil. Woody disse que sim, então chamei meus amigos. Mas, assim que as câmeras começaram a clicar, Phil perdeu a compostura, direcionando sua raiva a *mim*.

"Pare!", ele gritou. "Me dê esse filme! Quero esse filme! Se não me der esse filme, farei com que o matem! Depois farei com que seja preso!"

Ser o fã do fã do fã era um trabalho perigoso.

Woody e Rod fazendo bagunça.

33

CRIANÇA MIMADA, CRIANÇA ESTRAGADA

O álbum de Keith, *Main Offender*, saiu em outubro de 1992. Para promovê-lo, ele apareceu no programa de rádio *Rockline*. Eu conhecia os produtores do programa, então os ajudei a se prepararem para a entrevista. O programa foi ao ar no dia 19 de outubro e fui até o edifício da ABC na West End Avenue para testemunhar esse acontecimento em pessoa.

Quando Keith, Jane e Tony Russell (o assistente de Keith) chegaram, ficaram surpresos em me ver. Keith se retirou até a cabine de som e pôs um par de fones de ouvidos. O resto de nós, incluindo dois engenheiros de som, assistiu a Keith de uma janela. O moderador do programa, Bob Coburn, estava em Los Angeles, conversando com ele via satélite.

O programa começou às dez da noite e Keith respondeu às perguntas de Coburn e dos ouvintes que telefonaram. "É verdade que coleciona facas?" "Sim, eu gosto de lâminas." Fora do ar, Coburn perguntou a Keith se ele havia assistido ao debate presidencial daquela noite entre Bill Clinton e George Bush, e Keith negou, mas se referiu ao ingresso de Clinton-Gore como "a dupla de paus mandados de suas mulheres".

Rick Nielsen, o guitarrista do Cheap Trick, telefonou para o programa como um fã normal. "[Você] é um dos caras mais importantes da minha vida", ele falou para Keith. "Estou tão nervoso quanto a garota que acabou de ligar (...) Keith Richards, [sou] seu fã para a vida inteira." Ele estava ligando do seu carro, então Keith brincou: "Rick, vá com calma, fique na estrada."

Rick interpretou o "fique na estrada" como se o Cheap Trick devesse continuar realizando turnês — "Não dá para *sair* agora", ele respondeu —, mas Keith estava se referindo ao fato de Rick estar falando ao telefone ao volante. "Mantenha os olhos na estrada", Keith esclareceu.

Durante os comerciais, Keith admitiu não saber com quem ele estava falando. Tentei me lembrar — "Sabe, o cara com o boné de beisebol" —, mas isso não me soou familiar. O engenheiro de som até cantou: "*Your momma's alright, your daddy's alright*", mas Keith teve um branco.

Quando o programa terminou, Keith ainda ficou lá por um tempo, para assinar algumas coisas para os engenheiros. "Vou me encontrar com Woody", ele me falou. "Quer pegar uma carona?"

Woody estava na cidade, ensaiando para sua turnê solo no SIR Studio. Ele tinha finalmente conseguido fechar um acordo com uma gravadora — daquela mesma empresa em Nova Jersey que trabalhou por Charlie — e estava pronto para levar *Slide on This* para a massa.

Keith e eu pegamos o elevador de serviço até a garagem, onde o carro estava esperando. Jane disse: "Ok, Bill, *boa noite*" — insinuando que eu não deveria ir com eles —, portanto informei a ela que Keith havia me *convidado*. O protocolo dentro de uma limusine determina que a celebridade vá olhando para frente, então Keith pegou o assento apropriado, enquanto eu peguei o assento virado para trás. Jane e Tony ambos se sentaram ao lado de Keith.

Quando o carro saiu da garagem, havia um grupo de fãs esperando na beira da calçada. Nosso motorista não parou em nenhum momento. Na verdade, durante os vinte minutos seguintes, brincamos de gato e rato com um carro que estava nos seguindo. Tínhamos apenas quarenta quarteirões mais ou menos à nossa frente, mas dirigimos por mais vinte para despistá-lo. Ziguezagueamos de leste a oeste e de oeste a leste. Tony passou a maior parte da viagem olhando pela janela de trás, soltando instruções para nosso motorista. "Ainda estão nos seguindo! Vire à direita na 42nd! Esquerda na 34th!"

"Faça uma curva em U!", gritou Jane. "Avance o sinal!"

Keith não deu atenção a nada disso e permaneceu calmamente olhando para a frente. Isso nos deu uma chance de conversar. Contei para ele que havia ido recentemente à exposição de Magritte no Met e que uma das pinturas de Magritte, *The Rape* (O Estupro), deve ter inspirado o anúncio da turnê dos Stones de 1973. (Ambos mostravam o tronco de uma mulher como seu rosto. Seus mamilos eram seus olhos, sua região púbica, sua boca.)

"Isso soa quase certo", disse Keith. "Estupro é o que os Stones fazem, certo? Estupro e roubo."

Eu ri e perguntei se ele havia conhecido Magritte nos anos 1960.

"Provavelmente", ele disse. "Mas não me lembro."

Jane e Tony não estavam interessados em Magritte. Eles ainda estavam dando cabo de nossa perseguição de trânsito. "Pegue a Seventh Avenue! Entre na faixa da esquerda!" Chegamos ao SIR à uma da manhã. Novamente, algumas dúzias de pessoas cercavam nossa limusine. Keith é um cara paciente, mas isso já era o próprio caos. Sem esperar o motorista abrir a porta, ele saiu rapidamente, no estilo de *Os reis do iê iê iê*. Várias garotas agarraram o braço de Keith, mas ele abriu caminho por todas elas.

Quando entramos, as primeiras palavras de Woody — antes de cumprimentar Keith — foram: "Bill German! Acabamos de ouvir seu nome no rádio!" (Meu nome entrou nos agradecimentos.) Woody disse que ele tentou telefonar para o programa, mas "só dava ocupado"!

Woody desconectou sua guitarra e se sentou ao lado de Keith no banco da bateria. Se ele estava ou não planejando concluir o ensaio à uma da manhã, isso não tinha mais importância. Assim que Keith aparecia, nada disso era relevante. Até durante seu ensaio, Woody ficava no banco de trás. Durante as duas horas seguintes, ouvimos o *Main Offender* pelas caixas de som do estúdio. Woody quase não falou uma palavra sobre o próprio álbum solo. Isso me lembrou as noites que passei com ele enquanto estávamos trabalhando no nosso livro. No instante em que Mick e Keith entravam pela porta, tudo o mais parava, e o foco todo estava *neles*, não em Woody. Não era intenção de Keith interromper o ensaio, mas era assim que a coisa se desenrolava. Saí de lá às quatro da manhã e falei para Woody que falaria com ele mais tarde durante a semana.

Quando visitei o estúdio de novo, os empregados me deixaram entrar imediatamente. "Você é o amigo de Keith da outra noite, não é?"

Woody estava passando por um monte de coisas que nunca mencionara enquanto Keith estava lá. Para começar, seu cachorro tinha acabado de morrer na Irlanda. Segundo, ele tinha contraído uma gripe. Terceiro, ele havia quebrado uma costela. Quarto, estava com uma espinha tão grande no rosto que tinha um nome dado a ela. Estava chamando a espinha de Brian por alguma razão, e era difícil não ficar olhando.

No geral, Woody estava bem e animado para sua turnê. Assisti a um ensaio completo e o convenci de que estava ótimo. Seu repertório incluía canções dos Stones e do Faces, como "It's Only Rock 'n' Roll" e "I Can Feel the Fire".

Fui ao show de aquecimento no Toad's Place e à estreia oficial no Ritz na noite de Halloween. Depois ele tocou no Electric Lady Studio para um programa especial de rádio. "Só quero que todos por aí fora na radiolândia saibam que nós *estamos* tocando nus."

Na sala de estar do Electric Lady, ele insistiu para que eu fosse junto na turnê de cinco semanas: "Temos um lugar para você no ônibus!" Ele disse que pediria ao motorista para passar no meu apartamento, para que eu pudesse pegar minha escova de dente e roupa íntima.

Fiquei lisonjeado pelo convite, mas tinha uma edição para lançar e vários selos postais para lamber. Não podia simplesmente fugir com o circo.

Woody e eu nos vimos novamente em maio de 1993. Ele estava em Nova York com Rod Stewart e de volta à sua posição mais confortável como subordinado.

Os dois haviam recentemente gravado um episódio do *MTV Unplugged*. Woody tocou em 13 canções, incluindo "Maggie May", mas isso foi veiculado como um trabalho de Rod. De fato, o CD subsequente foi chamado de *Rod Stewart: Unplugged... and Seated*, com a participação de Woody apenas como mera nota de rodapé.

Woody estava contente de promover o projeto, então acompanhou Rod até o *Rockline*. Novamente, o show foi conduzido na ABC, dentro de um estúdio normalmente usado para notícias de rádio. Quando Woody entrou, ele me cumprimentou com um grande abraço e um "Oláááá!". Rod perguntou: "Quem é *ele*?"

"Bill é meu coautor", Woody o informou. "Você se lembra do *The Works*, certo? Bill o coescreveu comigo aqui em Nova York. Ele também é editor da revista dos Stones, o *Beggars Banquet*. Tem feito isso há seculos."

"Você não *parece* tão velho assim", disse Rod. (Woody já tinha nos apresentado uma vez, mas não esperava que ele fosse lembrar. Foi no Hard Rock Café, após o primeiro MTV Awards em 1984. Rod roubou batatas fritas do meu prato e nunca explicou porque ele e Woody tinham trazido uma tábua de passar ao palco.)

"Ei", Woody sugeriu, "Bill deveria fazer *sua* revista para fãs!"

Rod e seu empresário fizeram que sim com a cabeça, como se fosse algo que eles considerariam, mas falei que os Stones eram o suficiente para mim.

Woody e Rod se retiraram para a cabine atrás do vidro. Seus empresários, assim como Jo Wood e Chuch Magee, assistiam comigo do outro lado. De novo, o moderador do programa estava em Los Angeles e, de novo, uma parte do melhor material não foi ao ar. Rod e Woody cantaram duas canções do Faces durante os intervalos dos comerciais. E quando o programa acabou, Woody gravou um anúncio de serviço público, saindo um pouco do roteiro: "Nos últimos anos, houve grande progresso na luta contra a Aids. E, quando conseguirmos pegar o filho da puta que começou tudo isso, nós o estrangularemos." Rod riu tanto que ele literalmente caiu da sua cadeira.

Com Rod como seu parceiro no crime, Woody apresentava uma faceta raramente expressada perto dos Stones. Eram como adolescentes travessos.

Eles me convidaram de volta ao hotel onde estavam hospedados. Quando nossa limusine chegou ao Peninsula, na 56th Street, um monte de gente à procura de autógrafos estava esperando do lado de fora.Woody terminou de assinar antes de Rod, então ele me agarrou e disse: "Vamos até o bar!" Quando chegamos lá, o lugar estava fechado. "É só uma e meia!", Woody gritou. O bar não tinha portas, era uma área aberta fora do saguão, então Woody se aventurou a entrar. "Faça Rod acreditar que estamos tendo uma festa aqui!" Ele começou a assoviar e uivar, mas fiquei muito embaraçado para me unir a ele. Um minuto depois, Rod e os outros chegaram ao local.

"O que temos aqui?", Rod perguntou retoricamente. "*Fechado*? Isso é *ridículo*!"

É claro que nada conseguiria deter esses destruidores de hotel em recuperação. Rod prontamente se enfiou atrás do bar e começou a registrar os pedidos. Ele não estava brincando. Puxou copos da prateleira e meteu a mão dentro do refrigerador. Aí ele pegou a torneira de refrigerante. "O que vai querer, amigo?" Eu pedi um Jack & Ginger e ele providenciou um. Deixei um dólar de gorjeta, mas ele não aceitou.

"Tenho trabalhado aqui desde os primeiros dias", ele declarou. "Eu me lembro de quando Gerry e os Pacemakers vieram aqui."

Bebemos por vinte minutos, e em nenhum momento os seguranças vieram olhar o que estávamos fazendo. E, durante esse tempo, fiquei chocado com o quanto Rod Stewart era legal. Mas ele logo deixou as bebidas de lado e saiu de lá com essas palavras de despedida: "É hora de transar com a esposa." O resto de nós foi até a suíte de Woody no décimo-primeiro andar.

Jo me mostrou alguns souvenirs que ela tinha comprado no fim de semana passado no Kentucky Derby. "Apostamos no Herói do Mar e ganhamos." Woody, enquanto isso, inseriu um vídeo do *Unplugged*. Pediu para eu me concentrar no seu *slide* de guitarra em "Cut Across Shortly".

Num determinado momento do programa, Woody estava usando óculos — pela primeira vez no palco — fazendo Rod lamentar: "Estamos ficando *velhooos*." Enquanto assistíamos, Jo me disse: "Isso me faz lembrar, Bill: por favor, evite chamá-lo de 'Woody' a partir de agora. Ele está mais maduro, então preferimos Ron ou Ronnie a Woody. Isso faz parte da sua vida *velha*."

Falei que iria tentar, mas que a adaptação não seria fácil. Fazia anos que me referia ao marido dela como Woody. Além do mais, percebia que isso era ideia *dela*, não dele. Para ela, "Woody" era o cara que excedia em tudo — bebia demais, cheirava demais e, no tempo do Faces, saía com *groupies* demais e bagunçava hotéis demais. "Ron", suponho, era o pai responsável, o marido fiel e o pintor-músico inspirado. Seu 46º aniversário estava se aproximando, então já era hora de ele crescer. Mas, poxa vida, cara, certamente sentiria falta do velho Woody se ele crescesse *demais*.

A maioria das pessoas, após ficar acordada a noite toda com Rod Stewart e Ron Wood, estaria dormindo na manhã seguinte. Não eu. Eu tinha montanhas de correspondência para responder, pilhas de pequenos cheques para depositar e um *Beggars Banquet* para escrever. Estava afundando em clipes de papel e cartões quando meu telefone tocou às onze da manhã. Era meu amigo em Los Angeles, o produtor do *Rockline*.

"Você viu o que eles fizeram ontem à noite?", ele perguntou. "A ABC está tendo um treco." Ele explicou que o jornalista da ABC tinha ficado irado aquela manhã ao entrar no estúdio e ver a mesa da rádio. De fato, o estrago tinha sido tão perturbador que a ABC estava ameaçando nunca mais alugar o espaço para o *Rockline* novamente.

"O quê?", perguntei. "O que eles *fizeram*?"

"Eles pegaram uma faca e a usaram para gravar sobre a mesa da rádio."

"Como o quê, suas *iniciais*?"

"Não! Um pênis imenso!"

Esse era o velho Woody de sempre.

Nos bastidores do Webster Hall. Após o show, tentei agradecer Mick pelos quarenta ingressos, mas foi difícil me aproximar dele.

34

O BLUES DA LÁPIDE

"Posso terminar como o próximo Guy Lombardo", Keith ria. Melhor do que assistir à comemoração de Ano-Novo de Dick Clark.

Estávamos na boate Academy na véspera do Ano-Novo, a alguns passos da Times Square. Milhares de fãs lotavam a boate, mas milhões assistiam a tudo isso pela TV. A CBS transmitia o show de Keith ao vivo.

É claro que, se Keith Richards estava tendo que trabalhar na véspera de Ano-Novo eu também estava. À meia-noite, enquanto ele e os Winos viravam o ano para 1993 com "Time Is on My Side", eu estava ocupado fazendo anotações para o *Beggars Banquet*.

O ano novo iniciou um período de grande trabalho para os stones no âmbito individual, por isso tinha que ficar a postos. O show de Keith na Academy era apenas um aquecimento para sua turnê *Main Offender* de cinco semanas. Woody, enquanto isso, trouxe sua turnê *Slide on This* ao Japão. Charlie estava trabalhando no seu último álbum de jazz. E Bill Wyman estava oficialmente deixando os Stones. "Realmente não quero fazer mais isso", ele anunciou em 6 de janeiro. "Tem sido maravilhoso (...), e achei as últimas turnês com eles as melhores que já fizemos, por isso [estou] bastante feliz em parar."

Mick apareceu na edição de 6 de fevereiro do *Saturday Night Live*. Ele não tinha planos de fazer turnê do seu álbum solo, *Wandering Spirit*, mas rolavam rumores de que ele faria um show numa boate em Nova York. Telefonei para o pessoal de Mick — Tony King, Alan Dunn e a nova funcionária cujo nome infeliz era Janice Crotch —, mas eles juravam não saber de nada.

De repente, recebi uma ligação de Michael Cohl. "Estou promovendo o show de Mick de amanhã no Webster Hall. Apenas um show, 12 mil fãs, e não estamos vendendo ingressos. Estamos os entregando às estações de rádio. Mas Mick achou que seria uma boa ideia envolvê-lo nisso também."

Quase caí para trás. A última vez que tinha falado com Mick, em 1992, achei ter causado má impressão e que ele não queria mais saber de mim. Isso acontecera no Hammersmith Odeon em Londres, após um show com várias estrelas. Mick e Woody estavam lá, tocando *covers* de blues, e fui até lá como convidado de Woody. Quando cumprimentei Mick nos bastidores, eu estava com um copo de bebida em cada mão, então estendi apenas meu dedo mindinho. Mick sorriu, apertou meu dedo mindinho — o velho charme Jagger — e disse: "Arrá, um bebedor de dois punhos!" Eu imaginei: "Sensacional, agora ele acha que gosto do luxo." Mas acho que me preocupei à toa.

Cohl explicou que centenas de estações de rádio estavam recebendo dois ingressos cada, mas eu receberia quarenta. O show era na terça à noite, 9 de fevereiro, e eu teria dois dias para decidir quais dos meus leitores iriam. Ele me perguntou como eu planejava fazer.

"Bem", eu disse, "estou realizando um sorteio na minha última edição por uma cópia autografada do álbum de Mick. Escolherei entre esses nomes e acho que ninguém ficará chateado quando eu disser: 'Ei, você não ganhou o autógrafo de Mick, mas vai assistir ao show dele no Webster Hall amanhã.'"

Assim que saí do telefone, enfiei minha mão dentro da bolsa dos nomes dos concorrentes. Nenhum dos cartões postais tinha números de telefone, então precisei ligar para o 411. Quando consegui falar com alguns dos ganhadores, eles foram às loucuras: "Este é realmente Bill German? Vou assistir a *Mick* amanhã?"

Um cara me disse que estava dirigindo por Long Island, atrás de uma van de ingressos da WBAB. "Você conseguiu achar a mim e a minha esposa numa parada para o jantar", ele disse. "A rádio está dizendo que está com um par de ingressos e que vão entregar ao primeiro ouvinte que encontrar a van. Temos dirigido por aqui feito loucos!" Disse para ele relaxar e que lhe enviaria os ingressos via FedEx.

Outro ganhador me perguntou se o Webster Hall tinha acesso para cadeiras de rodas. Fui verificar com o local e informei a ela que não. "Sabe de uma coisa?", ela disse. "Não importa. Não vou deixar de assistir a Mick numa boate! Se for preciso, subirei as escadas com as mãos e os joelhos!"

Um dos cartões-postais que sorteei era de Berlim. Nele, o cara havia escrito: "Se Mick tocar numa boate em Nova York" — como eu havia previsto na minha edição de janeiro — "minha mãe e eu iremos da Alemanha". Eu acreditei em sua história e liguei para sua casa. Ele e sua mãe reservaram um voo no último minuto.

Adorava ajudar meus leitores, mas problemas vieram à tona quando a informação vazou. "Bill German está com quarenta ingressos" se tornou o segredo mantido por menos tempo em Nova York, e meu telefone não parava de tocar. Até a colunista de fofocas da *Vanity Fair* ligou. "[Ahmet] Ertegun conseguiu dois ingressos ao show que era só para convidados", Deb Mitchell escreveu na edição seguinte da revista. "[Mas] Bill German, o editor do fanzine *Beggars Banquet*, recebeu quarenta. Jagger queria tocar para fãs, não para socialites."

De repente, todo mundo era meu melhor amigo. Pessoas apareciam do nada, exigindo que as ajudasse. Algumas eram bem agressivas — "É melhor me deixar entrar!" — e parecia um frenesi ininterrupto. Alguns apelavam para a posição de vítima. "É meu aniversário!", chorou uma menina com quem não falava havia anos. Outro pedinte era, na verdade, um cambista. Quando perguntei "Por que não pega seu *próprio* ingresso?", ele disse: "O show está tão amarrado, nem os cambistas conseguem entrar!"

No final das contas, deixei os pés no saco entrarem de graça. O que lhes faltava em termos de educação compensava com entusiasmo, então quis ajudá-los. Mas, quando entreguei os ingressos, quase nenhum agradeceu.

Até a terça-feira à noite, estava deixando ingressos nos quartos de hotel e nos escritórios das pessoas. Quando deu a hora do show, estava exausto. Mick e sua banda, trazendo o guitarrista Jimmy Rip e o tecladista Chuck Leavell, deram um tremendo show. Tocaram 11 faixas do *Wandering Spirit* e retornaram para um bis eletrizante de "Rip This Joint", "Live with Me" e "Have You Seen Your Mother" — canções que os Stones não tocavam há décadas. Mick animou a multidão de uma forma que a banda de jazz de Charlie não conseguiria. Até os shows de Keith e Woody nunca igualaram em intensidade ao conjunto de três músicas dos Stones montado por Mick. As coisas se tornaram tão frenéticas que uma mulher desmaiou na frente do palco. Os seguranças a levantaram e carregaram seu corpo mole para fora da pista de dança.

Mais tarde descobri que ela era uma dos ganhadores do meu sorteio. "Foi a melhor noite da minha vida!", ela exclamou. "Durante o bis, cheguei perto o suficiente para ver os pelos no braço de Mick! Foi por isso que desmaiei!"

Após o show, compareci à festa particular de Mick numa boate chamada Tatou. Queria agradecê-lo pelos ingressos, mas foi difícil me aproximar dele. Ele estava conversando com Robert De Niro e em nenhum momento estabeleceu contato visual comigo.

Quando cheguei em casa, estava física e emocionalmente esgotado. À medida que refletia sobre os dois últimos dias, fui ficando bastante deprimido. Senti que muitas pessoas tinham me usado por causa da minha conexão com os Stones. Algumas delas teriam matado a própria avó para conseguir um ingresso. Colocavam seu amor pelos Stones acima da moral, e isso me fez questionar por quem eu estava ralando todos esses anos.

Sempre que tinha que engolir sapo da organização dos Stones, lembrava a mim mesmo: "Não trabalho para *eles*, trabalho para meus *leitores*." Não importava quão mal ou solitário eu me sentia, tinha a lealdade dos meus assinantes na qual me escorar. Mas agora não tinha mais tanta certeza disso.

Havia dado sangue, suor e lágrimas para eles e nunca tive problemas com isso. Mas, desta vez, eles fizeram com que eu me sentisse um distribuidor automático de ingressos em vez de um ser humano. Eu cobrava 1,67 dólar por exemplar (vinte contos por doze) e lhes entregava notícias e oportunidades que não conseguiriam achar em nenhum outro lugar, então por que não poderiam ser mais bondosos?

Também percebi que, enquanto atendia às necessidades e aos sonhos dos leitores, negligenciei os meus. Estava ocupado demais com o *Beggars Banquet* para correr atrás de outras metas como ser escritor ou cuidar da minha saúde. Meus dentes falsos faziam Austin Powers parecer Donny Osmond, mas não tinha tempo de ir ao dentista. Eu estava entortando os olhos como o Mr. Magoo, mas não tinha tempo de consultar um oftalmologista. Sofria dores excruciantes nas costas, mas não tinha ido a um médico desde a administração de Jimmy Carter. Do dia que completei 16 anos até então, tinha estado sob o peso do *Beggars Banquet*, e o ritmo incessante estava finalmente acabando comigo.

Não me entendam mal. Estar com os Stones era maravilhoso. Mas isso veio à custa de tudo o mais na minha vida desde o colégio. Não tive tempo para bailes, para férias da primavera em Daytona nem para casamento ou filhos.

Criei um monstro que estava lentamente me matando, e não sabia como fazê-lo parar. Nunca tinha tido um emprego exceto o *Beggars Banquet* e estava compulsivamente obcecado em documentar os Stones. Ao mesmo tempo, eles nunca se separaram e, ao contrário dos seus ídolos, Otis e Buddy, seu avião nunca caiu num lago ou num campo de trigo. Ficavam ocupados mesmo quando não estavam em turnê, e a fascinação do público por eles nunca se esvaiu. Como um repórter dos Stones, não tinha como parar para respirar ou pular da locomotiva em movimento.

Se estivesse fazendo um fanzine do The Who ou do Led Zeppelin, teria encaixotado tudo no instante que o baterista morreu afogado no próprio vômito. Se estivesse escrevendo um fanzine do The Police, teria apenas três integrantes para seguir, cada um mais entediante do que o outro, e um grupo encerrado após um punhado de álbuns. Quero dizer, como poderia saber em 1978 que os Stones estavam na fase *inicial* de sua carreira?

Quando me sentei para fazer a declaração renda em fevereiro de 1993, percebi que tinha ganhado apenas 14 mil no ano anterior. Isso seria aceitável se não estivesse trabalhando noventa horas por semana ou se não me deparasse com tanta aporrinhação. Mas, como continuava tendo que lidar com os intermediários dos Stones e com o pessoal da indústria fonográfica, nada vinha de mão beijada. Para falar a verdade, uma dessas pessoas zombou de mim em rede nacional.

O VH1 veio até mim para fazer uma matéria sobre o *Beggars Banquet*. Eles queriam me filmar interagindo com Mick, mas a equipe de Mick se recusou. Então sugeri uma turnê a pé pelos principais pontos dos Stones em Nova York. Uma equipe de filmagem me acompanhou até o Palladium, o Teatro Ed Sullivan, o St. Mark's Place, o Boat Basin da 79th Street e o lado de fora das antigas casas de Mick e Woody no Upper West Side. Providenciei anedotas em cada local. (St. Mark foi onde eles filmaram o videoclipe de "Waiting on a Friend"; o Boat Basin foi onde, em 1966, eles viveram sob as águas por três dias.) Era um segmento informativo. Mas quando o VJ introduziu o programa no horário nobre da televisão, ele disse: "Agora aqui está um cara que dedicou sua *vida inteira* aos Rolling Stones." Então, após uma pausa sarcástica e de efeito retórico, complementou: "*Por quêêê?*" Ele me fez parecer um nerd de *Jornada nas estrelas* que precisava cair na real.

Ironicamente, enquanto eu era ridicularizado pela dedicação e pelo conhecimento, pessoas roubavam esse conhecimento para obter ganhos financeiros. No início dos anos de 1990, vários livros sobre os Stones foram produzidos por biografistas ignorantes. Eles compravam as edições anteriores do *Beggars Banquet*, lia cada uma — assim como o *The Works* — e parafraseavam minhas anedotas no próprio livro.

A imitação pode ser a forma mais sincera de lisonja, mas, vá por mim, quando alguém pega o seu trabalho e ganha dinheiro com isso e ainda consegue mais reconhecimento do que você, esta é a forma mais sincera de acabar com você. Eu vivia de cheques de pouco valor enviados por meus leitores, enquanto essas pessoas ganhavam um valor adiantado de seis dígitos das grandes editoras, usando os *meus* relatos de primeira mão. Algumas anedotas envolviam a mim mesmo como um dos personagens principais, mas eles me cortavam das minhas próprias histórias. Em vez de escrever "Keith disse a Bill German", eles colocavam "Keith disse a um amigo...". O elogio a Ian Stewart que Keith me ofereceu na cozinha de Woody tem aparecido em tantos lugares que os biografistas agora roubam essa história *uns dos outros*.

Tudo o que sei é que esses escritores não passaram pelas dificuldades por que *eu* passei para conseguir as histórias em primeira mão. Nenhum deles gastou milhares de dólares em passagens aéreas ou ligações internacionais, e nenhum deles foi deixado num estádio na Holanda ou viu Freddy Sessler nu no Japão.

Cada vez que um desses livros sobre os Stones chegavam ao mercado, meu estômago ficava embrulhado. Juntando tudo isso à burocracia da organização dos Stones e a falta de educação dos meus leitores, estava me sentindo muito para baixo no início de 1993. Para piorar, minha namorada ameaçava me deixar.

Tínhamos nos conhecido em dezembro de 1991 e, em nosso terceiro encontro, eu a convidei para ir à casa de Keith em Connecticut. Quando ela recusou meu convite — porque ela não queria deixar de ir para o jantar com sua irmã —, sabia que ela era a namorada que eu procurava. Seus colegas de trabalho diziam que ela só podia estar louca ao recusar o convite para o aniversário de Keith, mas ela não mudou de ideia. Eu a chamei novamente para sair porque ela representava uma trégua das minhas atividades relacionadas à banda. Ela tinha ouvido falar sobre eles, mas não ligava muito e até achava que Keith fosse o baterista.

Até 1993, esse era o namoro mais duradouro que havia tido, mas ela estava ficando frustrada na relação. Eu falava constantemente para ela "Não poderei vê-la essa noite porque tenho um show de Woody em New Haven" ou "Vou entrevistar Charlie no Hard Rock". Ela odiava a bagunça no meu apartamento e como os faxes e as ligações podiam surgir às quatro da manhã. Odiava a mixaria que eu ganhava e como a organização dos Stones me fazia de gato e sapato. Odiava o fato de eu ser um homem de trinta anos cujo curso de vida tinha sido moldado a partir de um fã de 16. Ela ficava me perguntando: "Quando chegará ao lugar para onde está indo?" E eu não tinha como respondê-la.

Estava extremamente deprimido e me sentia muito alienado. Percebi que o cara na VH1 estava certo. Eu *tinha* dedicado minha vida aos Rolling Stones. Toda e qualquer decisão que havia tomado tinha sido ditada por eles e por suas atividades: em que escola estudar, onde morar, para onde viajar, quem namorar e quanto dinheiro ganhar. Isso também explicava por que eu tinha abandonado a NYU, por que nunca tinha aprendido a dirigir e por que minha saúde estava se deteriorando. Os Stones afetavam cada minuto de minha existência, e eu simplesmente não aguentava mais.

Eu me sentia devastado e pensei até em suicídio. Parecia a única saída para mim. Não vivia mais minha própria vida de qualquer forma, então que diferença faria? Passei minha vida inteira de adulto cedendo aos caprichos de *outras* pessoas, celebrando as conquistas de *outras* pessoas, em vez das minhas próprias. *Seus* álbuns, *suas* turnês, *suas* ideias, era nisso que minha vida estava baseada.

Por mais improvisado que isso possa parecer, eu considerava me matar no próximo show solo de Keith. Pensei em subir no balcão do Teatro Beacon e pular. Talvez pegasse emprestado aquela frase do filme *A profecia*. "Isto é para você, Keith!" Na minha lápide estaria escrito "Dedicou sua vida aos Rolling Stones", e, como estaria morto, isso já não me magoaria mais.

Keith havia marcado cinco shows no Beacon, e eu tinha um ingresso para cada um. Podia escolher a minha noite.

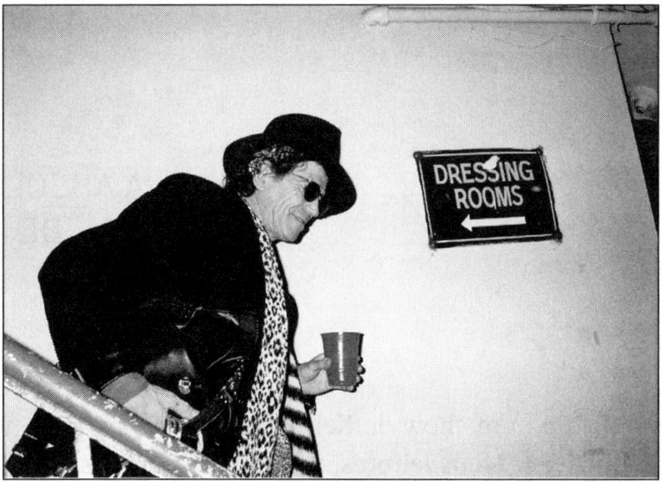

O Sr. Venice deixando o Beacon,
fevereiro de 1993.

35
A ABSOLVIÇÃO DE KEITH

Cometer suicídio num show de Keith tinha uma vantagem administrativa distinguível. Meus leitores, muitos dos quais estariam lá, não teriam que se perguntar por que suas edições haviam parado de chegar pelo correio. Isso evitava todo o trabalho de ter que explicar.

Quanto a Keith, acho que ele não se abalaria. Por mais que gostasse de mim, já tinha passado pelas mortes de tantas pessoas que presenciar meu salto mortal no meio do show seria algo que conseguiria fazer sem perder o equilíbrio. Provavelmente teria usado isso como a introdução de sua canção seguinte: "Ei, Bill, não deveria levar a vida tão a sério."

O período de shows de Keith no Beacon — a última parada de sua turnê — ia de 19 a 24 de fevereiro. Quando cheguei ao teatro na noite de abertura e vi o mezanino, instantaneamente tive minhas dúvidas. Não sou médico nem físico, mas aquilo parecia baixo demais para um pulo fatal.

"É bom estar de volta para as pessoas que conheço", Keith falou para a multidão da sua cidade. Ele abriu cada noite com "Somethin' Else", de Eddie Cochran, antes de tocar o material de seus dois álbuns solo. Durante o bis da primeira noite, "Take It So Hard", o público jogou rosas vermelhas sobre ele, além de um sutiã preto, que ele recolheu antes de deixar o palco.

Keith estava hospedado como o sr. Venice no Mayflower Hotel, no Central Park West. Fui até lá após cada show para tomar uma bebida com um Wino ou dois. Uma noite, quando estava sentado à mesa no bar do hotel, senti o cheiro de um aroma poderoso flutuando pelo recinto. Eu me virei e logo descobri que era o sr. Venice, aproximando-se sorrateiramente por trás de mim. Deve ter jogado um frasco inteiro de colônia sobre si. Sentou-se à minha mesa.

Era raro ver Keith no bar do hotel após um show — não consigo me lembrar de uma vez sequer que isso tenha acontecido durante a *Steel Wheels/Urban Jungle* —, mas uma turnê solo lhe proporcionava a intimidade que ele tanto ansiava. "Não vou ficar muito tempo", ele falou para mim e para Freddy Sessler. "Vim apenas cumprimentar as pessoas."

Essa era a primeira vez que eu falava com Keith desde que Mick o tinha imitado no *Saturday Night Live* duas semanas antes. Foi uma cena fantástica, com Mike Myers personificando Mick e Mick personificando Keith. (No *Beggars Banquet*, escrevi que foi "o papel mais intencionalmente hilário da carreira de Mick como ator.")

"Não assisti", Keith me falou. "Mesmo se quisesse, estava trabalhando naquela noite."

Perguntei a Keith se ele tinha planos de se apresentar no *SNL*, mas ele declarou: "Mick tem feito isso *por* mim."

Keith informou que Marianne Faithfull havia aparecido nos bastidores lá do Beacon. "Seus seios estão ótimos", ele confidenciou. A escolta de Marianne naquela noite foi o notório Allen Klein.

Keith não comentou sobre Klein, nem sobre seus peitos, mas entregou algumas notícias dos Stones não relacionadas: "Charlie estava em Phoenix há pouco comprando cavalos para Shirley."

"Obrigado", eu disse. "Colocarei isso no fanzine."

"É por isso que estou *contando*. Soube de Woody ultimamente?"

"Sim, ele tocou com Rod no Brit Awards na última semana. Uma reunião completa do Faces, mas com Bill Wyman no baixo."

Keith não estava contente por Bill ter tocado com Rod Stewart, semanas após deixar os Stones. Ele deu sua opinião sobre a saída de Bill: "Não dá para forçar um cara a fazer o que não quer. Fiz de tudo, exceto segurar uma arma contra a sua cabeça. Ao final do dia, se ele não quer estar nos Stones, é preciso deixá-lo ir."

Perguntei sobre uma substituição.

"Bem, Mick quer fazer testes, mas gosto do Joey Scampinato, o *cat* que usei no *Hail! Hail!*, mas me faça um favor. Deixe isso de molho, não coloque no *Beggars Banquet*, pelo menos por uma semana. Quero que isso parta de *mim*. Não quero Mick dizendo não antes que eu possa trazer isso à tona."

Falei para Keith que respeitava sua escolha. Ele então sugeriu que continuássemos nossa conversa lá em cima. "Venha ao meu quarto daqui a vinte minutos." Ele se levantou e começou a apertar a mão de cada fã no bar. Quando se aproximou de uma minúscula garota japonesa, que havia voado até lá só para assistir aos shows no Beacon, ela começou a sofrer de falta de ar.

Após vinte minutos, Freddy e eu subimos. O guarda-costas de Keith, Joe Seabrook, estava estacionado do lado de fora do quarto e abriu a porta para nós. Keith já estava sem camisa e descalço, usando jeans azuis e um chapéu branco de capitão. Uma fita de Jimmy Reed tocava em alto volume do seu aparelho de som no chão. Era uma suíte de tamanho moderado, com sala de estar, quarto e cozinha.

Keith explicou por que ele estava voando sozinho aquela noite. Patti e as crianças tinham voltado a Connecticut após o show, mas tinham deixado algumas coisas para trás. Sobre a mesa, colados na parede, estavam os desenhos em lápis de cor das garotas, assim como a atual capa de *Mirabella*, com a foto de Patti. Na mesa em si, vi uma garrafa de Fahrenheit — a colônia em questão — e uma caneca de cerveja, funcionando como um porta-lápis.

"Está vendo aquela caneca?", Keith me perguntou. "Recebi de um dos seus leitores. Voamos para o Canadá, para o segundo show da turnê, e uma mulher, uma dos oficiais da alfândega, veio até mim. 'Sr. Richards, preciso que o senhor entre na outra sala.' E fiquei pensando: 'Merda, não preciso *disso* de novo.' Então me preparei para a luva de borracha, entende? Mas ela me diz: 'Sou assinante do *Beggars Banquet* e queria que assinasse a última edição.' Assinei, e ela me entregou esta caneca. Sabia que eu estava vindo, então se certificou de que estaria trabalhando nesse dia. Seu nome é Marilyn. Ainda estou com a caneca, e venho tirando e recolocando esse troço na mala a turnê inteira."

Esta foi uma das histórias mais legais que ouvi por um bom tempo. Sabia exatamente de qual assinante ele estava falando. Marilyn era uma das minhas assinantes mais antigas e ela uma vez me enviou uma foto sua de uniforme. Era uma garota meiga, por isso fiquei contente por ela ter conhecido Keith — mesmo que isso tenha feito ele temer pelo seu traseiro.

Freddy estava beirando os 70, mas cheirou linha por linha com Keith esta noite. Keith sabia que eu não queria, então ele disse: "Prepare um drinque para você." Fui até sua geladeira, que estava cheia de suco de laranja Orange Crush. "Você *bebe* esse troço?", perguntei. "Parece até que ganhou de um *game show* o abastecimento completo da sua geladeira por um ano."

"Não bebo mais Jack", ele explicou. "Agora tudo o que bebo é vodca misturada com *esse* troço. É melhor para as cordas vocais." Não perguntei que tipo de vodca ele preferia, mas sua geladeira dispunha de Absolut, Stoli e Smirnoff.

Keith começou a relembrar sua prisão por porte de drogas de 1977. "Primeiro, eles tiveram que me acordar. Nenhum alvará para mim e nenhuma causa provável. Depois me disseram que eu estava tentando *vender* o negócio. Mas, ah, um desses oficiais convenientemente se deparou com a morte numa batida de carro pouco tempo depois." (Por mais confortável que me sentisse perto de Keith, ele às vezes soltava comentários crípticos que me deixavam de cabelo em pé.)

"O juiz me obrigou a ir a um psicólogo", ele acrescentou. "Parte da minha condicional. Mas a psicóloga estava pior do que *eu*. Ficava ouvindo *ela* reclamar sobre a vida *dela*. Depois eles me fizeram mijar dentro de um copo, mas lhes entregava o xixi de Marlon em vez do meu.

Foi ótimo estar com Keith. Mas eu ainda estava deprimido e ainda estava sendo perseguido por fãs dos Stones exageradamente exaltados. Cada noite no saguão do Beacon, era "Bill German, você tem que conseguir me colocar nos bastidores!", "Bill German, consiga para mim uma audição para baixo!".

Havia baixistas me enviando sua fitas demo pelo correio. Um tocou durante 45 minutos, apenas com um solo. Num certo ponto, deu para ouvir sua mãe o chamando para jantar e ele gritando: "Me deixe em paz, Mãe! Estou tentando gravar!"

Também havia pessoas implorando por empregos. *Quero ser um* roadie *dos Stones, relações-públicas, secretária.* Elas enviavam currículos e eu tentava ser diplomático. Um cara queria ser guarda-costas e incluiu uma lista de suas armas de fogo — uma Glock e uma AK-47 —, portanto, eu fui *bem* diplomático.

Uma garota insistiu que eu a contratasse para o *Beggars Banquet*. Enviou fotos dela mesma e queria vir ao meu apartamento para discutir o assunto. Alguns poucos dias depois, eu a vi no programa de Howard Stern da E!. Ela contava a Howard que o cara que dirigia o fã-clube dos Stones talvez a contratasse. Ele apenas riu. A razão para ele a ter chamado, entenda, era que ela era a amiga por correspondência de Charles Manson. Provavelmente teria me picado em pedaços e rabiscado "Let It Bleed" (Deixa Sangrar) na porta da minha geladeira.

No último show no Beacon, Keith falou à multidão: "Nunca esquecerei esta semana, vou ficar devendo", e era óbvio que ele estava sendo sincero. Havia momentos no show durante os quais sua humildade vazava pelos poros. Como se ele não acreditasse na sua tremenda sorte, tocando para as duas melhores bandas do mundo. "São uma banda em um milhão", ele falou sobre os Winos. "O melhor que o mal pode ser."

Não haveria uma festa oficial de final de tunrê, mas Keith convidou mais ou menos 15 pessoas ao seu quarto. Ele queria que os ajudássemos a permanecer acordado até a manhã seguinte, para pegar o voo para St. Bart's. A coca estava liberada, uma cortesia de Kellogg.

Tim Kellogg era o traficante de drogas oficial da turnê e estava fazendo a festa. Tinha recebido carta branca — nada da equipe de Mick para atrapalhar suas idas e vindas — e tinha em mãos todos os laminados de Acesso Liberado. Trocava sua droga por ingressos extras e passes da comitiva da turnê. Depois procurava os fãs de Keith e trocava estes ingressos e passes por passagens aéreas, quartos de hotel, boquetes e grana. Se não fosse tão barra-pesada, eu teria invejado seu espírito empreendedor. Ao lado de Keith, ele era o cara mais popular naquele quarto.

Às três da manhã, o hotel recebeu reclamações sobre o barulho. "Por que só agora?", perguntou Keith. "Tem sido barulhento a semana inteira!" Quando saí, às sete, a confraternização ainda estava bombando. Fui um dos primeiros convidados a ir embora. O assistente pessoal de Keith, Tony Russell, havia chegado para arrumar as malas dele, e eu sabia que essa era a minha deixa. Nunca me esqueci do conselho de Svi sobre saber quando sair. Posso até ter ficado *anos* demais, mas não *horas*.

Ainda estava me sentindo para baixo, porém, nos dias seguintes ao Beacon, duas cartas levantaram meu espírito. Uma era da garota na cadeira de rodas, a que estava determinada a assistir a Mick no Webster Hall, custe o que custasse. Ela me contou que dois leões de chácara da boate tinha-na carregado com nobreza, mais a sua cadeira de rodas, pelas duas escadarias. Isso restaurou minha fé na humanidade.

A segunda carta era de outro ganhador do Webster Hall. Numa nota emotiva, ela me contou como estava passando por uma fase ruim da sua vida: havia sido recentemente diagnosticada com câncer. Mas quando ganhou o sorteio, isso mudou a sua perspectiva e lhe deu esperança. De repente, sentiu estar com *sorte*. E o show em si lhe trouxe tanta alegria que a ajudou a suportar seus tratamentos dolorosos.

As cartas fizeram com que eu lembrasse por que tinha iniciado o *Beggars Banquet* afinal. E me fizeram lembrar que existiam muitas pessoas maravilhosas no mundo do *Beggars Banquet*. O problema era que raramente ouvia essa maioria silenciosa e satisfeita, ouvia apenas a minoria barulhenta de má índole. Aquelas que me perturbavam por ingressos, dirigiam-se a mim no saguão do Beacon e exigiam que lhes conseguisse um emprego com os Stones. Eram uma pequena porcentagem do que estava lá fora, mas a maior porcentagem que chegava até mim. Precisava me lembrar disso.

E talvez fosse assim que funcionasse com os empregados dos Stones. Talvez fosse uma minoria barulhenta que me deixasse louco e que, se conseguisse descobrir uma maneira de lidar, minha vida se tornaria mais fácil. Eu rapidamente apareci com uma ideia de fazer um experimento pavloviano com Jane. E se eu usasse a mesma colônia que Keith? Talvez existisse um impulso olfativo que prevenisse que ela gritasse comigo, da mesma forma que ela nunca gritaria com *ele*.

Comprei um frasco de quarenta dólares de Fahrenheit e gotejei um pouco do conteúdo antes de lhe fazer uma visita.

Não funcionou. Na verdade, a edição seguinte a fez gritar como uma *banshee* (personagem folclórica irlandesa que representa um demônio da morte). "Não era para você ter escrito sobre as composições! Ou sobre os testes! Você não tinha direito de escrever isso!" Ela estava esquentando a cabeça por causa de um único parágrafo no volume 3, número 14: "Mick e Keith acabam de retornar de uma estada de um mês em Barbados, onde começaram a ter algumas ideias e a escrever algumas novas canções (...) Parece que o próximo passo na agenda é para todos os quatros stones se encontrarem daqui a duas semanas bem aqui em Nova York, onde continuarão compondo e provavelmente realizarão até audições com alguns baixistas."

De acordo com ela, não era para eu ter escrito nada sobre composições ou audições de baixistas em Nova York devido às leis tarifárias. Eu já sabia que os Stones não podiam gravar nos Estados Unidos, mas eu posso jurar sobre uma pilha de panquecas e Bíblias que Jane havia dito que eu poderia mencionar tocar e compor. Ambas são atividades vagas que não são consideradas trabalho, ela explicou certa vez. Portanto, ou o IRS havia mudado as regras ou tinha sido *ela*.

Não fazia ideia de por que ela ficava tão chateada. O mundo inteiro sabia que os Stones precisavam arrumar um substituto para Bill Wyman. Teria sido impossível — e um insulto aos meus leitores — ignorar esse fato. E se fosse algo que Keith, a fonte dessa informação, não queria que eu mencionasse, ele teria me dito.

Havia *outros* problemas como o volume 3, número 14. Janice Crotch ligou do escritório de Mick em Londres. Ela disse que Mick não gostou das fotos que postei dele e de Keith no aeroporto JFK, na rota para a sessão de composição em Barbados. Mick achou que aquilo tinha sido invasão de privacidade.

Pedi desculpas, mesmo que eu não estivesse arrependido. Imprimi as fotos porque tinham valor *jornalístico*. Eram os primeiros sinais de novas atividades dos Stones e a primeira vez em dois anos que Mick e Keith tinham sido vistos juntos em público. Era um furo do *Beggars Banquet*, então queria as fotos como provas. Fotos que foram tiradas num lugar público por um fã não intrusivo, que estava ali por acaso.

De acordo com a senhorita Crotch, Mick também achou que eu estava dando muito espaço à cobertura das atividades de Woody com Rod Stewart. Todo dia havia alguém dizendo o que fazer e o que não fazer. Não era ruim o suficiente ter pessoas roubando meu trabalho ou ter sacrificado minha saúde e minha vida amorosa para cobri-los. Além disso, me preocupava em tomar cuidado com algumas pessoas todos os dias. Eu me senti extremamente devastado e voltei a ter meus pensamentos de suicídio como única saída.

Realizei uma busca pelo meu banheiro e percebi que estava complemente despreparado para me matar. É possível ter uma overdose de Bufferin? E Drano, no caso? O que não queria era acordar em Bellevue com uma dor de barriga, tendo que olhar para testes de Rorschach. Pensei em colocar um revólver dentro da boca, mas não sabia como conseguir um. Considerei cortar meus pulsos, pular na frente de um trem e colocar uma bolsa sobre minha cabeça como Jerzy Kosinksi.

Não é preciso dizer que não fiz nada disso. Pensei sobre isso durante meses, mas nunca tentei. Minha maior apreensão eram meus pais. Mesmo nos meus piores dias, sabia que os pais não devem enterrar os filhos. É contra a natureza. Então meditei ao longo de 1993, esperando por uma resposta.

Em dezembro, recebi uma ligação animada de Jane. Ela me informou sobre a festa que Patti estava planejando para o aniversário de cinquenta anos de Keith. "Será sábado à noite no Metropolis, perto da Union Square."

"E você está me dizendo isso porque... estou *convidado*?"

"Sim", ela disse. "Patti e eu estamos com você na lista. Mas tem que manter tudo isso em segredo porque é surpresa."

No sábado à noite, 18 de dezembro, 150 pessoas se reuniram no Metropolis. Keith foi levado até lá, acreditando se tratar apenas de um jantar simples. Mas, quando ele entrou, percebeu que conhecia todo mundo. Entre os convidados, estavam Eric Clapton, Jann Wenner, Phil Spector, vários Winos e Adam Clayton do U2. Havia também o novo baixista dos Stones, Darry Jones, e um monte de amigas modelos de Patti, como Kate Moss e Naomi Campbell. Johnnie Johnson providenciou o entretenimento durante o jantar no estilo bufê. Keith se juntou a ele no piano por um tempo.

Levei minha namorada "não fã dos Stones". Quando a apresentei a Keith, ela o tratou como nada mais do que um amigo meu. Além disso, ela estava mais impressionada com Kate Moss.

Havia um bolo de aniversário de cinco pedaços, que soletravam "K-E-I-T-H", e um bolo "10" para comemorar o aniversário de casamento de Keith e Patti. Jane estava de bom humor, mas explicou que a surpresa toda quase tinha ido por água abaixo. A página de fofocas do *New York Post* vazou informações sobre o evento. Mas Patti disse: "Está tudo bem, Keith nunca lê essas coisas mesmo." Jane suspeitava que o vazamento da informação havia partido de Naomi Campbell. Ela não contou como tinha chegado a essa conclusão, mas fiquei contente por não ter jogado a culpa em *mim*.

Fiz questão de cumprimentar o pai de Keith, Bert. Ele estava sentado entre Keith e Clapton, fumando seu cachimbo de sempre e mostrando um grande sorriso. Perguntei a ele retoricamente: "Onde *você* estava cinquenta anos atrás hoje?", e ele veio com uma resposta sóbria: "Estava no campo de batalha lutando pelo meu país." Não estava esperando por aquilo.

Depois de cantar "Parabéns para você" e de comer um pedaço de bolo com champanhe, todos se retiraram para o porão do restaurante. Lá, num pequeno palco, um grupo cantou em capela "Papa Was a Rollin' Stone" e "Speedo", as velhas canções dos Cadillacs. Keith adorou e estava girando na frente do palco.

Quando isso acabou, um DJ tocou *disco music* dos anos 1970. Vamos dançar o Hustle! Várias garotas desceram dos seus saltos e entraram na dança pra valer, incluindo Patti e suas irmãs e sobrinhas loiras. Jane dançou com Peter Wolf do J. Geils Band.

Minha namorada queria que eu dançasse com ela, mas recusei. Não era o tipo que dançava *disco music*. Ela foi ficando nervosa, e trocamos algumas poucas palavras. Foi para o toalete feminino de cabeça quente e disse que nosso namoro estava finalmente acabado.

Eu a segui até o banheiro, onde me deparei com Keith. Ele estava em pé do lado de fora do toalete masculino, controlando o movimento e o tráfico. Contou que as recentes sessões de gravação dos Stones transcorreram bem e que após o ano-novo fariam a mixagem do álbum e planejariam uma nova turnê. "Com certeza assunto não irá faltar", ele disse.

Por alguma razão, talvez a tensão com minha namorada, eu fui grosso com ele. "Ah, é?", falei sarcasticamente. "Como se já não tivesse dado o *suficiente* da minha vida para vocês? Venho escrevendo sobre vocês há 15 anos!"

Sorri enquanto dizia isso, mas ele deve ter percebido a tensão na minha voz. Olhou diretamente para mim e disse: "Ei, cara, não *pedi* para você fazer isso. Ninguém o está obrigando."

Sua observação salvou minha vida. Superficialmente, parecia que ele me repreendia, e de certa forma ele estava. Muitas pessoas têm culpado os Stones por muitas coisas, então ele não queria mais saber disso. Mas, na realidade, ele estava me absolvendo e dizendo que eu estava livre para ir embora. Quando ele teceu esses comentários meio que sorria e pôs sua mão no meu ombro mostrando apoio.

Keith gostava de mim e gostava do *Beggars Banquet*. Mas ele me lembrou de que nunca estivera segurando uma arma na minha cabeça. Verdade, os Stones me abordaram sobre tornar meu fanzine oficial, mas isso tinha sido uma década antes, antes do meu aniversário de 21 anos. Agora eu estava com 31 e era responsável por minha própria vida. Eu me sentia preso dentro do vácuo dos Stones, e não era culpa de ninguém exceto minha. Por mais óbvio que isso possa parecer hoje, eu precisava ouvir isso de Keith.

Também acho que precisava de sua permissão para sair. Não apenas Keith havia decretado "Ninguém deixa os Stones exceto num caixão", mas era com Keith que eu tinha o sentimento mais forte de lealdade. Ele estivera comigo em tantas situações que sentia como se o traísse com a saída. Mas ali estava ele, dizendo que estava tudo bem. "Ninguém o está obrigando." Talvez a saída recente do outro Bill tenha feito ele maneirar um pouco e perceber que, se você se importa com alguém, tem mais é que deixá-la ir.

Keith uma vez falou para mim numa entrevista sobre ter que sobreviver aos seus demônios. Reconheceu que muito tem a ver com "sua personalidade, seu ego e sua aparência física", mas que, no final das contas, tudo se resume à responsabilidade pessoal. "Em qualquer coisa na qual se jogue de cabeça", ele aconselhou, "é melhor que consiga sair".

O próximo passo era meu.

Para anunciar sua turnê *Voodoo Lounge* em 3 de maio, os Stones chegaram à conferência de imprensa de barco.
Alguns dias depois, Mick deu meu número a Ben Stiller.

36

QUEM VAI FICAR COM BEN?

Fiel às palavras de Keith, a banda deu muito pano pra manga em 1994. Em janeiro, os quatros stones se reuniram em Los Angeles para concluir o álbum *Voodoo Lounge*. Em maio, eles anunciaram oficialmente a turnê. Decidi ficar por perto e fazer a cobertura enquanto procurava um novo rumo para minha vida. Mas, alguns dias após o anúncio, foi o novo rumo que *me* achou.

Ben Stiller queria um almoço. Seu assistente pessoal ligou de Los Angeles dizendo que Mick tinha dado meu número a Ben. Mick queria que Ben escrevesse, dirigisse e atuasse num filme sobre dois fãs dos Stones capazes de fazer qualquer coisa para conhecer a banda. Eles se esconderiam em caminhões, engatinhariam sobre passarelas precárias e posariam de ajudantes de garçons. Eu visualizei *Quanto mais idiota melhor* encontrando *Bill & Ted – Uma aventura fantástica*. "A banda aparecerá no filme", explicou a assistente de Ben, Mia, "mas provavelmente não num papel falado".

Os Stones estavam financiando o projeto e a Universal Pictures já tinha demonstrado interesse na distribuição. Outras possibilidades incluíam a HBO, a VH1 e a Fox. A coisa toda era ideia de Mick, então ele perguntou a Lorne Michaels quem ele sugeria para escritor/diretor. Lorne sugeriu Ben.

Ben tinha aparecido no *SNL*, mas estava longe de ser um nome da casa. (Ele participara de apenas cinco episódios.) Ainda não tinha prendido seu pênis e seus testículos no zíper ou tirado leite do gato de De Niro. Os papéis que o levariam à fama em *Quem vai ficar com Mary?*

e *Entrando numa fria* ainda estavam a anos de acontecer. Mas ele tinha acabado de ganhar um Emmy pelo programa de comédia que esboçou, *The Ben Stiller Show* (apesar do cancelamento pela Fox), e de dirigir/atuar no filme aclamado pela crítica *Caindo na real*, tornando-se o xodó da geração X.

Na metade dos anos 1990, não havia público mais na mira dos publicitários e da mídia do que a geração X, o segmento da população de idade entre 20 e 29 anos. Mick queria se conectar com essa juventude, então ele não pensou duas vezes em aceitar trabalhar com Ben. Foi aí que o instruiu a telefonar para Bill German. "Ele lida com os fãs mais pirados."

No começo de junho, Ben e eu nos encontramos num restaurante italiano de minha vizinhança. Foram necessárias várias ligações para Mia fazer isso acontecer. Ben era um cara ocupado e passava apenas alguns dias em Nova York. Além disso, ele tinha uma dieta a seguir. Quando falei para Mia que tinha escolhido comida italiana, ela disse que teria que ver se Ben aceitava. Ela então telefonou de volta para dizer que ele não podia comer nada oleoso. Pediu que eu fosse até o restaurante verificar o menu e retornar a ligação. "Com certeza eles têm algumas opções não oleosas no cardápio", eu a informei. "Existe o ravioli de ricota com feijão fava e ervilhas verdes de que talvez ele goste, e um peito de frango grelhado, servido sobre um risoto de cogumelos, com uma porção generosa de uvas-passas e nozes que podem ser do gosto dele."

Ben chegou atrasado ao restaurante, então tinha começado a achar que ele não viria. Não sabia como ele era, por isso, num certo momento, abordei a pessoa errada. "Você é Ben?" "*Não*." Eu não tinha assistido a *Caindo na Real* e toda vez que assisti a uma cena do programa ele estava vestido como Eddier Munster.

Finalmente, ele apareceu saindo de um táxi. Todas as minhas más impressões desapareceram instantaneamente. Ele pediu desculpas pelo atraso e foi extremamente educado. No início, não sabia ao certo onde sentar. Foi até o lado de fora e voltou algumas vezes, carregando copos de água e o menu até encontrar a mesa certa. Obviamente não havia deixado para trás sua neurose nova-iorquina, portanto, eu me senti como se o conhecesse havia anos.

Contou que crescera a alguns quarteirões dali, na 84th com a Riverside, e que havia estudado na escola Hebrew na 83rd. Contei para ele que eu cresci no Brooklyn. Ele me disse que tinha 28 anos, e eu, 31. Quase como um primeiro encontro. No final, chegamos ao assunto do filme. "Ainda estou arrumando tudo na cabeça", ele disse. "Estou pensando em colocar Brad Pitt no papel do outro fã dos Stones. Sabe quem é?"

Disse que esse nome me parecia familiar, mas que não me lembrava ao certo. A bunda de Brad pode ter causado furor em *Thelma & Louise*, mas, em junho de 1994, o cinéfilo comum não o conhecia. *Entrevista com o vampiro* e *Lendas da paixão* ainda não existiam, e seus maiores papéis tinham sido em *O mundo proibido* e *Nada é para sempre*. Então talvez esse filme com os Stones pudesse colocá-lo em evidência.

Ben sugeriu que eu contasse as histórias bem loucas sobre fãs. Comecei contando sobre uma garota que ligava para mim toda manhã, exigindo que eu contasse o significado por trás de "Brown Sugar". "Não sei como ela conseguiu meu número", falei para Ben, "mas ela não me deixou em paz até lhe responder".

"Então o que respondeu para ela?"

"Eu disse: 'Olha, significa qualquer coisa que queira que ela signifique. As pessoas escrevem canções, artistas pintam imagens, e eles não precisam lhe contar o que significam. É para você interpretar.' Mas ela ficou com raiva e falou que era melhor que eu perguntasse a Mick e Keith, porque ela ligaria de volta *no dia seguinte*. Disse que não ia parar de ligar até que lhe desse uma resposta. Eu disse: 'É sobre sexo e drogas e rock'n'roll, ok? É sobre a escravidão e o sexo oral na mulher, o que achar melhor.'"

Ben estava fazendo anotações no seu bloco de notas. "Isso não é *nada*", eu disse. "Tenho histórias muito melhores do que *esta*." Durante as próximas três horas, eu o presenteei com dezenas de anedotas. (Como a garota que se algemou a Mick etc.) Ele parecia gostar de ouvi-las, não apenas como escritor, mas como companheiro de almoço. Eu estava ali oferecendo o melhor dos Stones. Tagarelei tanto que não tive chance de comer. Só quando ele foi ao toalete que engoli meu tortellini.

Admito que eu estava me "oferecendo" a Ben. Esperando que ele dissesse: "Ei, Bill, venha para o *nosso* lado, onde passamos dias fazendo coisas *criativas*, não lambendo selos postais."

Quando voltou do toalete, disse que teve uma ideia. "Acho que o colocarei no filme", ele disse. "Talvez uma cena na qual Brad e eu nos aproximamos de você num concerto dos Stones e o deixamos louco. Faria o papel de você mesmo."

"Posso fazer isso", brinquei. "Tenho feito o papel de mim mesmo há anos." Esperava realmente roubar a cena desse tal de Brad Pitt. Ben disse que eu também seria um consultor no roteiro, o qual interpretei como estando "dentro". Mal podia esperar para lançar minha carreira como roteirista.

A única pessoa que estava mais animado do que eu era Ben. Ele esperava que se afiliar aos Stones lhe daria um grande salto. Disse que estava nervoso por ter que lidar com Mick — estava tão maravilhado que gravava em segredo suas conversas telefônicas —, e falei para ele não ficar assim. "Você é que está no comando", reforcei. "Tem que saber o quão Mick está interessado em você."

Ele riu, mas não entendeu o que eu estava querendo dizer. "Olha", expliquei, "Mick está fascinado por qualquer coisa ligado à geração X. Ele quer desesperadamente parecer popular e se ligar aos fãs mais jovens. Parte disso é coisa do ego, e a outra parte são negócios. Ele quer ver se consegue alcançar uma nova geração. É isso o que este filme representa para ele. Se ele quisesse honestamente representar seus fãs, ele escolheria corretores de fundos públicos de quarenta anos e donas de casa de classe média que passam a maior parte do seu tempo levando as crianças para eventos esportivos, não você e Brad Pitt."

Ben confessou que estava um pouco farto do rótulo geração X, afinal, isso não era nada mais do que uma ferramenta de marketing. Os publicitários tentavam alcançar vinte e tantas vezes mais em busca de lucro e buscavam explorar sua imagem como criança-modelo da demografia. "Pelo menos você é *alguém*", brinquei. "Tenho 31. Muito jovem para ser um *baby boomer*, muito velho para ser um geração X. Não sei *o que* porra eu sou."

Ao final do nosso almoço, Ben pagou a conta e me deu seu telefone de casa. Fiquei tão otimista que fui saltitando pela Columbus Avenue até meu apartamento. Alguns dias depois, uma cesta de presentes apareceu. Frutas, nozes e pretzels cobertos de chocolate, acompanhados por um cartão de Ben: "Obrigado por sua ajuda. Não vejo a hora de trabalharmos juntos."

No decorrer das minhas conversas com Ben e Mia, fui instruído a manter esse projeto em sigilo. "Essa é a regra de Mick", eles disseram, "não a nossa". Eu não era louco de estragar tudo, então não tive problemas quanto a ficar calado sobre isso. Porém, na edição de domingo do *Daily News* de Nova York, apareceu um artigo intitulado "Rolling Stiller to Gather Stones" ["Rolling Stiller a Reunir Stones"], contando o que deveria ser secreto: "Stiller irá misturar imagens do show [dos Stones] com uma história fictícia, envolvendo um personagem vivido por ele, e outro pelo astro de 'Nada é para sempre', Brad Pitt. Eles farão o papel de dois fãs dos Stones que seguem a banda para todo canto (...) numa missão sem fim de conhecer seus ídolos. Enquanto o acordo ainda está sendo finalizado, algumas fontes contam que o filme será distribuído pela Universal."

Não sabia como aquela informação tinha vazado, mas rezei para que isso não colocasse o projeto em risco. O pessoal de Mick ficou fulo da vida, mas disse para Ben que o projeto ainda estava de pé. Mia perguntou se eu sabia como essa informação tinha chegado à mídia — ao contrário da inquisição habitual dos Stones, ela estava sendo curiosa, não fazendo acusações — e disse que não fazia ideia. "A garçonete não reconheceu Ben, e a nossa mesa estava longe o suficiente para assegurar que ninguém ouviria nossa conversa."

Os Stones começaram os ensaios para a turnê em Toronto, e Ben foi até lá com seu roteirista auxiliar, Judd Apatow, para conhecer Mick. (Apatow depois escreveu *O virgem de 40 Anos* e *Ligeiramente grávidos*.) Ben me ligou assim que retornou a Los Angeles, mas a ligação estava cortando.

"ACABEI DE VOLTAR DE TORONTO!", ele gritou ao telefone.

"O QUÊ? ESTÁ NUM TORNADO?" (Minha tentativa de ser engraçado.)

"ESTOU DE VOLTA DE TORONTO! TIVE UMA REUNIÃO COM MICK SOBRE O ROTEIRO!"

Ele disse que estava dirigindo pelo bairro de Hollywod Hills. Estava difícil de escutá-lo, mas seu entusiasmo era evidente. Disse que assistiu a um ensaio dos Stones e que Mick tratou tanto a ele quanto Judd como reis. "ELE SE OFERECEU PARA FAZER CHÁ!"

Ben disse que me ligaria na próxima semana para me deixar informado. Brincamos de trocar mensagens por um tempo até que a notícia de que o filme não iria rolar veio à tona durante o verão. Pelo que eu pude entender, os outros stones — ou seus empresários — perderam o interesse no projeto. Ele iria lhes custar dez milhões de dólares, e acharam que não valeria a pena. Eu teria que procurar meu novo rumo em outro lugar.

Vi Ben novamente em Washington, D.C., do lado de fora do Ritz--Carlton Hotel. Era noite de abertura da turnê *Voodoo Lounge*, 1º de agosto, e ele estava a caminho do quarto da Mulher dos Ingressos. Conversamos sobre o filme, e ele parecia bastante chateado por não ter dado certo. Eu me senti mal por ele e tentei ao máximo consolá-lo. "Aguenta firme aí", eu disse. "Conseguirá outros projetos."

Já no caso de Mick, ninguém foi capaz de detê-lo. Ele conseguiu uma participação no *Barrados no baile*, o seriado de TV mais popular entre os adolescentes e os geração X, e isso não custou nada para ele e seus colegas stones. Mick convenceu o produtor do programa, Aaron Spelling, a roteirizar a história mais improvável de toda a série.

Num episódio intitulado "Rock of Ages" (Rock das Gerações), os garotos residentes do famoso CEP de repente ficam vidrados nos Stones. Esqueça tudo sobre a semana passada, quando a gangue ouvia nada além de Brian McKnight e Lisa Stansfield. Esta semana eles estão obcecados pelos Stones. Eles estão fazendo das tripas coração para ir ao show da banda no Rose Bowl e mal podem esperar para usar a última novidade em indumentária deles.

Brandon (personagem de Jason Priestley) corre até o show com sua jaqueta de esporte da universidade da *Voodoo Lounge*. Donna (Tori Spelling) vende programas da turnê como se fosse uma vendedora oficial. Kelly (Jennie Garth) consegue um ingresso do seu agente de modelos. Steve (Ian Ziering) entra em contato com uma pessoa tipo Jane Rose na organização dos Stones e, após passar por algumas dificuldades com ela (igual à Jane *de verdade*), finalmente consegue entrar no show.

O bad boy Dylan McKay (interpretado por Luke Perry) é o único que não consegue ir ao show, pois está numa clínica de reabilitação. Num complô de marketing indireto, contudo, ele aparece vestindo um boné de beisebol da *Voodoo Lounge* durante o episódio inteiro. Para falar a verdade, isso se torna o tema central da história. Um colega de reabilitação percebe, odeia o boné — odeia o que os Stones *representam* — e literalmente tenta removê-lo da cabeça de Dylan. No final, os dois se entendem na terapia de grupo. O cara admite a Dylan que na verdade ele *ama* os Stones e estava apenas com inveja do boné. Ele implora pelo boné emprestado para que possa usá-lo por um tempo.

Se você tiver assistido ao episódio, saberá que não estou inventando tudo isso. O episódio foi ao ar no horário nobre da televisão. Um infomercial dos Rolling Stones disfarçado de seriado de TV. Eles não falaram, mas foram mostrados no palco em cenas exclusivas para o seriado. E como se todo esse marketing indireto não tivesse sido o suficiente, você ainda assistia a uma comercial inteiro durante os créditos finais. (Não verá isso nas reprises sindicalizadas.) Uma imagem congelada de Mick e Keith, acompanhada por uma sobrevoz, anunciava: "Assista aos Stones nesta sexta-feira à noite no *pay-per-view*! Ligue para sua companhia de televisão a cabo!"

Talvez Aaron Spelling estivesse se coçando para atrair os *baby boomers* para *Barrados no baile* da mesma forma que Mick estava sedento por atrair os geração X aos Stones. Tudo o que sei é que os Stones costumavam trabalhar com cineastas pioneiros como Jean-Luc Godard, Robert Frank e os irmãos Maysles, e costumavam ir para a cama com Anita Pallenberg e Marianne Faithfull — não o cara que nos deu *Melrose Place* .

Mas assim era a nova realidade gritante.

Num acordo recíproco, os filhos do vice-presidente Al Gore assistiram ao ensaio da banda.

37
PREOCUPAÇÕES NA ESTRADA

Os Stones abriram sua turnê *Voodoo Lounge* no dia 1° de agosto de 1994, em Washington, D.C. Eles ficaram hospedados no Ritz-Carlton. Eu fiquei no Holiday Inn.

Eu precisava economizar dinheiro nesta turnê porque tinha tomado a decisão consciente de pagar pelos meus ingressos. Num esforço de permanecer o mais independente possível, eu me abstive todos os superimportantes laminados de Acesso Liberado. Não pedi por nenhum, e também ninguém me ofereceu. Bastava me lembrava de quão comprometido aquele passe me fez sentir na turnê *Steel Wheels*, então estava feliz por pagar 55 contos pelo show e não me sentir endividado.

No dia anterior ao primeiro show, fui ao Ritz-Carlton visitar a Mulher dos Ingressos. Woody, Jo e o Big Bob Bender estavam no saguão. Eles não me viram porque estavam cercados por fãs super exaltados. Permaneci a distância, assistindo à cena como uma pessoa de fora. Um fã estava com um LP do *Black and Blue*, e Woody disse: "Assino, mas terá que segurar meu copo." O garoto trocou com todo prazer seu LP e Sharpie pelo copo de plástico de Woody. Após autografar 12 itens para vários fãs, Woody foi colocado dentro de uma van.

Os Wood estava indo ao cinema para assistir *O máscara*, de Jim Carrey. A van começou a sair pelo *driveway* do hotel e de repente parou. A porta se abriu e de lá saiu Jo. Ela voltou correndo até o saguão, encontrou o garoto do álbum *Black and Blue* e disse: "Com licença, posso pegar de volta a bebida do meu marido?" O fã, embaraçado, devolveu-lhe o copo, o qual ela levou de volta à van. Ela pulou dentro, e a van deu partida novamente.

Segundos depois, Freddy Sessler saiu do elevador. "Quê? Saíram *sem* mim? Não acredito que saíram *sem* mim!" Falei para ele que perdera Woody por uma questão de segundos apenas. "Não!", ele gritou. "Não ligo para o merda do Voody! Quero dizer o grupo do Holocausto. Não acredito que o pessoal saiu sem mim!"

Por "grupo do Holocausto", ele estava se referindo à dúzia ou mais de empregados dos Stones que havia marcado uma ida ao novo Museu do Holocausto, em D.C. Em toda cidade, o tapete vermelho estava a dispor da comitiva, e eles conseguiam vantagens de graça. Freddy tinha colocado seu nome para a ida ao museu, mas dormira demais. "Não acredito que saíram sem mim!"

Disse que iria de táxi e me pediu muito que fosse com ele, mas recusei. Eu me sentia desconfortável me aproveitando das vantagens da comitiva e, francamente, se eu fosse repreendido em público, eu preferia que isso não acontecesse na frente de Pierre-o-*roadie* ou Benji-o-cara-do-som. Freddy entrou no táxi e disse ao taxista: "Leve-me ao Holocausto!"

A turnê não tinha nem começado, mas eu já testemunhava seus absurdos. Minha meta era cobrir a turnê *Voodoo Lounge* e suas histórias inusitadas, mas jurei a mim mesmo que manteria uma distância saudável e não deixaria o caos tomar conta de mim. Era um grande ajuste, possível apenas devido à minha vontade de terminar o *Beggars Banquet*. Em essência, estava usando esta turnê como um teste. Se tudo transcorresse bem para mim, manteria o fanzine funcionando de alguma forma. Mas, se as pessoas tornassem as coisas difíceis, daria o fora com minha consciência tranquila.

O show de estreia no Estádio RFK foi uma maratona virtual. Os Stones apresentaram 27 canções, selecionadas a partir de trinta anos de história e de gravação — de *England's Newest Hitmakers* a *Voodoo Lounge*. O show começou com uma batida tribal de tambores e a visão de uma cobra gigante cuspindo fogo. Mick realizou uma entrada dramática saindo de um alçapão enquanto a banda tocava "Not Fade Away".

Apesar de estar com um passe VIP da lista B, avistei alguns convidados da lista A, como Jack Nicholson e Graham Nash. Os senadores

Bill Bradley, Al D'Amato e Chris Dodd também estavam lá. "Bill Clinton queria vir hoje à noite", Mick anunciou no palco, "mas ele ainda não se decidiu". Mick contou algumas piadas engraçadas, mas porque ele tinha quem as escrevesse para ele, tudo providenciado por Lorne Michaels.

O design do palco foi tão espetacular quanto o da *Steel Wheels*. Noventa metros de largura, adornado por balões gigantes de Elvis e da Virgem Maria. Durante "Monkey Man", dois pernas de pau se juntaram ao espetáculo. Um, concluí, era o Satã. Ele tinha chifres, um rabo e um pênis ereto que quase furou os olhos de Mick. O outro era uma diabinha. Não conseguia imaginar um show dos Stones mais cafona do que o de Mick lutando contra aqueles cachorros na Europa, mas quando ele lutou contra o Satã para conseguir o afeto da diabinha, acho que eles se superaram. Graças a Deus, Mick também percebeu isso. Como noticiei no próximo *Beggars Banquet*, "Os dois pernas de pau, bons atores e boas pessoas com certeza, estavam a bordo de um avião para casa após os shows em D.C."

Uma festa foi dada no salão principal do Ritz-Carlton na noite de abertura. Nenhuma lista de convidados, apenas mostre seu laminado que você está dentro. O que significava que eu não estava. A porta estava sendo barrada pelos seguranças do hotel, que tinham recebido instruções explícitas. Tinha esperança de que Keith e Woody pudessem entrar comigo, mas eles foram pela porta dos fundos.

Voltei ao bar do hotel, onde conversei com a assistente de Jane Rose, Robyn. Eu a informei que estava hospedado no Holiday Inn. "Ao lado do St. Matthew's", eu disse, "onde ocorreu o funeral de JFK." Ela respondeu: "Ei, se está por dentro desse negócio de presidência, deve vir comigo à Casa Branca. Consegui uma visitação particular e não tenho companhia."

Não perdi a oportunidade. Tinha ido a D.C. apenas uma vez antes disso, em 1989, e passei a viagem inteira no quarto de Woody e nos shows dos Stones.

Durante semanas, houve especulações sobre os Stones e a Casa Branca. Supostamente, os Clinton é quem os tinham convidado. A visita estava marcada para a quinta-feira, 4 de agosto. Robyn estava arquitentando tudo, mas Jane não a deixou ir. "Tantas pessoas vão, você precisa ficar no hotel e tomar conta do forte."

Robyn estava no início dos seus vinte anos e trabalhava para Jane havia pouco tempo. Ela realizava todo tipo de tarefas para ela, como ir buscar roupa na lavanderia e cuidar do seu cachorro, Delilah. Robyn era uma garota doce e aguentava as merdas de Jane — e as de Delilah — porque aquele trabalho era algo temporário para ela. Ela não era fã dos Stones e tinha maiores aspirações. Jane trouxe Delilah na turnê — o cachorro tinha sua própria credencial de Acesso Liberado —, então Robyn teve que ser a babá do cachorro por longas horas.

O contato de Robyn na Casa Branca lhe ofereceu uma visitação particular. Ele falou que ela poderia convidar quem quisesse. Tudo o que eu tinha a fazer era mostrar o número do meu seguro social para uma verificação de antecedentes.

Na quarta-feira à noite, 3 de agosto, Robyn e eu secretamente deixamos Delilah com um empregado do Ritz-Carlton. Saímos pela porta dos fundos e entramos num táxi. "Pennsylvania Avenue, 1.600, por favor." Em instantes, fomos recebidos no Portão Leste pelo assistente de diretor da Casa Branca Wayne Skinner. Ele possuía um sotaque sulista mais carregado do que Gomer Pyle e explicou que havia trabalhado para o governador Clinton no Arkansas. Ele nos entregou um passe laminado cada.

O que tornava isso uma "visitação particular" é que visitamos áreas que não estavam incluídas na excursão regular. Milhares de cidadãos perambularam por aquele prédio, que é corretamente chamado de "a Casa das Pessoas", mas era preciso limitar o acesso para evitar excessos. Tenha em mente, porém, se eles *me* consideraram dignos de uma visitação particular, isso não era algo tão exclusivo assim.

Wayne nos levou pelo Rose Garden, onde ocorreu o casamento de Tricia Nixon, assim como pela cozinha, onde conhecemos o chef da pastelaria da Casa Branca. Saímos até o South Lawn, o gramado de onde o helicóptero presidencial decola e onde o presidente Clinton fazia suas corridas.

Durante nossa caminhada, fantasiei estar numa missão jornalística. Fiz todos os tipos de perguntas estranhas a Wayne: "Existem provadores de comida?", "Como eles ficam à espreita de assassinos enquanto Clinton está correndo?". Se eu tivesse ido com a delegação de quarenta pessoas dos Stones no dia seguinte, não haveria possibilidade alguma de fazer essas perguntas ou de ficar em evidência. Mas, como éramos só Robyn e eu, tínhamos toda a atenção de Wayne. Cada canto daquele lugar, inclusive retratos, candelabros e arranjos de flores, tinha uma incrível história para contar. Embaixo do candelabro do Quarto Leste, por exemplo, sete presidentes foram velados.

Fiquei impressionado com a quantidade de cidadãos comuns que trabalhavam ali. Percebemos que é um prédio oficial, com tarefas serviçais a serem realizadas. (O que não quer dizer que não havia caras falando dentro de suas abotoaduras.) Wayne conhecia todos os que trabalhavam lá e constantemente nos apresentava. "Ted, quero que conheça Robyn e Bill. Eles estão trabalhando na equipe dos Stones."

Cada um falou sobre como estava animado pelo fato de a banda estar na cidade. "Espero que toquem 'Beast of Burden' hoje à noite", um deles disse. Num acordo recíproco, a Mulher dos Ingressos enviou um bloco de ingressos para o show daquela noite, e os filhos do vice-presidente Gore já tinham assistido a um ensaio.

O problema era que a maioria desse pessoal pensava que os Stones visitariam no dia seguinte. "Vai ser tão legal tê-los aqui. Eles nunca estiveram aqui, né?" Era uma situação delicada para mim e para Robyn porque, naquela quarta, nós já sabíamos que os Stones não iriam à Casa Branca na quinta. As famílias deles e dos *roadies* viriam, mas os stones em si ficariam dormindo até tarde no hotel. Nada partidário ou político, só que uma sessão de fotos com Bill e Hillary beneficiaria mais Bill e Hillary do que os Stones. (Mais adiante na turnê, eles ignoraram o governador republicano de Nova York, George Pataki, que queria apertar suas mãos no aeroporto de Syracuse.)

Robyn e eu detínhamos informações que não eram do conhecimento do Serviço Secreto, do FBI e da CIA. Não tínhamos certeza de como lidar com isso, mas, após cochicharmos um com o outro, concluímos que não era nosso papel falar pelos Stones ou cortar o barato de ninguém. Portanto, se alguém dizia "Mal posso esperar para conhecê-los amanhã", nossa resposta era "É, será ótimo!" E quando um empregado de Gore perguntou se os Stones eram pessoas legais, dissemos: "Ha, ha! Amanhã você saberá!"

O destaque da nossa visitação particular foi o Salão Oval. Wayne explicou que não conheceríamos o presidente — ele estava na sala ao lado, no gabinete —, mas pudemos fuçar um pouco pelo seu escritório. Na entrada, fomos apresentados à secretária do presidente, Bettie, que apertou nossas mãos e revelou que não iria ao show. "Não é minha praia", ela disse, "mas é a única coisa sobre o que estão falando por aqui."

A primeira coisa que você percebe quando entra no Salão Oval é o selo presidencial no carpete. Depois você nota a mesa. Wayne nos instruiu a não tocar nela — imagino que não queiram ninguém perto dela apertando O Botão — mas ele nos deixou olhar para ela por um tempo. Atrás da mesa havia os bustos de Abraham Lincoln e de Franklin Delano Roosevelt.

O Salão Oval é uma adição relativamente recente à Casa Branca, mas tem a sua parcela de momentos dignos de respeito. Foi ali onde JFK refletiu sobre a crise dos mísseis de Cuba e de onde Truman anunciou a rendição do Japão. Foi onde Martin Luther King se retirou após o seu discurso "I Have a Dream" (Eu Tenho um Sonho) e de onde Reagon falou à nação sobre o *Challenger*. Foi onde a lacuna de 18 minutos de Nixon vazou pelas paredes. Enquanto estava de pé ali, meus joelhos começaram a enfraquecer. Para concluir, a porta se abriu e Graham Nash adentrou, também numa visitação particular.

Ainda considero o dia 3 de agosto de 1994 como um dos melhores dias de minha vida, que se tornou possível porque eu publicava um fanzine sobre os Rolling Stones. Eram credenciais boas suficientes para o Salão Oval, mesmo que não para uma festa dos Stones do Ritz-Carlton.

Eu ainda tinha um forte desejo de apresentar, escrever e produzir um programa de rádio semanal sobre os Stones. Uma espécie de "Esta Semana na *Voodoo Lounge*", com notícias e entrevistas. Mas os relações-públicas limitaram o acesso à banda. Com poucas exceções (como a MTV, que pagou pelo privilégio), entrevistas não estavam sendo concedidas para ninguém que não fosse do *60 Minutes* ou da *Rolling Stone*. Conversei com uma personalidade importante da turnê sobre a ideia, mas ele disse: "Mesmo que estivéssemos interessados, não o deixaríamos apresentá-lo."

"Quem escolheriam então?", perguntei, indignado, "um consumidor satisfeito da corporação como Casey Kasem?"

E sua resposta foi: "Hum, pensando bem, *sim*."

Acabei fazendo matérias intermitentes para a WNEW. O DJ Tony Pigg me convidou ao estúdio e me colocou no ar ao vivo. Tinha esperança de que, quando acabasse com o *Beggars Banquet* após a turnê, conseguiria um emprego lá como DJ. Mas quando ele me disse que não podia tocar "Midnight Rambler" — essa música já não estava mais na playlist da rádio —, tive minhas dúvidas. O fim estava próximo para a rádio do rock'n'roll como se conhecia.

A WNEW foi onde ouvi a conferência de imprensa dos Stones de 1975 e onde primeiro tinha ouvido o álbum *Some Girls*. Foi para onde me refugiei na noite em que John Lennon morreu. Mas os contadores de feijões eram agora os responsáveis pelo rock'n'roll e estavam mais interessados no quanto iriam ganhar do que no respeito ao público.

Em nenhum lugar isso era mais evidente do que na VH1, a estação que ridicularizou o meu conhecimento sobre os Stones. Eles transmitiram o show da *Voodoo Lounge* e inseriram os títulos de cada canção na parte debaixo da tela. Exceto que eles listaram uma música como "Vou andar" e outra como "Um dia já a amei". Pelo jeito ninguém na VH1 tinha ouvido "Before They Make Me Run" (Antes Que Me Façam Correr) ou "It's All Over Now" (Está Tudo Acabado Agora). Teria sido realmente legal se uma emissora fundada sobre o rock contratasse alguém que realmente conhecesse um pouco sobre ele.

A corporatização excessiva do rock'n'roll também afetou a forma como os fãs conseguiam seus ingressos. A Ticketmaster detinha o monopólio. Você tinha que pagar taxas exorbitantes e shows cujos ingressos eram vendidos em questão de minutos. Para o fã habitual, isso era caro e frustrante.

Vislumbrei em que eu poderia ajudar. Perguntei à Mulher dos Ingressos se poderia comprar blocos de ingressos para vender aos meus leitores pelo valor declarado. Ela disse: "Sim, mas deixe eu verificar com Michael Cohl."

Cohl concordou — ele estava, afinal, no negócio de vender ingressos — e me deu permissão para comprar cinquenta assentos "VIP" por show. Publiquei uma nota no *Beggars Banquet*, oferecendo três locais: Nova York, Los Angeles e Chicago. Escolhi essas cidades porque elas eram as mais difíceis da turnê e porque eram geográfica e cronologicamente distintas.

Numa questão de dias, minha caixa postal foi inundada. Estava afundando em envelopes, mas não me incomodei. Também não esperava por nenhum agradecimento e não estava ali para ganhar dinheiro com isso. Simplesmente sentia que compartilhar os privilégios que eu tinha com a Mulher dos Ingressos era a coisa certa a fazer. Sabia que haveria maçãs podres, mas foquei na "maioria silenciosa" que realmente contava com essa ajuda.

A demanda superou em muito a oferta, mas, como não queria desapontar ninguém, ofereci alternativas. Tive que telefonar para pessoas tão distantes quanto Tóquio para perguntar se elas queriam ir a Oakland, San Diego ou Filadélfia. No fim, doei quase oitocentos ingressos para 15 shows diferentes em seis cidades diferentes. Foi uma quantidade de trabalho indescritível, e certamente perdi dinheiro nas ligações telefônicas, mas foi gratificante. "Se esta era a *last stand* do *Beggars Banquet*", disse a mim mesmo, "era uma boa forma de despedida."

Para mim, a surpresa mais agradável da turnê foi o suporte que recebi de Alan Dunn, o leal da equipe de Mick. O cara que tinha me olhado com suspeita ao longo da *Steel Wheels* caiu em si na *Voodoo Lounge*. Lá atrás em 1989, ele mal me conhecia e provavelmente nunca tinha visto o *Beggars Banquet*. Mas o coloquei na lista e ele começou a apreciar meu trabalho. Levou um tempo, mas Alan percebeu que eu não era um daqueles mal-educados e viciados em drogas que ele encontrava diariamente numa turnê dos Stones.

Alan me providenciou carona durante boa parte da *Voodoo Lounge*. E quero dizer carona tanto literal quanto metaforicamente falando. A posição de Alan era de "diretor de logística", então ele ficava responsável pelo transporte da comitiva de cidade em cidade e de uma rua à outra. Era ele quem arrumava as vans que traziam todos do hotel ao estádio, e ele voluntariamente me colocou dentro. Fui sentado ao lado do contador de Mick ou ao lado do primo da cantora de apoio, rumo ao show. Isso me economizou muito em passagens e me deu um reforço emocional. Era bom saber que alguém tão alto na hierarquia cuidava de mim.

Isso veio no momento em que estava recebendo menos a cooperação de Jane. Ela ainda doava sua colaboração ocasional para o *Beggars Banquet*, o que era muito legal da parte dela, mas havia secado como fonte de informação. Quando perguntei em meados de 1994 se os Stones tocariam no Rose Bowl, ela disse: "Hum, sim, mas não publique isso. Os Stones não gostam de que digam aonde eles irão." E quando lhe perguntei sobre o próximo vídeo da banda, "Love Is Strong", ela disse: "É muito difícil descrevê-lo."

Obedeci suas instruções e não imprimi nada sobre o Rose Bowl. Mas eu odiei quando levei um furo do *Los Angeles Times*. Já no caso do vídeo de "Love Is Strong", comuniquei aos meus leitores que "é muito difícil descrevê-lo", quando ele poderia ter sido resumido em uma frase: os Stones parecem gigantes, caminhando em Manhattan como Godzilla. Quando o vídeo estreou na MTV, meus leitores provavelmente pensaram que eu era um idiota. Mas Jane não queria ter dores de cabeça com as pessoas importantes da turnê, e honestamente não posso culpá-la por isso.

Quando os Stones fizeram um show secreto pré-turnê em Toronto, ela disse que não podia ajudar. Pediu para ligar para Alan. Consegui falar com ele no Four Seasons, e ele disse: "Posso colocá-lo dentro, mas isso vai lhe custar."

Primeiro, achei que ele estava tentando me desanimar, como JC no Toad's Place. Mas era apenas o seu senso de humor ácido. "A boate está cobrando cinco dólares", ele explicou, "e todo mundo tem que pagar, pois tudo será destinado para caridade".

Falei que poderia custear e peguei um voo para Toronto. Era 19 de julho na boate RPM. A capacidade da boate era para mil pessoas — cem das quais estariam na lista de convidados e novecentas que estavam andando por lá quando apareceu o letreiro: "Rolling Stones Ao Vivo Hoje às 20:30 Couvert $5". Havia pessoas a caminho do trabalho que saíram da estrada, telefonaram para dizer que estavam doentes e imediatamente entraram na fila. Dan Aykroyd apareceu lá na sua Harley.

Mal conseguia acreditar o quanto Alan tinha facilitado para mim. Ele providenciou um passe de convidado, por isso caminhei até lá tranquilamente e fiquei perto de Keith e Woody. Keith me deixou a par de uma fofoca — "Estamos ensaiando 'Moonlight Mile'" — e assinou uma caixa de fósforos da RPM para meu próximo sorteio.

O show era apenas um aquecimento, então o som estava horrível. Eles abriram com "Live with Me" e surpreenderam a todos com "No Expectations". O lugar estava uma sauna, então garotas jogaram seus sutiãs no palco e os garçons salpicaram água mineral no público. Para o bis, eles tocaram "I Can't Get Next to You", dos Temptations, com o rei local dos blues Jeff Healey. Healey era cego, então Keith pegou no seu braço e serviu de cão para deficientes o levando ao palco.

Sabia que não seria fácil obter fotos deste evento. Os Stones permitiam apenas um fotógrafo, então levei minha própria câmera escondida. Após clicar uma foto, porém, fui abordado pelo leão de chácara da boate, que deveria pesar uns 136 quilos: "Entregue já esse maldito filme!" Apontei para meu passe e declarei pateticamente: "Estou com a banda." Mas ele esbravejou: "E eu com isso?", e arrancou a câmera das minhas mãos.

No dia seguinte, liguei para Tony King. Seu cargo na turnê era de "assessor de imprensa de Mick Jagger". Perguntei se ele poderia me ceder fotos exclusivas do show e ele disse que não. Mick aprovara apenas três fotos do fotógrafo e elas estavam sendo enviadas à agência Associated Press. Eu teria que me contentar em usar as mesmas fotos de todas as publicações no mundo.

Tony King tinha um jeito brando e essencialmente britânico. Como porta-voz de Mick, ele normalmente me dava as más notícias, mas de um jeito educado demais. Após o show de setembro na Filadélfia, ele se aproximou de mim no hotel. "Mick tem um pedido a lhe fazer", disse. "Ele prefere que não publique mais os nomes dos restaurantes que ele visita."

"Tudo bem", eu respondi, "mas pelo menos eu não publico o quanto ele dá de *gorjeta*!"

Quando cheguei em casa, fui verificar a última edição do *Beggars Banquet* para saber sobre o que ele estava falando. Percebi um artigo sobre a viagem dos Stones a Washington D.C.: "Mick celebrou seu aniversário, 26 de julho, jantando com Jerry e Charlie num ambiente tranquilo chamado Rakui, após um ensaio embaixo de chuva no RFK."

Os Stones estavam a caminho de embolsar trezentos milhões de dólares nesta turnê, mas foi isso que embrulhou o estômago de Mick. Podia entender perfeitamente se fosse uma questão de segurança, mas não era. Talvez Mick retornasse àquele restaurante depois de anos.

Mas havia mais por trás disso, pensei. E foi aí que eu me lembrei de como Janice Crotch, a secretária de Mick em Londres, telefonou para mim logo antes da turnê, dizendo: "Mick acha que está sendo pessoal demais no boletim."

Ela não deu exemplos, mas provavelmente estava se referindo a Mick indo a festas em Los Angeles. Mick vinha alugando uma casa perto de Beverly Hills desde 1991 para se aproximar de astros e estrelas iniciantes. Foi a uma festa na casa do produtor Rick Rubin em Hollywood Hills organizada por Heidi Fleiss e que acabou sendo invadida pela polícia.

Minha teoria era de que Mick estava nervoso sobre Jerry Hall. Enquanto ele dava cambalhotas na turnê, ela passava a maior parte do tempo em Londres, usando o *Beggars Banquet* para ficar de olho nele. Em vez de pedir para retirar Jerry Hall da minha *mailing list*, ele dizia para ser "menos pessoal".

"Tudo bem", pensei. "Se Mick não me quer escrevendo sobre sua vida social, não é algo por que vale a pena brigar." Francamente, eu já não dava a mínima para onde — ou, digamos, quem — Mick comia. Mesmo quando eu estava obcecado e fazia matérias sobre isso na minha época de adolescente, normalmente elas viriam com um tom de humor ou tinham algo a ver com a carreira musical dos Stones. Posso ter contado que Woody comeu frango com especiarias num restaurante indiano, porque, após degustar a galinha, ele se juntou ao tocador de cítara.

Com a crescente corporatização dos Stones e o estrito controle de acesso, as histórias inusitadas se tornaram mais difíceis de se achar. Mas eu sabia que os Stones ainda eram os Stones e, se cavasse fundo o suficiente, encontraria alguns tesouros. Após 16 anos, ainda sentia a carga de adrenalina de farejar uma história e publicá-la no fanzine.

Uma das minhas histórias favoritas da *Voodoo Lounge* aconteceu em 17 de agosto, durante uma chuva torrencial no Estádio dos Giants. Minha credencial da lista B me permitiu entrar num local fechado com alguns dos convidados da lista A. Willie Nelson estava lá fumando uns cigarros de aparência engraçada.

Os Stones recompensaram a multidão molhada pela chuva com uma apresentação realmente fantástica. Antes do bis, o local onde eu estava se esvaziou e todo mundo seguiu escada abaixo. Willie e eu nos posicionamos no túnel atrás do palco, bem ao lado da segurança policial dos Stones. Todos esperavam a banda descer do palco e sair noite afora. Os motores já estavam ligados e os policiais prontos para dar a largada. Uma cena muito intensa.

Mick veio primeiro e entrou logo, sem estabelecer contato visual com ninguém. Depois veio Keith, com uma toalha sobre sua cabeça. Ele avistou Willie de soslaio e foi em sua direção. As pessoas gritavam: "Keith, temos que sair daqui", mas ele não estava nem aí. Deu um grande abraço em Willie e começou a conversar. Quando Woody e Charlie perceberam com quem Keith estava falando, foram para lá na hora. A coisa se tornou um festival do amor, enquanto os tiras e os motoristas assistiam a tudo sem paciência. (Mick nunca deixou o veículo.) Eu sabia reconhecer uma grande momento quando o via e escrevi sobre isso no *Beggars Banquet*. Foi um acontecimento puro, não ensaiado.

Minha outra história favorita se deu em Chicago. Keith e Woody jantavam no Ritz-Carlton em 10 de setembro quando um garoto se aproximou deles com um pedido. Disse que ia pedir sua namorada em casamento na noite do show e que poderia precisar da ajuda de Keith. Ele aceitou e pegou o nome do garoto. Provavelmente só querendo agradar, certo?

Na noite seguinte, após cantar "Happy" na frente de cinquenta mil pessoas, Keith disse algo assim no microfone: "Ei, Debbie na sétima fila. Jason tem algo realmente importante a lhe pedir." O garoto se ajoelhou e fez o pedido. Keith disse: "O que ela respondeu?", antes de informar à multidão: "Eu nem mesmo *conheço* estas pessoas!" "Debbie" e "Jason" têm uma história para contar para seus netos, e eu tinha uma história para o *Beggars Banquet*.

Infelizmente, logo descobri que minhas histórias de interesse humano violavam os propósitos da turnê. Num memorando do dia 5 de outubro à comitiva, Michael Cohl disse: "Estamos gerando um excesso de histórias paralelas (...) sobre torta de carneiro, outros projetos individuais, gostos e desgostos, [que] enterram a mensagem principal que precisamos disseminar (...) Os objetivos para o equilíbrio da turnê são: 1) vender os ingressos restantes; 2) divulgar o *pay-per-view*; 3) gerar necessidade mercadológica (...) Todas as histórias na mídia devem ser direcionadas a esses pontos principais."

Cohl era essencialmente o dono da turnê, então era compreensível. Sempre fora gentil comigo, mas era um homem de negócios que tinha todo o direito de ganhar o máximo de dinheiro possível. Para terminar, ele deixou todos a par — os relações-públicas, os Tony Kings e até mesmos os *roadies* e os músicos de apoio — de que o *Beggars Banquet* era irrelevante e não digno da cooperação de todos. Quero dizer, o que era o *Beggars Banquet* a não ser uma "história paralela" após a outra? Anedotas sobre Keith dando um abraço em Willie ou se fazendo de cupido em Chicago não geravam "necessidade mercadológica".

De uma forma estranha, foi um alívio descobrir por escrito o quanto o jogo estava montado contra mim. Pelo menos agora sabia que não estava imaginando isso tudo.

Springsteen confere o tal show de boate no MGM Grand.

38

VIVA LAS VEGAS

Freddy Sessler queria morrer em turnê. "Se eu *tiver* que morrer, devo morrer fazendo o que amo. Assistindo aos Stones e caindo na estrada." Eu o via desabando durante um show ou descoberto morto por uma camareira de hotel. Provavelmente com um sorriso malicioso no rosto e um frasco de cocaína nas mãos. "Seria o assunto da turnê!", ele elogiou.

Ele me contou isso no MGM Grand Hotel em Las Vegas. Hoje, assistir a um grande show de rock em Vegas é regra. Mas, em 1994, quando os Stones visitaram a cidade pela primeira vez, isso era uma novidade e tanto. Lugares como o Hard Rock e a House of Blues não existiam — o Hard Rock apareceu em 1995, a House of Blue, 1999 — e visitas recentes de Paul McCartney e do U2 tinham ocorrido na universidade, e não como parte do mercado de cassinos e turismo. A noite de Vegas, em grande parte, ainda era feita para aposentados, homens de bermudas e meias pretas, trazendo suas esposas de cabelo azulado para ver Wayne Newton e Robert Goulet.

Mas a velha guarda estava lentamente saindo de cena. Liberace e Sammy Davis não estavam mais por ali, e os fãs de Robert Goulet andavam sobre cadeira de rodas motorizadas. Para sobreviver como destino turístico, Vegas precisava cultivar uma nova clientela e uma nova imagem.

É aí que entravam os Rolling Stones.

Os Stones foram atraídos pelo Mirage de Steve Wynn, mas optaram pelo MGM, nos dias 14 e 15 de outubro. O MGM ficou fechado por 13 anos — um incêndio em 1980 matou 85 pessoas —, mas reabriu com cinco mil novos quartos e uma cidade virtual no térreo: um shopping, um parque temático, um *comedy club*, uma arena para shows e um cassino.

O MGM precisava dos Stones para voltar ao mapa. E, para a banda, nenhuma outra parada da turnê *Voodoo Lounge* foi mais lucrativa. Os ingressos na orquestra custavam trezentos dólares, valor declarado. Mais caro do que em Atlantic City, em 1989.

Lá atrás, em 1989, os Stones colocaram a culpa em Donald Trump. *Ele é quem está cometendo extorsão; não estávamos sabendo de nada*. Mas, em 1994, eles sabiam. E, apesar de ninguém reclamar dos ingressos de trezentos dólares dos Stones *hoje*, o ponto é o seguinte: foi *aqui* que tudo isso começou. Foi aqui que eles experimentaram o modelo: "Podemos tornar trezentos dólares nosso padrão? O mercado aguentará?" As respostas para essas perguntas teriam efeitos de longo alcance tanto para os Stones quanto para Las Vegas.

Os dois shows tiveram seus ingressos esgotados quase imediatamente. Os fãs dos Stones estavam tão condicionados aos estádios que eles consideraram um local de 14 mil assentos um "show de boate" e os trezentos dólares, uma barganha. (Na turnê seguinte, trezentos contos foi realmente o padrão para qualquer local fechado. E, quando eles retornaram a Vegas para tocar no Hard Rock, cobraram a exorbitância de mil dólares por cabeça, valor declarado.)

Os Stones receberam hospedagem e serviço de quarto de graça, então economizaram no serviço de transporte com escolta policial. Para chegar aos shows, simplesmente se levantaram da cama e entraram no elevador. Eu não conseguiria custear um quarto no MGM, então fiquei no Tropicana. Apenas 35 dólares por noite, graças ao assinante que trabalhava lá. Meu quarto ficava de frente para o MGM, onde um anúncio luminoso divulgava os próximos eventos. Ao lado dos Stones, havia Sheena Easton, Manhattan Transfer, o Campeonato de Vaqueiros Profissionais e o UWF Wrestling Black Jack Brawl.

A nova Vegas entendia de três coisas sobre os *baby boomers* amantes do rock'n'roll: eles tinham renda disponível, crianças pequenas e culpa. Diferentemente da geração anterior, os *boomers* não queriam deixar suas crianças em casa com a vovó. Preferiam levá-las na viagem.

Nos anos 1960 e 1970, isso seria impensável, senão criminoso, levar criancinhas para Vegas. Mas, na metade dos anos 1990, ficou claro que atender às famílias era a forma de proceder. Os hotéis gastavam milhões de dólares em atrações para crianças. No Mirage, havia a batalha de piratas e o vulcão em erupção. No Excalibur, cavaleiros realizavam combates com lanças. No MGM, havia a Cidade das Esmeraldas e o Mágico de Oz. Vegas tomou uma decisão consciente de se adaptar à nova demografia e se tornar a "Disneylândia do deserto". Minha mãe e meu pai ficavam com os Stones, as crianças, com Hulk Hogan, e a vovó usava o Manhattan Transfer. Mick, como publiquei em meu artigo "Cassino Boogie", curtiu Siegfried & Roy.

Os shows foram ótimos. Não consegui justificar os trezentos dólares, então me sentei atrás. Possuía apenas o passe dos convidados da lista-B, então não podia bater papo com Cruise, fofocar com De Niro ou comer rolinhos primaveras com Springsteen. Eles, assim como Sean Penn e Kelsey Grammer, ficavam na sala privada da banda, convenientemente nomeada de Voodoo Lounge. O "show de boate" dos Stones era um lugar inacreditável.

Freddy capitalizou em cima da percepção de "show pequeno" atuando como cambista. Conseguiu vários com a Mulher dos Ingressos e os vendeu pelo dobro do preço. Na sexta-feira 14, logo antes do show, ele vendia ingressos fora do MGM quando policiais o abordaram. Ele foi informado que os cambistas eram proibidos de atuar a menos de 150 metros do local. Freddy lhes mostrou o laminado e disse que estava "com a banda". Os policiais o deixaram em paz, mas com um aviso: "Estamos de olho. Se o pegarmos novamente, nós o prenderemos."

À noite, no quarto, o Freddy de 71 anos foi se sentindo desafiado e ansiou pela Las Vegas de antigamente — a Vegas dos corpos enterrados no deserto. Era o tipo de cidade que Keith provavelmente havia pensado quando se alistou para este negócio. Mas aí ele apareceu e puseram sombrinhas de papel dentro de sua vodca.

Freddy estava determinado a reinserir o "pecado" na Sin City. Ele se recusou a mudar seu jeito e a ser bonzinho. "Quer trazer os Stones?

Então terá que lidar *comigo*. Pra merda com Dorothy e seu cachorrinho Totó também!"

No sábado à tarde, esbarrei nele no saguão do MGM. Estava um lixo. Muito suado e de olhos turvos. O cabelo estava virado para o lado num penteado não intencional. Eram três horas da tarde, mas ele ainda não tinha dormido. Sugeri que tirasse um cochilo antes do show.

"Eu vou", ele respondeu. "Pedirei para que me acordem."

Eu o acompanhei até o elevador e ele entrou no seu quarto — ou foi o que pensei.

Quando voltei ao MGM às seis da noite, encontrei Alan Dunn. "Imagino que já esteja sabendo sobre Freddy", ele disse.

"Não, o *quê?*"

"Bem, ele passou o dia na prisão. Pelo jeito, você é o último a saber."

Achei que ele estivesse brincando. "Como pode ser?", perguntei. "Me encontrei com ele três horas atrás."

"Bem, ele está de volta ao quarto, então sugiro que você *mesmo* pergunte a ele."

Corri até lá e encontrei Freddy na cama, parecendo pior do que antes. Sua namorada *du jour* foi quem abriu a porta. "'Foi isso mesmo!", ele exultou. "Fui preso! Bem ali no saguão! Mas aqueles filhos da puta não sabem com quem estavam lidando!"

De acordo com testemunhas oculares, a cena se desenrolou desta forma:

Logo após Freddy deixar o saguão — e logo antes de ele entrar no elevador para ir ao quarto —, ele fez uma curva em U. Ele estava com ingressos extras, então começou a vasculhar o cassino atrás de consumidores em potencial. Depois foi até o saguão, onde, não muito longe da recepção, esbarrou em JC.

No decorrer da conversa, Freddy retirou um frasco de cocaína do seu bolso. Freddy o abriu, colocou um pouco no seu punho e começou a inalar em público. Em segundos, uma dúzia de policiais à paisana saiu de trás das máquinas de dinheiro, das mesas e dos vasos de plantas. "Parado aí! Você está preso!"

Num movimento rápido, Freddy tentou entregar o frasco para JC, que o devolveu logo em seguida. Dois homens adultos brincando de batata quente. "É *seu*." "Não, é seu, *você* segura." Isso não importava para os policiais. Algemaram ambos e os levaram a um quarto escondido atrás do balcão da frente. Pelo visto, os hotéis em Vegas têm celas de prisão, como uma minidelegacia de polícia.

Para JC, isso foi particularmente vergonhoso. Ele era o chefe da segurança dos Rolling Stones, e havia passado a semana inteira cooperando com os detetives do hotel e a polícia de Vegas... que agora o tinham em algemas.

Depois determinaram que JC não tinha feito nada de errado e o liberaram. Mas colocaram Freddy dentro de um camburão de polícia e o levaram a uma delegacia de *verdade* para ser fichado. A partir daí, só posso me basear no que Freddy me contou:

"Estou sentado na delegacia de polícia, e sabe para quem eu ligo?"

"Não sei. Quem?"

"Oscar Goodman."

"*Quem?*"

"O maldito Oscar Goodman!" Ele bateu com seu punho sobre a mesa de cabeceira, irritado por eu não reconhecer o nome.

Goodman era um dos advogados de defesa mais notórios da história de Las Vegas. Desde os anos de 1960, ele vinha representando cada patife e canalha mais nojento do que outro que colocava os pés ali, inclusive Meyes Lansky. Recebera o apelido de "Advogado dos Carniceiros" porque seus clientes eram muito brutais. Ele era um marco tão grande da tradição de Vegas que fez o papel de si mesmo no filme *Cassino*, de Martin Scorsese, e foi eleito o prefeito da cidade em 1999, gerando controvérsias. (Reeleito duas vezes.)

Freddy falava como se ele e Oscar fossem velhos amigos. Como se ele pudesse ligar num sábado à tarde e fazer com que Oscar deixasse tudo o que estivesse fazendo para atendê-lo. "Eu disse: 'Oscar, não quero perder os Stones hoje à noite'. E ele disse: 'Freddy, tirarei você daqui com muita antecedência.' O sargento então recebeu uma ligação, e eles me deixaram ir."

Não sabia dizer se Freddy estava falando besteira, mas disto eu tinha certeza: em três horas ele tinha sido preso, levado à delegacia de polícia e saído de lá sem acusações.

Minha teoria é que alguém no alto escalão, talvez a defensoria pública, entendeu o que estava em jogo. O futuro da cidade estava pegando uma carona naquele fim de semana. Bandas de rock do calibre dos Stones tinham que se sentir à vontade ali. Se a notícia de que a polícia havia prendido amigos ou empregados dos Stones se espalhasse, muitos shows passariam longe dali. O Aerosmith e o The Who não precisavam de chatices ou taxas legais.

"E sabe o que mais?", disse Freddy. "Os policiais me deram uma carona de volta ao hotel e devolveram a minha droga!"

Ele voltou empertigado ao show aquela noite como um herói voltando da guerra. Foi o assunto das conversas na comitiva dos Stones. Manteve um sorriso malicioso e não precisou se fingir de morto para conseguir atenção.

Viva Las Vegas, Viva Freddy Sessler.

Mick, Woody e Jo chegam ao American Legion Hall. Woody apareceu sorrindo, mas saiu chateado.

39

PEDAÇOS DE SURREALIDADE: AS FAVELAS DE BEVERLY HILLS

Quando a *Rolling Stone* pediu a Woody a lista dos "momentos mais surreais" da turnê *Voodoo Lounge* (para sua última edição do ano de 1994), ele citou duas noites em Los Angeles: "A.C. Cowlings estava no nosso quarto. Isso foi meio surreal. [E outra] noite, meu amigo Harry Dean Stanton estava tocando guitarra e cantando no meu quarto [enquanto] Sean Penn recitava poesia."

Após a viagem para Las Vegas e uma breve parada em San Diego, os Stones e eu fizemos check-in no Four Seasons de Beverly Hills. Eu não poderia custear a hospedagem, mas um assinante queria me agradecer por alguns ingressos. Não queria aceitar presentes dele, mas estava disposto a dividir a suíte. Um ajudante de hotel trouxe uma cama extra e a montou na sala de estar.

Os Stones estavam escalados para dois shows no Rose Rowl em Pasadena — quarta-feira, 19 de outubro, e sexta-feira, 21 de outubro. As celebridades chegavam aos montes para conseguir ingressos e passes. E, no entanto, apesar de todo o brilho das estrelas na casa — Jack Nicholson, Whoopi Goldberg, Goldie Hawn — foram A.C. Cowlings e Robert Shapiro que conseguiram atrair os olhares.

Cowlings, é claro, estava por trás do volante do Ford Bronco de O.J. Simpson durante a perseguição em baixa velocidade televisionada em rede nacional. E Shapiro era o principal advogado de defesa de O.J. Fazia 18 semanas desde os assassinatos e a perseguição. Todos esticavam os pescoços para conseguir ver esses caras. Enquanto o pobre O.J. estava de macacão laranja mofando na cadeia, o melhor amigo e seu principal advogado estavam curtindo a vida com os Stones. Durante "Start Me Up", o caneco de Shapiro apareceu no JumboTron. Toda noite, a câmera filmava a plateia e mostrava um careca barrigudo cantando o refrão da canção, mas naquela sexta à noite em Los Angeles, o careca e barrigudo era o advogado de defesa mais famoso dos Estados Unidos. Cinquenta mil fãs vibraram só de poder vê-lo.

Depois do show, fui pegar uma bebida no bar do hotel. Jack Nicholson e James Caan estavam à minha direita e Gary Busey à minha esquerda. Cowlings já estava no andar de cima, no quarto de Keith. De acordo com Woody naquele artigo da *Rolling Stone*, "[Cowlings] não podia contar muita coisa (...) ele não revelou nada." Mas Freddy deu sua própria versão dos eventos.

"Aquele maldito Cowlings! Vendeu seu melhor amigo! Só para visitar Keet, para impressionar Keet!" De acordo com Freddy, A.C. revelou todos os detalhes sórdidos. "Ele mostrou a Keet como O.J. cortou fora a cabeça deles! Depois contou onde O.J. escondeu a faca."[18]

Quando falei a Freddy que ele mesmo não estava presente durante a visita de Cowlings, ele ficou agitado:

"O quê?! Não acredita em mim? Keet me contou a porra toda! Palavra por palavra!"

Além de Freddy não ter estado no quarto de Keith com Cowlings, ele não estava nem mesmo em Los Angeles. Ele ligou para o meu quarto da casa do filho no Arizona. Freddy foi requisitado a deixar o local após o incidente em Vegas. Muitas pessoas riram da prisão de Freddy na Sin City, mas não Mick e Michael Cohl. De fato, Cohl deixou claro por escrito — durante os minutos de uma reunião da produção — que "Fred Sessler" não era um membro oficial da turnê e que "toda a comitiva" estava sendo desencorajada a conviver com essa companhia indesejável. Era a maneira de Cohl de se indenizar: *não temos nada a ver com esse Sessler.*

---

[18] Em 1995, o jogador de futebol americano O.J. Simpson foi acusado de matar a ex-mulher, Nicole Brown, e um amigo, Ronald Goldman. O caso obteve grande destaque na mídia. Simpson foi absolvido devido à falta de provas conclusivas.

Antes naquele mês, Cohl teve que pagar a fiança de um *roadie* — flagrado cheirando na escadaria de um hotel de Nova Orleans —, então ele não precisava de mais aporrinhação de um não empregado como Freddy. Pediu que deixasse a turnê e, desta vez, Keith não pôde se manifestar em sua defesa.

Freddy parecia deprimido, como se estivesse sofrendo com o afastamento dos Stones. Perder uma semana de diversão em Beverly Hills devia estar matando o velho. Mas ele insistia em dizer que Keith o atualizava constantemente e é por isso que ele podia me ligar a quinhentos quilômetros de distância para contar o que acontecia a quinhentos *metros* de mim. "Cowlings contou tudo para Keith! Onde está a faca, *tudo*!"

Nunca pedi que Keith ou Woody confirmassem a declaração de Freddy porque, francamente, eu estava me lixando. Mas, pelo que vi no Rose Bowl e no Four Seasons naquela noite, posso afirmar que Woody estava certo. Foi realmente surreal.

Agora à *outra* noite surreal de Woody — quarta-feira, 19 de outubro. Ela começou inocentemente no American Legion Hall em Hollywood. Os Stones eram convidados de honra numa festa organizada pela gravadora, a Virgin Records.

Apesar de a Virgin ter me contratado para compilar um kit de imprensa da *Voodoo Lounge* e apesar de ela ainda me dever trezentos dólares por esse trabalho, ninguém da gravadora pensou em me convidar. Liguei para Jane e perguntei se poderia intervir. Ela bondosamente disse que sim e me ligou de volta: "Eles disseram que lhe pagarão na próxima semana e que suas bebidas serão por conta da casa. Você está na lista de convidados."

Quando Alan Dunn me viu tentando pegar um táxi fora do hotel, ele me ofereceu uma carona. Estava organizando traslados até a festa. Ele me colocou sentado ao lado de Suzi, a garota do armário, e de Lisa Fischer, a vocalista de apoio. Quando paramos no acostamento em frente à boate na North Highland Avenue, nossa van foi cercada por paparazzi. Fizeram cara feia quando perceberam que não havia ninguém mais interessante para o mercado do que a vocalista de apoio, a costureira e o editor de fanzine saindo do carro.

Rodei a boate e avistei alguns rostos famosos: Nicolas Cage, Shannen Doherty, dois caras do R.E.M. e Richard Branson, o chefe da Virgin Records. Branson estava sentado numa almofada gigante tocando guitarra, enquanto serventes com cara de egípcios o alimentavam com uvas e o abanavam com penas de pavão.

À uma e meia da manhã, estava em pé num vestíbulo quando o irmão de Alan Dunn, Arnold, aproximou-se. Como Alan, Arnold trabalhava no escritório em Londres durante a "baixa temporada" e era cem por cento da equipe de Mick. Ele começou nos Stones como um ajudante glorificado — seu cargo na turnê de 1981 foi de "supervisor de bagagem" —, mas naquele momento ele detinha um papel proeminente no regime Jagger.

Normalmente, Arnold não daria a mínima para mim. Eu o avistaria nos bastidores ou no saguão do hotel e não receberia mais do que um aceno de cabeça da parte dele. Mas ele estava apertando minha mão e me pedindo para segui-lo. Para falar a verdade, ele continuou segurando minha mão e me puxou como um barco. Eu não fazia ideia do que isso se tratava ou para onde ele estava me levando.

Fomos até outra parte da boate, antes de parar, largar minha mão e dizer: "Não se mexa, fique bem aqui." Depois, ele desapareceu. Voltou em trinta segundos, acompanhado por Mick Jagger dos Rolling Stones. Passaram pelo mesmo vestíbulo onde eu estava antes e subiram as escadas.

De repente, deu aquele estalo. O que Arnold tinha feito — o que aquele puxa-saco de rádio-falante tinha feito — foi me tirar da linha de visão de Mick Jagger. Já que Mick esperava no seu carro, a tarefa de Arnold era limpar a passagem antes de trazê-lo para dentro. Por uma razão qualquer, Arnold me julgava indigno de respirar o mesmo ar que o seu patrão.

Mick deixou a festa às duas da manhã. Keith e Charlie não compareceram. Às duas e meia, Woody e Jo adentraram e foram direto para o bar. Esperei para cumprimentar após eles terem se servido. Mas o garçom disse que não poderia servi-los. Algo relacionado ao horário de recolher do licor na Califórnia.

"Você não pode estar falando sério!", Woody reclamou.

"Sinto muito", o garçom respondeu, "mas é a lei".

Woody ficou exasperado. "Espera aí um instante. *Você* me convidou até aqui, e agora está me dizendo que eu não posso *beber*?"

"Sinto muito", o garçom declarou novamente. "Mas temos o horário de recolher das duas horas."

"Mas é *nossa* festa", Jo se intrometeu. "Somos os convidados de honra."

"Eu sei disso", disse o garçom, "mas não posso. Já dei a última chamada".

Harry Dean Stanton, o ator, estava em pé ali perto e tentou intervir. "Esta é uma festa privada. Você não está nos *vendendo* bebidas. Está apenas *servindo*, como o anfitrião de uma festa. O que significa que o horário de recolher não se aplica."

"Sinto muito", disse o garçom, "mas tenho que fechar o bar".

"Está certo então", disse Woody, "se *você* não o fará, então eu mesmo farei o *meu* maldito drinque". Ele foi para trás do balcão, encheu um copo de Jack Daniel's e o entregou a Harry. Depois colocou gelo em outro copo antes de ouvir: "Senhor, isso já basta. Não pode *fazer* isso!"

Woody deu um escândalo, e as coisas quase partiram para o embate físico. "Eu mesmo vou pegar *meus* malditos drinques!" ele gritou. "Por que diabos me trouxeram aqui em primeiro lugar?" Em todos os anos em que estive perto de Woody, até quando morei virtualmente com ele, nunca o vi tão zangado. Ele saiu furioso da sala, repetindo: "Eu mesmo vou pegar *meus* malditos drinques!", e nem tentei chegar perto dele.

Sem mais bebida ou Stones na casa, decidi encerrar minha noite. Quando cheguei ao Four Seasons, corri até o elevador antes de a porta fechar. Apertei o botão e, quando ele se abriu, dei de cara com Woody e Jo. A limusine deles deve ter chegado um minuto antes da minha van, mas não os vi entrando.

Entrei no elevador e disse oi. Woody estava mais bem-humorado. Apertei o botão do meu andar e perguntei o que ele estava fazendo.

"Nada demais", ele disse. "À toa."

"Quer companhia?"

"É claro, sempre é bom *mais* um."

O elevador parou no meu andar, mas não saí. Continuamos até os andares privativos dos Stones. Havia outras pessoas no elevador, mas não dava para ver quem eram. Estava bastante apertado e a circunferência de Bob Bender bloqueou minha visão. Quando saímos, as identidades dos passageiros foram finalmente reveladas: Harry Dean Stanton e Sean Penn.

Entramos na sala de estar dos Wood e sentamos no sofá. Woody, como a antiga piada da casa, me ofereceu uma banana. Sean, de jaqueta de couro preta e cabelo curto, estendeu o braço sobre a mesa de café para apertar minha mão. “Sou Sean. Como conhece Ronnie?”

Falei para ele sobre o *The Works* e o *Beggars Banquet*.

“Legal”, ele disse. “Então é um jornalista.”

Woody se levantou para pegar um exemplar da última edição do *Beggars Banquet* do balcão da cozinha. “É este aqui”, ele disse para Sean. “Bill tem feito isso desde a puberdade.”

Sean folheou as páginas e parecia levemente interessado. Ele disse que ainda usava uma máquina de datilografia, e não um computador. Falei que também preferia máquinas datilográficas e que ainda diagramava minhas edições com cola e tesoura, não com um programa de computador.

“Isso me faz lembrar”, disse Jo. “Vi sua última edição e ainda não fez a mudança para ‘Ronnie’. Prometa para mim que fará isso. Chame-o apenas de Ronnie, não de Woody.”

“Prometo”, eu disse. “Próxima edição.” (Os fãs do *Beggars Banquet* irão notar que na minha edição de outubro — volume 3, número 22 — ainda estava me referindo a ele como Woody. Na minha edição de novembro — volume 3, número 23 — comecei a chamá-lo de Ronnie. Após 16 anos de “Woody”, meus leitores devem ter se perguntado: “Quem diabos é *Ronnie?*”)

Sean foi muito educado. Fui fã dele havia muito tempo, então foi um bônus o fato de ele ser tão amigável. Quanto a Harry, não conversei muito com ele. Assim que ele viu a guitarra acústica de Woody no sofá, ele a agarrou e não a deixou mais. A primeira canção que tocou foi “Danny Boy”. Depois tocou algumas melodias de flamenco. Quando menos esperei, ele estava cantando canções em espanhol. Disse que fazia shows regulares numa boate de Los Angeles, mas costumava tocar para uma casa vazia.

Woody — quero dizer, Ronnie — ficou fascinado com o talento de Harry. "Quantos *anos* você tem?", ele perguntou.

"Sessenta e oito", veio a resposta.

"É quase a idade de Freddy! Mas olhe para *Freddy* e olhe para *este* cara. Fantástico, rapaz! Brilhante!"

Ronnie pegou uma guitarra elétrica, plugou-a a um minúsculo amplificador e tentou acompanhar Harry. Sean, enquanto isso, andava pelo quarto, falando sozinho. Estava completamente alheio à música e à conversa. Mexia os lábios enquanto caminhava. Ronnie ocasionalmente olhava para Sean e revirava os olhos. Não tínhamos a menor ideia do que Sean estava fazendo.

Às cinco horas da manhã, Bobby Keys e Bernard Fowler passaram por lá. A *jam session* já havia se mudado para a sala de jantar. Sean ainda estava caminhando pela sala de estar, e ninguém queria interromper seu transe. Estávamos com um pouco de medo dele.

Para mudar de assunto, perguntei a Jo sobre uma nota colada no abajur da sala de estar. "Diga a Shelly que nós NÃO pagaremos pelos ingressos do A-smith", estava escrito.

Ela explicou que Ronnie tinha convidado os caras do Aerosmith para o show dos Stones em Boston. Ronnie, é claro, não percebeu que aqueles ingressos tinham que ser *pagos*. Achou que, por ser um rolling stone, poderia convidar quem ele quisesse. Bem, alguém tinha que pagar por aqueles ingressos e, quando a administração do Aerosmith alegou que Ronnie tinha falado para não se preocupar com isso, a Mulher dos Ingressos (Shelley) enviou a conta para Ronnie.

"Dá para *acreditar*?", Jo exclamou.

Encolhi os ombros e contei a ela a minha própria história de sofrimento. Sobre Arnold Dunn me removendo do espaço aéreo de Mick.

"Esse é o Mick que conhecemos", Bobby Keys falou. "Fico surpreso por ele anunciar meu nome toda noite. Provavelmente não o faria se o teleprompter não o orientasse a fazê-lo."

Jo disse que iria conversar com Mick sobre a forma como Arnold me tratou. "Também falaremos para ele que você merece um laminado para esta turnê. É um absurdo fazê-lo pagar. Não é, Ronnie?"

Ronnie assentiu, mas acho que ele não ouviu uma palavra do que ela disse. Ele estava preocupado com a cantoria de Harry e com Sean balbuciando e indo e vindo pela sala. Implorei a Jo para *não* falar com Mick sobre mim porque não queria criar confusão. "Além do mais", eu disse, "prefiro ser meu próprio patrão. Talvez até encerre os trabalhos após esta turnê. Ainda não decidi".

Ela falou novamente na sala de jantar — "Ronnie, você ouviu isso?" —, mas não obteve resposta.

Devia ser quase seis da manhã quando Bob Bender trouxe uma nota de fora. Era o informativo da comitiva. Se fosse um membro da turnê, uma nota seria deixada embaixo da sua porta todas as manhãs, contendo pequenos pedaços de informação. Coisas como: "Saímos hoje às três da tarde para a verificação de som" ou "Se quer assistir a Siegfried & Roy, não se esqueça de se inscrever até terça-feira".

Hoje o informativo dizia: "Ao contrário da crença popular, pelo que sabemos, os Rolling Stones não tocarão na House of Blues esta noite."

Isso se referia aos rumores que tinham se alastrado como um incêndio florestal. Todo fã na Califórnia achava que os Stones apareceriam na boate na Sunset Boulevard para um show surpresa. Buddy Guy era o anúncio da manchete, então todos concluíram a mesma coisa: *Keith e Ronnie adoram Buddy Guy. Ele abriu o show dos Stones na semana passada em Lãs Vegas. Eles tocaram com ele numa boate em 1981. Faz todo sentido!*

A boate conseguiu vender todos os ingressos com semanas de antecedência. Os cambistas conseguiram duzentos contos por vez, baseados apenas em especulação e histeria. Ronnie leu a nota e disse: "Ei, nunca dei minha palavra a *ninguém*." Ele me contou que passaria a noite no Le Dome, jantando com o guitarrista Slash do Guns 'n Roses.

Com a parada na *jam session*, Ronnie voltou sua atenção para Sean. Ele ainda estava falando sozinho, gesticulando e absorto em seu mundo. Ronnie ficou preocupado: "Err... E aí, Sean, o que está fazendo exatamente?"

"Poesia", ele respondeu. "Estou com um pouco de poesia na cabeça."

"Bem, então deixa a gente *ouvir*, rapaz!"

Sean começou a recitar uns versos, e não era nada mal. Contemplações ao estilo Dylon sobre agarrar uma garota atrás de um Cadillac. Não tenho certeza se havia algum sentido metafórico mais profundo ou se era apenas, bem, agarrar uma garota no banco de trás de um Cadillac. Seja o que for, Ronnie aproveitou o momento. Pegou sua guitarra e arrastou o amplificador para a sala de estar. "Transformaremos numa canção!"

Ronnie e Harry tocaram ao monólogo de Sean, enquanto Bernard cantou como apoio e Bobby usou a mesa da sala como bongo. Curti a criatividade de tudo isso, mas queria ter algo mais a oferecer. Não fiz nada exceto ficar sentado com as mãos embaixo das pernas. Depois de tantos anos como observador, começei a me sentir inquieto nessas situações. Quanto mais ficava rodeado por grandeza — neste caso, dois atores dignos de um Oscar e um rolling stone —, mais longe eu me sentia dela. E, sejamos sinceros, se tivesse sido *eu* que estivesse falando comigo mesmo naquela sala, não teria sido aceito da forma como Sean foi. Teria sido afastado à força por Bob Bender.

Às oito da manhã, todos ainda tocavam na sala de estar, exceto Sean. Ele e Jo estavam no quarto, absortos na conversa. Quando saí do banheiro, Sean me chamou.

"Bill", ele disse, "você é um jornalista, então talvez consiga responder a isso".

Fiquei lisonjeado por ele se lembrar não apenas do meu nome, mas da minha profissão. Entrei no quarto, mas, antes que pudesse perguntar qual era a dúvida, Jo gritou: "Sean! Pare! Não! Tem que parar com isso!" Ela tentou tapar a boca dele, mas ele tirou sua mão. "Me deixa falar, Jo! Me deixa falar!"

"Bill", ele disse, "por que os Estados Unidos têm sempre que hitlerizar alguém? Quero dizer, como Saddam Hussein, Noriega ou Castro. Por que a mídia e a Casa Branca constantemente hitlerizam essas pessoas e nunca mostram os dois lados?"

Não fazia ideia de qual era sua linha de raciocínio. Suas visões políticas são bem conhecidas *hoje*, mas, naquela época, ele as mantinha em segredo.

"Pare de se preocupar!", gritou Jo. "Não tem nada a ver com você, Sean! Relaxa!"

"É verdade que aqueles caras não são Hitler", falei para Sean, "mas, vamos encarar os fatos: eles tampouco são campeões no departamento de direitos humanos".

"Não, você está certo, Bill. Você está definitivamente certo. Só estou dizendo que, não importa quem seja, sempre escolhemos quem será o próximo inimigo. Entende?"

"Imagino que isso nos mantenha focados", sugeri. "Talvez sempre precisaremos de um inimigo. Não temos mais os russos."

Sean parecia levar esse assunto a sério, e dava para perceber que ficava realmente incomodado. Podia facilmente enfiar sua cabeça num buraco e curtir a fama, mas percebi que estava honestamente se importando com o mundo fora de Los Angeles.

"Quem liga para isso?", gritou Jo. "Tenho certeza de que se sente mal por essas pessoas, Sean, mas o que importa? Não pode fazer nada sobre isso, então relaxa."

Ela começou a massagear os ombros dele, mas Sean a ignorou. Ele apontou que o aprisionamento de Noriega pelos Estados Unidos não foi por violação dos direitos humanos, mas por tráfico de drogas.

"*Não* vamos falar sobre isso!", Jo declarou. "Bill, não incentive isso! Além do mais, quem é Noriega?"

"Do Panamá", Sean rosnou.

"Isso fica a *milhares* de quilômetros daqui", Jo argumentou. "Você está em Beverly Hills, Sean. É nisso que precisa se focar. Só deve se importar com o *Panimá* se estiver no *Panimá*. Se os Stones forem tocar no *Panimá*, isso me preocuparia." Ela gritou até o outro quarto: "Ronnie? Vamos ao *Panimá*?

"Que é isso?"

"Eu disse: 'Os Stones vão tocar no *Panimá*?"

"Err... não, *acho* que não."

"Então quem se importa, Sean? Não im-por-ta! Re-la-xa!"

A discussão entre Jo e Sean continuou dando voltas, enquanto os "garotos" tocavam na sala. Desejei boa-noite, e Ronnie perguntou por que estava saindo tão cedo.

"Bem", respondi, "são *oito* da manhã, e estão me esperando lá no meu quarto."

Bastava de surrealidade para uma visita.

The Rolling Stones BEGGARS BANQUET

Volume 3, Number 26

June 14, 1995

The Stones' Dutch Treat!

Mikio

Above: Mick goes acoustic.
Below: Stones in Stockholm, June 1.

Some people referred to it as "The Stones Unplugged." The band's entourage loosely referred to it as "The Foot Tappers and Wheel Shunters Club Gig." But whatever you called it, the Stones' two-night stint at the Paradiso Club in Amsterdam, Holland, was an event that most Rolling Stones fans could only dream of.

On Friday and Saturday, May 26 and 27, seven hundred people a night were treated to a Stones performance like none other in the group's three-decade long career. Not only did the Stones rearrange some of their classic live tracks, like "Gimme Shelter" and "Street Fighting Man," they also dusted off some numbers they hadn't played in a while, like "Respectable," "Rip This Joint," and "Spider And The Fly." And then there were a few they had never played in concert at all, like "Shine A Light," their new one "Jump On Top Of Me," and even a cover of "Like A Rolling Stone."

More than the usual pre-tour warm-up gig, these two shows will make up the Stones' upcoming CD and video release--the next best thing to being there.

Although the Stones tried to keep the exact date and location of these shows a secret, it seemed like everyone in Amsterdam knew about it for weeks. It was mentioned on the radio, in the newspapers, and on TV. The Stones didn't even bother using a pseudonym. The sign outside the club boldly proclaimed "Tonight: Rolling Stones-- Uitverkocht." (That's "sold out," for you English speaking readers.)

Tickets--or actually, wristbands--were sold the morning of the show (Friday) for the mere price of 25 guilders (approximately 18 U.S. dollars). The catch, however, [cont. next page]

Ipo Musto/LFI

Paradiso, May 26
Amsterdam, Holland

Not Fade Away
It's All Over Now
Live With Me
Let It Bleed
Spider And The Fly
Beast Of Burden
Angie
Wild Horses
Sweet Virginia
Dead Flowers
Shine A Light
Like A Rolling Stone
Connection
Slipping Away
The Worst
Gimme Shelter
All Down The Line
Respectable
Rip This Joint
encore:
Street Fighting Man

40

CONVERSA FRANCA

Quando meu voo pousou no aeroporto Amsterdam Schiphol na Holanda, menti na verificação de passaporte, como havia sido instruído. Os Stones estavam em Amsterdã para dois shows na boate Paradiso, mas ninguém podia saber.

Era maio de 1995 e a banda estava prestes a levar sua turnê *Voodoo Lounge* para a Europa. Estava com um pressentimento de que fariam um show secreto numa boate, mas Jane Rose e Tony King disseram que não. Quando finalmente consegui contatar Alan Dunn, ele confirmou: "Dias 26 e 27 de maio", ele disse. "Posso colocá-lo na lista, mas não queremos que isso saia na mídia. Então não conte para *ninguém*, nem mesmo para os agentes da alfândega no aeroporto."

Quando o cara que carimbou meu passaporte perguntou "Qual o motivo da sua visita?", eu falei para ele: "Quero ver a cervejaria da Heineken. E também o Museu de Van Gogh."

Ao chegar ao hotel, percebi que o segredo tinha vazado. Antes de desfazer minhas malas, já recebia mensagens de fãs locais. Advinharam que eu estaria lá e que me hospedaria no American Hotel perto da Leidseplein Square. Os Stones estavam no Amstel, um hotel cinco estrelas, mas os *roadies* ficaram no American.

Eu diria que a Holanda possui os fãs mais fanáticos do mundo. Não perdem em nada. Sabiam que os Stones estavam na cidade e sabiam que tocariam na Paradiso. Foi a única boate em Amsterdã que não tinha divulgado uma banda para a sexta-feira 26 e para o sábado 27. A única questão era como conseguir ingressos.

A Arrow 107, estação de rádio local dedicada ao rock, orientou os ouvintes a esperar por um anúncio na sexta de manhã. Era fácil prever no que isso resultaria — "Ingressos para os Stones desta noite estão à venda *agora*!" —, mas não deu os detalhes. Os shows aconteceriam na Paradiso, mas não significava que os ingressos seriam vendidos lá. Para *isso*, era preciso ficar antenado às dez da manhã. Informei aos fãs que me ligaram que eu não tinha nenhuma informação a adiantar. Tudo o que eu sabia era que os *meus* ingressos estavam no Amstel com a Mulher dos Ingressos.

A primeira coisa que eu fiz na sexta de manhã foi ir até lá. Deixei o hotel por volta das nove e meia e percebi a cena caótica do outro lado da rua. Milhares de pessoas faziam fila em frente à boate Melkveg, ouvindo as rádios. Fui até a esquina e vi a mesma cena na Paradiso. Os ingressos estavam sendo vendidos no momento do anúncio, então as pessoas deveriam estar no lugar certo e na hora certa para ter alguma chance. Para milhares de fãs ansiosos, era como apostar nos pôneis. Cada um tinha um palpite. Em vários locais pela cidade, principalmente em lojas de disco e boates, milhares de fãs faziam fila, rezando para que *seu* cavalo fosse o vencedor. Num local, a coisa ficou tão séria que um fã caiu dentro do canal.

O vencedor foi o Melkveg. Todos os ingressos — sete mil para a sexta, sete mil para o sábado — foram abocanhados em questão de minutos. As pessoas que apostaram na Paradiso correram freneticamente ao Melkveg logo após o anúncio na rádio, mas duvido que tenham conseguido chegar a tempo.

Era legal não ter que lidar com esse tipo de loucura. O escritório da Mulher dos Ingressos era silencioso, e ela foi gentil como sempre. Paguei 25 florins por show, o que dava em torno de 18 dólares. Para prevenir que fossem vendidos a terceiros, todos os ingressos vinham acompanhados por pulseiras não transferíveis. A da sexta era laranja, com as palavras "Rolling Stones, Paradiso, 26 Mei 1995", e a do sábado era azul com os dados respectivos. Mostrei meu braço direito e Shelley colocou a da sexta. Mostrei meu braço esquerdo para a do sábado. "Esta azul tem que sobreviver durante um dia e meio", ela me aconselhou, "então quando for tomar banho seria uma boa ideia estender seu braço para fora do box do banheiro".

Depois ela me entregou um cartão amarelo com instruções. Nele estava escrito: *"Let Op! Alleen toegang met polsbandje."*

"A tradução está do outro lado", ela disse.

"Atenção! Acesso só com a pulseira." O cartão dava uma lista de vários itens proibidos: câmera, equipamento de áudio, equipamento de vídeo e canivetes. "Você será revistado", o cartão avisou. "Se encontrarmos quaisquer desses objetos, perderá o direito de entrar na Paradiso."

As regras valiam porque estes shows de boate não eram como os do passado. Os no Sir Morgan's Cove em 1981 e no Toad's Place em 1989 tinham sido aquecimento para a turnê. Estes shows, contudo, tinham motivações comerciais. Os Stones estavam gravando sua própria versão do *MTV Unplugged*. Como você deve saber, as bandas tocam num local pequeno, abaixam o som (por isso o termo "unplugged" — desplugado — que era tecnicamente uma troca de nome) e o transmitiam com exclusividade pela MTV, antes de lançá-lo em CD ou em vídeo. Clapton, Rod e Nirvana já tinham participado. Os Stones também queriam fazer o mesmo, mas fora do apoio financeiro da MTV. Dessa forma, poderiam ficar com todo o lucro. Eles mesmos filmaram e o intitularam *Stripped* em vez de *Unplugged*.

A banda apresentou versões acústicas de "Street Fighting Man" e "Not Fade Away." Ainda encaixaram "Connection", "The Spider and the Fly" e "Shine a Light". Chegaram a fazer cover de "Like a Rolling Stone".

Antes do show, fui abordado por um assinante histérico do lado de fora da boate. "Sr. German! Espere! Tem que me ajudar! Tenho que ver este show! Sou fã dos Stones desde sempre!" Lágrimas jorravam dos seus olhos, mas expliquei que estava de mãos atadas. Havia apenas um determinado número de balsas no *Titanic*.

Depois fui abordado por outro assinante. "Não estão me deixando entrar! Consegui uma pulseira de manhã, mas eles a cortaram com uma tesoura!"

"Por que fariam isso?"

"Porque encontraram meu gravador. Estava escondido na meia."

Então o lembrei do que estava escrito no cartão: "nenhum equipamento de áudio" e "você será revistado". Os Stones estavam tão vigilantes em relação à pirataria que vi a cadeira de rodas de um cara ser inspecionada.

Finalmente, consegui chegar à entrada, onde um segurança verificou minha pulseira minuciosamente. Ele a esfregou e a puxou para certificar que não era falsificação. Depois revistou cada parte do meu corpo.

Dentro do saguão, havia "policiais de trânsito" apontando caminhos. Eram empregados de Mick, não empregados da Paradiso, então me chamaram pelo nome. "Bill, você está no andar de cima." O show não tinha lugares definidos, mas esses caras determinavam quem ia para onde — para o camarote ou para perto do palco.

Quando subi as escadas e olhei em volta, tudo ficou claro. Eles queriam as pessoas bonitas na câmera e as feias fora do campo de visão. Não estou dizendo que era uma regra irrevogável, mas era definitivamente *a* regra.

Fiquei sabendo que algumas das gostosas perto do palco não eram nem mesmo fãs dos Stones — eram modelos contratadas. Também fui informado, por testemunhas oculares, que funcionários dos Stones correram até o Museumplein — a praça popular da cidade — para recrutar gatas adicionais, no último momento. As garotas receberam pulseiras instantaneamente e foram escoltadas para a frente do palco.

Entendo que montar uma plateia com lindas garotas seja uma prática comum do showbiz. Alan Freed fez isso, assim como Jay Leno. Mas Leno fazia duzentos shows por ano, vistos por milhões, enquanto os Stones tinham feito *cinco* desses shows secretos nos últimos 15 anos. Para cada modelo paga naquela pista de dança, um fã foi excluído de uma experiência única de vida.

Uma das primeiras coisas que fiz ao chegar a Amsterdã foi visitar a casa de Anne Frank. É o lugar onde a famosa menina se escondeu dos nazistas. Localizado em Prinsengracht, 263, a casa virou um museu. Algumas partes foram preservadas. Na parede do quarto, por exemplo, você encontra imagens de suas estrelas favoritas de Hollywood. Isso me fez lembrar da *minha* parede de quando eu era adolescente, cheio de pôsteres dos Stones.

Tinha lido o diário de Anne Frank quando criança, mas não me lembrava dos detalhes. Lembrava, sim, que seu pai, Otto, havia construído a estante de livros que servia como a porta secreta da família. Dessa forma, quando os nazistas invadiam o edifício, nunca suspeitariam que havia gente morando ali. Ao ver a estante ao vivo, isso me deu arrepios.

Também foi o sinal que estava esperando. Tinha voado a Amsterdã com este grande "segredo" a manter. Mas tive que repensar a palavra. Os Stones e eu tínhamos um *segredo*? Era um termo relativo quando se está diante da estante de Otto Frank.

De repente, senti vergonha por achar que o *meu* segredo era tão importante. Gostei tremendamente dos shows e entendo por que um show secreto é o Santo Graal para os fãs dos Stones. Mas eu nunca mais conseguiria ser levado por essa mania novamente. E, com essa conclusão em mente, sabia que não estava mais qualificado para o meu trabalho.

"Para Bill German — Querido Bill, vamos sentir muitas saudades do seu maravilhoso informativo mensal. Como saberemos a partir de agora onde todos nós estamos e o que temos feito? Não desapareça por muito tempo. Queremos você novo, pronto para a próxima!!! Ronnie"

EPÍLOGO
A PARTIDA

As primeiras palavras de Keith para mim na minha vida pós-*Beggars Banquet* foram: "Você parece mais leve, como se um enorme peso tivesse sido retirado de cima de você." Como sempre, ele estava certo.

Após cobrir a versão europeia da turnê *Voodoo Lounge*, eu finalmente entreguei os pontos. "Este é o dia que muitos de vocês acharam que nunca iria chegar", escrevi na minha edição de janeiro de 1996. "Após 17 anos e um total de 102 edições, eis que agora vocês têm em mãos a última edição do *Beggars Banquet*."

Dezessete anos no mesmo trabalho é um compromisso e tanto. Estava com 33 anos, e o *Beggars Banquet* tinha consumido mais da metade da minha vida. A manchete de capa da minha última edição foi "BB: A última vez". Algumas pessoas contaram que choraram ao ler isso. Centenas de assinantes — muitos dos quais tinham feito parte da "maioria silenciosa" — abriram seus corações para mim. "O *Beggars Banquet* era parte de minha vida", eles diziam. "Adorava voltar para casa e encontrar um exemplar na minha caixa de correio. Eu o lia ainda nas escadas da frente." Uma garota da Áustria disse: "Foi com o *Beggars Banquet* que aprendi a falar inglês." Eu não fazia ideia de como meu fanzine tinha tido impacto em tantas pessoas.

Normalmente, quando os fanzines são encerrados, eles pegam o dinheiro e saem correndo. Mas eu estava determinado a fechar as contas de cada pessoa. Verifiquei a ficha de cada assinante — milhares de cartões de índice escritos à mão — e preparei cheques individuais de reembolso.

Duas semanas após minha última edição, fiquei tentado a voltar. Era fevereiro de 1996, e estava na Bottom Line para um show de Chris Jagger.

O irmão mais velho de Chris, Mick, entrou na boate enquanto a banda de abertura se apresentava. Os fãs se aproximaram dele durante o intervalo, então ele fugiu para o escritório da boate. Jerry Hall e Jann Wenner, o editor da *Rolling Stone,* permaneceram na mesa, e fui até eles. Jerry apertou minha mão e disse: "Estou tão triste por estar parando. Vou realmente sentir falta." (É claro. Que *outra* forma existia para ela ficar de olho em Mick?)

Jann, que havia conhecido um ano antes num show dos Stones, colocou seu braço em volta de mim e disse que tinha grandes notícias. "Cá entre nós", ele começou. "E estou lhe contando isso porque não existe mais um *Beggars Banquet* para noticiar. Mas os Stones pegarão a estrada novamente no ano que vem. Mick acabou de me contar dentro do carro."

Por um momento, senti meu coração afundar. Quero dizer, se tivesse ficado sabendo dessa informação duas semanas antes, ainda teria puxado o fio do *Beggars Banquet*? A resposta é, no final das contas, sim. Sabia que lidar com o maquinário da banda estava ficando mais difícil, e não mais fácil. Mas preciso ser honesto. Quando a turnê *Voodoo Lounge* terminou, não esperava que eles fossem pegar a estrada por muito tempo, se alguma vez. Sabia que eles eram *capazes* de ficar e permanecer relevantes, apenas não sabia que eles iriam *querer* isso.

Nos meses após a turnê *Voodoo Lounge,* os Stones tiveram que lidar com uma série de golpes: a mãe de Charlie, dois dos amigos mais próximos de Keith e os pais de Alan e Arnold Dunn faleceram; e um dos *roadies* se matou. Tudo entre setembro de 1995 e janeiro de 1996.

Mas a morte, eu devia ter imaginado, nunca intimidara os Stones no passado. Eles tiveram que lidar com a morte de muitas pessoas e sempre seguiam em frente. É isso o que faz os Stones serem os Stones. Mas em janeiro de 1996, percebi uma sensação de finalização que não consigo colocar em palavras. Era como se, após toda a prosperidade das turnês *Steel Wheels* e *Voodoo Lounge,* os Stones tivessem tido um choque de realidade. Como se o diabo tivesse vindo para pegar os seus.

O governo canadense também queria pegar o seu. Michael Cohl, o empresário por trás das turnês de imenso sucesso dos Stones, estava passando por uma investigação criminal. Ele supostamente cobrara uma taxa irrisória sobre cada ingresso vendido no Estádio CNE em Toronto. Os fãs pagaram um valor extra de três dólares cada por ingressos para Bruce Springsteen, U2 e Rolling Stones que acabou no bolso de Cohl. De acordo com auditores do governo, ele ganhou cinco milhões de dólares com esse esquema, incluindo meio milhão dos shows dos Stones. Ele evitou a cadeia, mas teve que vender suas ações da BCL de volta a Labatt's. Parecia que sua carreira tinha terminado.

Quando mencionei isso a Jann Wenner, ele disse que a banda não ligava para isso. Cohl tinha uma nova empresa e um novo projeto: a turnê dos Stones de 1997.

Mick, falando nisso, realmente assistiu ao show do seu irmão na Bottom Line. Ele esperou que as luzes da casa se apagassem para retornar ao seu assento. Mas Chris o colocou novamente no centro das atenções ao convidá-lo para subir ao palco. Mick recusou, então Chris pulou para a plateia. Por um minuto, os dois voltaram à infância, brincando um jogo bizarro de gato e rato. Mick se esquivou para a esquerda, depois para a direita e se escondeu atrás de um mastro. Chris acabou desistindo. Quando o show acabou, Mick saiu às pressas da boate. Nenhum autógrafo, nenhum aperto de mão, nada. Nem tive chance de dizer "oi" ou de agradecer a nota que ele mandou para minha edição de despedida.

"Sempre gostei de ler o *Beggars Banquet* quando chegava pela minha caixa de correio", ele escreveu. "Então estou muito triste que esta seja a última edição. Obrigado, Bill, por todo seu tempo e esforço. Nós nos divertimos!"

Enquanto montava minha última edição, telefonei para o escritório de Mick para ver se ele escreveria uma nota. Ela chegou em 48 horas, por fax. Muito eficiente. Perguntei a Jane se Keith poderia escrever uma, mas levou mais de um mês.

Achei que não teria espaço para mais de duas notas, então não procurei os outros. Mas Ronnie se candidatou para desenhar algo e insistiu para que eu pedisse a Charlie. Então liguei para Sherry Daly. "Charlie ficará arrasado", ela falou sobre o fim do *Beggars Banquet*. Disse que achava que ele nem soubesse da existência do jornal. "Muito pelo contrário", ela alegou. "E tenho certeza de que ele adoraria fazer alguma coisa para seu *finale*. Mas ele anda ocupado gravando um álbum de jazz e visitando sua mãe no hospital todos os dias, então espero que ele consiga." Ele nunca conseguiu.

O desenho de Ronnie chegou duas semanas após o Ano-Novo. Ele me desenhou de costas, caminhando para longe. Com meu cabelo longo, casaco de chuva e minha maleta sempre presente. E, como nossa piada interna, ele desenhou uma banana na minha mão. Eu fiquei realmente tocado por isso. Na mensagem, estava escrito: "Querido Bill, vamos sentir muitas saudades do seu maravilhoso informativo mensal. Como saberemos a partir de agora onde todos nós estamos e o que temos feito? Não desapareça por muito tempo. Queremos você novo, pronto para a próxima!!!"

A contribuição de Keith chegou por último. Esperei tanto, tinha diagramado toda a edição, menos o espaço destinado a ele. Ela apareceu na última semana de janeiro, mas valeu a espera: "Bill, vou sentir saudade do velho tabloide — um grande vazio no mês. Obrigado por tanto prazer e informação. Você sempre soube de algo que não sabíamos. O amor. Para frente, irmão." Com "Para frente, irmão", ele estava me encorajando a continuar com minha vida — fora do vácuo dos Stones.

Quando o vi alguns poucos meses mais tarde, num show de jazz de Charlie Watts em Nova York, ele pediu desculpas por ter demorado tanto. Disse que não queria escrever algo tão importante com tanta pressa. Estávamos num lugar na 47th Street chamado Supper Club e os contrastes entre as personalidades públicas de Keith e Mick não poderiam ser mais evidentes.

Ao contrário de Mick, Keith deixou todos saberem que ele estava ali. Fez o público rir várias vezes importunando Charlie de forma brincalhona. Após o show, ficou por um tempo para cumprimentar as pessoas e dar autógrafos. Eu o apresentei a alguns fãs, e quando uma disse que seu nome era Donna, ele fez uma serenata para ela com a canção de Ritchie Valens. Nunca tive a oportunidade de falar com Charlie.

Em agosto de 1997, os Stones anunciaram sua turnê *Bridges to Babylon* numa conferência de imprensa no Brooklyn. Como cenário para foto, eles dirigiram um conversível Cadillac pela ponte do Brooklyn — Mick no volante, Keith ao lado — e estacionaram perto do rio East. Com o World Trade Center ao fundo, eles responderam às perguntas da imprensa. Foi estranho não estar lá, mas, se realmente queria continuar com minha vida pós-*Beggars Banquet*, eu precisava me manter longe. Ainda era fã dos Rolling Stones, mas não um "repórter dos Rolling Stones".

Eu me limitei a alguns shows. Em outubro, eles tocaram no Capitol Theatre, em Port Chester, bairro suburbano de Nova York, como parte da série *Live from the Ten Spot* da MTV. O lugar tinha capacidade para apenas 1.200 pessoas e a maioria tinha sido sorteada ou era VIP, como o governador Pataki. A Mulher dos Ingressos me colocou dentro. A MTV pagou aos Stones um tantão de dólares, mas a banda tinha que parar para os intervalos comerciais, bem no meio do show. Estava esperando Mick segurar uma lata de Alpo como Ed McMahon.

Mais tarde na turnê, a banda aceitou cinco milhões de dólares da Pepsi para tocar num show privado para os executivos da empresa. "Costumávamos tomar Coca", Mick anunciou do palco, "mas agora tomamos Pepsi".

Um dos patrocinadores da turnê era o Sprint. Numa campanha altamente divulgada, os Stones reservaram os melhores assentos de cada show para os clientes da empresa. O que significava que os fãs hard-core do Sprint, não os fãs hard-core dos Stones, tinham prioridade. Para crédito de Keith, ele fez tudo menos posar de satisfeito. "[Seus] telefones eram uma merda", ele falou para a *Rolling Stone*. "Não uso celular, então isso não faz diferença para mim. É como colocar sua cabeça dentro do fogão. Eles fazem mal." Fiquei feliz por saber que Keith ainda não tinha papas na língua.

Em novembro de 1997, fui contratado para dar uma palestra sobre o trabalho artístico de Ronnie no San Francisco Art Exchange. O evento coincidiu com os shows dos Stones na baía da Califórnia. Por uma parcela dos lucros daquela noite, falei sobre suas pinturas, gravações e monoprints. Estava de pé diante de um púlpito e dizia tolices sem parar, enquanto todos esperavam Ronnie. Ele nunca apareceu, mas Alan Dunn sim. Nem tenho certeza se Ronnie sabia sobre isso.

Falei para Alan que sentia saudade de Keith e de Ronnie e que queria lhes fazer uma surpresa nos bastidores de um show. "Venha ao nosso escritório amanhã", ele disse, "e haverá passes te esperando".

Sabia que o pseudônimo de Ronnie no hotel era sr. Harrington, mas não queria importuná-lo. Ele estava com as crianças. Preferia fazer uma surpresa nos bastidores do show. Para conseguir essa façanha, precisava não apenas do passe VIP na lista B, mas do todo-poderoso passe "Bar da Babilônia". Era esse o nome que deram à sala da banda desta vez.

O "escritório da turnê" era o quarto em cada hotel onde a organização dos Stones conduzia seu negócio do dia a dia. Meio que um "campo de guerra", com mapas e tachas, máquinas de fax e cabos de telefone. Entrei e encontrei Arnold Dunn, não Alan, sentado do outro lado da mesa. Quando falei por que estava ali, ele disse: "Passes do Bar da Babilônia só podem ser fornecidos mediante aprovação de um membro da banda. Se um membro principal da banda telefonar para este escritório e der sua aprovação, então poderei lhe entregar um passe do Bar da Babilônia."

Sabia que ele falava merda, então saí do escritório e liguei para a Mulher dos Ingressos. Sem hesitar, ela disse: "Sem problema, de quantos precisa?"

Na noite do show, fiquei preso no trânsito e cheguei atrasado ao Bar da Babilônia. Os Stones já haviam se retirado para os camarins. Mas Freddy me agarrou e disse: "Keet e Voody sabem que você está aqui? Venha comigo!" Ele me puxou por um corredor, onde passei por Mick. Ele me cumprimentou educamente, mas não disse nada.

Quando cheguei ao camarim de Keith, ele estava de costas. Estava de pé perto do cabide de roupas onde havia apenas cachecóis. "Ah", ele se perguntava, "o que vestir?"

"Keet!", gritou Freddy. "Olha quem está aqui!"

Keith se virou e sorriu. "Sr. Gerrrman! O que traz *você* aqui?"

Falei que estava na cidade. Ele me deu um grande abraço e disse: "Bem, estou muito feliz por ter conseguido vir. Ronnie está se maquiando, então talvez isso demore um pouco."

Keith se sentou no sofá e começou a mexer em sua linda Gibson vermelha. Disse que era do ano de 1947. Finalmente, Ronnie entrou. Ele estava vestido com um avental de maquiagem e parecia confuso de me ver ali no lado oeste. "Estou aqui para vender seu trabalho artístico", expliquei. "Dei uma palestra no Art Exchange por uma parcela das vendas."

"Isso é ótimo", ele respondeu. "Você tem minha *permissão* de ficar com a *comissão*!"

Durante os vinte minutos em que fiquei naquele quarto, parecia como nos velhos tempos. Mas do show em si não me lembro de muita coisa. Sei que adorei "Little Queenie", mas passei a maior parte do tempo tendo flashbacks. Toda vez que assistia aos Stones desde que fechara o *Beggars Banquet* minha mente vagava — para o porão de Woody, o esconderijo de Mick, o terraço de Keith. Os momentos privados que compartilhei com esses caras.

Freddy, por sinal, não veio a falecer numa turnê dos Stones, mas, em 2000, aos 77 anos, ele conseguiu a melhor forma de morrer depois disso: morreu no aniversário de Keith. Quase como "Keet, nunca esquecerá o dia em que bati as botas!". Ele foi enterrado com suas credenciais dos bastidores.

Naquele mesmo ano, Keith perdeu seu guarda-costas, Joe Seabrook, de hemorragia cerebral, e seu pai, Bert, de causas naturais. Keith estamparia manchetes tempos mais tarde que diriam que ele havia cheirado as cinzas de Bert.

E então, o que falar de Bill German? Como foi que *eu* terminei? Bem, eu me sentei para escrever o grande romance americano — nada ligado ao rock'n'roll — e tive dificuldade de avançar nisso. Os flashbacks dos Rolling Stones abarrotavam meu cérebro. Não ajudava o fato de morar no Upper West Side de Manhattan, onde todos as experiências aconteceram. Por toda a minha vida, eu passaria pelas antigas casas de Mick e Woody ou pelo Teatro Beacon.

Para esvaziar meu cérebro, comecei a escrever os flashbacks no papel toda vez que eles vinham. Em contas de telefones, recibos de supermercado e sacolas para vômito de avião. Eu os jogava dentro de uma caixa de sapatos e continuava minha vida. Me atualizei sobre o que estava passando no cinema, nos museus e minha vida social. Não tinha que trabalhar para "o cara", porque já havia vendido algumas edições anteriores e vivia frugalmente numa unidade habitacional de baixa renda.

No vigésimo aniversário da minha graduação do colégio, restabeleci contato com uma antiga professora de inglês. Ela me lembrou do axioma "Escreva o que você sabe". Ao mesmo tempo, um antigo assinante meu, Cameron Crowe, lançou seu filme semiautobiográfico, *Quase famosos*, sobre um adolescente jornalista de rock. Todo lugar aonde eu ia, as pessoas diziam: "É exatamente como a *sua* história!" Então comecei a organizar as notas que estavam na caixa de sapatos.

Os Stones saíram em turnê novamente em 2002. Os preços dos ingressos da turnê *Licks* eram tão exorbitantes que não pude ir. No Madison Square Garden, eles cobraram 350 dólares por qualquer coisa exceto as últimas fileiras, sem contar a taxa de conveniência de trinta dólares do Ticketmaster. Os preços do Estádio dos Giants — um estádio incrível — foram semelhantes.

Minha única esperança era contatar Keith ou Ronnie. Sabia que estariam no Palace Hotel durante seu trabalho em Nova York, mas não sabia seus pseudônimos. Na noite anterior ao Madison Square Garden — e duas noites antes do meu aniversário de quarenta anos — Ronnie estava com uma exposição de arte no centro da cidade.

Jo me avistou na multidão e gritou: "Olha, Ronnie, é Bill German!" Ronnie me perguntou se iria ao Garden, e eu contei que não tinha condições de comprar o ingresso. Ele me orientou a ligar para seu enteado de vinte e tantos anos, Jamie — que agora era seu empresário —, para conseguir uma credencial "Shebeen" para admissão gratuita. (O "Shebeen" era o nome da sala da banda desta vez. Uma palavra em gaélico que significava "bar ilegal".) Telefonei para Jamie, mas ele declarou que não poderia me ajudar. Então perdi a turnê inteira.

Mortes e escândalos na turnê *Licks* novamente temperaram as conquistas financeiras dos Stones. Chuch Magee, uma das minhas pessoas favoritas na comitiva, morreu de ataque do coração durante um ensaio. Ele se sentiu mal e tirou um cochilo a metros de onde os Stones tocavam. Nunca acordou. Tinha passado 27 anos com a banda, mas era tão humilde que seus vizinhos mal sabiam quem eram seus empregadores. Os Stones foram a Marquette, no Michigan, para cantar "Amazing Grace" no seu funeral, para uma congregação que quase não os reconhecia.

Quando ela passou pela Europa em 2003, a turnê *Licks* também marcou a despedida de JC. Pelo que me disseram, um cambista foi preso na Alemanha e revelou como havia conseguido os ingressos. As autoridades não estavam preocupadas com a atividade em si, mas de olho na possível renda não declarada dos Stones. Eles não precisavam ser examinados tão detalhadamente, então largaram JC, apesar dos seus trinta anos de serviços prestados. Nem mesmo Keith conseguiu impedir.

Os fãs sempre me perguntam sobre meu relacionamento com a banda depois do fim do *Beggars Banquet*. Eu sempre digo que Keith e Ronnie parecem tios que não vejo há muito tempo. Eles não moram mais em Nova York o que dificultava o contato. Para não mencionar seus números de telefone e pseudônimos em constante mudança. Na última década, conversei com eles apenas esporadicamente.

Fiquei, sim, realmente preocupado com a saúde de Ronnie no final dos anos 1990 e início dos anos 2000. Ele entrava e saía de clínicas de reabilitação. Quando o vi na galeria em Nova York, a primeira coisa que ele disse foi: "Olha, Bill, faz sete meses que estou limpo!" Ele estava segurando algo que parecia suco de amora. Mas, quando o vi em 2004, em outra exposição, não comentou nada. Contudo, parecia bem, alegre e falando que Charlie estava se recuperando de um câncer de garganta. Os Stones, ele previu, "estarão de volta no próximo ano".

Eles anunciaram sua turnê *A Bigger Bang* no dia 10 de maio de 2005, com uma conferência de imprensa e um minishow no Lincoln Center. A metros de distância do meu apartamento.

Eu não ia perder um show de graça dos Stones, então liguei para seus relações-públicas para ser inserido na lista de convidados. Mas a garota com quem falei na Rogers & Cowan nunca tinha ouvido falar de mim e disse que eu não poderia ir. Após detalhar minha história de vida por e-mail, ela finalmente se convenceu de que eu era digno de ir. Caminhei até o Lincoln Center e fui colocado na terceira fileira. Os Stones tocaram três canções, incluindo a nova, "Oh No, Not You Again". Num determinado momento, Ronnie me viu e acenou.

Após o minishow, um empresário da Ameriquest, a empresa de financiamento patrocinadora da turnê, fez todo um discurso sobre "tornar o sonho americano possível". A Ameriquest veiculava anúncios nos comerciais de TV que mostravam os Stones tocando no palco, com um cara dizendo algo como: "Sou Bob, seu agente Ameriquest. Se estiver procurando por um refinanciamento ou assistir a shows dos Stones, estou aqui para ajudá-lo." Não era piada dizer que era preciso financiar sua casa para conseguir ingressos dos Stones.

Nessa época, os promotores de 26 estados investigavam a Ameriquest por práticas predatórias e fraudulentas. Recebi e-mails de vários fãs consternados. "No ano passado, no meio da época dos furacões, fomos enganados pela Ameriquest", um escreveu. "Eles arruinaram nosso crédito (...) perdemos tudo (...) foram cruéis. Não acredito que os Stones estão deixando essa empresa patrociná-los."

Os preços da turnê fizeram a de 2002 parecer uma barganha. Um lugar decente — mesmo num estádio — era 480 dólares pelo Ticketmaster. Eu me dei por satisfeito com o show gratuito no Lincoln Center e não tinha intenção de continuar. Mas um antigo assinante insistiu em me presentear com o Madison Square Garden. Meu ingresso de 180 dólares me deixou tão longe do palco que poderia ter tocado a camiseta aposentada de Willis Reed. Nunca passou pela minha cabeça visitar a sala da banda — nomeada de "Toca da Cascavel" — porque, francamente, os caras que gostava de ver ali estavam mortos.

Consegui assistir a mais um show da turnê *The Bigger Bang* de graça. Você lembra como um dos fãs que deixei entrar no show de Mick no Webster Hall em 1993 era um cambista? Bem, ele me prometeu devolver o favor, mas levou 13 anos para isso. No dia 29 de outubro de 2006, conseguiu me colocar dentro no show da banda no Teatro Beacon, o ingresso mais difícil da turnê. Bill e Hillary Clinton iriam, então todos foram revistados pelo Serviço Secreto. Martin Scorsese filmava tudo para o documentário *The Rolling Stones — Shine a Light*. Havia celebridades para todo lado. Meu assento ficava lá no alto e os Stones não tinham ideia de que eu estava na casa, mas fique feliz por apenas estar ali. Eles novamente pareciam diversão para mim, não trabalho.

É claro que a única razão de a banda tocar num teatro pequeno era o fato de Scorsese pagar para fazê-lo. (Ou, para ser mais claro, o produtor Steve Bing.) A companhia de filmagem reservou o Beacon e determinava quem entrava. Ela ocupou centenas de assentos para dar espaço para as câmeras, deixando um pouco mais de dois mil sobrando. Depois cedeu centenas de assentos para a Fundação Bill Clinton. Por último, contratou belas modelos para se sentar na frente e ser filmadas pelas câmeras. Algumas centenas de ingressos foram oferecidas ao público, que acabaram em menos de um minuto.

Os Stones deram um grande show. Mick estava se recuperando de laringite, mas não dava para notar. Ele estava em plena forma, girando seu corpo de 63 anos durante "Sympathy for the Devil", "Shine a Light" e "She Was Hot". Keith puxou um banco para "As Tears Go By" e fez pose de Bogart (casaco longo, sem guitarra) para "You Got the Silver".

Nos bastidores antes do show, Ahmet Ertegun caiu e sofreu de traumatismo craniano. Os paramédicos tentaram socorrê-lo, mas ele entrou em coma e acabou morrendo. Os Stones, é claro, continuaram com o show, florescendo no caos da noite.

Então, sabe o que mais? Fico *feliz* que os Stones caminhem sobre os mortos. Precisamos deles para isso. Não vejo como não poderão continuar infinitamente e tocar até cair, como Muddy Waters ou Howlin' Wolf. Pode haver muita baboseira ao redor deles, mas se conseguirmos focar no que nos trouxe aqui — sua música, seu carisma — acho que ficaremos bem.

Quanto a mim, não tenho certeza se algo que farei a partir de agora será tão excitante quanto o que fiz naqueles 17 anos. Mas sei que estou caminhando numa única direção — e é para frente, irmão.

Agradecimentos

Escrever um livro pode ser dureza. E conseguir publicá-lo pode ser mais difícil ainda. Portanto, eu me sinto grato a Jim Fitzgerald, meu agente, e a Claire Tisne, da Random House, por tornar esse processo tão rápido. Jim mostrou entusiasmo por este projeto no instante em que soube dele, e Claire o tornou um campeão mesmo com todos os obstáculos. (E quero dizer obstáculos de verdade. Como os obstáculos em *Guerra e paz*.) A fé deles em mim é algo que sempre guardarei comigo.

Agradeço ao meu editor, Ryan Doherty, por me ajudar a remover os excessos do meu manuscrito e por manter este livro nos trilhos. E agradeço a todas as boas pessoas na Villard/Random House que mostraram seu apoio a *Under Their Thumb* — Libby McGuire, Kim Hovey, Brian McLendon, Steve Messina e o original *mensch* do pedaço, Adam Korn.

Não teria conseguido concluir este livro sem o apoio perseverante e o amor de Dessie Marinis, Nora Lieberman, a família German e Jerry Schulman. Palavras não são suficientes para expressar minha gratidão e dívida para com eles.

É preciso reconhecer os amigos cujos nomes foram disfarçados nas páginas deste livro e/ou que me ouviram reclamar constantemente enquanto escrevia: Harriet e Pat Argentiere, Celeste Balducci, Bruce Barch, Christine Baronak, Kevin Barry, Angie e Bill Bechtold, Lisa e Barbara Bechtold, Shirley e Jerry Birenz, os Blue Paradisos, Claudia Boutote, Patty Butler, Sarah Butler, Phyllis Canning, Deb Charych, Sally Cook, David Dalton, Robert DiSalvatore, Stephen Dunkle, David Dunton, Pam e Chris Eborn, Bibi Farber, Mark Felsot, Ed Finnell, Donna Gaines, Anne Garrett, Charlene e Mo Goldner, Arnie Goodman,

Meg Griffin, Bob Gruen, Lynnsey Guerrero, Tamara Guo, Iris e Michael Haas, Raquel e Jason Hagen, Jim Hartley, Eva Harvey, Estelle Heifetz, Gregg Heifetz, Ed Hemwall, Rick Hind, Ilana e Howard Horowitz, Andrea e Dale Horstmann, Yuji Ikeda, Charlie Jennemann, Brit Johnson, Scott Jones, Theron Kabrich, James Karnbach, George Kazepis, Jack Kelleher, Linda Kelly, Theresa Kereakes, Jane Kessler, Mayumi e Steve Klapper, Rochelle e Ron Klempner, Koos Kokhuis, Rich Kolnsberg, Mike Koshitani, Susan Krakenberg, Mike Krowiak, Diane e Arnie Landau, Teri Landi, Shelley Lazar, Chuck Leavell, Matt Lee, Jeff Leviton, Joel Levy, Nat Levy, Allen Lieberman, Gerardo Liedo, Leah Lublin, Jo Maeder, Clare Magee, Rhonda Markowitz, David McGough, Ian McLagan, Ian McPherson, Diane McWhorter, Rhonda Mills, Mayumi Motouchi, Marilyn Murray, Lynn O'Brien, Debbie Palan, Donna Petrozzello, Tony Pigg, Ken Podsada, Doug Potash, Janet e Jeff Prushankin, Chuck Pulin, Marilou Regan, Brett Regenbogen, Carla Rhodes, Ebet Roberts, Denise Root, Norman Ross, Lynne Rossi, Beverly e Bob Rossman, Dagmar Schaefer, Alain Schinassi, Bernd Schonebaum, Carrie Schulman, Jesse Schulman, Lisa Seifert, Andrew Slayton, David Van Sise, Bjornulf Vik, Mark Voglesong, Sue Weiner, Josh Weingust, Miriam Weiss, Eliot Wien, Alan Wilensky, Carrie Woods, e Ed Wright.

Gostaria de agradecer aos funcionários e companheiros dos Stones que me ajudaram na época do meu fanzine, especialmente Jane Rose, Alan Dunn, JC, Tony King, Video James e o finado Freddy Sessler. Também gostaria de agradecer aos que me deram muita dor de cabeça naquela época, especialmente Jane Rose, Alan Dunn, JC, Tony King, Video James e o finado Freddy Sessler. Essas dores de cabeça proveram muito material para este livro.

É claro, nunca serei capaz de retribuir a Patti e Keith Richards nem a Jo Wood e Ronnie Wood, pela imensurável generosidade e hospitalidade. Mick Jagger, Bill Wyman, Charlie Watts e Ian Stewart não ficam atrás. Foi uma honra estar na sua presença, e ainda mal consigo acreditar que me deixaram ficar por perto por tanto tempo.

Finalmente, dói dizer que Alan Heifetz, Art Collins, Bruce Bechtold, Chuch Magee, Karen Rose, Kathy Voglesong, Michael Woods, Quenby Schulman, Ruth Rosenberg, Vinnie Zuffante e Virginia Lohle não lerão este livro. Acho que teriam ficado orgulhosos de mim por tê-lo escrito.

Créditos das imagens

Página 17: David McGough/DMI/Time & Life/Getty Images
Página 27: (topo): Art Collins/ Arquivo *Beggars Banquet*
Página 35: (topo): Phyllis Canning
Página 45: (topo): Bob Gruen
Página 57: (ambos): Bob Gruen
Página 69: (embaixo): Virginia Lohle/ Arquivo *Beggars Banquet*
Página 87: (topo): Chuck Pulin
Página 95: (topo): Vinnie Zuffante/ Arquivo *Beggars Banquet*
Página 95: (embaixo): Richard Kolnsberg
Página 107: (topo): Vinnie Zuffante/ Arquivo *Beggars Banquet*
Página 107: (embaixo): Mike Krowiak
Página 123: Bob Gruen
Página 135: (topo): Eva Harvey
Página 149: Bob Gruen
Página 165: (topo): Vinnie Zuffante/ Arquivo *Beggars Banquet*
Página 165: (embaixo): Chuck Pulin
Página 175: David John Hogan
Página 189: (ambos): Bob Gruen
Página 197: Kathy Voglesong
Página 209: Ebet Roberts
Página 221: Bob Gruen
Página 232: Vinnie Zuffante/ Arquivo *Beggars Banquet*
Página 247: Lisa J. Seifert
Página 257: Rock 'n' Roll Joel Levy
Página 266: Chuck Pulin
Página 277: Paul Natkin Archive/WireImage/Getty Images
Página 287 (topo): Chuck Pulin

Página 287: (embaixo): Michael Woods Collection/Estate of Michael Woods
Página 297: Al Tielemans
Página 307: Charlie Jennemann
Página 321: David John Hogan
Página 331: (topo): Sebastian Krüger
Página 331: (embaixo): Paul Welford/Rex USA Ltd.
Página 341: (ambos): Bob Gruen
Página 349: Richard Young/Rex USA Ltd.
Página 357: Chuck Pulin
Página 367: Chrystyna Van Sise
Página 379: Bob Gruen
Página 387: Albert Ferreira/DMI/Time & Life/Getty Images
Página 401: Albert Ferreira/DMI/Time & Life/Getty Images
Página 409: (ambos): Vinnie Zuffante/ Arquivo *Beggars Banquet*
Página 427: cortesia de Ronnie Wood

Produção Editorial
Ana Carla Sousa
Rachel Rimas

Revisão
Eni Valentim Torres
Priscila Gurgel Thereso

Revisão de Tradução
Flávia Midori

Diagramação
Trio Studio

Este livro foi impresso no Rio de Janeiro, em abril de 2011,
pela Ediouro Gráfica, para a Editora Nova Fronteira.
A fonte usada no miolo é IowanOldSt BT, corpo 10.5/14.5.
O papel do miolo é offset 75g/m², e o da capa é cartão 250g/m².

Visite nosso site: www.novafronteira.com.br